21世纪高职高专精品教材·财经类专业平台课

Caiwu Kuaiji Shiwu

财务会计实务

赵 筠 主 编
赵 琨 王珠珠 副主编

东北财经大学出版社
Dongbei University of Finance & Economics Press
大连

图书在版编目(CIP)数据

财务会计实务 / 赵筠主编. —大连：东北财经大学出版社，2017.1
（21世纪高职高专精品教材·财经类专业平台课）
ISBN 978-7-5654-2543-1

Ⅰ. 财… Ⅱ. 赵… Ⅲ. 财务会计-高等职业教育-教材 Ⅳ. F234.4

中国版本图书馆CIP数据核字（2017）第014160号

东北财经大学出版社出版
(大连市黑石礁尖山街217号 邮政编码 116025)
网 址：http://www.dufep.cn
读者信箱：dufep@dufe.edu.cn
大连图腾彩色印刷有限公司印刷 东北财经大学出版社发行

幅面尺寸：185mm×260mm 字数：513千字 印张：21.75
2017年1月第1版 2017年1月第1次印刷

责任编辑：张晓鹏 责任校对：欢 心
封面设计：张智波 版式设计：钟福建

定价：38.00元

教学支持 售后服务 联系电话：(0411) 84710309

如有印装质量问题，请联系营销部：(0411) 84710711

前　言

“财务会计实务”课程是会计专业最核心的专业课程之一，也是经济、管理等专业的必修课程，是会计理论与实务结合最紧密的课程。

赵筠教授主编的本教材，以我国最新颁布的《企业会计准则》为依据，以培养学生会计职业岗位能力和取得初级会计专业技术资格认证为目标，以“夯实财务会计知识、注重会计操作技能、培养学生会计职业素养、形成会计综合职业能力”为宗旨，按照“理实一体”的设计理念，将理论知识、实际操作技能融为一体，以会计信息生成为主线，根据完成实际会计工作任务的逻辑顺序优化、整合教材内容，科学地设计了14个项目和62个学习性工作任务。本教材在结构和内容上体现了如下特点：

1.内容完整、强调实践

本教材的编写注重实务性和可操作性，内容体系力求系统完整，难易程度力求由浅入深。在教材内容的设计上，将理论知识的学习与专业技能的训练融为一体，以项目为导向，以任务为载体，融教、学、做于一体；在体例设计上，突出了实践教学的重要性。理论阐述通俗易懂，会计实例分析明了，有助于提高学生的实际操作能力。

2.课证融通、内容新颖

本教材以初级会计专业技术资格认证为目标，以初级会计专业技术资格考试的内容为主线，在注重实践操作的同时，为与初级会计专业技术资格考试的内容相配套，在每个项目后设计了单项选择题、多项选择题、判断题以及实训题。同时，本教材依据《中华人民共和国会计法》以及新《企业会计准则》等，实现了教材内容的全部更新。

3.案例教学、学做结合

本教材十分注重教学案例，运用了大量典型的工作实例；为充分体现“学中做、做中学”的指导思想，在每个项目后附有相应的习题与实训，为会计课程的教学和自学提供了方便。

本教材由浙江金融职业学院赵筠教授担任主编，浙江金融职业学院王珠珠老师、中国人民财产保险公司河北省分公司高级经济师赵琨担任副主编。教材编写分工如下：赵筠编写了项目三、项目四、项目五、项目六、项目七、项目八、项目九、项目十、项目十一、项目十二、项目十三、项目十四；王珠珠编写了项目一；赵琨编写了项目二。全书由赵筠总纂并最后定稿。

本书在编写过程中，得到了东北财经大学出版社、浙江金融职业学院会计系领导和会计专业教师的大力支持，并借鉴、参考了国内有关财务、会计等方面的书籍、观点等，在此谨向给我们提供帮助的各位老师、专家表示衷心的感谢！

本教材可作为高职高专院校会计、经济管理等专业的教学用书，也可作为各类财会培训学校的培训用书以及从事会计工作的人员的自学用书。

经济的快速发展使得经济业务不断推陈出新，同时，我国正处于执行新《企业会计准则》的阶段，很多新知识、新问题和新情况还有待进一步学习和解决，加上编者水平有限，时间仓促，书中疏漏之处在所难免，恳请广大读者不吝赐教，批评指正。

编　者

2016年10月于杭州

目　　录

项目一

财务会计认知

[知识目标]

了解财务会计的目标、会计信息质量要求和我国新会计准则体系；掌握财务会计基本假设和会计基础，明确会计要素及计量属性。

[技能目标]

能根据经济业务确定会计要素的种类。

[案例导入]

资料：杭州商厦2015年12月发生下列经济业务：

（1）销售产品80 000元，其中30 000元已收到款项存入银行，其余50 000元尚未收到。

（2）收到现金600元，为上月提供劳务获得的收入。

（3）用现金支付本月份的水电费900元。

（4）本月发生劳务收入1 900元。

（5）用银行存款预付下年度房租18 000元。

（6）用银行存款支付上月份借款利息500元。

（7）预收销售货款26 000元，已通过银行收妥入账。

（8）本月负担年初已支付的保险费500元。

（9）上月预收货款的产品本月实现销售收入18 000元。

（10）本月负担上月支付的修理费1 200元。

要求：

（1）按收付实现制原则计算12月份的收入、费用。

（2）按权责发生制原则计算12月份的收入、费用。

● 任务1 认识财务会计

会计是以货币为主要计量单位，反映和监督一个单位经济活动的经济管理工作。企业的会计工作主要反映企业的财务状况、经营成果和现金流量，并对企业经营活动和财务收支进行监督。

一、财务会计的产生与发展

以借贷记账法的成熟与推广为标志的现代会计，从产生至今已有500多年的历史了。但是，作为现代会计的两大分支——财务会计和管理会计的逐渐分离，则始于19世纪下半叶。

工业革命之前，企业的组织形式主要是独资和合伙两种。这类企业的所有者通常也是企业的经营管理者，企业与政府机关、金融机构和其他外部集团之间，还没有形成密切的经济利益关系。因此，会计作为一个信息系统主要是为企业的所有者兼经营者服务的，各企业可以根据自己的需要，灵活选用会计的程序、方法和信息提供方式，没有统一可以遵循的规范。

18世纪中叶的资本主义工业革命，在社会生产力高度发展的同时，也导致了一系列新的会计思想和技术方法的产生。更主要的是，工业革命孕育了以股份有限公司为代表的现代企业组织形式，从而最终导致财务会计与管理会计的分离。

与独资企业和合伙企业相比，股份有限公司有两个显著特征：一是公司可以发行债券和股票，二是公司的所有者由为数众多、日益分散化的股东组成。作为公司，首先必须在资本市场上发行股票或债券，向社会募集大量的资金。公司依靠所筹集的巨额资本，从事范围广泛的经营活动，其规模之大、债权债务关系和经营业务之复杂等等，远非独资和合伙企业所能比拟的。公司作为法人和纳税主体，其经营活动也更多地受到政府的监督。此外，由于所有权与经营权的分离，公司所有者与经营者之间形成了财产的委托与受托关系，公司的所有者自然要关心管理者对受托财产的使用和保管情况，关心企业的盈利水平和资本的保值增值。公司的债权人（包括银行、非银行金融机构和从证券市场上购买公司债券的投资者）既关心公司的偿债能力和债权的安全性，又关心公司经营业绩，并希望从公司定期取得一定的利息收入。此外，政府机关、企业雇员、注册会计师、财务分析师、律师，以及广大的社会公众，都从自身利益出发，要求企业提供有关财务状况、经营成果和现金流量等方面的会计信息。不仅如此，公司管理者受法律或合同约束，或者出于维持公共形象，或考虑进一步吸引投资的目的，往往也乐于向外部利益团体提供会计信息。这样，会计逐渐分离为财务会计和管理会计两部分。传统的会计核算逐渐演变成主要向企业外部利益团体提供财务信息和其他经济信息的财务会计（或称“对外报告会计”）和主要向企业管理者内部经营决策提供信息的管理会计（或称“对内报告会计”）。

二、财务会计的特征

由于财务会计是在新的经济条件下由传统会计发展而来的，因此，它在制定公认会计准则，以必要的会计理论和方法规范指导财务会计核算时，仍然依据和融入了大量传统会计的理论和方法。具体来说，财务会计具有以下特征：

（1）侧重点面向外部，即主要向企业外部信息使用者提供与决策相关的财务状况、经营成果和现金流量等信息。

（2）财务报告是财务会计信息传递的手段，而财务报表是财务报告的中心。

（3）财务会计对会计信息的加工，需要经过确认、计量、记录和报告等程序。

（4）财务报告的数据来自于过去的交易或事项，因此财务会计提供的主要是历史信息。

（5）财务会计以一系列基本假设为前提，并受一套比较科学、严密的概念框架所指导。

（6）由于会计建立在一系列假设和权责发生制的基础之上，因此允许会计人员进行合理的估计与判断，这使得财务会计提供的信息带有许多人为因素。因此，财务会计信息的质量只能要求可理解、可比、相关及可靠，不能做到绝对客观。

三、财务报告的目标

我国《企业会计准则——基本准则》（2006）对财务会计目标作了明确规定："财务会计报告的目标是向财务会计报告使用者提供与企业财务状况、经营成果和现金流量等有关的会计信息，反映企业管理层受托责任履行情况，有助于财务会计报告使用者作出经济决策。"具体来说，该目标包含以下几方面内容：

（1）财务会计报告（又称财务报告，下同）的使用者包括投资者、债权人、政府及其有关部门和社会公众等。由于投资者是企业资本的主要提供者，将投资者作为企业财务报告的首要使用者，体现了保护投资者利益的要求。企业的债权人（如企业贷款人、供应商等）通常十分关心企业的偿债能力和财务风险，他们需要信息来评估企业能否如期支付贷款本金及其利息，能否如期支付所欠购货款等。政府及其有关部门作为经济管理和监管部门，通常关心经济资源分配是否公平、合理，市场经济秩序是否公正、有序，宏观决策所依据信息是否真实可靠等，因此，他们需要会计信息来监管企业的经济活动。社会公众关心企业发展前景及其能力、经营效益及其效率等，也是财务报告的信息使用者。

（2）提供与企业财务状况、经营成果和现金流量等有关的会计信息。

（3）反映管理层受托责任的履行情况，有助于财务报告使用者作出经济决策。体现了我国会计目标中受托责任观和决策有用观思想的融合：会计目标在于提供有用的会计信息，会计信息的有用性表现在有助于经济决策和反映受托责任两个方面，无论是反映受托经管责任还是有助于经济决策，都是通过会计所提供的信息来实现的。

● 任务2　会计基本假设与会计基础

一、会计基本假设

会计基本假设，又称会计基本前提，是会计确认、计量和报告的前提，是对会计核算所处时间、空间环境等所作的合理假定。会计基本假设包括会计主体、持续经营、会计分期和货币计量。

（一）会计主体

会计主体，是指企业会计确认、计量和报告的空间范围。为了向财务报告使用者反映企业财务状况、经营成果和现金流量，提供决策有用的信息，会计核算和财务报告的编制应当集中于反映特定对象的活动，并将其与其他经济实体区别开来。

在会计主体假设下，企业应当对其本身发生的交易或事项进行会计确认、计量和报告，反映企业本身所从事的各项生产经营活动和其他相关活动。明确界定会计主体是开展会计确认、计量和报告工作的重要前提。

明确会计主体，才能划定会计所要处理的各项交易或事项的范围。在会计工作中，只有那些影响企业本身经济利益的各项交易或事项才能加以确认、计量和报告。

明确会计主体，才能将会计主体的交易或者事项与会计主体所有者的交易或者事项以及其他会计主体的交易或者事项区分开来。例如，企业所有者的交易或者事项是属于企业所有者所发生的，不应纳入企业会计的核算范畴，但是企业所有者投入到企业的资本或者企业向所有者分配的利润，则属于企业所发生的交易或者事项，应当纳入企业会计的核算范畴。

会计主体不同于法律主体。一般来说，法律主体必然是一个会计主体。例如，一个企业作为一个法律主体，应当建立财务会计系统，独立反映其财务状况、经营成果和现金流量。但是，会计主体不一定是法律主体。例如，在一个企业集团中，一个母公司拥有若干个子公司，母子公司虽然是不同的法律主体，但是母公司对于子公司拥有控制权，为了全面反映企业集团的财务状况、经营成果和现金流量，就有必要将企业集团作为一个会计主体，编制合并财务报表。

【例1-1】某母公司拥有5家子公司，母子公司均为不同的法律主体，但母公司对子公司拥有控制权，为了全面反映由母子公司组成的企业集团整体的财务状况、经营成果和现金流量，就需要将企业集团作为一个会计主体，编制合并财务报表。

【例1-2】某基金管理公司管理了10只证券投资基金。对该公司而言，一方面，公司本身既是法律主体，又是会计主体，需要以公司为主体核算各项经济活动，以反映整个公司的财务状况、经营成果和现金流量；另一方面，各只基金尽管不属于法律主体，但需要单独核算，并向基金持有人定期披露基金的财务状况和经营成果等，因此，每只基金也属于会计主体。

【提示】在我国，企业有三种形式，即公司、合伙企业和独资企业，其中合伙企业和独资企业就不是独立的法律主体，但它们独立经营、自负盈亏，向外报送财务报告，是会计主体。再比如一些公司的分公司，也不是法律主体，但属于会计主体。

（二）持续经营

持续经营，是指在可以预见的将来，企业将会按当前的规模和状态继续经营下去，不会停业，也不会大规模削减业务。在持续经营的前提下，会计确认、计量和报告应当以企业持续、正常的生产经营活动为前提。

企业是否持续经营，在会计原则、会计方法的选择上有很大差别。一般情况下，应当假定企业将会按照当前的规模和状态持续经营下去。明确这个基本假设，就意味着会计主体将按照既定用途使用资产，按照既定的合约条件清偿债务，会计人员就可以在此基础上选择会计原则和会计方法。如果判断企业会持续经营，就可以假定企业的固定资产在持续经营的生产经营过程中长期发挥作用，并服务于生产经营过程，固定资产就可以根据历史成本进行记录，并采用一定的折旧方法，将历史成本分摊到各个会计期间或相关产品的成本中。如果判断企业不会持续经营，固定资产就不应采用历史成本进行记录并按期计提折旧。

如果一个企业在不能持续经营时仍按持续经营基本假设选择会计确认、计量、报告的原则和方法，就不能客观地反映企业的财务状况、经营成果和现金流量，会误导会计信息使用者的经济决策。

【例1-3】某企业购入一条生产线，预计使用寿命为10年，考虑到该企业将会持续经营下去，因此可以假定企业的固定资产会在持续的生产经营过程中长期发挥作用，并服务于生产经营过程，即不断地为企业生产产品，直至生产线使用寿命结束。为此，该生产线就应当根据历史成本进行记录，并采用折旧的方法，将历史成本分摊到预计使用寿命期间所生产的相关产品的成本当中。

（三）会计分期

会计分期，是指将一个企业持续经营的生产经营活动划分为一个个连续的、长短相同的期间。会计分期的目的，在于通过会计期间的划分，将持续经营的生产经营活动划分成连续、相等的期间，据以计算盈亏，按期编制财务报告，从而及时地向财务报告使用者提供有关企业财务状况、经营成果和现金流量的信息。

在会计分期假设下，企业应当划分会计期间，分期结算账目和编制财务报告。会计分期是指将一个会计主体持续的生产经营活动过程人为地划分为若干个相等的会计期间，以便分期结算账目和编制财务报告。会计期间分为年度和中期。会计年度是基本的会计期间。我国企业的会计期间按年度划分，以日历年度为一个会计年度，即从每年的公历1月1日至12月31日作为一个会计期间。会计中期是指短于一个完整的会计年度的报告期间。年度、半年度、季度和月度均按公历起讫日期确定。企业会计制度中所称会计期间的期末，是指月末、季末、半年末和年末。

由于会计分期，才产生了当期与以前期间、以后期间的差别，才使不同类型的会计主体有了记账的基准，进而孕育出折旧、摊销等会计处理方法。这一基本假设的主要意义在于：界定会计信息的时间段落，为分期结算账目、编制财务报告以及相关会计原则的使用奠定了理论和实务基础。

（四）货币计量

货币计量是指会计核算必须以货币作为统一计量单位，计量企业的经济活动，并假设货币本身的价值是稳定不变的。

在会计核算过程中之所以选定货币为计量单位，是由货币的本身属性决定的。货币是商品的一般等价物，是衡量一般商品价值的共同尺度。其他的计量单位，如台、件等，只能从一个侧面反映企业的生产经营情况，无法在量上进行汇总和比较，不便于管理和会计计量。所以，为了全面反映企业的生产经营情况、业务收支情况，会计选定货币作为计量单位，实物计量和劳动时间计量作为辅助计量单位。

货币计量有两层含义：一是记账本位币的选择；二是币值稳定的假设。在我国，企业会计要求以人民币为记账本位币。我国会计准则规定："企业的会计核算以人民币为记账本位币。业务收支以人民币以外的货币为主的企业，可以选定其中一种货币作为记账本位币，但是编报的财务报告应当折算为人民币。在境外设立的中国企业向国内报送的财务报告，应当折算为人民币。"

【提示】"人民币以外的货币"是一种维护国家主权的准确提法，不可以将其替换为"外币"，因为我国的货币单位除人民币以外还包括港币、澳元和台币，如果将其称为"外币"就相当于不承认中国对这些地区的国家主权。

会计核算的四项基本前提，具有相互依存、相互补充的关系。会计主体确立了会计核算的空间范围，持续经营与会计分期确立了会计核算的时间长度，而货币计量则为会计核算提供了必要手段，没有会计主体，就不会有持续经营；没有持续经营，就不会有会计分期；没有货币计量，就不会有现代会计。

二、会计基础

企业会计的确认、计量和报告应当以权责发生制为基础。权责发生制基础要求，凡是当期已经实现的收入和已经发生或应当负担的费用，无论款项是否收付，都应当作为当期的收入和费用，计入利润表；凡是不属于当期的收入和费用，即使款项已在当期收付，也不应当作为当期的收入和费用。

在实务中，企业交易或者事项的发生时间与相关货币收支时间有时并不完全一致。例如，款项已经收到，但销售并未实现；或者款项已经支付，但并不是为本期生产经营活动而发生的。收付实现制是与权责发生制相对应的一种会计基础，它以收到或支付的现金及其时点作为确认收入和费用等的依据。为了更加真实、公允地反映特定会计期间的财务状况和经营成果，基本准则明确规定，企业在会计确认、计量和报告中应当以权责发生制为基础。目前，我国的行政单位会计采用收付实现制，事业单位会计除经营业务可以采用权责发生制外，其他大部分业务采用收付实现制。

【练一练】

某企业在2015年9月份发生的经济业务见表1-1。在两种会计基础下，请确认收入和费用的归属期。

表1-1　**某企业在2015年9月份发生的经济业务**

经　济　业　务	权责发生制	收付实现制
1.9月19日销售同时收款		
2.9月19日收款，合同约定11月10日交付商品		
3.9月19日销售，10月5日收款		
4.9月19日购入办公用品一批且付款		
5.9月19日预付明年全年房租		
6.9月19日预提当月房租（协议约定全年房租于年底一次付清）		

【想一想】

收付实现制与权责发生制的主要区别是什么？

● 任务3　会计信息质量要求

会计信息质量要求是对企业财务报告中所提供会计信息质量的基本要求，是使财务报告中所提供的会计信息对投资者等信息使用者决策有用应具备的基本特征，它主要包括可靠性、相关性、可理解性、可比性、实质重于形式、重要性、谨慎性和及时性等。

一、可靠性

可靠性要求企业应当以实际发生的交易或者事项为依据进行确认、计量和报告，如实反映符合确认和计量要求的会计要素及其相关信息，保证会计信息真实可靠、内容完整。

会计信息要有用，必须以可靠为基础，如果财务报告所提供的会计信息是不可靠的，就会对投资者等信息使用者的决策产生误导甚至带来损失。为了贯彻可靠性要求，企业应当做到：

（1）以实际发生的交易或者事项为依据进行确认、计量，将符合会计要素定义及其确认条件的资产、负债、所有者权益、收入、费用和利润等如实反映在财务报告中。

（2）在符合重要性和成本效益原则的前提下，保证会计信息的完整性，其中包括应当编报的报表及其附注内容等应当保持完整，不能随意遗漏或者减少应予披露的信息。

（3）包括在财务报告中的会计信息应当是中立的、无偏的。如果企业在财务报告中为了达到事先设定的结果或效果，通过选择或列示有关会计信息以影响决策和判断，这样的财务报告信息就不是中立的。

【例1-4】 某公司于20×6年年末发现公司销售萎缩，无法实现年初确定的销售收入目标，但考虑到在20×7年春节前后，公司销售可能会出现较大幅度的增长，因而提前预计库存商品销售，在20×6年年末编制了若干虚假的存货出库凭证，并确认销售收入的实现。该公司的这一账务处理没有以其实际发生的交易或者事项为依据，因此违背了会计信息质量要求中的可靠性原则，也违背了我国会计法的规定。

二、相关性

相关性要求企业提供的会计信息应当与投资者等财务报告使用者的经济决策需要相关，有助于投资者等财务报告使用者对企业过去、现在或未来的情况作出评价或者预测。

会计信息是否有用，是否具有价值，关键看其与使用者的决策需要是否相关，是否有助于决策或者提高决策水平。相关的会计信息应当能够有助于使用者评价企业过去的决策，证实或者修正过去的有关预测，因而具有反馈价值。相关的会计信息还应当具有预测价值，有助于使用者根据财务报告所提供的会计信息预测企业未来的财务状况、经营结果和现金流量。例如，区分收入和利得、费用和损失，区分流动资产和非流动资产、流动负债和非流动负债以及适度引入公允价值等，都可以提高会计信息的预测价值，进而提高会计信息的相关性。

会计信息质量的相关性要求，需要企业在确认、计量和报告会计信息的过程中，充分考虑使用者的决策模式和信息需要。但是，相关性是以可靠性为基础的，两者之间并不矛盾，不应将两者对立起来。也就是说，会计信息应在可靠性前提下，尽可能地做到相关，以满足投资者等财务报告使用者的决策需要。

三、可理解性

可理解性要求企业提供的会计信息应当清晰明了，便于投资者等财务报告使用者理解和使用。

企业编制财务报告、提供会计信息的目的在于使用，而要想让使用者有效使用会计信息，就应当让其了解会计信息的内涵，弄懂会计信息的内容，这就要求财务报告所提供的会计信息应当清晰明了，易于理解。只有这样，才能提高会计信息的相关性，实现财务报告的目标，满足向投资者等财务报告使用者提供决策有用信息的要求。

会计信息是一种专业性较强的信息，在强调会计信息的可理解性要求的同时，还应假定使用者具有一定的有关企业经营活动和会计方面的知识，并且愿意付出努力去研究这些信息。对于某些复杂的信息，如交易本身较为复杂或者会计处理较为复杂，但如其与使用者的经济决策相关，企业就应当在财务报告中充分披露。

四、可比性

可比性要求企业提供的会计信息应当相互可比，主要包括两层含义：

（1）同一企业不同时期可比。为了便于投资者等财务报告使用者了解企业财务状况、经营成果和现金流量的变化趋势，比较企业在不同时期的财务报告信息，全面、客观地评价过去、预测未来，从而作出决策，会计信息质量的可比性要求同一企业不同时期发生的相同或者相似的交易或者事项，应当采用一致的会计政策，不得随意变更。但是，满足会计信息可比性要求，并非表明企业不得变更会计政策，如果按照规定或者在会计政策变更后可以提供更可靠、更相关的会计信息，可以变更会计政策。有关会计政策变更的情况，应当在附注中予以说明。

（2）不同企业相同会计期间可比。为了便于投资者等财务报告使用者评价不同企业的财务状况、经营成果和现金流量及其变动情况，会计信息质量的可比性要求不同企业同一会计期间发生的相同或者相似的交易或者事项，应当采用规定的会计政策，确保会计信息口径一致、相互可比，以使不同企业按照一致的确认、计量和报告要求提供有关会计信息。

五、实质重于形式

实质重于形式要求企业应当按照交易或者事项的经济实质进行会计确认、计量和报告，不仅仅以交易或者事项的法律形式为依据。

企业发生的交易或者事项在多数情况下，其经济实质和法律形式是一致的。但在有些情况下，会出现不一致。例如，以融资租赁方式租入的资产，虽然从法律形式来讲企业并不拥有其所有权，但是由于租赁合同中规定的租赁期相当长，往往接近于该资产的使用寿命；租赁期结束时承租企业有优先购买该资产的选择权；在租赁期内承租企业有权支配资产并从中受益等，从其经济实质来看，企业能够控制融资租入资产所创造的未来经济利益，在会计确认、计量和报告上就应当将以融资租赁方式租入的资产视为企业的资产，列入企业的资产负债表。

【例 1-5】 企业在销售某商品的同时又与客户签订了售后回购协议。在这种情况下，就需要按照销售的经济实质来判断是否应当确认销售收入。如果企业已将商品所有权上的主要风险和报酬转移给购货方，满足了收入确认的各项条件，则销售实现，应当确认收入；如果企业没有将商品所有权上的主要风险和报酬转移给购货方，没有满足收入确认的各项条件，即使企业已将商品交付给购货方，销售也没有实现，不应当确认收入。通常应当将该售后回购协议作为融资协议来处理。

六、重要性

重要性要求企业提供的会计信息应当反映与企业的财务状况、经营成果和现金流量有关的所有重要交易或者事项。

在实务中，如果某会计信息的省略或者错报会影响投资者等财务报告使用者据此作出决策，该信息就具有重要性。重要性的应用需要依赖职业判断，企业应当根据其所处环境和实际情况，从项目的性质和金额大小两方面加以判断。

七、谨慎性

谨慎性要求企业对交易或者事项进行会计确认、计量和报告应当保持应有的谨慎，不应高估资产或者收益、低估负债或者费用。

在市场经济环境下，企业的生产经营活动面临着许多风险和不确定性，如应收款项的可收回性、固定资产的使用寿命、无形资产的使用寿命、售出存货可能发生的退货或者返修等。会计信息质量的谨慎性要求，需要企业在面临不确定性因素的情况下作出职业判断时，应当保持应有的谨慎，充分估计各种风险和损失，既不高估资产或者收益，也不低估负债或者费用。例如，要求企业对可能发生的资产减值损失计提资产减值准备、对售出商品可能发生的保修义务等确认预计负债等，就体现了会计信息质量的谨慎性要求。

八、及时性

及时性要求企业对于已经发生的交易或者事项，应当及时进行确认、计量和报告，不得提前或延后。

会计信息的价值在于帮助所有者或者其他方面作出经济决策，具有时效性。即使是可靠、相关的会计信息，如果不及时提供，就失去了时效性，对于使用者的效用大大降低，甚至不再具有实际意义。在会计确认、计量和报告过程中贯彻及时性，一是要求及时收集会计信息，即在经济交易或者事项发生后，及时收集整理各种原始单据或者凭证；二是要求及时处理会计信息，即按照会计准则的规定，及时对经济交易或者事项进行确认或者计量，并编制财务报告；三是要求及时传递会计信息，即按照国家规定的有关时限，及时地将编制的财务报告传递给财务报告使用者，便于其及时使用和决策。

在实务中，为了及时提供会计信息，可能需要在有关交易或者事项的信息全部获得之前即进行账务处理，从而满足会计信息的及时性要求，但可能会影响会计信息的可靠性；反之，如果企业等到与交易或者事项有关的全部信息获得之后再进行账务处理，这样的信息披露可能会由于时效性问题，使其对于投资者等财务报告使用者决策的相关性大大降低。这就需要在及时性和可靠性之间进行权衡，以最好地满足投资者等财务报告使用者的经济决策需要为判断标准。

● 任务4　会计要素及计量属性

会计要素是根据交易或者事项的经济特征所确定的财务会计对象和基本分类。会计要素按照其性质分为资产、负债、所有者权益、收入、费用和利润，其中，资产、负债和所有者权益要素侧重于反映企业的财务状况，收入、费用和利润要素侧重于反映企业的经营成果。

一、会计要素及其确认

（一）资产

1.资产的定义和特征

资产是指企业过去的交易或者事项形成的，由企业拥有或者控制的，预期会给企业带来经济利益的资源。根据资产的定义，资产具有以下几个方面的特征：

（1）资产预期会给企业带来经济利益。它是指资产直接或者间接导致现金或现金等价物流入企业的潜力。这种潜力可以来自企业日常的生产经营活动，也可以是非日常活动；带来的经济利益可以是现金或现金等价物，或者是可以转化为现金或现金等价物的形式，或者是可以减少现金或现金等价物流出的形式。

预期能为企业带来经济利益是资产的重要特征。例如，企业采购的原材料、购置的固定资产等可以用于生产经营过程制造商品或者提供劳务，对外出售后收回货款，货款即为企业所获得的经济利益。如果某一项目预期不能给企业带来经济利益，那么就不能将其确认为企业的资产。前期已经确认为资产的项目，如果不能再为企业带来经济利益，也不能再确认为企业的资产。

（2）资产应为企业拥有或者控制的资源。资产作为一种资源，应当由企业拥有或者控制，具体是指企业享有某项资源的所有权，或者虽然不享有某项资源的所有权，但该资源能被企业所控制。

企业享有资产的所有权，通常表明企业能够排他性地从资产中获取经济利益。通常在判断资产是否存在时，所有权是考虑的首要因素。在有些情况下，资产虽然不为企业所拥有，即企业并不享有其所有权，但企业控制了这些资产，同样表明企业能够从资产中获取经济利益，符合会计上对资产的定义。如果企业既不拥有也不控制资产所能带来的经济利益，就不能将其作为企业的资产予以确认。

（3）资产是由企业过去的交易或者事项形成的。过去的交易或者事项包括购买、生产、建造行为以及其他交易或者事项，只有过去的交易或者事项才能产生资产，企业预期在未来发生的交易或者事项不形成资产。例如，企业有购买某项存货的意愿或者计划，但是购买行为尚未发生，就不符合资产的定义，不能因此而确认存货资产。

2.资产的确认条件

将一项资源确认为资产，需要符合资产的定义，还应同时满足以下两个条件：

（1）与该资源有关的经济利益很可能流入企业。从资产的定义可以看到，能带来经济利益是资产的一个本质特征，但在现实生活中，由于经济环境瞬息万变，与资源有关的经济利益能否流入企业或者能够流入多少实际上带有不确定性。因此，资产的确认还应与经济利益流入的不确定性程度的判断结合起来。如果根据编制财务报表时所取得的证据，判断与资源有关的经济利益很可能流入企业，那么就应当将其作为资产予以确认；反之，不能确认为资产。

（2）该资源的成本或者价值能够可靠地计量。可计量性是所有会计要素确认的重要前提，资产的确认也是如此。只有当有关资源的成本或者价值能够可靠地计量时，资产才能予以确认。在实务中，企业取得的许多资产都需要付出成本。例如，企业购买或者生产的存货、企业购置的厂房或者设备等，对于这些资产，只有实际发生的成本或者生产成本能够可靠计量时，才能视为符合资产确认的可计量性条件。在某些情况下，企业取得的资产没有发生实际成本或者发生的实际成本很小，例如，企业持有的某些衍生金融工具形成的资产，对于这些资产，尽管它们没有实际成本或者发生的实际成本很小，但是如果其公允价值能够可靠计量，也被认为符合资产确认的可计量性条件。

3.资产的分类

企业的资产按其流动性不同，分为流动资产和非流动资产。

（1）流动资产。它是指预计在一个正常营业周期中变现、出售或耗用，或者主要为交易目的而持有，或者预计在资产负债表日起一年内（含一年）变现的资产，以及自资产负债表日起一年内交换其他资产或清偿负债的能力不受限制的现金或现金等价物。其主要包括货币资金、交易性金融资产、应收及预付款项、存货等。

货币资金是指处于货币形态的资金，包括库存现金、银行存款和其他货币资金。

交易性金融资产是指企业为了近期内出售而持有的金融资产，包括以赚取差价为目的从二级市场购入的股票、债券、基金等。

应收及预付款项主要包括应收款项，如应收账款、应收票据、其他应收款、应收利息、应收股利等，以及预付款项。

存货是指企业在日常经营活动中持有以备出售的库存商品，生产过程中的在产品、半成品，以及准备在生产过程中耗费的材料、燃料等，主要包括原材料、周转材料、半成品、库存商品、委托加工物资和燃料等。

（2）非流动资产。它是指流动资产以外的资产，包括持有至到期投资、可供出售金融资产、长期股权投资、投资性房地产、固定资产、无形资产和长期待摊费用等。

持有至到期投资是指到期日固定、回收金额固定或可确定，且企业有明确意图和能力持有至到期的非衍生金融资产。

可供出售金融资产是指初始确认时即被指定为可供出售的非衍生金融资产，以及除以公允价值计量且其变动计入当期损益的金融资产、持有至到期投资、贷款和应收款项以外的金融资产。

长期股权投资是指长期持有，不准备随时出售，投资企业作为被投资企业的股东，按所持股份比例享有权益并承担责任。

投资性房地产是指为了赚取租金或资本增值，或两者兼有而持有的房地产。

固定资产是指为生产商品、提供劳务、出租或经营管理而持有的，使用寿命超过一个会计期间的有形资产，包括房屋及建筑物、机器设备、运输设备、工具器具等。

无形资产是指企业拥有或者控制的没有实物形态的可辨认非货币性资产，包括专利权、非专利技术、商标权、著作权、土地使用权、特许权等。

长期待摊费用是指企业已经发生但应由本期和以后各期负担的、分摊期限在一年以上（不含一年）的各项费用，包括以经营租赁方式租入固定资产发生的改良支出等。

资产的构成如图1-1所示。

（二）负债

1.负债的定义和特征

负债是指企业过去的交易或者事项形成的，预期会导致经济利益流出企业的现时义务。根据负债的定义，负债具有以下几个方面的特征：

（1）负债是企业承担的现时义务。这里的现时义务是指企业在现行条件下已承担的义务。未来发生的交易或者事项形成的义务，不属于现时义务，不应当确认为负债。

这里所指的义务可以是法定义务，也可以是推定义务。其中，法定义务是指具有约束力的合同或者法律、法规规定的义务，通常在法律意义上需要强制执行。例如，企业购买原材料形成应付账款、企业向银行贷入款项形成借款、企业按照税法规定应当缴纳的税款等，均属于企业承担的法定义务，需要依法予以偿还。推定义务是指根据企业多年来的习惯做法、公开的承诺或者公开宣布的经营政策而导致企业将承担的责任，这些责任也使有关各方形成了企业将履行义务承担责任的合理预期。例如，某企业多年来实行一项销售政策，对于售出商品提供一定期限的售后保修服务，预期将为售出商品提供的保修服务就属于推定义务，应当将其确认为一项负债。

- 资产
  - 流动资产
    - 库存现金
    - 银行存款
    - 交易性金融资产
    - 应收票据
    - 应收账款
    - 预付账款
    - 应收利息
    - 应收股利
    - 其他应收款
    - 存货
    - ⋮
  - 非流动资产
    - 长期股权投资
    - 持有至到期投资
    - 固定资产
    - 在建工程
    - 工程物资
    - 无形资产
    - ⋮

图1-1　资产的构成

（2）负债预期会导致经济利益流出企业。这也是负债的一个本质特征，只有在履行义务时会导致经济利益流出企业的，才符合负债的定义。在履行现时义务清偿负债时，导致经济利益流出企业的形式多种多样，例如，用现金偿还或以实物资产偿还；以提供劳务形式偿还；部分转移资产、部分提供劳务形式偿还；将负债转为资本等。

（3）负债是由企业过去的交易或者事项形成的。换句话说，只有过去的交易或者事项才形成负债，企业在未来发生的承诺、签订的合同等交易或者事项不形成负债。

2.负债的确认条件

将一项现时义务确认为负债，需要符合负债的定义，还需要同时满足以下两个条件：

（1）与该义务有关的经济利益很可能流出企业。从负债的定义可以看出，预期会导致经济利益流出企业是负债的一个本质特征。在实务中，履行义务所需流出的经济利益带有不确定性，尤其是与推定义务相关的经济利益通常依赖于大量的估计。因此，负债的确认应当与对经济利益流出的不确定性程度的判断结合起来，如果有确凿证据表明，与现时义务有关的经济利益很可能流出企业，就应当将其作为负债予以确认；反之，如果企业承担了现时义务，但是导致企业经济利益流出的可能性很小，就不符合负债的确认条件，不应将其作为负债予以确认。

（2）未来流出的经济利益的金额能够可靠地计量。负债的确认在考虑经济利益流出企业的同时，对于未来流出的经济利益的金额应当能够可靠计量。对于与法定义务有关的经济利益流出金额，通常可以根据合同或者法律规定的金额予以确定，考虑到经济利益流出的金额通常在未来期间，有时未来期间较长，有关金额的计量需要考虑货币时间价值等因素的影响。对于与推定义务有关的经济利益流出金额，企业应当根据履行相关义务所需支出的最佳估计数进行估计，并综合考虑有关货币时间价值、风险等因素的影响。

3.负债的分类

企业的负债按其流动性不同，分为流动负债和非流动负债。

（1）流动负债。它是指预计在一个正常营业周期中清偿，或者主要为交易目的而持有，或者自资产负债表日起一年内（含一年）到期应予以清偿或者企业无权自主地将清偿推迟至资产负债表日后一年以上的负债。其主要包括短期借款、应付及预收款项、应交税费等。

短期借款是指企业向银行或其他金融机构部门借入的偿还期在一年内（含一年）的各种借款。

应付及预收款项包括应付款项，如应付账款、应付票据、应付职工薪酬、其他应付款、应付利息、应付股利等，以及预收款项。

应交税费是指根据规定应缴纳的各种税费，包括增值税、消费税、资源税、城市维护建设税、所得税、教育费附加等。

（2）非流动负债。它是指流动负债以外的负债，主要包括长期借款、应付债券、长期应付款等。

长期借款是指企业向银行或其他金融机构部门借入的、偿还期在一年以上的各种借款。

应付债券是指企业为筹集长期资金而面向社会公众发行的、约定在一定日期或分期偿还本金，并按期付息的一种有价证券。

长期应付款是指除长期借款和应付债券以外的其他各种长期应付款项，如应付融资租入固定资产的租赁费等。

负债的构成如图 1-2 所示。

- 负债
  - 流动资产
    - 短期借款
    - 应付票据
    - 应付账款
    - 预收账款
    - 应付职工薪酬
    - 应交税费
    - 应付利息
    - 应付股利
    - 其他应付款
    - ⋮
  - 非流动负债
    - 长期借款
    - 应付债券
    - 长期应付款
    - ⋮

图 1-2　负债的构成

（三）所有者权益

1.所有者权益的定义

所有者权益是指企业资产扣除负债后，由所有者享有的剩余权益。公司的所有者权益又称为股东权益。所有者权益是所有者对企业资产的剩余索取权，它是企业的资产扣除债权人权益后应由所有者享有的部分，既可反映所有者投入资本的保值增值情况，又体现了保护债权人权益的理念。

2.所有者权益的来源构成

《企业会计准则第30号——财务报表列报》规定，所有者权益类应当按照实收资本（或股本）、资本公积、其他综合收益、盈余公积、未分配利润等项目分项列示，如图1-3所示。

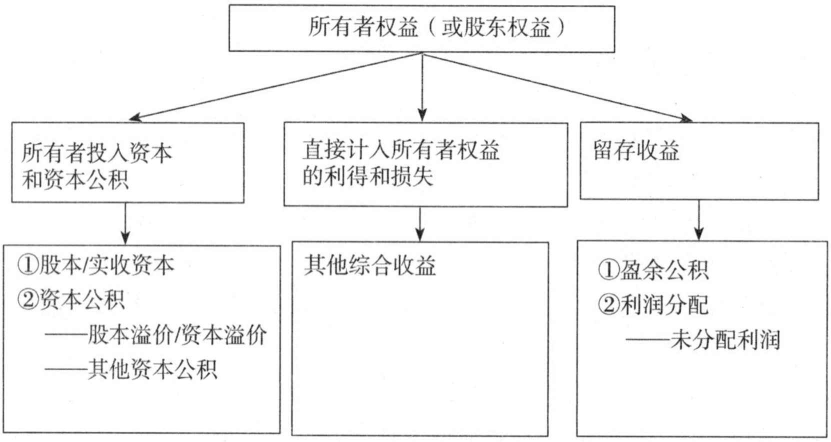

图1-3 所有者权益的构成

（1）所有者投入的资本是指所有者所有投入企业的资本部分，它既包括构成企业注册资本或者股本的金额，也包括投入资本超过注册资本或股本部分的金额，这部分投入资本作为资本公积（资本溢价或股本溢价）反映。

（2）资本公积是企业收到的投资者出资额超出其在注册资本（或股本）中所占份额的部分，以及其他资本公积等。资本公积包括资本溢价（或股本溢价）和其他资本公积等。其他资本公积是指除净损益、其他综合收益和利润分配以外所有者权益的其他变动，如企业的长期股权投资采用权益法核算时，因被投资单位除净损益、其他综合收益和利润分配以外所有者权益的其他变动，投资企业按应享有份额而增加或减少的资本公积。

（3）其他综合收益是指企业根据其他会计准则规定未在当期损益中确认的各项利得和损失。

①以后会计期间不能重分类进损益的其他综合收益项目，主要包括：

a.重新计量设定受益计划净负债或净资产导致的变动。根据《企业会计准则第9号——职工薪酬》，有设定受益计划形式离职后福利的企业应当将重新计量设定受益计划净负债或净资产导致的变动计入其他综合收益，并且在后续会计期间不允许转回至损益。

例如，企业与职工签订合同，职工在企业继续工作10年至60岁退休（假定今年职工51岁），退休后每年额外给职工10万元，直至职工去世，那么这部分金额企业就需要在职工提供服务的期间确认费用，如果企业预计职工退休后能活10年，但是如果职工活了超过10年甚至更长，那么这部分超过企业预算的金额应计入其他综合收益。

b.按照权益法核算的在被投资单位不能重分类进损益的其他综合收益变动中所享有的份额。根据《企业会计准则第2号——长期股权投资》，应当按照应享有或应分担的被投资单位其他综合收益的份额，确认其他综合收益，同时调整长期股权投资的账面价值。投资单位在确定应享有或应分担的被投资单位其他综合收益的份额时，该份额的性质取决于被投资单位的其他综合收益的性质，即如果被投资单位的其他综合收益属于“以后会计期间不能重分类进损益”类别，则投资方确认的份额也属于“以后会计期间不能重分类进损益”类别。

②以后会计期间在满足规定条件时将重分类进损益的其他综合收益项目，主要包括：

a.按照权益法核算的在被投资单位可重分类进损益的其他综合收益变动中所享有的份额。

b.可供出售金融资产公允价值变动形成的利得或损失、持有至到期投资重分类为可供出售金融资产形成的利得或损失。

c.现金流量套期工具产生的利得或损失中属于有效套期的部分。

d.外币财务报表折算差额。

e.根据《企业会计准则第3号——投资性房地产》，自用房地产或作为存货的房地产转换为以公允价值模式计量的投资性房地产在转换日公允价值大于账面价值的部分。

（4）留存收益是企业历年实现的净利润留存于企业的部分，主要包括盈余公积和未分配利润。

3.所有者权益的确认条件

所有者权益体现的是所有者在企业中的剩余权益，因此，其确认主要依赖于其他会计要素，尤其是资产和负债的确认；所有者权益金额的确定也主要取决于资产和负债的计量。例如，企业接受投资者投入的资产，在该资产符合资产确认条件时，就相应地符合了所有者权益的确认条件；当该资产的价值能够可靠计量时，所有者权益的金额也就可以确定了。

（四）收入

1.收入的定义和特征

收入是指企业在日常活动中形成的、会导致所有者权益增加的、与所有者投入资本无关的经济利益的总流入。根据收入的定义，收入具有以下几个方面的特征：

（1）收入是企业在日常活动中形成的。日常活动是指企业为完成其经营目标所从事的经常性活动以及与之相关的活动。例如，工业企业制造并销售产品即属于企业的日常活动。明确界定日常活动是为了将收入与利得相区分，因为企业非日常活动所形成的经济利益的流入不能确认为收入，而应当计入利得。

（2）收入是与所有者投入资本无关的经济利益的总流入。收入应当会导致经济利益的流入，从而导致资产的增加。例如，企业销售商品，应当收到现金或者有权在未来收到现金，才表明该交易符合收入的定义。但是在实务中，经济利益的流入有时是所有者投入资本的增加所导致的，所有者投入资本的增加不应当确认为收入，应当将其直接确认为所有者权益。

（3）收入会导致所有者权益的增加。与收入相关的经济利益的流入应当会导致所有者权益的增加，不会导致所有者权益增加的经济利益的流入不符合收入的定义，不应确认为收入。例如，企业向银行借入款项，尽管也导致了企业经济利益的流入，但该流入并不导致所有者权益的增加，反而使企业承担了一项现时义务。因此，企业对于因借入款项所导致的经济利益的增加，不应将其确认为收入，应当确认为一项负债。

2.收入的确认条件

企业收入的来源渠道多种多样，不同收入来源的特征有所不同，其收入确认条件也往往存在差别，如销售商品、提供劳务、让渡资产使用权等。一般而言，收入只有在经济利益很可能流入从而导致企业资产增加或者负债减少，且经济利益的流入额能够可靠计量时才能予以确认。收入的确认至少应当符合以下条件：一是与收入相关的经济利益应当很可能流入企业；二是经济利益流入企业的结果会导致资产的增加或者负债的减少；三是经济利益的流入额能够可靠计量。

3.收入的分类

根据企业所从事的日常活动的内容，企业的收入包括销售商品收入、提供劳务收入和让渡资产使用权收入。根据重要性要求，企业的收入可以分为主营业务收入和其他业务收入。

主营业务收入是指企业销售商品、提供劳务等主营业务所实现的收入；其他业务收入是指企业除主营业务活动以外的其他经营活动实现的收入，如工业企业出租固定资产、出租无形资产、出租包装物和商品、销售材料等实现的收入。

【提示】我国的会计准则中对收入的定义是狭义的收入，一般指的是营业收入。广义的收入除了营业收入外，还包括营业外收入。营业外收入是指企业发生的与其生产经营活动无直接关系的各项收入，包括处置固定资产净收益、处置无形资产净收益和罚款净收入等。

（五）费用

1.费用的定义和特征

费用是指企业在日常活动中发生的、会导致所有者权益减少、与向所有者分配利润无关的经济利益的总流出。根据费用的定义，费用具有以下几个方面的特征：

（1）费用是企业在日常活动中形成的。这些日常活动的界定与收入定义中涉及的日常活动的界定相一致。日常活动所产生的费用通常包括销售成本（营业成本）、职工薪酬、折旧费、无形资产摊销等。将费用界定为日常活动所形成的，目的是将其与损失相区分，企业非日常活动所形成的经济利益的流出不能确认为费用，而应当计入损失。

（2）费用是与向所有者分配利润无关的经济利益的总流出。费用的发生应当会导致经济利益的流出，从而导致资产的减少或者负债的增加，其表现形式包括现金或现金等价物的流出，存货、固定资产和无形资产等的流出或者消耗等。企业向所有者分配利润也会导致经济利益的流出，而该经济利益的流出属于所有者权益的抵减项目，不应确认为费用，应当将其排除在费用的定义之外。

（3）费用会导致所有者权益的减少。与费用相关的经济利益的流出应当会导致所有者权益的减少，不会导致所有者权益减少的经济利益的流出不符合费用的定义，不应确认为费用。

2.费用的确认条件

费用的确认除了应当符合定义外，还应当满足严格的条件，即费用只有在经济利益很可能流出从而导致企业资产减少或者负债增加，且经济利益的流出额能够可靠计量时才能予以确认。因此，费用的确认至少应当符合以下条件：一是与费用相关的经济利益应当很可能流出企业；二是经济利益流出企业的结果会导致资产的减少或者负债的增加；三是经济利益的流出额能够可靠计量。

3.费用的分类

费用按照经济用途进行分类，可分为营业成本和期间费用。

（1）营业成本。它是指企业本期已实现销售的产品成本和已对外提供劳务的成本。产品成本或劳务成本是企业为生产商品或提供劳务等所发生的应计入产品成本或劳务成本的各项费用，包括直接材料费、直接人工费和制造费用等。

（2）期间费用。它是指企业为组织和管理企业生产经营、筹集生产经营所需资金以及销售商品等而发生的各项费用。期间费用应在发生当期直接计入损益，并在利润表中分项目列示，包括管理费用、财务费用和销售费用等。

管理费用是指企业为组织和管理企业生产经营所发生的费用，包括企业在筹建期间内发生的开办费、董事会和行政管理部门在企业的经营管理中发生的或者应当由企业统一负担的公司经费、董事会费、聘请中介机构费、咨询费、业务招待费、技术转让费、研究费用等。

财务费用是指企业为筹集生产经营所需资金等而发生的筹资费用，包括利息支出（减利息收入）、汇兑损益和相关的手续费等。

销售费用是指企业在销售商品和材料、提供劳务的过程中发生的各种费用，包括运输费、装卸费、包装费、保险费、商品维修费、展览费和广告费以及为销售本企业商品而专设的销售机构的职工薪酬、业务费、折旧费等经营费用。

【提示】费用与成本的区别主要表现在：费用是资产的耗费，它与一定的会计期间相联系，而与生产哪一种产品无关；成本与一定种类和数量的产品相联系，而不论发生在哪一个会计期间。

（六）利润

1.利润的定义

利润是指企业在一定会计期间的经营成果。通常情况下，如果企业实现了利润，表明企业的所有者权益将增加；反之，如果企业发生亏损（即利润为负数），表明企业的所有者权益将减少。因此，利润往往是评价企业管理层业绩的一项重要指标，也是投资者等财务报告使用者进行决策时的重要参考。

2.利润的来源构成

利润包括收入减去费用后的净额、直接计入当期利润的利得和损失等。其中收入减去费用后的净额反映的是企业日常活动的业绩。

直接计入当期利润的利得和损失，是指应当计入当期损益、最终会引起所有者权益发生增减变动的、与所有者投入资本或者向所有者分配利润无关的利得或者损失。企业应当严格区分收入和利得、费用和损失，以更加全面地反映企业的经营业绩。利得和损失的构成如图1-4所示。

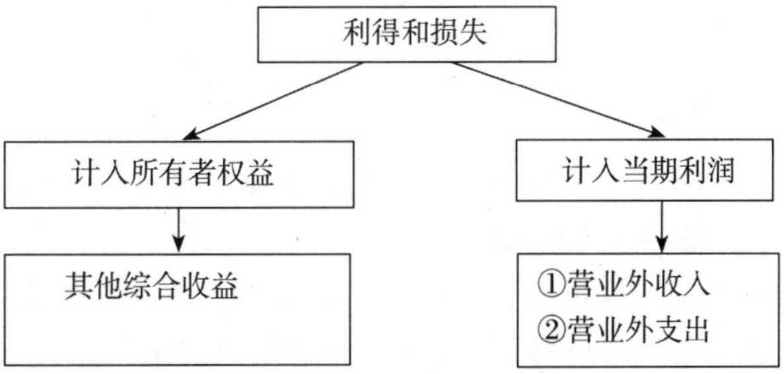

图1-4　利得和损失的构成

3.利润的确认条件

利润反映的是收入减去费用、利得减去损失后净额的概念。因此，利润的确认主要依赖于收入和费用以及利得和损失的确认，其金额的确定也主要取决于收入、费用、利得和损失金额的计量。

4.利润的分类

（1）营业利润，即营业收入减去营业成本、税金及附加、期间费用和资产减值损失，加上公允价值变动收益（减损失）和投资收益（减损失）后的余额。

（2）利润总额，即营业利润加上营业外收入，减去营业外支出后的金额。其中：营业外收入是企业发生的应直接计入当期利润的利得，包括非流动资产处置利得、非货币性资产交换利得、债务重组利得、政府补助利得、盘盈利得、捐赠利得等；营业外支出是企业发生的应直接计入当期利润的损失，包括非流动资产处置损失、非货币性资产交换损失、债务重组损失、非常损失、公益性捐赠支出、盘亏损失等。

（3）净利润，即利润总额减去所得税费用后的差额。

二、会计要素的计量属性

会计计量是为了将符合确认条件的会计要素登记入账并列报于财务报表而确定其金额的过程。企业应当按照规定的会计计量属性进行计量，确定相关金额。会计计量反映的是会计要素金额的确定基础，主要包括历史成本、重置成本、可变现净值、现值和公允价值等。

（1）历史成本。它又称为实际成本，是指取得或制造某项财产物资时所实际支付的现金或现金等价物。在历史成本计量下，资产按照其购置时支付的现金或现金等价物的金额，或者按照购置资产时所付出的对价的公允价值计量。负债按照其因承担现时义务而实际收到的款项或者资产的金额，或者承担现时义务的合同金额，或者按照日常活动中为偿还负债预期需要支付的现金或现金等价物的金额计量。

（2）重置成本。它又称为现行成本，是指按照当前市场条件，重新取得同样一项资产所需支付的现金或现金等价物金额。在重置成本计量下，资产按照现在购买相同或者相似资产所需支付的现金或现金等价物的金额计量。负债按照现在偿付该项债务所需支付的现金或现金等价物的金额计量。

（3）可变现净值。它是指在生产经营过程中，以预计售价减去进一步加工成本和销售所必需的预计税金、费用后的净值。在可变现净值计量下，资产按照其正常对外销售的所能收到现金或现金等价物的金额扣减该资产至完工时估计将要发生的成本、估计的销售费用以及相关税金后的金额计量。

（4）现值。它是指对未来现金流量以恰当的折现率进行折现后的价值，是考虑货币时间价值因素等的一种计量属性。在现值计量下，资产按照预计从其持续使用和最终处置中所产生的未来现金流入量的折现金额计量。负债按预计期限内需要偿还的未来现金流出量的折现金额计量。

（5）公允价值。它是指市场参与者在计量日发生的有序交易中，出售一项资产所能收到或者转移一项负债所需支付的价格。

企业在对会计要素进行计量时，一般应当采用历史成本。在某些情况下，为了提高会计信息质量，实现财务会计的目标，企业会计准则允许采用重置成本、可变现净值、现值、公允价值计量的，应当保证所确定的会计要素金额能够取得并可靠计量，如果这些金额无法取得或者可靠地计量，则不允许采用这些计量属性。

[案例分析]

案例资料和要求见本章［案例导入］，具体计算分析如下：

（1）收付实现制：收入=30 000+600+26 000=56 600（元）

费用=900+18 000+500=19 400（元）

（2）权责发生制：收入=80 000+1 900+18 000=99 900（元）

费用=900+500+1 200=2 600（元）

[项目小结]

本项目介绍了财务会计的目标、会计基本假设、会计信息质量特征、会计要素及其确认的条件和会计计量的属性以及我国企业会计准则。

财务会计的目标是为了通过向企业外部会计信息使用者提供有用的信息，帮助使用者作出相关决策。在会计主体、会计分期、持续经营和货币计量四项假设的基础上，为了使财务报告提供的信息能够满足使用者的需要，会计信息必须具备可靠性、可理解性、相关性、可比性、实质重于形式等质量特征。会计要素按照其性质分为资产、负债、所有者权益、收入、费用和利润。

[习题与实训]

一、单项选择题

1.明确（　　），才能划定会计所要处理的各项交易或事项的空间范围。

A.会计主体　　B.会计分期　　C.持续经营　　D.货币计量

2.下列对会计核算基本前提的表述中恰当的是（　　）。

A.持续经营和会计分期确定了会计核算的空间范围

B.一个会计主体必然是一个法律主体

C.货币计量为会计核算提供了必要的手段

D.会计主体确立了会计核算的时间范围

3.凡是当期已经实现的收入和已经发生或应当负担的费用，无论款项是否收付，都应当作为当期的收入和费用，计入利润表，这是企业（　　）的要求。

A.收付实现制　　B.会计分期　　C.货币计量　　D.权责发生制

4.下列事项中，不属于反映“会计信息质量要求”的是（　　）。

A.可靠性　　B.可比性　　C.实质重于形式　　D.历史成本

5.依据企业会计准则的规定，下列有关收入和利得的表述中，正确的是（　　）。

A.收入源于日常活动，利得源于非日常活动

B.收入会影响利润，利得也一定会影响利润

C.收入会导致经济利益的流入，利得不一定会导致经济利益的流入

D.收入会导致所有者权益的增加，利得不一定会导致所有者权益的增加

二、多项选择题

1.财务报告目标的主要内容包括（　　）。

A.向财务报告使用者提供与企业财务状况有关的会计信息

B.向财务报告使用者提供与企业经营成果有关的会计信息

C.反映企业管理层受托责任履行情况

D.反映国家宏观经济管理的需要

2.通常认为财务报告的目标有（　　）和（　　）两种。

A.权责发生制　　B.决策有用观　　C.收付实现制　　D.受托责任观

3.下列各项中，体现谨慎性要求的有（　　）。

A.将融资租赁的固定资产作为自有固定资产入账

B.固定资产计提减值准备

C.售后回购在会计上不确认收入

D.无形资产计提减值准备

4.所有者权益的来源有（　　）。

A.所有者直接投入的资本　　B.直接计入所有者权益的利得和损失

C.长期应付款　　D.留存收益

5.下列选项中，属于利润构成的有（　　）。

A.收入减去费用后的净额　　B.所有者投入资本

C.向所有者分配利润有关的利得或者损失　　D.直接计入当期利润的利得和损失

三、判断题

1.资产是指能为企业带来经济利益的资源。（　　）

2.经营性租赁租入的资产，因其在本企业使用，故属于本企业资产。（　　）

3.法律主体往往是会计主体，会计主体不一定是法律主体。（　　）

4.配比原则要求企业在进行会计核算时，收入与其成本、费用应当相互配比，同一会计期间内的各项收入和与其相关的成本、费用应当在该会计期间内确认。（　　）

5.分配生产工人的职工薪酬会引起资产和负债同时增加。（　　）

项目二

货币资金的核算

[知识目标]

理解货币资金管理的重要性；熟悉货币资金的管理制度和各种结算方式的特点、适用范围；掌握库存现金、银行存款和其他货币资金的核算。

[技能目标]

能够填制有关库存现金、银行存款和其他货币资金的原始凭证，根据原始凭证填制记账凭证，并依据有关凭证登记日记账、总账等。

[案例导入]

资料：2016年8月31日，某企业银行存款日记账余额为176 500元，银行对账单余额为197 500元，通过账单核对发现以下未达账项：（1）委托银行收款5 000元，银行已收，企业未收；（2）银行代扣电话费1 000元，银行已付，企业未付；（3）送存转账支票4 000元，企业已收，银行未收；（4）支付材料款，开出转账支票21 000元，企业已付，银行未付。

要求：根据上述资料编制银行存款余额调节表。

● 任务1　库存现金的核算

货币资金是指企业在生产经营过程中处于货币形态的资产，包括库存现金、银行存款和其他货币资金。

库存现金是指通常存放于企业财会部门、由出纳人员经管的货币。库存现金是企业流动性最强的资产，企业应当严格遵守国家的现金管理制度，正确进行现金收支的核算，监督现金使用的合法性与合理性。

一、库存现金管理制度

根据国务院发布的《现金管理暂行条例》，库存现金管理制度主要包括以下内容：

（一）库存现金的使用范围

企业可用库存现金支付的款项有：①职工工资、津贴；②个人劳务报酬；③根据国家规定颁发给个人的科学技术、文化艺术、体育等各种奖金；④各种劳保、福利费用以及国家规定的对个人的其他支出；⑤向个人收购农副产品和其他物资的款项；⑥出差人员必需随身携带的差旅费；⑦结算起点以下的零星支出；⑧中国人民银行确定需要支付现金的其他支出。

除上述情况可以用库存现金支付外，其他款项的支付应通过银行转账结算。

（二）核定库存现金的限额

库存现金的限额是指为了保证企业日常零星开支的需要，允许单位留存现金的最高数额。这一限额由开户银行根据企业的实际需要核定，一般按照企业3～5天日常零星开支的需要确定，偏远地区和交通不便地区开户企业的库存现金限额，可按多于5天但不超过15天的日常零星开支的需要确定。核定后的现金限额，开户单位必须严格遵守，超过部分应于当日终了前存入银行。需要增加或减少现金限额的单位，应向开户银行提出申请，由开户银行核定。

【想一想】

为什么国家对企业的库存现金规定限额？

（三）严禁擅自坐支现金

坐支现金是指企业将自己的现金收入直接用于自己的现金支出的现象。开户单位收入现金应于当日送存开户银行，当日送存确有困难的，由开户银行确定送存时间；开户单位支付现金，可以从本单位库存现金中支付或从开户银行提取，不得从本单位的现金收入中直接支付，即不得“坐支”现金。因特殊情况需要坐支现金的单位，应事先报经有关部门审核批准，并在核定的范围和限额内进行，同时，收支的现金必须入账。

（四）库存现金收支管理

现金的流动性最强，诱惑力也最大，极易被挪用和侵吞。特别是零售企业，每天发生大量的收入，企业也有很多经济业务最终以现金收入或付出了结。因此，企业在办理有关现金收支业务时，应遵守以下几项规定：

（1）企业收入现金应于当日送存开户银行，当日送存有困难的，由开户银行确定送存时间。

（2）企业支付现金，可以从本企业库存现金限额中支付或者从开户银行提取，不得从本企业的现金收入中直接支付（即坐支）。因特殊情况需要坐支现金的，应当事先报经开户银行审查批准，由开户银行核定坐支范围和限额。企业应定期向开户银行报送坐支金额和使用情况。

（3）企业从开户银行提取现金，应当写明用途，由本单位财会部门负责人签字盖章，经开户银行审核后，予以支付现金。

（4）企业因采购地点不固定、交通不便以及其他特殊情况必须使用现金的，应向开户银行提出申请，经开户银行审核后，予以支付现金。

（5）不准用不符合制度的凭证顶替库存现金，即不得“白条顶库”；不准谎报用途套取现金；不准用银行账户代其他单位和个人存入或支取现金；不准将单位收入的现金以个人名义存储；不准保留账外公款；不得设置“小金库”等。

二、库存现金的核算

库存现金的核算包括序时核算和总分类核算。

（一）库存现金的序时核算

为了详细反映和监督库存现金的收支结存情况，应设置“库存现金日记账”进行库存现金的序时核算。库存现金日记账一般采用借、贷、余三栏式。

库存现金日记账是根据审核签字后的现金收、付款凭证和与现金有关的银行存款付款凭证，按照经济业务发生的时间顺序，由出纳人员逐日逐笔进行登记的。每日终了时，出纳人员应结出本日收入合计和本日支出合计，并结出余额；库存现金日记账的本日余额与库存现金的实有金额应核对相符，若不一致，应及时查明原因，进行调整，做到账实相符；每月终了，库存现金日记账的月末余额与库存现金总分类账的月末余额应核对相符。

有外币现金的企业，应分别人民币和各种外币设置库存现金日记账。

（二）库存现金的分类核算

为了总括反映库存现金的收支和结存情况，企业应设置“库存现金”科目，其借方反映库存现金的收入金额，贷方反映库存现金的支出金额，借方余额反映库存现金的余额。企业内部各部门周转使用的备用金，通过“其他应收款”科目核算，或单独设置“备用金”科目核算。

企业收入现金时，借记“库存现金”科目，贷记有关科目；支出现金时，借记有关科目，贷记“库存现金”科目；期末余额在借方，表示库存现金的实有数额。

【例2-1】 9月1日，企业从银行提取现金6 000元，根据支票存根作如下会计分录：

借：库存现金　　6 000

　贷：银行存款　　6 000

【例2-2】 9月1日，职工王军出差预借差旅费1 000元，根据借款单作如下会计分录：

借：其他应收款——王军　　1 000

　贷：库存现金　　1 000

【例2-3】 9月2日，总经理办公室报销电话费800元，根据报销凭证作如下会计分录：

借：管理费用　　800

　贷：库存现金　　800

【例2-4】 9月2日，将销售货款1 170元存入银行，根据银行的进账通知单作如下会计分录：

借：银行存款　　1 170

　贷：库存现金　　1 170

【例2-5】 9月4日，职工王军报销差旅费800元，交回剩余现金200元，根据报销凭证作如下会计分录：

借：库存现金　　200

　　管理费用　　800

　贷：其他应收款——王军　　1 000

库存现金总账由不从事出纳工作的会计人员负责登记。库存现金日记账可以根据现金收款凭证和付款凭证直接登记，也可以定期或月终根据汇总记账凭证、科目汇总表登记，还可以根据多栏式库存现金日记账月末汇总登记。月终，库存现金日记账应与库存现金总账核对，做到账账相符。

三、库存现金的清查

为了确保账实相符，应对库存现金进行清查。库存现金的清查包括两部分内容：一是出纳人员每日营业终了进行账款核对；二是清查小组进行定期或不定期的盘点和核对。库存现金清查采用账实核对的方法。

对库存现金进行账实核对，如发现账实不符，应立即查明原因，及时更正，对发生的库存现金溢余或短缺，应查找原因，并按规定进行处理。库存现金清查和核对后，应及时编制“库存现金盘点表”，列明库存现金账存额、实存额、差异额及其原因，对无法确定原因的差异，应及时报告有关负责人。

每日终了，结算库存现金收支、财产清查等发现的有待查明原因的库存现金短缺或溢余，通过“待处理财产损溢”科目进行核算，属于库存现金短缺的，按实际短缺的金额，借记“待处理财产损溢——待处理流动资产损溢”科目，贷记“库存现金”科目；属于库存现金溢余的，按实际溢余的金额，借记“库存现金”科目，贷记“待处理财产损溢——待处理流动资产损溢”科目。待查明原因后作如下处理：

（1）如为库存现金短缺，属于应由责任人赔偿的部分，借记“其他应收款——应收库存现金短缺（××个人）”或“库存现金”等科目，贷记“待处理财产损溢——待处理流动资产损溢”科目；属于应由保险公司赔偿的部分，借记“其他应收款——应收保险赔款”科目，贷记“待处理财产损溢——待处理流动资产损溢”科目；属于无法查明的其他原因，根据管理权限，经批准后，借记“管理费用”科目，贷记“待处理财产损溢——待处理流动资产损溢”科目。

（2）如为库存现金溢余，属于应支付给有关人员或单位的，借记“待处理财产损溢——待处理流动资产损溢”科目，贷记“其他应付款——应付库存现金溢余（××个人或××单位）”科目；属于无法查明原因的库存现金溢余，经批准后，借记“待处理财产损溢——待处理流动资产损溢”科目，贷记“营业外收入”科目。

【例2-6】库存现金清查中发现现金多余280元。其账务处理如下：

（1）发现库存现金溢余时：

借：库存现金	280	
贷：待处理财产损溢——待处理流动资产损溢		280

（2）若经核查，原因不明，经批准转账时：

借：待处理财产损溢——待处理流动资产损溢	280	
贷：营业外收入		280

【例2-7】库存现金清查中发现现金短缺300元。其账务处理如下：

（1）发现库存现金短缺时：

借：待处理财产损溢——待处理流动资产损溢：	300	
贷：库存现金		300

（2）若经核查，应由出纳员刘伟负责赔偿：

借：其他应收款——应收库存现金短缺（刘伟）	300	
贷：待处理财产损溢——待处理流动资产损溢		300

（3）若属于无法查明原因的，根据管理权限，批准转账时：

借：管理费用　　300

　　贷：待处理财产损溢——待处理流动资产损溢　　300

企业清查的各种财产损溢，应于期末前查明原因，并根据企业的管理权限，经股东大会或董事会、经理会议或类似机构批准后，在期末结账前处理完毕。“待处理财产损溢”账户期末无余额。

四、备用金的账务处理

备用金是指企业财务部门单独拨给企业内部各单位周转使用的货币资金。企业内部周转使用的备用金，在“其他应收款”科目核算，或单独设置“备用金”科目核算，不在“库存现金”科目核算。通常有定额备用金和一次备用金两种。

（1）定额备用金。它是具有固定限额并可以长期使用的备用金。实行定额备用金制度的企业，在财务部门拨付备用金时，借记“备用金”科目或“其他应收款”科目，贷记“库存现金”科目。

使用单位自备用金中支付零星支出，应根据有关的支出凭单，定期编制备用金报销清单向财务部门报销，财务部门根据内部各单位提供的备用金报销清单，定期补足备用金，借记“管理费用”科目，贷记“库存现金”科目。

【例2-8】兴化公司会计部门对总务科实行定额备用金制度。根据核定的定额，付给定额备用金4 000元。

借：其他应收款——总务科　　4 000

　　贷：库存现金　　4 000

【例2-9】承上例，总务科在一段时间内共发生备用金支出2 800元，持有关凭证到会计部门报销。会计部门审核后付给现金，补足定额。

借：管理费用　　2 800

　　贷：库存现金　　2 800

总务科未使用的现金余额为1 200元，报销收到现金2 800元，补足定额4 000元。

【例2-10】承上例，会计部门因管理需要决定取消总务科定额备用金制度。总务科持尚未报销的有关凭证和余款2 600元到会计部门办理报销和交回备用金的手续。

借：管理费用　　1 400

　　库存现金　　2 600

　　贷：其他应收款——总务科　　4 000

（2）一次备用金，如差旅费的借支和报销，通过“其他应收款”科目进行核算。见【例2-2】和【例2-5】。

● 任务2　银行存款的核算

银行存款是指企业存放在开户银行或其他金融机构账户的货币资金。在我国，企业银行存款包括人民币存款和外币存款两种。

一、支付结算的基本要求

支付结算是指单位、个人在社会经济活动中使用现金、票据、信用卡和结算凭证进行货币给付及其资金清算的行为，其主要功能是完成资金从一方当事人向另一方当事人的转移。银行是支付结算和资金清算的中介机构。

办理支付结算的基本要求：①单位、个人和银行办理支付结算必须使用按中国人民银行统一规定印制的票据和结算凭证；②单位、个人和银行应当按照《人民币银行结算账户管理办法》的规定开立、使用账户；③票据和结算凭证上的签章和其他记载事项应当真实，不得伪造、变造；④填写票据和结算凭证应当规范，做到要素齐全、数字正确、字迹清晰、不错不漏、不潦草，防止涂改。

二、开立和使用银行存款账户的规定

银行结算账户是指存款人在经办银行开立的办理资金收付结算的人民币活期存款账户。企业收入的一切款项，除留存限额内的库存现金之外，都必须送存银行。企业的一切支出除规定可用库存现金支付之外，都必须遵守银行结算办法的有关规定，通过银行办理转账结算。

银行是结算中心，各企业必须在银行开设账户，以办理存款、取款和转账等业务。中国人民银行制定的《银行账户管理办法》规定，一个企业可以根据需要在银行开立四种账户，包括基本存款账户、一般存款账户、临时存款账户和专用存款账户。

基本存款账户，是存款人因办理日常转账结算和现金收付需要开立的银行结算账户。存款人日常经营活动的资金收付及其工资、奖金等现金的支取，应通过基本存款账户办理。单位银行结算账户的存款人只能在银行开立一个基本存款账户。

一般存款账户，是存款人在基本存款账户以外的银行借款转存、与基本存款账户的存款人不在同一地点的附属非独立核算单位开立的账户。存款人可以通过该账户办理转账结算和现金缴存，但不得办理现金结算支取。

临时存款账户，是存款人因临时经营活动需要并在规定期限内使用而开立的银行结算账户，如设立临时机构、异地临时经营活动、注册验资等。该账户办理转账结算和根据国家现金管理的规定办理现金收付，并根据有关开户证明文件确定的期限或存款人的需要确定其有效期限，最长不得超过2年。

专用存款账户，是存款人按照法律、行政法规和规章，对其特定用途资金进行专项管理和使用而开立的银行结算账户，如基本建设资金、社会保障基金、财政预算外资金、粮棉油收购资金、证券交易结算资金等。

企业办理结算，必须遵守国家的法律、法规和《银行结算办法》的各项规定，遵守结算纪律，不准签发没有资金保证的票据或远期支票，套取银行信用；不准签发、取得和转让没有真实交易和债权债务的票据，套取银行和他人资金；不准无理拒绝付款，任意占用他人资金；不准违反规定开立和使用账户。

三、银行支付结算方式

支付结算是指企业单位之间的款项收付由银行从付款单位的存款账户划转到收款单位的存款账户的货币清算行为。为了规范全国的银行结算工作以及方便各企业间的国内与国际交易业务，中国人民银行规定了可以使用的各种银行支付结算方式。

（一）支票

支票是指出票人签发的，委托办理支票存款业务的银行在见票时无条件支付确定的金额给收款人或者持票人的票据。

支票分为现金支票、转账支票和普通支票。支票上印有“现金”字样的为现金支票，现金支票只能用于支取现金。支票上印有“转账”字样的为转账支票，转账支票只能用于转账。支票上未印有“现金”或“转账”字样的为普通支票，普通支票可以用于支取现金，也可以用于转账。在普通支票左上角划两条平行线的，为划线支票，划线支票只能用于转账，不得支取现金。

单位和个人在同一票据交换区域的各种款项结算，均可以使用支票。签发现金支票和用于支取现金的普通支票，必须符合国家现金管理的规定。

支票的出票人签发支票的金额不得超过付款时在付款人处实有的存款金额，禁止签发空头支票；出票人不得签发与其预留银行签章不符的支票；使用支付密码的，出票人不得签发支付密码错误的支票。出票人签发空头支票，签章与预留银行签章不符的支票，使用支付密码地区，支付密码错误的支票时、银行应予以退票，并按票面金额处以5%但不低于1 000元的罚款；持票人有权要求出票人赔偿支票金额2%的赔偿金。对屡次签发不符合上述要求支票的，银行应停止其签发支票。

支票的提示付款期限为自出票日起10日，但中国人民银行另有规定的除外。超过提示付款期限提示付款的，持票人开户银行不予受理，付款人不予付款。出票人在付款人处的存款足以支付支票金额时，付款人应当在见票当日足额付款。

（二）银行本票

银行本票是银行签发的，承诺自己在见票时无条件支付确定的金额给收款人或者持票人的票据。银行本票由银行签发并保证兑付，而且见票即付，具有信誉高、支付功能强等特点。采用银行本票结算方式的，收款单位按照规定受理银行本票后，应将银行本票连同进账单送交银行办理转账，根据盖章退回的进账单第一联和有关原始凭证编制收款凭证；付款单位填送“银行本票申请书”并将款项交存银行，在收到银行签发的银行本票后，根据申请书存根联编制付款凭证。企业因银行本票超过付款期限或其他原因要求退款时，在交回本票和填制的进账单经银行审核盖章后，根据进账单第一联编制收款凭证。

银行本票分定额本票和不定额本票，定额本票的面值分别为1 000元、5 000元、10 000元和50 000元。在票面上划去转账字样的，为现金本票。

采用银行本票结算方式，应注意以下三个问题：①由于结算受理银行见票即付款，不予挂失，所以对于银行本票应视同现金一样，妥善保管。②银行本票的提示付款期限自出票日起最长不得超过2个月，在付款期内银行本票见票即付。超过付款期限提示付款不获付款的，在票据权利时效内向出票银行作出说明，并提供本人身份证或单位证明，可持银行本票向银行请示付款。③受理银行本票的企业，应注意审查票据的有效性，审查的内容同银行汇票基本一致。

（三）银行汇票

银行汇票是汇款人将款项交存当地出票银行，由出票银行签发的，由其在见票时按照实际结算金额无条件支付给收款人或持票人的票据。银行汇票具有使用灵活、票随人到、兑现性强等特点，适用于先收款后发货或钱货两清的商品交易。单位和个人的各种款项结算，均可使用银行汇票。

采用银行汇票结算方式的，收款单位应根据银行退回的进账单和有关的原始凭证编制收款凭证；付款单位应在收到银行签发的银行汇票后，根据“银行汇票申请书”存根联编制付款凭证，如有多余款项或因汇票超过付款期等原因而退款时，应根据银行的多余款收账通知编制收款凭证。采用银行汇票方式，应注意以下几个问题：

（1）银行汇票的付款期为1个月。超过付款期限提示付款不获付款的，持票人须在票据权利时效内向出票银行作出说明，并提供本人身份证件或单位证明，持银行汇票和解讫通知向出票银行请示付款。

（2）受理银行汇票的企业，应注意审查票据的有效性，其中包括：银行汇票和解讫通知是否齐全、汇票号码和记载的内容是否一致；收款人是否确为本单位或本人；银行汇票是否在提示付款期限内；必须记载的事项是否齐全；出票人签章是否符合规定；是否有压数机压印的出票金额，并与大写出票金额一致；出票金额、出票日期、收款人名称是否更改，更改的其他记载事项是否由原记载人签章证明。

（3）银行汇票和解讫通知必须由收款人或被背书人同时提交银行，缺少任何一联均无效，银行不予办理。收款单位应在汇票背面加盖预留银行印鉴后，将银行汇票和解讫通知、进账单送交开户银行，银行审查无误后办理转账。

（四）商业汇票

商业汇票是出票人签发的，委托付款人在指定日期无条件支付确定的金额给收款人或者持票人的票据。在银行开立存款账户的法人以及其他组织之间须具有真实的交易关系或债权债务关系，才能使用商业汇票。商业汇票的付款期限由交易双方商定，但最长不得超过6个月。商业汇票的提示付款期限为自汇票到期日起10日。

存款人领购商业汇票，必须填写“票据和结算凭证领用单”并加盖预留银行印鉴，存款账户结清时，必须将剩余的空白商业汇票全部交回银行注销。

商业汇票可以由付款人签发并承兑，也可以由收款人签发交由付款人承兑。定日付款或者出票后定期付款的商业汇票，持票人应当在汇票到期日前向付款人提示承兑；见票后定期付款的汇票，持票人应当自出票日起1个月内向付款人提示承兑。汇票未按规定期限提示承兑的，持票人丧失对其前手的追索权。付款人应当自收到提示承兑的汇票之日起3日内承兑或者拒绝承兑。付款人拒绝承兑的，必须出具拒绝承兑的证明。

商业汇票可以背书转让。符合条件的商业承兑汇票的持票人可持未到期的商业承兑汇票连同贴现凭证，向银行申请贴现。商业汇票按承兑人不同分为商业承兑汇票和银行承兑汇票两种。

（1）商业承兑汇票。它由银行以外的付款人承兑。商业承兑汇票按交易双方约定，由销货企业或购货企业签发，但由购货企业承兑。承兑时，购货企业应在汇票正面记载“承兑”字样和承兑日期并签章。承兑不得附有条件，否则视为拒绝承兑。汇票到期时，购货企业的开户银行凭票将票款划给销货企业或贴现银行。销货企业应在提示付款期限内通过开户银行委托收款或直接向付款人提示付款。对异地委托收款的，销货企业可匡算邮程，提前通过开户银行委托收款。汇票到期时，如果购货企业的存款不足以支付票款，开户银行应将汇票退还销货企业，银行不负责付款，由购销双方自行处理。

（2）银行承兑汇票。它由银行承兑，由在承兑银行开立存款账户的存款人签发。承兑银行按票面金额向出票人收取万分之五的手续费。购货企业应于汇票到期前将票款足额交存其开户银行，以备由承兑银行在汇票到期日或到期日后的见票当日支付票款。销货企业应在汇票到期时将汇票连同进账单送交开户银行以便转账收款。承兑银行凭汇票将承兑款项无条件转给销货企业。如果购货企业于汇票到期日未能足额交存票款，则承兑银行除凭票向持票人无条件付款外，对出票人尚未支付的汇票金额按照每天万分之五计收罚息。

（五）委托收款

委托收款是收款人委托银行向付款人收取款项的结算方式。无论单位还是个人都可凭已承兑商业汇票、债券、存单等付款人债务证明办理收取同城或异地款项。委托收款还适用于收取电费、电话费等付款人众多、分散的公用事业费等有关款项。委托收款结算款项划回的方式分为邮寄和电报两种。

企业委托开户银行收款时，应填写银行印制的委托收款凭证和有关的债务证明。在委托收款凭证中写明付款单位的名称，收款单位名称、账号及开户银行，委托收款金额的大小写，款项内容，委托收款凭据名称及附寄单证张数等。企业的开户银行受理委托收款后，将委托收款凭证寄交付款单位开户银行，由付款单位开户银行审核，并通知付款单位。

付款单位收到银行交给的委托收款凭证及债务证明，应签收并在3天之内审查债务证明是否真实，是否是本单位的债务，确认之后通知银行付款。

付款单位应在收到委托收款通知次日起3日内，主动通知银行是否付款。如果不通知银行，银行视同企业同意付款，并在第4日从单位账户中付出此笔委托收款款项。

付款人在3日内审查有关债务证明后，认为债务证明或与此有关的事项符合拒绝付款的规定，应出具拒绝付款理由书和委托收款凭证第五联及持有的债务证明，向银行提出拒绝付款。

（六）托收承付

托收承付是根据购销合同由收款人发货后委托银行向异地付款人收取款项，由付款人向银行承认付款的结算方式。使用托收承付结算方式的收款单位和付款单位必须是国有企业、供销合作社以及经营管理较好，并经开户银行审查同意的城乡集体所有制工业企业。办理托收承付结算的款项，必须是商品交易以及因商品交易而产生的劳务供应的款项。代销、寄销、赊销商品的款项，不得办理托收承付结算。

托收承付款项划回方式分为邮寄和电报两种，由收款人根据需要选择使用。收款单位办理托收承付，必须具有商品发出的证件或其他证明。托收承付结算每笔的金额起点为10 000元，新华书店系统每笔的金额起点为1 000元。

采用托收承付结算方式时，购销双方必须签有符合我国合同法的购销合同，并在合同上写明使用托收承付结算方式。销货企业按照购销合同发货后，填写托收承付凭证，盖章后连同发运证件（包括铁路、航运、公路等运输部门签发的运单、运单副本和邮局包裹回执）或其他符合托收承付结算的有关证明和交易单证送交开户银行办理托收手续。

销货企业开户银行接受委托后，将托收结算凭证回联退给企业，作为企业进行账务处理的依据，并将其他结算凭证寄往购货单位开户银行，由购货单位开户银行通知购货单位承认付款。

购货企业收到托收承付结算凭证和所附单据后，应立即审核是否符合订货合同的规定。按照《支付结算办法》的规定，承付货款分为验单付款与验货付款两种，这在双方签订合同时约定。验单付款是购货企业根据经济合同对银行转来的托收结算凭证、发票账单、托运单及代垫运杂费等单据进行审查无误后，即可承认付款。为了便于购货企业对凭证的审核和筹措资金，结算办法规定承付期为3天，从付款人开户银行发出承付通知的次日算起（承付期内遇法定休假日顺延）。购货企业在承付期内未向银行表示拒绝付款，银行即视为承付，并在承付期满的次日（遇法定休假日顺延）上午银行开始营业时，将款项主动从付款人的账户内付出，按照销货企业指定的划款方式，划给销货企业。验货付款是购货企业待货物运达企业，对其进行检验与合同完全相符后才承认付款。为了满足购货企业组织验货的需要，结算办法规定承付期为10天，从运输部门向购货企业发出提货通知的次日算起。承付期内购货企业未表示拒绝付款的，银行视为同意承付，于10天期满的次日上午银行开始营业时，将款项划给收款人。为满足购货企业组织验货的需要，对收付双方在合同中明确规定，并在托收凭证上注明验货付款期限的，银行从其规定。

对于下列情况，付款人可以在承付期内向银行提出全部或部分拒绝付款：①没有签订购销合同或购销合同未写明托收承付结算方式的款项；②未经双方事先达成协议，收款人提前交货或因逾期交货付款人不再需要该项货物的款项；③未按合同规定的到货地址发货的款项；④代销、寄销、赊销商品的款项；⑤验单付款，发现所列货物的品种、规格、数量、价格与合同规定不符，或货物已到，经查验货物与合同规定或发货清单不符的款项；⑥验货付款，经查验货物与合同规定或与发货清单不符的款项；⑦货款已经支付或计算错误的款项。不属于上述情况的，购货企业不得提出拒付。

购货企业提出拒绝付款时，必须填写“拒绝付款理由书”，注明拒绝付款理由，涉及合同的，应引证合同上的有关条款。属于商品质量问题的，需要提出质量问题的证明及有关数量的记录；属于外贸部门进口商品的，应当提出国家商品检验或运输等部门出具的证明，向开户银行办理拒付手续。

银行同意部分或全部拒绝付款的，应在拒绝付款理由书上签注意见，并将拒绝付款理由书、拒付证明、拒付商品清单和有关单证邮寄收款人开户银行转交销货企业。

付款人开户银行对付款人逾期支付的款项，根据逾期付款金额和逾期天数，按每天万分之五计算逾期付款赔偿金。逾期付款天数从承付期满日算起。银行审查拒绝付款期间不算作付款人逾期付款，但对无理的拒绝付款而增加银行审查时间的，从承付期满日起计算逾期付款赔偿金。赔偿金实行定期扣付，每月计算一次，于次月3日内单独划给收款人。赔偿金的扣付列为企业销货收入扣款顺序的首位。付款人科目余额不足支付时，应排列在工资之前，并对该科目采取“只收不付”的控制办法，直至足额扣付赔偿金后才准予办理其他款项的支付，由此产生的经济后果由付款人自负。

（七）汇兑

汇兑是汇款人委托银行将其款项支付给收款人的结算方式。单位和个人的各种款项的结算，均可使用汇兑结算方式。

汇兑分为信汇、电汇两种。信汇是指汇款人委托银行通过邮寄方式将款项划转给收款人；电汇是指汇款人委托银行通过电报将款项划给收款人。这两种汇兑方式由汇款人根据需要选择使用。汇兑结算方式适用于异地之间的各种款项结算。采用这种结算方式划拨款项简便、灵活。

企业采用这一结算方式，付款单位汇出款项时，应填写银行印发的汇款凭证，列明收款单位名称、汇款金额及汇款的用途等项目，送达开户银行，委托银行将款项汇往收汇银行。收汇银行将汇款收进单位存款户后，向收款单位发出收款通知。

（八）信用卡

信用卡是指商业银行向个人和单位发行的，凭以向特约单位购物、消费和向银行存取现金，且具有消费信用的特制载体卡片。信用卡按使用对象分为单位卡和个人卡；按信誉等级分为金卡和普通卡。

凡在中国境内金融机构开立基本存款账户的单位均可申领单位卡。单位卡可申领若干张，持卡人资格由申领单位法定代表人或其委托的代理人书面指定和注销，持卡人不得出租或转借信用卡。单位卡账户的资金一律从其基本存款账户转账存入，在使用过程中，需要向其账户续存资金的，也一律从其基本存款账户转账存入，不得交存现金，不得将销货收入的款项存入其账户。单位卡一律不得用于10万元以上的商品交易、劳务供应款项的结算，不得支取现金。

信用卡在规定的限额和期限内允许善意透支。透支期限最长为60天。透支利息，自签单日或银行记账日起15日内按日息万分之五计算，超过15日按日息万分之十计算，超过30日或透支金额超过规定限额的，按日息万分之十五计算。透支计算不分段，按最后期限或者最高透支额的最高利率档次计息。超过规定限额或规定期限，并且经发卡银行催收无效的透支行为称为恶意透支，持卡人使用信用卡不得发生恶意透支。严禁将单位的款项存入个人卡账户中。

单位或个人申领信用卡，应按规定填制申请表，连同有关资料一并送交发卡银行。符合条件并按银行要求交存一定金额的备用金后，银行为申领人开立信用卡存款账户，并发给信用卡。

（九）信用证

信用证结算方式是国际结算的一种主要方式。经中国人民银行批准经营结算业务的商业银行总行以及经商业银行总行批准开办信用证结算业务的分支机构，也可以办理国内企业之间商品交易的信用证结算业务。

采用信用证结算方式的，收款单位收到信用证后，即备货装运，签发有关发票账单，连同运输单据和信用证，送交银行，根据退还的信用证等有关凭证编制收款凭证；付款单位在接到开证行的通知时，根据付款的有关单据编制付款凭证。

【提示】银行存款前四种均为票据，票据分支票、本票、汇票三种，汇票在支付结算时分为银行汇票和商业汇票。商业汇票需要通过“应收票据”和“应付票据”科目核算。

四、银行存款的核算

银行存款的核算包括序时核算和总分类核算。

（一）银行存款的序时核算

银行存款序时核算是通过设置“银行存款日记账”进行的。该明细账应按照开户银行、其他金融机构、存款种类及货币种类分别设置。银行存款日记账一般采用三栏式，其格式、内容与库存现金日记账基本相同。

银行存款日记账由出纳人员根据银行存款收、付款凭证及与银行存款有关的库存现金付款凭证，按照经济业务发生的先后顺序，逐日逐笔登记，同时要逐日加计收入合计、付出合计和结余数，月末结出本月收入、付出的合计数和月末结余数。

银行存款日记账应定期与银行对账单核对，至少每月核对一次。企业账面结余与银行对账单余额之间如有差额，必须逐笔查明原因，并按月编制银行存款余额调节表调节相符。月份终了，银行存款日记账的余额必须与银行存款总账科目的余额核对相符。

如果企业涉及外币银行存款的业务，还应当设置外币银行存款日记账，并设专栏登记外币金额并将其折算为记账本位币的金额。

（二）银行存款的总分类核算

为了总括反映和监督银行存款的收付情况，应设置“银行存款”总分类账户。该账户属于资产类账户，借方登记收入的银行存款数额，贷方登记付出的银行存款数额，借方余额表示期末银行存款的实有数额。

“银行存款”科目可以根据银行存款的收款凭证和付款凭证以及现金存入银行时的现金付款凭证登记。为了减少登记的工作量，在实际工作中，可以定期（10天或半月）填制汇总收付款凭证，据以登记银行存款总账科目，也可以根据科目汇总表进行登记。

月末，银行存款总分类账余额应与银行存款日记账的余额核对相符。

企业在不同的结算方式下，应当根据有关的原始凭证编制银行存款的收付款凭证，并进行相应的账务处理。将款项存入银行等金融机构时，借记“银行存款”科目，贷记“库存现金”等有关科目；提取或支付在银行等金融机构中的存款时，借记“库存现金”等有关科目，贷记“银行存款”科目。

企业在银行的其他存款，如外埠存款、银行本票存款、银行汇票存款、信用证保证金存款等，在“其他货币资金”科目核算，不通过“银行存款”科目进行账务处理。

● 任务3　其他货币资金的核算

在企业的经营资金中，有些货币资金的存款地点和用途与库存现金和银行存款不同，这些资金在会计核算上统称为其他货币资金。

一、其他货币资金的内容

其他货币资金是指除库存现金、银行存款之外的货币资金，包括：①外埠存款，是指企业到外地进行临时或零星采购时，汇往采购地银行开立采购专户的款项。②银行汇票存款，是指企业为取得银行汇票按照规定存入银行的款项。③银行本票存款，是指企业为取得银行本票按照规定存入银行的款项。④信用卡存款，是指企业为取得信用卡按照规定存入银行的款项。⑤信用证保证金存款，是指企业为取得信用证按规定存入银行的保证金。⑥存出投资款，是指企业已存入证券公司但尚未进行短期投资的款项。

二、其他货币资金的账务处理

为了反映和监督其他货币资金的收支和结存情况，企业应当设置“其他货币资金”科目，借方登记其他货币资金的增加数，贷方登记其他货币资金的减少数，期末余额在借方，反映企业实际持有的其他货币资金。

本科目分别设置“外埠存款”“银行汇票存款”“银行本票存款”“信用卡存款”“信用证保证金存款”“存出投资款”等明细科目。有信用卡业务的企业应当在“信用卡存款”明细科目中按照开出信用卡的银行和信用卡种类设置明细账。

除存出投资款以外的其他货币资金的核算基本相同，下面介绍其他货币资金的核算。

（1）外埠存款。为满足企业临时或零星采购的需要，将款项委托当地银行汇往采购地银行开立采购专户时，借记“其他货币资金——外埠存款”科目，贷记“银行存款”科目；会计部门在收到采购员交来的供应单位的材料账单、货物运单等报销凭证时，借记“在途物资”或“材料采购”“应交税费——应交增值税（进项税额）”等科目，贷记“其他货币资金——外埠存款”科目；采购员在离开采购地时，采购专户如有余额款项，应将剩余的外埠存款转回企业当地银行结算户，会计部门根据银行的收账通知，借记“银行存款’科目，贷记“其他货币资金——外埠存款”科目。

【例2-11】 9月2日，华兴股份有限公司因零星采购需要，将款项80 000元汇往深圳并开立采购专户，会计部门根据银行转来的回单联填制记账凭证。

借：其他货币资金——外埠存款	80 000	
贷：银行存款		80 000

【例2-12】 承上例，9月8日，会计部门收到采购员寄来的采购材料发票等凭证，货物价款为65 000元，增值税税额为11 050元，合计76 050元。

借：在途物资	65 000	
应交税费——应交增值税（进项税额）	11 050	
贷：其他货币资金——外埠存款		76 050

【例2-13】 承上例，9月9日，外地采购业务结束，采购员将剩余采购资金3 950元转回本地银行，会计部门根据银行转来的收款通知单填制记账凭证。

借：银行存款	3 950	
贷：其他货币资金——外埠存款		3 950

（2）银行汇票存款。企业使用银行汇票办理结算时，应填写银行汇票委托书，并将相应金额的款项交存银行，取得银行汇票后，根据银行盖章退回的委托书存根联，借记“其他货币资金——银行汇票存款”科目，贷记“银行存款”科目；企业使用银行汇票后，应根据发票账单及开户银行转来的银行汇票第四联等有关凭证，借记“在途物资”或“材料采购”等科目，贷记“其他货币资金——银行汇票存款”科目；银行汇票如有多余款或因超过付款期等原因而退回款项时，借记“银行存款”科目，贷记“其他货币资金——银行汇票存款”科目。

【例2-14】 9月10日，华兴股份有限公司向银行提交银行汇票委托书，并交款项60 000元。银行受理后签发银行汇票和解讫通知，公司根据银行汇票委托书存根联填制记账凭证。

借：其他货币资金——银行汇票存款	60 000	
贷：银行存款		60 000

【例2-15】 承上例，9月11日，华兴股份有限公司用银行签发的银行汇票支付采购材料货款50 000元，应交增值税8 500元，会计部门根据银行转来的银行汇票第四联及所附发货票账单等凭证记账。

借：在途物资	50 000	
应交税费——应交增值税（进项税额）	8 500	
贷：其他货币资金——银行汇票存款		58 500

【例2-16】 承上例，9月12日，华兴股份有限公司收到银行转来的余款收账通知。

借：银行存款　　1 500

　贷：其他货币资金——银行汇票存款　　1 500

（3）银行本票存款。企业要使用银行本票办理结算时，应填写银行本票申请书，并将相应金额的款项交存银行，取得银行本票后，根据银行盖章退回的申请书存根联，借记“其他货币资金——银行本票存款”科目，贷记“银行存款”科目。企业付出银行本票后，应根据发票账单等有关凭证，借记“在途物资”“材料采购”“应交税费——应交增值税（进项税额）”等科目，贷记“其他货币资金——银行本票存款”科目。银行本票如有多余款或因本票超过付款期等原因而退款时，应借记“银行存款”科目，贷记“其他货币资金——银行本票存款”科目。

（4）信用卡存款。企业申请使用信用卡时，应按规定填制申请表，并连同支票和有关资料一并送交发卡银行，根据银行盖章退回的进账单第一联，借记“其他货币资金——信用卡存款”科目，贷记“银行存款”科目。企业用信用卡购物或支付有关费用时，借记有关科目，贷记“其他货币资金——信用卡存款”科目。企业信用卡在使用过程中，需要向其账户续存资金的，借记“其他货币资金——信用卡存款”科目，贷记“银行存款”科目。

（5）信用证保证金存款。企业申请使用信用证进行结算时，应向银行交纳保证金，根据银行退回的进账单，借记“其他货币资金——信用证保证金存款”科目，贷记“银行存款”科目；根据开证行交来的信用证来单通知书及有关单据列明的金额，借记“在途物资”“材料采购”“原材料”“库存商品”“应交税费——应交增值税（进项税额）”等科目，贷记“其他货币资金——信用证保证金存款”科目。

【例2-17】 9月20日，华兴股份有限公司向银行交纳保证金100 000元，办理信用证。

借：其他货币资金——信用证保证金存款　　100 000

　贷：银行存款　　100 000

根据开证行交来的信用证来单通知书及有关单据列明的金额，共需支付款项105 300元。信用证保证金不足的部分用银行存款支付。

借：在途物资　　90 000

　　应交税费——应交增值税（进项税额）　　15 300

　贷：其他货币资金——信用证保证金存款　　100 000

　　　银行存款　　5 300

（6）存出投资款。企业在向证券市场进行股票、债券投资时，应向证券公司申请资金账号并划出资金。会计部门应按实际划出的金额，借记“其他货币资金——存出投资款”科目，贷记“银行存款’科目；购买股票、债券时，应按实际支付的金额，借记“交易性金融资产”“持有至到期投资”“可供出售金融资产”等科目，贷记“其他货币资金——存出投资款”科目。

[案例分析]

案例资料和要求见本章［案例导入］，具体账务处理如下：

根据资料编制银行存款余额调节表见表2-1。

表2-1 **银行存款余额调节表**

2015年8月31日 单位：元

项 目	金 额	项 目	金 额
银行存款日记账余额	176 500	银行对账单余额	197 500
加：银行已收、企业未收款项		加：企业已收、银行未收款项	
1.委托收款	5 000	3.送存支票	4 000
减：银行已付、企业未付款项		减：企业已付银行未付款项	
2.代扣电话费	1 000	4.开出支票	21 000
调节后银行存款日记账余额	180 500	调节后银行对账单余额	180 500

[项目小结]

货币资金是企业资产的重要组成部分，是企业正常生产经营活动的重要条件，货币资金从本质上讲就是一种支付手段。货币资金根据其存放地点和用途的不同，分为库存现金、银行存款和其他货币资金。

库存现金的使用范围、库存现金的限额及其收支管理，对库存现金进行序时核算，定期进行现金的核查，明确现金收付业务的手续并进行账务处理。掌握企业银行账户管理的规定，熟悉各种支付结算方式的概念、适用范围，加强对银行存款的日常管理和控制，对银行存款进行序时核算，定期进行银行存款的核对，熟悉银行存款收付业务的手续并进行账务处理。熟悉其他货币资金的内容和特点，明确各项内容收付业务的手续并进行账务处理。

[习题与实训]

一、单项选择题

1.根据《现金管理暂行条例》的规定，下列经济业务中，一般不应用库存现金支付的是（ ）。

A.支付职工奖金4 000元　B.支付零星办公用品购置费1 900元

C.支付物资采购货款9 300元　D.支付职工差旅费5 000元

2.企业库存现金清查中，经检查仍无法查明原因的库存现金溢余，经批准后应计入（ ）。

A.其他业务收入　B.营业外收入　C.管理费用　D.营业外支出

3.企业一般不得从现金收入中直接支付现金，因特殊情况需要坐支现金的，应当事先报经（ ）审查批准。

A.上级部门　B.工商行政管理部门

C.税务部门　D.开户银行

4.下列支付结算方式中，需签订有购销合同才能使用的是（ ）。

A.银行汇票　B.银行本票　C.托收承付　D.支票

5.下列哪个项目不通过“其他货币资金”科目核算（ ）。

A.银行汇票存款　　B.银行本票存款　　C.备用金　　D.存出投资款

6.单位信用卡的资金一律从其（　　）转账存入。

A.基本存款账户　　B.一般存款账户　　C.临时存款账户　　D.专用存款账户

二、多项选择题

1.下列关于企业库存现金清查的说法正确的有（　　）。

A.现金清查一般采用实地盘点法

B.对于库存现金的清查结果，应编制库存现金盘点表

C.对于无法查明的库存现金短缺，经过批准后应计入营业外支出

D.对于超限额留存的现金应及时送存银行

2.通过“其他货币资金”账户进行核算的结算方式有（　　）。

A.银行本票　　B.商业汇票　　C.银行汇票　　D.托收承付

3.下列行为中，不符合结算有关规定的有（　　）。

A.用库存现金支付出差人员的差旅费

B.用库存现金向供销社支付采购农副产品的款项

C.用信用卡结算10万元以上的商品交易款项

D.签发的支票金额超过企业的银行存款余额

4.下列各项中，属于其他货币资金的有（　　）。

A.银行汇票存款　　B.信用证保证金存款

C.信用卡存款　　D.外埠存款

5.下列未达账项中，会导致银行对账单余额大于银行存款日记账余额的有（　　）。

A.企业已开出但银行尚未兑付的支票

B.企业已收但尚未存入银行的转账支票

C.银行收到委托款项但尚未通知企业

D.银行划付电话费但未将通知单送达企业

三、判断题

1.现金支票只能从银行支取现金，不能转账；转账支票只能用于转账，不能支取现金。（　　）

2.企业可以根据经营需要，在一家或几家银行开立基本存款账户。（　　）

3.银行存款余额调节表可以作为企业记账的依据。（　　）

4.每日终了，企业必须将库存现金日记账余额与库存现金总账余额及库存现金的实际库存数进行核对，做到账账相符、账实相符。（　　）

5.企业在库存现金清查中，对于无法查明原因的库存现金溢余，经过批准后应记入“管理费用”科目。（　　）

四、实训题

【实训题一】

资料：2016年5月，华伟公司发生下列现金收支业务：

1.1日，小张出差归来，报销差旅费900元，补付现金100元，结清原借款。

2.2日，从银行提现3 000元备用。

3.4日，以现金购买办公用品800元，交厂部办公室使用。

4.9日，小李出差，预借差旅费1 000元，以现金付讫。

5.13日，小李出差回来报销差旅费800元，退回现金200元。

6.16日，出租包装物一批，收到对方交来押金现金2 000元。

7.21日，以现金支付职工张某困难补助600元。

8.22日，填制现金交款单，将现金8 000元存入银行。

9.28日，经清查，发现现金短缺90元，原因待查。

10.30日，经查，短缺90元现金属于出纳员王某的责任，由其赔偿。

要求：编制华伟公司5月份经济业务的会计分录。

【实训题二】

资料：信诚公司2016年6月发生下列经济业务：

1.2日，将款项交存银行，开出银行汇票一张50 000元，由采购员李强去北京办理材料采购事宜。

2.3日，因临时材料采购需要，将款项60 000元汇往上海，开立采购专户。采购员李民前往上海。

3.8日，李强在北京采购材料，价款为40 000元，增值税为6 800元。将增值税专用发票交公司财会部门，余款划回到企业存款户。

4.20日，李民在上海采购材料，价款为50 000元，增值税为8 500元，将增值税专用发票交公司财会部门，余款划回到企业存款户。

5.25日，为购买股票，企业将款项500 000元存入某证券公司。

要求：编制信诚公司6月份经济业务的会计分录。

项目三

应收及预付款项的核算

[知识目标]

掌握应收及预付款项的核算内容；掌握应收账款、应收票据、预付账款及其他应收款的含义、账户设置及典型业务核算方法；掌握坏账的确认、坏账准备的计提及坏账收回的核算；掌握应收票据贴现金额的计算及核算。

[技能目标]

能正确填写托收凭证等单据；能根据应收账款、应收票据、预付账款和其他应收款等业务的原始凭证正确编制记账凭证，并能根据记账凭证登记相关业务的明细账和总账。

[案例导入]

资料：甲企业为增值税一般纳税人，增值税税率为17%。2016年12月1日，甲企业"应收账款"账户借方余额为500万元，"坏账准备"账户贷方余额为25万元，企业通过对应收款项信用风险进行分析，确定计提坏账准备的比例为期末应收账款余额的5%。12月份，甲企业发生如下相关业务：

①5日，向乙企业赊销商品一批，按商品价目表标明价格计算的金额为1 000万元（不含增值税），由于是成批销售，甲企业给予乙企业10%的折扣。

②9日，一客户破产，根据清算程序，应收账款40万元不能收回，确认为坏账。

③11日，收到乙企业的销货款500万元存入银行。

④21日，2015年已转销为坏账的应收账款10万元现又收回，存入银行。

⑤30日，向丙企业销售商品一批，增值税专用发票上注明的价款为100万元、增值税税额为17万元。甲企业为及早收回货款在合同中规定现金折扣条件为"2/10，1/20，N/30"。假定现金折扣不考虑增值税。

要求：

（1）编制甲企业上述业务的相关会计分录。

（2）计算甲企业本期应计提的坏账准备并编制会计分录。

● 任务1　应收账款的核算

一、应收账款核算的范围

应收账款是指企业因销售商品、提供劳务等经营活动，应向购货单位或接受劳务单位收取的款项。会计上所指的应收账款有其特定的范围：

（1）应收账款只反映销售商品或提供劳务形成的债权，主要包括企业销售商品或提供劳务等应向债务人收取的款项及代购货单位垫付的运杂费等。

（2）应收账款是流动资产性质的债权，其回收期通常不应超过1年或超过1年的一个营业周期。

【想一想】

企业存出保证金或押金、企业与内部各部门或职工之间的各种代垫款项、企业应收的保险赔款等是否属于应收账款？

二、应收账款的确认与计量

应收账款初始确认时，按照取得时的公允价值和相关交易费用之和作为初始确认金额。一般情况下，按照从购货方应收的合同或协议价款确定应收账款入账金额，但应收的合同或协议价款不公允的除外。应收账款因销售商品或提供劳务而产生，只有当商品销售收入或提供劳务收入的确认条件成立，而货款尚未收取时，才能确认为应收账款。

应收账款通常按实际发生额入账，主要包括商品或劳务的售价、增值税税额及因销售商品为购买方垫付的运杂费等。

企业为了及时回笼资金，在销售时往往实行折扣政策，因此，在计算应收账款的入账金额时，还要考虑折扣因素。商业上通用的折扣包括商业折扣和现金折扣两种。

（1）商业折扣。它是指企业为了鼓励客户多购商品而在商品标价上给予的优惠。商业折扣采用百分数表示。由于商业折扣一般在交易发生时已确定，它影响实际的销售价格，因此，应收账款应按扣除商业折扣后的金额入账。

（2）现金折扣。它是指企业为了鼓励债务人在规定的期限内及早付款，而向债务人提供的债务扣除。它通常用“折扣率/付款期限”来表示。如“2/10，1/20，N/30”分别表示：如果客户在10天内付款，企业按售价给予客户2%的折扣；如果客户超过10天，在20天内付款，企业按售价给予客户1%的折扣；如果客户超过20天，在信用期内付款（信用期为30天），企业将不给予折扣。现金折扣一般在债务人付款时才发生，因此，现金折扣不影响销售商品或提供劳务所产生的应收账款的入账金额。现金折扣采用总价法核算。发生的现金折扣应作为销货方的理财支出，记入“财务费用”科目的借方。

三、应收账款的账务处理

（一）账户设置

为了反映和监督应收账款的增减变动及其结存情况，企业应设置“应收账款”账户。该账户属于资产类账户，借方登记应收账款的增加；贷方登记应收账款的收回及确认坏账损失冲减的款项；期末余额在借方，反映企业尚未收回的应收账款，如果期末余额在贷方，反映企业预收的账款。该账户应按应收账款的单位设置明细账核算。

【注意】(1) 不单独设置“预收账款”账户的企业预收的账款也在该账户核算。

(2) 因销售商品、产品、提供劳务等，合同或协议价款的收取采用递延方式、实质上具有融资性质的，在“长期应收款”科目核算，不在本科目核算。

(二) 账务处理方法

(1) 无折扣条件的应收账款。

【例3-1】 3月5日，昌盛公司采用托收承付结算方式向甲公司销售商品一批，开具的增值税专用发票上注明的价款为500 000元、增值税为85 000元，同时开具支票代垫运杂费5 000元。昌盛公司编制会计分录如下：

3月5日，办妥托收手续时：

借：应收账款——甲公司 590 000

　贷：主营业务收入 500 000

　　应交税费——应交增值税（销项税额） 85 000

　　银行存款 5 000

3月10日，实际收到款项时：

借：银行存款 590 000

　贷：应收账款——甲公司 590 000

(2) 在有商业折扣的情况下，应按扣除商业折扣后的金额入账。

【例3-2】 甲企业5月8日销售一批产品，按价目表标明的价格计算，金额为20 000元，由于是成批销售，销售方给购货方5%的商业折扣，金额为1 000元，销货方应收账款的入账金额为19 000元，适用的增值税税率为17%。编制会计分录如下：

5月8日，销售时：

借：应收账款 22 230

　贷：主营业务收入 19 000

　　应交税费——应交增值税（销项税额） 3 230

6月3日，收回款项时：

借：银行存款 22 230

　贷：应收账款 22 230

(3) 在有现金折扣的情况下，采用总价法的账务处理。

存在现金折扣条件应收账款的核算方法有两种：总价法和净价法。总价法是指将未扣除现金折扣的金额作为应收账款的入账金额。在该方法下，只有客户在折扣期内付款时，企业才确认现金折扣，并把它视为一项融资成本，并计入财务费用。净价法是将扣除现金折扣后的金额作为应收账款的入账金额。该方法把客户为取得现金折扣而在折扣期内付款视为正常现象，将客户由于超过折扣期限付款而使销售方多收回的金额视为提供信贷而获得的收入，计入利息收入。

我国企业会计准则规定现金折扣应采用总价法核算。

【例3-3】 甲公司在2016年7月1日向乙公司销售一批商品，开具的增值税专用发票上注明的销售价款为20 000元、增值税税额为3 400元。为及早收回货款，甲公司和乙公司约定的现金折扣条件为“2/10，1/20，N/30”。假定计算现金折扣时不考虑增值税。甲公司的账务处理如下：

7月1日，销售实现时，按销售总价确认收入：

借：应收账款——乙公司　　23 400

　贷：主营业务收入　　20 000

　　　应交税费——应交增值税（销项税额）　　3 400

如果乙公司在7月9日付清货款，则按销售总价20 000元的2%享受现金折扣400元（20 000×2%），实际付款23 000元（23 400-400）。

借：银行存款　　23 000

　　财务费用　　400

　贷：应收账款——乙公司　　23 400

如果乙公司在7月18日付清货款，则按销售总价20 000元的1%享受现金折扣200元（20 000×1%），实际付款23 200元（23 400-200）。

借：银行存款　　23 200

　　财务费用　　200

　贷：应收账款——乙公司　　23 400

如果乙公司在7月底才付清货款，则按全额付款：

借：银行存款　　23 400

　贷：应收账款——乙公司　　23 400

（4）以商业汇票抵付应收账款的核算。

【例3-4】承【例3-1】资料，假设3月8日，昌盛公司收到甲公司交来的面值590 000元的商业汇票一张，用以偿还其前欠货款。昌盛公司在收到商业汇票时，编制会计分录如下：

借：应收票据——甲公司　　590 000

　贷：应收账款——甲公司　　590 000

● 任务2　应收票据的核算

一、应收票据认知

（一）应收票据的定义

应收票据是指企业因销售商品、提供劳务等而收到的商业汇票。商业汇票是一种由出票人签发的，委托付款人在指定日期无条件支付确定金额给收款人或者持票人的票据。

从广义上讲，应收票据作为一种债权凭证，应包括企业持有的未到期兑现的汇票、银行本票和支票。但在我国会计实务中，支票、银行本票及银行汇票均为见票即付的票据，属于货币资金，无须将其列为应收票据予以处理，因此应收票据就是企业持有的未到期或未兑现的商业汇票。应收票据作为商业信用和工具，既可以转让，也可以流通。

商业汇票的付款期限，最长不得超过6个月。商业汇票的提示付款期限，自汇票到期日起10日。符合条件的商业汇票的持票人，可以持未到期的商业汇票连同贴现凭证向银行申请贴现。

（二）应收票据的分类

商业汇票可以按不同的标准进行分类。

1.按照票据是否带息分类，商业汇票分为带息票据和不带息票据

带息票据是指商业汇票到期时，承兑人除向收款人或被背书人支付票面金额的款项外，还应按票面金额和票据规定的利息率支付自票据生效日起至票据到期日止的利息的商业汇票。不带息票据是指商业汇票到期时，承兑人只按票面金额向收款人或被背书人支付票面款项的票据。

2.根据承兑人不同，商业汇票分为商业承兑汇票和银行承兑汇票

（1）商业承兑汇票。它是指由付款人签发并承兑，或由收款人签发交由付款人承兑的汇票。商业承兑汇票的付款人收到开户银行的付款通知，应在当日通知银行付款。付款人在接到通知日的次日起3日内（遇法定休假日顺延）未通知银行付款的，视同付款人承诺付款，银行将于付款人接到通知日的次日起第四日（遇法定休假日顺延）上午开始营业时，将票款划给持票人。付款人提前收到由其承兑的商业汇票，应通知银行于汇票到期日付款。银行在办理划款时，付款人存款账户不足支付的，银行应填制付款人未付票款通知书，连同商业承兑汇票邮寄持票人开户银行转交持票人。

（2）银行承兑汇票。它是指由在承兑银行开立存款账户的存款人（这里也是出票人）签发，由承兑银行承兑的票据。企业申请使用银行承兑汇票时，应向其承兑银行按票面金额的万分之五交纳手续费。银行承兑汇票的出票人应于汇票到期前将票款足额交存其开户银行，承兑银行应在汇票到期日或到期日后的见票当日支付票款。银行承兑汇票的出票人于汇票到期前未能足额交存票款时，承兑银行除凭票向持票人无条件付款外，对出票人尚未支付的汇票金额按照每天万分之五计收利息。

【想一想】

企业销售商品或提供劳务收到银行汇票、银行本票、转账支票，应分别通过什么账户核算。

二、应收票据的账务处理

企业在收到商业汇票时，应按汇票票面金额入账。对于带息应收票据，期末按应收票据的票面价值和票面利率计提利息，也计入应收票据。

（一）账户设置

为了反映和监督商业汇票的取得、票款收回等情况，企业应设置“应收票据”账户。该账户属于资产类账户，借方登记取得的商业汇票的面值和期末计提的利息；贷方登记到期收回的票据款或到期前向银行贴现的商业汇票的票面余额；期末余额在借方，反映企业尚未收回且未申请贴现的商业汇票的面值和应计利息。

该账户可按开出、承兑商业汇票的单位进行明细核算。同时应设置应收票据备查簿，逐笔登记商业汇票的种类、号数和出票日、票面金额、交易合同号和付款人、承兑人、背书人的姓名或单位名称、到期日、背书转让日、贴现日、贴现率和贴现净额以及收款日和收回金额、退票情况等资料。

（二）账务处理方法

1.不带息应收票据的取得与收回

（1）销售商品、提供劳务收到的商业汇票。

【例3-5】2016年3月11日，昌盛公司向乙公司销售产品一批，开具的增值税专用发票上注明的价款为300 000元、增值税为51 000元，收到乙公司开具的一张3个月

期限的不带息商业承兑汇票，面值为351 000元。昌盛公司3月11日收到商业汇票时，编制会计分录如下：

借：应收票据——乙公司 351 000

贷：主营业务收入 300 000

应交税费——应交增值税（销项税额） 51 000

【想一想】

企业收到用于抵偿应收账款的商业汇票该如何处理？

（2）商业汇票到期收到票据款。

【例3-6】 承【例3-5】资料，6月11日，昌盛公司的商业汇票到期，收回票据款351 000元，存入银行。昌盛公司收到票据款时，编制会计分录如下：

借：银行存款 351 000

贷：应收票据——乙公司 351 000

（3）商业汇票到期出票人无力支付或拒付。商业承兑汇票到期，若承兑人拒付或无力偿还票款时，持票企业应将“应收票据”转为“应收账款”；银行承兑汇票到期，承兑银行负有无条件支付的责任，持票单位到期一定能保证收到款项。

【例3-7】 承【例3-5】资料，若到6月11日，商业承兑汇票到期，乙公司无力支付票据款，昌盛公司应编制会计分录如下：

借：应收账款——乙公司 351 000

贷：应收票据——乙公司 351 000

【想一想】

银行承兑汇票到期，持票单位到期该怎样进行账务处理？

2.带息应收票据的取得与收回

（1）销售商品、提供劳务收到的商业汇票。

【例3-8】 2016年3月11日，昌盛公司销售一批商品给甲公司，开具的增值税专用发票上注明的价款为100 000元、增值税为17 000元。货已发出，收到甲公司交来的期限6个月的商业承兑汇票一张，面值为117 000元，票面利率为4%。昌盛公司收到商业汇票时，编制会计分录如下：

借：应收票据——甲商贸公司 117 000

贷：主营业务收入 100 000

应交税费——应交增值税（销项税额） 17 000

（2）带息商业汇票期末按规定计提票据利息。对于带息的应收票据而言，应按权责发生制的要求于会计期末，按票面价值与确定的利率计算利息金额，借记“应收票据”科目，贷记“财务费用”科目。

一般地，如果应收票据的利息金额较大，对企业财务成果有较大的影响，应按月计提利息；如果应收票据的利息金额不大，对企业财务成果的影响也较小的，可以于季末或年末计提应收票据的利息。但不论何种情况，企业至少应于会计年末计提持有商业汇票的利息，以便正确计算企业的财务成果。

商业汇票到期值是指票据到期应收的票款额。

【提示】 不带息票据的到期值=面值

带息票据的到期值=面值+票面利息

计算应收票据到期利息的方法如下：

应收票据利息=应收票据面值×利率×期限

式中，应收票据面值是指商业汇票票面记载的金额；利率是指票据所规定的利率（一般以年利率表示）；期限是指签发日至到期日的时间间隔（有效期）。票据期限可用月或日表示。

①票据期限按月表示时，应以到期月份中与出票日相同的那一天为到期日。票据期限按月表示时，票据的期限不考虑各月份实际天数，统一按次月对日为整月计算。当签发承兑票据的日期为某月月末时，统一以到期月份的最后一日为到期日。如3月2日签发承兑的期限为6个月的商业汇票，其到期日为9月2日；1月31日签发承兑的期限为1个月、2个月、3个月和6个月的商业汇票，其到期日分别为2月28日（闰年为2月29日）、3月31日、4月30日和7月31日。

票据期限按月表示时，带息票据的利息应按票面金额、票据期限（月数）和月利率计算。应收票据到期利息的计算方法是：

应收票据利息=应收票据面值×利率×期限（月数）÷12

例如，某企业持有一张面值为117 000元的商业汇票，年利率为9%，票据的出票日（承兑生效日）为3月31日，票据期限为4个月，到期日为7月31日。则该商业汇票到期值为120 510元。其计算方法是：

应收票据利息=117 000×9%×4÷12=3 510（元）

票据到期值=117 000+3 510=120 510（元）

②票据期限按日表示时，应从出票日起按实际经历天数计算。通常，出票日和到期日只能计算其中的一天，即“算头不算尾”或“算尾不算头”。例如，4月15日签发的90天票据，其到期日应为7月14日（90天-4月份剩余天数-5月份实有天数-6月份实有天数=90-（30-15）-31-30=14）。在实际业务中，为了计算方便，常把一年定为360天，计算利息使用的利率要换算成日利率（年利率÷360）。

当商业汇票的期限按天数表示时，应收票据到期利息的计算方法是：

应收票据利息=应收票据面值×利率×期限（天数）÷360

例如，2016年某企业持有一张面值为40 000元、年利率为8%的商业汇票，出票日（承兑生效日）为1月31日，期限为90天，到期日为5月1日。则该商业汇票的到期值为40 800元。其计算方法是：

应收票据利息=40 000×8%×90÷360=800（元）

票据到期值=40 000+800=40 800（元）

【例3-9】某企业收到7月5日签发的商业承兑汇票一张，票据面值为117 000元，利率为9%，期限为4个月，票据的到期日为11月5日，根据票据到期日不同的经济情况，编制会计分录如下：

票据到期，企业收回到期票据款：

票据到期利息为3 510元（117 000×9%×4÷12），因某商业汇票的生效日和到期日均在同一会计年度，且票据利息金额对企业财务成果的影响较小，对于该票据利息收入采用票据到期确认的处理方法。

借：银行存款　　120 510
　贷：应收票据　　117 000
　　　财务费用　　3 510

票据到期，但付款人账户资金不足，票据由银行退回：

借：应收账款　　120 510
　贷：应收票据　　117 000
　　　财务费用　　3 510

（3）商业汇票到期收回票据款。

【例3-10】 承【例3-8】资料，9月11日，票据到期应收票据款为119 340元（117 000×（1+4%×6÷12）），昌盛公司编制会计分录如下：

借：银行存款　　119 340
　贷：应收票据——甲公司　　117 000
　　　财务费用　　2 340

【例3-11】 某企业12月1日向甲公司销售产品一批，开具的增值税专用发票上注明的价款为20 000元、增值税为3 400元，收到由甲公司开出的面值为23 400元、利率为9%、期限为4个月，并经开户银行承兑的带息银行承兑汇票一张。该企业编制会计分录如下：

12月1日，收到银行承兑汇票时：

借：应收票据——甲公司　　23 400
　贷：主营业务收入　　20 000
　　　应交税费——应交增值税（销项税额）　　3 400

12月31日，计提应收票据利息时：

当年应计利息=23 400×9%×1÷12=175.50（元）

借：应收票据——甲公司　　175.50
　贷：财务费用　　175.50

第二年4月1日，上述应收票据到期，票款全部收妥入账，共计24 102元（23 400+23 400×9%×4÷12），已存入银行。

借：银行存款　　24 102
　贷：应收票据——甲公司　　23 575.50
　　　财务费用　　526.50

如果该票据为商业承兑汇票，其他条款相同。票据到期时，付款人账户资金不足，由银行退票，应编制会计分录如下：

借：应收账款——甲公司　　23 926.50
　贷：应收票据——甲公司　　23 400
　　　财务费用　　526.50

3.应收票据贴现

应收票据贴现是指企业将持有的未到期商业汇票转让给银行，银行按票据到期值扣除贴现利息后将余款付给企业的一种融资行为。应收票据贴现相关计算公式如下：

票据到期值=票据面值+票据利息

票据贴现息=票据到期值×贴现率×贴现期

票据贴现净额=票据到期值-票据贴现息

【提示】应收票据贴现期一般按贴现日至票据到期日的实际天数采用“算尾不算头”的方式确定，若承兑方是外埠企业，贴现期要增加3天的收款邮程期。

【例3-12】2016年3月5日，昌盛公司将一张由外地滨海电器商贸公司开户银行于当年1月16日签发的6个月期带息商业汇票据（面值为300 000元，票据利率为5%）向银行申请贴现，经银行审查同意给予贴现，贴现率为4.5%。昌盛公司应收贴现净额的计算及账务处理如下：

贴现天数=26+30+31+30+16+3=136（天）

汇票到期值=300 000+300 000×5%×6÷12=307 500（元）

汇票贴现息=307 500×4.5%×136÷360=5 227.50（元）

汇票贴现净额=307 500-5 227.50=302 272.50（元）

收到贴现款时，昌盛公司编制会计分录如下：

借：银行存款	302 272.50	
贷：应收票据——滨海电器商贸公司		300 000
财务费用		2 272.50

4.应收票据背书转让

【例3-13】2016年3月8日，昌盛公司向某企业购入材料一批，销货方开具的增值税专用发票上注明的价款为300 000元、增值税为51 000元，由于资金紧张，昌盛公司以面值为300 000元的无息商业汇票背书，另以银行存款支付51 000元，材料验收入库。昌盛公司编制会计分录如下：

借：原材料	300 000	
应交税费——应交增值税（进项税额）	51 000	
贷：应收票据		300 000
银行存款		51 000

任务3 预付账款和其他应收款的核算

一、预付账款的核算

（一）账户设置

预付账款是指企业按照购货合同规定，预付给销货单位的款项。为了核算和监督预付账款的增减变动情况，企业应设置“预付账款”科目，借方登记预付的款项和补付的款项，贷方登记收到采购货物时发票金额冲销的预付账款以及因预付货款剩余而退回的款项。期末余额一般在借方，反映企业实际预付的款项。

【提示】预付款项不多的企业，可以不设“预付账款”账户，而将预付款项直接通过“应付账款”账户核算，但编制财务报表时，仍应将预付账款的金额和应付账款的金额分开列示。

（二）账务处理方法

企业根据购货合同的规定向供应单位预付款项时，借记“预付账款”科目，贷记“银行存款”科目。

企业收到所购物资，按应计入购入物资成本的金额，借记“材料采购”“原材料”“库存商品”“应交税费——应交增值税（进项税额）”等科目，贷记“预付账款”科目。

当预付货款小于采购货物所需支付的款项时，应将不足部分补付，借记“预付账款”科目，贷记“银行存款”科目；当预付货款大于采购货物所需支付的款项时，对收回的多余款项应借记“银行存款”科目，贷记“预付账款”科目。

【例3-14】 2016年3月10日，昌盛公司向某企业采购单价为1 000元的材料5 000吨，合同约定昌盛公司在合同签订日预付合同款的50%，货物验收后补付其余款项。昌盛公司的账务处理如下：

预付货款时，编制会计分录如下：

借：预付账款　　2 500 000

　贷：银行存款　　2 500 000

收到乙公司发来的5 000吨材料，增值税专用发票上注明的价款为5 000 000元、增值税为850 000元，验收无误，昌盛公司以银行存款补付余款3 350 000元，编制会计分录如下：

借：原材料　　5 000 000

　　应交税费——应交增值税（进项税额）　　850 000

　贷：预付账款　　5 850 000

借：预付账款　　3 350 000

　贷：银行存款　　3 350 000

二、其他应收款的核算

（一）核算内容及账户设置

其他应收款是指企业除应收票据、应收账款、预付账款等以外的其他各种应收及暂付款项。其主要内容包括：①应收的各种赔款、罚款，如因企业财产等遭受意外损失而应向有关保险公司收取的赔款等；②应收的出租包装物租金；③应向职工收取的各种垫付款项，如为职工垫付的水电费、应由职工负担的医药费、房租费等；④存出保证金，如租入包装物支付的押金；⑤其他各种应收、暂付款项。

为了反映和监督其他应收账款的增减变动及其结存情况，企业应当设置“其他应收款”科目进行核算。“其他应收款”科目的借方登记其他应收款的增加，贷方登记其他应收款的收回，期末余额一般在借方，反映企业尚未收回的其他应收款项。

（二）账务处理方法

【例3-15】 甲公司以银行存款替王方副总经理垫付应由其个人负担的医疗费6 000元，拟从其工资中扣回。

垫支时：

借：其他应收款——王方　　6 000

　贷：银行存款　　6 000

扣款时：

借：应付职工薪酬——工资　　6 000

　贷：其他应收款——王方　　6 000

【例3-16】甲公司租入包装物一批，以银行存款向出租方支付押金15 000元。

支付押金时：

借：其他应收款——存出保证金　　15 000

　贷：银行存款　　15 000

收到出租方退还的押金时：

借：银行存款　　15 000

　贷：其他应收款——存出保证金　　15 000

● 任务4　应收款项减值的核算

一、应收款项减值损失的确认

企业的各种应收款项（包括应收账款、其他应收款、预付账款和应收票据等），可能会因购货人拒付、破产、死亡等原因而无法收回。这类无法收回的应收款项就是坏账。因坏账而遭受的损失为坏账损失。企业应当在资产负债表日对应收款项的账面价值进行检查，有客观证据表明应收款项发生减值的，应当将该应收款项的账面价值减记至预计未来现金流量现值，减记的金额确认为减值损失，计提坏账准备。应收款项减值的确定有两种方法，即直接转销法和备抵法，我国企业会计准则规定采用备抵法确定应收款项的减值。

（一）直接转销法

采用这种方法时，日常核算中应收款项可能发生的坏账损失不予考虑，只有在实际发生坏账时，才作为损失计入当期损益，同时冲销应收款项，即借记“资产减值损失”科目，贷记“应收账款”科目。

在直接转销法下，若已经确认为坏账的应收账款因债务人经济情况好转或由于其他原因，又全部或部分收回时，为了通过应收账款的账簿记录反映债务人的偿债信誉，应首先按收回的金额冲销原确认坏账的会计分录，然后再反映应收账款的收回，即借记“应收账款”科目，贷记“资产减值损失”科目；同时借记“银行存款”等科目，贷记“应收账款”科目。

【例3-17】甲企业根据发生的有关坏账的经济业务，编制会计分录如下：

（1）应收乙公司的账款共计45 000 元，已确认无法收回。

借：资产减值损失　　45 000

　贷：应收账款　　45 000

（2）已经确认为坏账的应收乙公司账款中，又收回5 000元。

借：应收账款　　5 000

　贷：资产减值损失　　5 000

同时，

借：银行存款　　5 000

　贷：应收账款　　5 000

采用直接转销法对坏账进行核算时，在日常核算中对应收账款可能发生的坏账损失不予考虑，只有在实际发生坏账时才作为损失计入当期损益，并冲减应收账款，其核算手续比较简单。但采用这种方法，由于在实际发生坏账时才确认坏账损失，从而导致日常核算的应收账款价值虚增，资产虚列，既不符合会计信息质量要求，又导致不符合资产要素定义的基本要求，在资产负债表上，只能提供应收账款的账面余额，无法提供关于应收账款可收回净额的会计信息，歪曲了企业期末的财务状况。我国会计规范规定企业不得采用直接转销法对坏账进行核算。

【提示】小企业会计准则规定，小企业的应收及预付款项坏账损失应采用直接转销法核算，即应当于实际发生时计入营业外支出，同时冲减应收及预付款项。

（二）备抵法

它是指按期对应收款项进行减值测试，如有客观证据表明其已发生减值，应当确认减值损失，形成坏账准备，当某一应收款项全部或者部分被确认为坏账时，应根据其金额冲减坏账准备，同时转销相应的应收款项金额。

二、坏账准备的账务处理

（一）坏账准备的计提

企业会计准则规定，坏账准备的计提范围包括应收账款和其他应收款。企业的预付账款如有确凿证据表明其不符合预付账款的性质，或因供货单位破产、撤销等原因已无望再收到所购货物的，应将原计入预付账款的金额转入其他应收款并按规定计提坏账准备。企业持有的未到期的应收票据，如有确凿证据证明不能收回或收回的可能性不大时，应将其账面余额转入应收账款，并按规定计提相应坏账准备。

坏账准备可按以下公式计算：

$$\text{当期应计提的坏账准备}=\text{当期按应收款项计算应提坏账准备金额}-(+)\text{“坏账准备”科目的贷方（借方）余额}$$

企业计提坏账准备时，按应减记的金额，借记“资产减值损失——计提的坏账准备”科目，贷记“坏账准备”科目。

（二）账户设置

1.“坏账准备”账户

采用备抵法核算坏账损失的企业，应设置“坏账准备”账户核算应收款项的坏账准备计提和核销等情况。该账户属于资产类账户，贷方登记当期计提的坏账准备金额；借方登记实际发生的坏账损失金额和冲减的坏账准备金额；期末余额一般在贷方，反映企业已计提但尚未转销的坏账准备。该账户应按应收款项的类别进行明细核算。

【提示】“坏账准备”账户也是应收款项的备抵账户，应收款项账户余额减去坏账准备账户相关明细账户贷方余额后的差额为应收款项账面价值。

2.“资产减值损失”账户

该账户属于损益类账户，核算企业计提的各项资产减值准备形成的损失。借方登记企业发生的应收账款、存货、长期股权投资、持有至到期投资、固定资产、无形资产等资产减值而减记的金额；贷方登记企业计提的坏账准备、存货跌价准备、持有至到期投资减值准备等得以恢复而增加的金额；期末将该账户余额转入“本年利润”账户，结转后该账户无余额。

（三）坏账准备的计提方法

坏账准备的计提方法有余额百分比法、账龄分析法、销货百分比法和个别认定法等。

1.余额百分比法

它是指根据期末应收账款余额的一定百分比估计坏账损失，并计提坏账准备的方法。首次计提坏账准备的计算公式为：

当期应计提的坏账准备=期末应收账款余额×坏账准备计提百分比

【例3-18】甲公司2014年开始计提坏账准备，确定按应收账款年末余额的1%计提坏账准备。2014年12月31日，应收账款余额为1 000万元。2015年6月份发生坏账3万元，经批准核销；当年12月31日应收账款余额为1 200万元。2016年3月收回上年核销的坏账2万元，当年12月31日应收账款余额为1 000万元。甲公司有关账务处理如下：

（1）2014年12月31日，首次计提坏账准备，应提坏账准备金额为100 000元（10 000 000×1%），编制会计分录如下：

借：资产减值损失——计提的坏账准备　100 000
　贷：坏账准备　100 000

（2）2015年6月份，确认坏账损失，编制会计分录如下：

借：坏账准备　30 000
　贷：应收账款　30 000

（3）2015年12月31日，再次计提坏账准备：

2015年年末“坏账准备”账户贷方余额=12 000 000×1%=120 000（元）

2015年年末调整前“坏账准备”账户贷方余额=100 000-30 000=70 000（元）

2015年年末应计提的坏账准备金额=120 000-70 000=50 000（元）

编制会计分录如下：

借：资产减值损失——计提的坏账准备　50 000
　贷：坏账准备　50 000

（4）2016年3月，收回已核销的坏账，将已核销的坏账转回“应收账款”账户，编制会计分录如下：

借：应收账款　20 000
　贷：坏账准备　20 000

按正常应收款收回处理，编制会计分录如下：

借：银行存款　20 000
　贷：应收账款　20 000

【提示】这里也可合并，直接编制一笔分录如下：

借：银行存款　20 000
　贷：坏账准备　20 000

（5）2016年12月31日，计提坏账准备：

2016年年末“坏账准备”账户贷方余额=10 000 000×1%=100 000（元）

2016年年末调整前“坏账准备”账户贷方余额=120 000+20 000=140 000（元）

2016年年末应计提的坏账准备金额=100 000-140 000=-40 000（元）

编制会计分录如下：

借：坏账准备　40 000
　贷：资产减值损失——计提的坏账准备　40 000

2.账龄分析法

账龄分析法是指根据应收款项账龄的长短，根据以往的经验确定坏账损失百分比，并据以估计坏账损失的方法。其中，账龄是指客户所欠账款的时间。虽然应收款项能否及时收回及能收回多少，不一定完全取决于时间长短，但一般来说，账龄越长，账款不能收回的可能性就越大，因此企业可以按应收款项的账龄估计坏账。采用账龄分析法，应将企业的应收款项按账龄分类排列，加以分析，并在此基础上，估计坏账损失。各期估计的坏账损失应同账面上原有的坏账准备进行比较，并调整“坏账准备”科目余额，使之与估计坏账损失数额一致，其核算原理与余额百分比法相同，两者的区别仅在于估计坏账的方法有所不同。

采用账龄分析法首次计提坏账准备的计算公式如下：

当期应计提的坏账准备=$\sum$(期末各账龄组应收账款余额×各账龄组坏账准备计提百分比)

【例3-19】2016年12月31日，甲股份有限公司应收账款账龄及估计损失见表3-1。

表3-1　**应收账款账龄分析表**

应收账款账龄	应收账款金额（元）	估计损失率（%）	估计损失金额（元）
未到期	400 000	0.5	2 000
过期1个月	180 000	1	1 800
过期2个月	130 000	2	2 600
过期3个月	70 000	3	2 100
过期3个月以上	40 000	5	2 000
合计	820 000		10 500

根据表3-1，甲股份有限公司2016年12月31日估计坏账损失为10 500元。甲股份有限公司应根据“坏账准备”科目的余额情况，对“坏账准备”科目进行多退少补的调整处理。

如果甲股份有限公司2016年12月31日首次计提坏账准备，则账务处理如下：

借：资产减值损失　　10 500

　贷：坏账准备　　10 500

如果调整前“坏账准备”科目的账面余额为借方余额200元，则2016年12月31日需计提坏账准备的金额为10 700元（10 500+200），才能使年末的坏账准备金额为10 500元，账务处理如下：

借：资产减值损失　　10 700

　贷：坏账准备　　10 700

如果调整前“坏账准备”科目的账面余额为贷方余额400元，则2016年12月31日需计提坏账准备的金额为10 100元（10 500-400），账务处理如下：

借：资产减值损失　　10 100

　贷：坏账准备　　10 100

3.销货百分比法

它是以本期发生的赊销金额的一定百分比作为估计坏账的方法。企业可以根据过去的经验和有关资料，估计坏账损失与赊销金额之间的比率，直接计算应计提的坏账准备。这种方法比较简单，只考虑赊销发生额，不考虑期末已收回和尚未收回的应收账款数额和账龄，也无须考虑计提前“坏账准备”科目的余额，因而实务中较少使用。

【例3-20】假设天宇股份有限公司2015年赊销金额为1 200 000元，2016年发生坏账30 000元；2016年赊销金额为1 500 000元。根据以往资料和经验，估计坏账损失率为3%。

(1) 2015年年末估计坏账损失，编制会计分录如下：

借：资产减值损失　　36 000

　贷：坏账准备　　36 000

(2) 2016年发生坏账，编制会计分录如下：

借：坏账准备　　30 000

　贷：应收账款　　30 000

(3) 2016年年末估计坏账损失，编制会计分录如下：

借：资产减值损失　　45 000

　贷：坏账准备　　45 000

赊销百分比法在赊销的当期估计坏账损失，并计入当期损益，体现了收入与费用的配比原则及权责发生制。采用赊销百分比法，坏账损失估计数无须与“坏账准备”科目贷方期末余额保持一致，即通常不调整“坏账准备”科目余额。但是，各赊销业务账龄长短不同，发生坏账的可能性也不一样，按同一坏账损失比例估计坏账会出现与企业实际发生坏账不相符的情况，这就要求企业及时修正坏账损失估计比例，使之与企业实际情况基本保持一致。

4.个别认定法

如果某项应收账款的可收回性与其他应收账款存在明显差别，导致该项应收账款如果按其他应收账款同样的方法计提坏账准备，将无法真实地反映其可收回金额，可对该项应收账款单独计提坏账准备。个别认定法计提坏账准备的比率与坏账可能产生的概率更加接近，因而使计提的坏账准备数额与其后可能产生的坏账损失更为相符。

【例3-21】 2016年12月31日，甲公司对应收丙公司的账款进行减值测试。应收账款余额合计为1 000 000元，甲公司根据丙公司的资信情况确定按10%计提坏账准备。2016年年末计提坏账准备的会计分录为：

借：资产减值损失——计提的坏账准备　　100 000

　贷：坏账准备　　100 000

【想一想】

按照现行会计准则的规定，企业的所有应收款项均需要计提坏账准备吗？

[案例分析]

案例资料和要求见本章[案例导入]，具体账务处理如下：

(1) ①借：应收账款　　10 530 000

　　贷：主营业务收入　　9 000 000

　　　　应交税费——应交增值税（销项税额）　　1 530 000

②借：坏账准备　　400 000

　贷：应收账款　　400 000

③借：银行存款　　5 000 000

　贷：应收账款　　5 000 000

④借：应收账款　　100 000

　贷：坏账准备　　100 000

借：银行存款　　100 000

　贷：应收账款　　100 000

⑤借：应收账款　　1 170 00

　　贷：主营业务收入　　1 000 000

　　　　应交税费——应交增值税（销项税额）　　170 000

（2）应补提的坏账准备=（5 000 000+10 530 000+1 170 000−400 000−5 000 000）×5%−（250 000+100 000−400 000）=615 000（元）

借：资产减值损失　　615 000

　贷：坏账准备　　615 000

[项目小结]

应收及预付款项是指企业在日常生产经营的过程中发生的各项债权，包括应收款项和预付款项。应收款项包括应收账款、应收票据和其他应收款等。企业一般对外销售商品或提供劳务形成的应收债权，通常应按从购买方应收的合同或协议价款作为初始确认金额，应收账款应于收入实现时予以确认，以扣除商业折扣后的金额作为入账金额。销售商品涉及现金折扣的，应当按照总价法确定销售商品收入金额和相应的债权，现金折扣在实际发生时计入当期损益。

应收票据在初始确认时，按照取得时的公允价值和相关交易费用之和作为初始确认金额，期末，应对带息应收票据计提利息。

预付款项是指企业因购买商品或接受劳务等而预先支付给有关单位的款项。

企业应采用备抵法，按期估计坏账并作为坏账损失计入当期资产减值损失，同时确认坏账准备，当某一应收款项全部或部分被确认为坏账时，将其金额冲减坏账准备并相应转销应收款项。

[习题与实训]

一、单项选择题

1.预付账款不多的企业，可以不设“预付账款”科目，而将预付账款记入（　　）。

A.“应收账款”科目的借方　　B.“应收账款”科目的贷方

C.“应付账款”科目的借方　　D.“应付账款”科目的贷方

2.C企业2015年年末坏账准备为借方余额1 000元，2016年1月末，应收账款为借方余额68 000元，当月发生坏账损失1 500元，按应收账款余额的2%计提坏账准备，则该企业2016年1月末坏账准备的余额为（　　）。

A.借方2 500元　　B.贷方1 360元　　C.贷方1 500元　　D.借方1 140元

3.A企业将销售商品收到的银行承兑汇票背书转让给B企业，用于支付购买原材料的价款，应贷记的科目是（　　）。

A.“应收账款”　　B.“应收票据”　　C.“应付票据”　　D.“银行存款”

4.2016年7月18日，A企业将收到的出票日为5月20日、期限为180天、面值为100 000元的票据到银行申请贴现。该票据的贴现天数为（　　）天。

A.180　　B.122　　C.120　　D.121

5.下列各项，不通过“其他应收款”科目核算的是（　　）。

A.为购货方代垫的运费　　B.应收保险公司的各项赔款

C.为职工代垫的房租　　D.存出保证金

二、多项选择题

1.企业因销售商品发生的应收账款，其入账价值应当包括（　　）。

A.销售商品的价款　　B.增值税销项税额

C.代购方垫付的包装费　　D.代购方垫付的运杂费

2.下列各项中，应计提坏账准备的有（　　）。

A.应收账款　　B.应收票据　　C.预付账款　　D.其他应收款

3.下列各项中，应记入“坏账准备”科目贷方的有（　　）。

A.按规定提取的坏账准备　　B.当期发生的坏账损失

C.收回已确认为坏账并转销的应收账款　　D.冲回多提的坏账准备

4.下列各项中，会影响应收账款账面价值的有（　　）。

A.收回前期应收账款　　B.发生赊销商品的业务

C.收回已转销的坏账　　D.结转到期不能收回的票据

5.下列关于现金折扣与商业折扣的说法，正确的有（　　）。

A.商业折扣是指在商品标价上给予的扣除

B.现金折扣是指债权人为鼓励债务人早日付款，而向债务人提供的债务扣除

C.在存在商业折扣的情况下，企业应收账款入账金额应按扣除商业折扣后的实际售价确认

D.总价法是将未减去现金折扣前的金额作为实际售价，记作应收账款的入账价值

三、判断题

1.企业应收款项发生减值时，应将该应收款项账面价值高于预计未来现金流量现值的差额确认为减值损失，计入当期损益。（　　）

2.2016年4月5日，B企业赊销产品一批，价款为10万元，增值税税额为1.7万元，现金折扣条件为“2/10，1/20，N/30”。假设折扣不考虑增值税因素。4月12日，购货单位付款。则B企业应确认财务费用1 000元。（　　）

3.无息票据的贴现所得一定小于票据面值，而有息票据的贴现所得则不一定小于票据面值。（　　）

4.企业取得应收票据时，无论是否带息，均应按其到期值入账。（　　）

5.企业采用应收账款余额百分比法计提坏账准备的，期末“坏账准备”科目余额应等于按应收账款余额的一定百分比计算的坏账准备金额。（　　）

四、实训题

【实训题一】

资料：A公司为增值税一般纳税人，适用的增值税税率为17%。2016年6月，A公司发生下列业务：

（1）3月2日，向B公司赊销某商品100件，每件标价200元，实际售价180元（售价

中不含增值税)，已开具增值税专用发票。商品已交付B公司。代垫B公司运杂费2 000元。现金折扣条件为“2/10，1/20，N/30”。

(2) 3月4日，销售给乙公司商品一批，增值税专用发票上注明的价款为20 000元、增值税为3 400元，乙公司以一张期限为60天、面值为23 400元的无息商业承兑汇票支付。该批商品成本为16 000元。

(3) 3月8日，收到B公司3月2日所购商品货款并存入银行。

(4) 3月11日，A公司从甲公司购买原材料一批，价款为20 000元，按合同规定先预付40%的购货款，其余货款验货后支付。

(5) 3月20日，因急需资金，A公司将收到的乙公司的商业承兑汇票到银行办理贴现，年贴现率为10%。

(6) 3月21日，收到从甲公司购买的原材料，并验收入库，余款以银行存款支付。增值税专用发票上注明的价款为20 000元、增值税为3 400元。

要求：编制上述业务的会计分录(假定现金折扣不考虑增值税因素)。

【实训题二】

资料：甲企业为增值税一般纳税人，适用的增值税税率为17%。2016年12月1日，甲企业“应收账款”科目借方余额为500万元，“坏账准备”科目贷方余额为25万元，企业通过对应收款项的信用风险特征进行分析，确定计提坏账准备的比例为期末应收账款余额的5%。12月份，甲企业发生如下相关业务：

(1) 12月5日，向乙企业赊销商品一批，按商品价目表标明的价格计算的金额为1 000万元(不含增值税)，由于是成批销售，甲企业给予乙企业10%的商业折扣。

(2) 12月9日，一客户破产，根据清算程序，有应收账款40万元不能收回，确认为坏账。

(3) 12月11日，收到乙企业的销货款500万元，存入银行。

(4) 12月21日，收到2015年已转销为坏账的应收账款10万元，存入银行。

(5) 12月30日，向丙企业销售商品一批，增值税专用发票上注明的价款为100万元、增值税为17万元。甲企业为了及早收回货款而在合同中规定的现金折扣条件为“2/10，1/20，N/30”。假定现金折扣不考虑增值税因素。

要求：(答案中的金额单位用万元表示)

(1) 编制甲企业上述业务的会计分录。

(2) 计算甲企业本期应计提的坏账准备并编制会计分录。

【实训题三】

资料：2016年5月31日，A公司收到B公司签发的一张面值为100 000元的带息商业承兑汇票，B公司用其来偿还所欠A公司货款。经计算，该票据每月利息1 000元。A公司7月1日因急需资金，持该票据向银行申请贴现，经计算月贴现息为900元。11月30日，该票据到期因B公司无力承兑，贴现银行从A公司存款户中划款，但A公司银行存款账户余额也不足，银行将其作逾期贷款处理。

要求：作出A公司有关该票据的全部账务处理。

项目四

存货的核算

[知识目标]

了解存货的概念及分类；掌握取得存货的计价原理及核算方法；掌握发出存货计价方法核算原理；掌握期末存货计价方法原理及存货跌价准备的核算。

[技能目标]

能根据存货取得和发出的原始凭证，对存货取得、发出及期末计价进行正确的账务处理。

[案例导入]

资料：甲公司材料核算采用计划成本法。2016年6月初“原材料”账户余额为20 000元，“材料成本差异”账户借方余额为200元。2016年6月发生下列业务：

（1）5日，基本生产车间生产A产品领用材料一批，计划成本为5 000元。

（2）10日，购买原材料一批，增值税专用发票上注明的价款为30 000元、增值税为5 100元，销货方垫付运杂费500元。材料当日验收入库，甲公司开具一张35 600元商业承兑汇票支付全部款项。该批原材料的计划成本为31 000元。

要求：

（1）根据资料（1）编制生产领用材料的会计分录。

（2）根据资料（2）编制购入材料及验收入库的相关会计分录。

（3）计算材料成本差异率及本月发出材料应分摊的材料成本差异额，并编制会计分录。

● 任务1　存货认知

一、存货的概念及分类

（一）存货的概念

存货是指企业在日常活动中持有以备出售的产成品或商品，为了出售仍然处在生产过程中的在产品，在生产过程或提供劳务过程中耗用的材料或物料等。

（二）存货的分类

1.按照经济内容进行分类

（1）原材料。它指企业在生产过程中经加工改变其形态或性质并构成产品主要实体的各种原料及主要材料、辅助材料、外购半成品（外购件）、修理用备件（备品备件）、包装材料、燃料等。

（2）在产品。它指企业正在制造尚未完工的生产物，包括正在各个生产工序中加工的产品和已加工完毕但尚未检验或已检验但尚未办理入库手续的产品。

（3）半成品。它指经过一定生产过程并已检验合格交付半成品仓库保管，但尚未制造完工成为产成品、仍需进一步加工的中间产品。

（4）产成品。它指工业企业已经完成全部生产过程并验收入库。可以按照合同规定的条件送交订货单位，或者可以作为商品对外销售。企业接受外来原料加工制造的代制品和为外单位加工修理的代修品，制造和修理完成验收入库后，应视为企业的产成品。

（5）商品。它指商品流通企业的商品，包括外购或委托加工完成验收入库用于销售的各种商品。

（6）周转材料。它包括包装物及低值易耗品。

（7）委托代销商品。它指企业委托其他单位代销的物资。

（8）委托加工物资。

2.按经济用途分类

（1）在生产经营过程中储存以备出售的存货。这是指企业在日常经营过程中已经完工并处于待销状态的各种物品，主要指的是工业企业的库存产成品和商品流通企业的库存商品等。

（2）为了最终出售尚处于生产过程中的存货。这是指工业企业的在产品和自制半成品等。

（3）为了生产出可供销售的商品或提供劳务而储备的可供消耗的存货，如原材料、燃料、包装物、低值易耗品等。

3.按存货的存放地点分类

（1）库存存货。它是指已经运到企业，并已经验收入库的各种原材料、商品以及已验收入的库自制半成品和产成品等。

（2）加工中存货。它是指企业已经委托外单位加工，尚未加工完成的各种存货。

（3）在途存货。它是指企业已经购入但尚未验收入库的各种存货。

（4）委托代销商品。

二、存货的确认条件

某个项目要确认为存货，首先要符合存货的定义，还应当符合存货确认的两个条件：

（1）该存货包含的经济利益很可能流入企业。存货作为一项重要的流动资产，对其进行确认，关键是判断该存货是否很可能给企业带来经济利益或所包含的经济利益是否很可能流入企业。通常，存货的所有权是存货包含的经济利益很可能流入企业的一个重要标志。比如，根据销售合同售出并取得现金或收取现金的权利，所有权已经转移的存货，因其所包含的经济利益已不能流入企业，因而不再作为企业的存货进行账务处理，即使该存货尚未运离企业。

（2）该存货的成本能够可靠计量。成本是否能够可靠计量是资产确认的另一个基本条件。如果存货成本不能可靠计量，则不能确认为一项存货。例如，企业签订的购货合同，由于并未实际发生购货交易，不能可靠地确定其交易成本，因此就不能将合同内容确认为企业购买的存货。

三、存货的初始计量

根据《企业会计准则第1号——存货》第五条的规定：“存货应当按照成本进行初始计量。存货成本包括采购成本、加工成本和其他成本。”

1.存货的采购成本

外购存货的成本即存货的采购成本，是指企业物资从采购到入库前所发生的全部支出，包括购买价款、相关税费、运输费、装卸费、保险费以及其他可归属于存货采购成本的费用。

（1）购买价款是指企业购入的材料或商品的发票账单上列明的价款，但不包括按规定可以抵扣的增值税。

（2）相关税费：包括计入存货的进口关税、消费税、资源税、不能抵扣的增值税进项税额等。

（3）运输费：对于增值税一般纳税人购进存货支付的运输费，按取得的运输业增值税专用发票上注明的运输费金额计入存货成本，按其运输费与增值税税率11%计算的进项税额，可以抵扣，不计入存货成本。

（4）其他可归属于存货采购成本的费用：包括入库前的仓储费用、包装费、运输途中的合理损耗、入库前的挑选整理费用等。

商品流通企业在采购商品过程中发生的运输费、装卸费、保险费以及其他可归属于存货采购成本的费用，应当计入存货的采购成本；也可以先进行归集，期末再根据所购商品的存销情况进行分摊。对于已售商品的进货费用，计入当期损益；对于未售商品的进货费用，计入期末存货成本。企业采购商品的进货费用金额较小的，可以在发生时直接计入当期损益。

【练一练】

某企业为增值税一般纳税人，购入材料一批，增值税专用发票上注明的价款为25万元、增值税为4.25万元，另支付材料的保险费2万元、包装物押金2万元。计算该批材料的采购成本。

该企业为增值税一般纳税人，增值税可以抵扣，不计入存货的成本，而包装物押金单独在其他应收款中核算。

采购成本=25＋2=27（万元）

2.存货的加工成本

存货的加工成本是指在存货的加工过程中发生的追加费用，包括直接人工以及按照一定方法分配的制造费用。直接人工是指企业在生产产品和提供劳务过程中发生的直接从事产品生产和劳务提供人员的职工薪酬。制造费用是指企业为生产产品和提供劳务而发生的各项间接费用。

3.存货的其他成本

存货的其他成本是指除采购成本、加工成本以外的，使存货达到目前场所和状态所发生的其他支出。企业设计产品发生的设计费用通常应计入当期损益，但是为特定客户设计产品所发生的、可直接确定的设计费用应计入存货的成本。存货的来源不同，其成本的构成内容也不同。

原材料、商品、低值易耗品等通过购买而取得的存货的成本由采购成本构成。

产成品、在产品、半成品等自制或需委托外单位加工完成的存货的成本由采购成本、加工成本以及使存货达到目前场所和状态所发生的其他支出构成。在实务中，具体按以下原则确定：

（1）购入的存货，其成本包括：买价、运杂费（包括运输费、装卸费、保险费、包装费、仓储费等）、运输途中的合理损耗、入库前的挑选整理费用以及按规定应计入成本的税费和其他费用。

（2）自制的存货，包括自制原材料、自制包装物、自制低值易耗品、自制半成品及库存商品等，其成本包括直接材料、直接人工和制造费用等的各项实际支出。

（3）委托外单位加工完成的存货，包括加工后的原材料、包装物、低值易耗品、半成品、产成品等，其成本包括实际耗用的原材料或者半成品、加工费、装卸费、保险费、委托加工的往返运输费等费用以及按规定应计入成本的税费。

【提示】下列费用不应计入存货成本，而应在其发生时计入当期损益：

（1）非正常消耗的直接材料、直接人工和制造费用，应在发生时计入当期损益，不应计入存货成本。如因自然灾害而发生的直接材料、直接人工和制造费用，由于这些费用的发生无助于使该存货达到目前场所和状态，不应计入存货成本，而应确认为当期损益。

（2）仓储费用，是指企业在存货采购入库后发生的储存费用，应在发生时计入当期损益。但是，在生产过程中为达到下一个生产阶段所必需的仓储费用应计入存货成本。如某种酒类产品生产企业为使生产的酒达到规定的产品质量标准，而必须发生的仓储费用，应计入酒的成本，而不应计入当期损益。

（3）不能归属于使存货达到目前场所和状态的其他支出，应在发生时计入当期损益，不得计入存货成本。

【练一练】

A企业为增值税小规模纳税人，购入甲材料600千克，每千克含税单价为50元，发生运杂费2 000元，运输途中发生合理损耗10千克，入库前发生挑选整理费用450元。计算该批甲材料的单位实际成本。

该企业为小规模纳税人，采购成本中含增值税；另外运输途中合理损耗计入采购成本。

甲材料的总成本=600×50＋2 000＋450=32 450（元）

单位实际成本=32 450÷590=55（元/千克）

● 任务2 原材料的核算

原材料是指企业在生产过程中经加工改变其形态或性质并构成产品主要实体的各种原料及主要材料、辅助材料、燃料、修理用备件、包装材料、外购半成品等。根据计价方法不同，原材料日常核算方法有两种：实际成本计价法和计划成本计价法。

一、实际成本计价法下原材料的核算

实际成本计价法是指每种存货的采购、收发和结存，不论总分类核算，还是明细分类核算都按实际成本计价，原材料按实际成本法计价一般适用于规模较小、存货品种简单、采购业务不多的企业。

（一）账户设置

原材料如果采用实际成本法进行日常核算，需要设置“原材料”和“在途物资”两个账户。

（1）“在途物资”账户。该账户核算企业在实际成本计价法下购入尚未验收入库材料的实际成本，属资产类账户。该账户借方登记已付款或已开出、承兑商业汇票材料的实际成本；贷方登记已验收入库材料的实际成本；期末借方余额，反映企业已付款或已开出、承兑商业汇票但尚未到达或尚未验收入库材料的实际成本。“在途物资”账户应按供应单位和材料种类设置明细账进行明细分类核算。

（2）“原材料”账户。该账户核算企业库存原材料的实际成本，属资产类账户。在实际成本计价法下，该账户借方登记入库材料的实际成本；贷方登记发出材料的实际成本；期末借方余额，反映企业库存材料的实际成本。“原材料”账户应该按照原材料的保管地点（仓库）、材料类别、品种和规格设置原材料明细账，进行明细分类核算。

（二）原材料取得的核算

1.外购原材料的核算

对于企业外购的原材料，由于货款结算方式和采购地点不同，收料和付款的时间往往不一致，因而账务处理上也不尽相同。

（1）单货同到业务。

【例4-1】3月2日，宏业公司购入甲材料一批，增值税专用发票上注明的价款为500 000元、增值税为85 000元，销货方代垫包装费3 000元。宏业公司开出转账支票支付全部款项，同日材料验收入库。

宏业公司根据发票账单、支票存根联及材料验收入库单，编制会计分录如下：

借：原材料——甲材料	503 000	
应交税费——应交增值税（进项税额）	85 000	
贷：银行存款		588 000

（2）单到货未到业务。

【例4-2】3月5日，宏业公司采用汇兑结算方式购入乙材料一批，增值税专用发票上注明的价款为20 000元、增值税为3 400元。该批材料于3月10日运达企业并验收入库。

3月5日，根据发票账单和付款凭证，编制会计分录如下：

借：在途物资——乙材料	20 000	
应交税费——应交增值税（进项税额）	3 400	
贷：银行存款		23 400

3月10日，根据验收入库单，编制会计分录如下：

借：原材料——乙材料	20 000	
贷：在途物资——乙材料		20 000

（3）货到单未到业务。

若该类业务发生在月中，可暂不作账务处理，待收到相关结算凭证后再按“单货同到业务”处理。若到月末仍未收到相关结算凭证，为了全面反映存货及负债情况，企业应按合同价格或类似材料的市场价格暂估入账，借记“原材料”科目，贷记“应付账款——暂估应付款”科目；下月初用红字作同样的会计分录予以冲回（或编制相反的会计分录），待收到相关结算凭证时再按“单货同到业务”处理。

【例4-3】3月9日，宏业公司采用异地托收承付结算方式采购乙材料一批，当日材料验收入库。3月18日，收到的增值税专用发票上注明的价款为200 000元、增值税为

34 000元。该公司于3月20日支付全部款项。宏业公司账务处理如下：

3月9日，乙材料验收入库时，暂不作账务处理。

3月20日，支付货款时，视同单货同到业务，编制会计分录如下：

借：原材料——乙材料　　200 000

　　应交税费——应交增值税（进项税额）　　34 000

　贷：银行存款　　234 000

【例4-4】 3月10日，宏业公司采用委托收款结算方式购入甲材料一批，材料已验收入库，月末发票账单仍未收到，按合同该批材料价值31 000元。4月5日，收到的增值税专用发票上注明的价款为32 000元、增值税为5 440元，销货方代垫保险费1 000元，当日以银行存款支付全部款项。宏业公司账务处理如下：

3月10日，甲材料验收入库，暂不作账务处理。

3月31日，按合同价格暂估入账，编制会计分录如下：

借：原材料——甲材料　　31 000

　贷：应付账款——暂估应付款　　31 000

4月1日，编制会计分录予以冲回：

借：应付账款——暂估应付款　　31 000

　贷：原材料——甲材料　　31 000

4月5日，承付货款，按单货同到业务处理，编制会计分录如下：

借：原材料——甲材料　　33 000

　　应交税费——应交增值税（进项税额）　　5 440

　贷：银行存款　　38 440

（4）预付款购入业务。

该方式的业务核算方法已在本教材项目三述及，不再重复。

【练一练】

甲公司为购买钢材与某钢厂签订一份购货合同，合同价款为100 000元。根据合同约定，3月5日，甲公司通过银行汇出购货定金80 000元。3月18日，收到钢厂发运来的材料和相关结算凭证，材料验收入库。增值税专用发票上注明的价款为100 000元、增值税为17 000元，销货方代垫包装费3 000元，所欠款项以银行存款付讫。

请为甲公司编制上述业务相关会计分录。

（5）购入材料短缺的核算。

企业外购材料发生的毁损或短缺，必须认真查明原因，分清经济责任，分别不同情况处理：

属于途中合理损耗的，应将损耗材料的采购成本计入验收入库材料的采购成本，相应提高入库材料的实际单位成本，对损耗部分无须另作账务处理。

属于供货单位少发的，应分别两种情况处理：一是货款未付的情况下，企业应按短缺的数量和发票单价计算拒付金额，填写拒付理由书，向银行办理拒付手续，经银行同意后按实际支付金额记账；二是货款已付并已记入“在途物资”账户的情况下，企业应将短缺部分的成本和增值税转入“应付账款”账户，实际收到的材料成本转入“原材料”账户。

属于尚待查明原因和需要报批才能转销的损失，应先转入“待处理财产损溢”账户，待查明原因后再分别处理：应由供应单位、运输机构、保险公司或其他过失人赔偿的损失，分别记入“应付账款”“其他应收款”等账户；遭受意外灾害等非常原因造成的损失，应将扣除保险赔偿后的净损失，转入“营业外支出”账户；无法收回的其他损失，转入“管理费用”账户。

【例4-5】 3月10日，宏业公司为购买丙材料1 000千克，单价为45元/千克，增值税专用发票上注明的价款为45 000元、增值税为7 650元，全部款项以银行存款支付。3月20日，丙材料运到，实收990千克，短少10千克。经查短少材料属于运输途中的合理损耗。宏业公司账务处理如下：

3月10日，支付货款时，编制会计分录如下：

借：在途物资——丙材料	45 000	
应交税费——应交增值税（进项税额）	7 650	
贷：银行存款		52 650

3月20日，材料验收入库，短缺材料属运输途中合理损耗，编制会计分录如下：

借：原材料——丙材料	45 000	
贷：在途物资——丙材料		45 000

【提示】材料总成本不变，单位成本提高，本题入库材料单位成本为45.45元/千克（45 000÷990）。

若上述材料运达企业时，企业实收800千克，短缺200千克，其中应由运输部门赔偿100千克，其余100千克，保险公司赔偿50%，净损失经批准作营业外支出处理。宏业公司账务处理如下：

材料验收入库时，编制会计分录如下：

借：原材料——丙材料	36 000	
待处理财产损溢——待处理流动资产损溢（200×45+200×45×17%）	10 530	
贷：在途物资		45 000
应交税费——应交增值税（进项税额转出）（200×45×17%）		1 530

对短缺材料查明原因后，根据处理意见，编制会计分录如下：

借：其他应收款——运输部门	5 265	
——保险公司	2 632.50	
营业外支出	2 632.50	
贷：待处理财产损溢——待处理流动资产损溢		10 530

2.投资者投入原材料的核算

【例4-6】 3月10日，宏业公司接受天盛公司投入A材料一批，增值税专用发票上注明的价款为420 000元、增值税为71 400元，投资合同约定金额与发票金额相同，材料已入库。宏业公司编制会计分录如下：

借：原材料——A材料	420 000	
应交税费——应交增值税（进项税额）	71 400	
贷：实收资本——天盛公司		491 400

3.按受捐赠原材料的核算

【例4-7】 3月12日，宏业公司接受天恩公司捐赠B材料一批，天恩公司提供的增值税专用发票上注明的价款为20 000元、增值税为3 400元。受赠过程中宏业公司以现金支付运杂费500元。宏业公司编制会计分录如下：

借：原材料——B材料　　20 500

　　应交税费——应交税费（进项税额）　　3 400

　贷：营业外收入——捐赠利得　　23 400

　　　库存现金　　500

4.自制原材料的核算

企业取得的原材料除外购以外，还有基本生产车间或辅助生产车间自制的原材料，自制原材料，应按实际成本计价，根据材料交库单，借记“原材料”科目，贷记“生产成本”科目。

（三）原材料发出的核算

发出存货的计价是指对发出存货和结存存货价值的计量。其具体计价方法因企业采用的存货核算方法不同而有所差异。

1.原材料发出的计价方法

根据企业会计准则规定，存货按实际成本计价法核算时，发出存货的具体计价方法有先进先出法、月末一次加权平均法、移动加权平均法和个别计价法。

（1）先进先出法。它是指以先购入的存货应先发出（销售或耗用）这样一种存货实物流动假设为前提，对发出存货进行计价的一种方法。

采用这种方法，先购入的存货成本在后购入存货成本之前转出，据此确定发出存货和期末存货的成本。具体方法是：收入存货时，逐笔登记收入存货的数量、单价和金额；发出存货时，按照先进先出的原则逐笔登记存货的发出成本和结存金额。

【例4-8】 某公司2016年3月份A材料期初结存2 000千克，单价2.00元/千克。当月发生的与A材料有关的收发业务如下：7日，购进A材料5 000千克，单价2.20元/千克；12日，生产产品领用A材料4 000千克；15日，购进A材料3 000千克，单价2.40元/千克；20日，生产产品领用A材料2 000千克；26日，生产产品领用A材料3 000千克。

在先进先出法下，本月发出材料的实际成本和月末结存材料实际成本计算如下：

本月发出A材料成本=2 000×2.00+5 000×2.20+2 000×2.40=19 800（元）

本月结存A材料成本=1 000×2.40=2 400（元）

同时登记原材料明细账，见表4-1。

表4-1　**原材料明细账**

材料名称：A材料　　计量单位：千克、元

2016年		凭证		摘要	收入			发出			结存		
月	日	字	号		数量	单价	金额	数量	单价	金额	数量	单价	金额
3	1	略	略	承前页							2 000	2.00	4 000
	7			购入	5 000	2.20	11 000				2 000 5 000	2.00 2.20	4 000 11 000
	12			生产领用				2 000 2 000	2.00 2.20	4 000 4 400	3 000	2.20	6 600
	15			购入	3 000	2.40	7 200				3 000 3 000	2.20 2.40	6 600 7 200
	20			生产领用				2 000	2.20	4 400	1 000 3 000	2.20 2.40	2 200 7 200
	26			生产领用				1 000 2 000	2.20 2.40	2 200 4 800	1 000	2.40	2 400
	31			本月合计	8 000		18 200	9 000		19 800	1 000	2.40	2 400

先进先出法可以随时结转存货发出成本，但较繁琐；如果存货收发业务较多，且存货单价不稳定时，其工作量较大。在物价持续上升时，期末存货成本接近于市价，而发出成本偏低，会高估企业当期利润和库存存货价值；反之，会低估企业存货价值和当期利润。

（2）月末一次加权平均法。它是指以本月全部进货数量加上月初存货数量作为权数，去除本月全部进货成本加上月初存货成本，计算出存货的加权平均单位成本，以此为基础计算出本月存货的成本和期末存货的成本的一种方法。其计算公式如下：

$$\text{存货单位成本}=\left[\text{月初库存存货成本}+\sum\left(\text{本月各批进货的实际单位成本}\times\text{本月各批进货的数量}\right)\right]\div\left(\text{月初库存存货的数量}+\text{本月各批进货数量之和}\right)$$

本月发出存货成本=本月发出存货的数量×存货单位成本

本月月末库存存货成本=月末库存存货的数量×存货单位成本

或

$$\text{本月月末库存存货成本}=\text{月初库存存货的实际成本}+\text{本月收入存货的实际成本}-\text{本月发出存货的实际成本}$$

如果计算出的加权平均单位成本为近似数，为优先保证结存存货成本的正确性，应采用倒挤法计算发出存货的成本。即：

本月发出存货成本=月初库存存货成本+本月取得存货成本-本月发出存货成本

【例 4-9】 承【例 4-8】资料，月末一次加权平均法下，发出材料成本及期末结存材料成本计算如下：

加权平均单位成本=（4 000+18 200）÷（2 000+8 000）=2.22（元/千克）

本月发出 A 材料成本=9 000×2.22=19 980（元）

月末结存 A 材料成本=1 000×2.22=2 220（元）

同时登记原材料明细账，见表 4-2。

表 4-2 **原材料明细账**

材料名称：A 材料　　　　计量单位：千克、元

2016年		凭证		摘要	收入			发出			结存		
月	日	字	号		数量	单价	金额	数量	单价	金额	数量	单价	金额
3	1	略	略	承上页							2 000	2.00	4 000
	7			购入	5 000	2.20	11 000				7 000		
	12			生产领用				4 000			3 000		
	15			购入	3 000	2.40	7 200				6 000		
	20			生产领用				2 000			4 000		
	26			生产领用				3 000			1 000		
	31			本月合计	8 000		18 200	9 000	2.22	19 980	1 000	2.22	2 220

采用月末一次加权平均法只在月末一次计算加权平均单价，比较简单，有利于简化成本计算工作，但由于平时无法从账上提供发出和结存存货的单价及金额，因此不利于存货成本的日常管理与控制。

（3）移动加权平均法。它又称移动平均法，是指以原有库存存货成本加上每次进货成本，除以原有库存存货数量加上每次进货数量，据以计算加权平均单位成本，并以此作为下次进货前计算各次发出存货成本依据的一种方法。其计算公式如下：

本次存货单位成本=（原有库存存货成本+本次进货成本）÷（原有库存存货数量+本次进货数量）

本次发出存货成本=本次发出存货数量×本次发货前存货单位成本

月末库存存货成本=月末库存存货数量×本月月末存货单位成本

【例 4-10】 承【例 4-8】资料，移动加权平均法下，发出材料成本及期末结存材料成本计算如下：

3月7日：

A材料单位成本=（4 000+11 000）÷（2 000+5 000）=2.14（元/千克）

结存A材料成本=7 000×2.14=15 000（元）

3月12日：

发出A材料成本=4 000×2.14=8 560（元）

结存A材料成本=3 000×2.14=6 420（元）

3月15日：

A材料单位成本=（6 420+7 200）÷（3 000+3 000）=2.27（元/千克）

结存A材料成本=6 000×2.27=13 620（元）

3月20日：

发出A材料成本=2 000×2.27=4 540（元）

结存A材料成本=4 000×2.27=9 080（元）

3月26日：

发出A材料成本=3 000×2.27=6 810（元）

结存A材料成本=1 000×2.27=2 270（元）

同时登记原材料明细账，见表4-3。

表4-3　**原材料明细账**

材料名称：A材料　计量单位：千克、元

2016年		凭证		摘要	收入			发出			结存		
月	日	字	号		数量	单价	金额	数量	单价	金额	数量	单价	金额
3	1	略	略	承上页							2 000	2.00	4 000
	7			购入	5 000	2.20	11 000				7 000	2.14	15 000
	12			生产领用				4 000	2.14	8 560	3 000	2.14	6 420
	15			购入	3 000	2.40	7 200				6 000	2.27	13 620
	20			生产领用				2 000	2.27	4 540	4 000	2.27	9 080
	26			生产领用				3 000	2.27	6 810	1 000	2.27	2 270
	31			本月合计	8 000		18 200	9 000		19 910	1 000	2.27	2 270

采用移动加权平均法能够使企业管理当局及时了解存货的结存情况，计算的平均单位成本以及发出和结存的存货成本比较客观。但由于每次收货都要计算一次平均单价，计算工作量较大，对收发货较频繁的企业不适用。

（4）个别计价法。它又称个别认定法，以存货实物流转与价值流转相一致为假设前提，通过逐一辨认每一批发出存货和期末存货所属的购进或生产批别，分别按其购入或生产时所确定的单位成本计算各批发出存货和期末存货实际成本的一种方法。其计算公式如下：

每批存货发出成本=该批存货发出数量×该批存货取得时的实际单位成本

【例 4-11】 承【例 4-8】资料，若经具体辨认3月12日发出材料4 000件中，有

1 000件为期初材料，3 000件为7日购进材料；20日发出材料2 000件为7日购进材料；26日发出材料3 000件为15日购进材料。

个别计价法下，发出材料及期末材料实际成本计算如下：

本月发出A材料成本=1 000×2.00＋3 000×2.20＋2 000×2.20＋3 000×2.40=20 240（元）

本月结存A材料成本=1 000×2.00=2 000（元）

个别计价法的成本计算准确，符合实际情况，但在存货收发频繁情况下，其发出成本分辨工作量较大。因此，该方法一般适用于不能替代使用的存货、为特定项目专门购入或制造的存货以及提供的劳务，如珠宝、名画等贵重物品。

2.原材料发出的账务处理

企业生产经营过程中原材料领用业务频繁，为简化日常核算工作，平时一般根据发料凭证在原材料明细账上登记发出材料的数量，及时反映各种原材料的购入、发出及结存数量情况，月末再根据“领料单”或“限额领料单”按领料部门及其用途汇总编制“发料凭证汇总表”，据以进行账务处理。

【例4-12】3月31日，宏业公司编制的本月“发料凭证汇总表”见表4-4。

表4-4 **发料凭证汇总表**

2016年3月 单位：元

会计科目	领用部门及用途	甲材料	乙材料	合计
生产成本——基本生产成本	产品生产耗用	400 000	280 000	680 000
生产成本——辅助生产成本	机修车间耗用	60 000	30 000	90 000
制造费用	车间一般耗用	30 000		30 000
管理费用	行政部门一般耗用	5 000		5 000
销售费用	销售部门耗用	4 000		4 000
合 计		499 000	310 000	809 000

根据发料凭证汇总表编制会计分录如下：

借：生产成本——基本生产成本　680 000
　　　　　　——辅助生产成本　90 000
　　制造费用　30 000
　　管理费用　5 000
　　销售费用　4 000
　贷：原材料——甲材料　499 000
　　　　　　——乙材料　310 000

【提示】原材料发出与有关成本费用账户的关系，除上例所述情况外还有：在建工程领用的应借记“在建工程”科目、对外投资的应借记“长期股权投资”科目、委托加工发出的应借记“委托加工物资”科目、销售原材料结转成本的应借记“其他业务成本”科目。

二、计划成本计价法下原材料的核算

在计划成本计价法下，材料的收、发、存核算均按预先确定的计划成本计价。

（一）账户设置

计划成本计价法下原材料核算涉及的主要账户有：

（1）“材料采购”账户。该账户核算计划成本计价法下购入材料的采购成本，属资产类账户。该账户借方登记外购材料的实际成本和结转外购材料的节约差异；贷方登记验收入库材料的计划成本和结转外购材料的超支差异；期末借方余额，反映企业在途材料的采购成本。该账户可按供货单位或材料物资类别进行明细核算。

（2）“原材料”账户。计划成本计价法下该账户与实际成本计价法下该账户的区别在于，其借方、贷方及余额均按原材料的计划成本计价，以反映原材料的计划成本。

（3）“材料成本差异”账户。该账户核算企业已入库各种材料的实际成本与计划成本的差异，属资产类账户，也是“原材料”账户的调整账户。该账户借方登记入库材料实际成本大于计划成本的差异（超支差）；贷方登记入库材料实际成本小于计划成本的差异（节约差）及发出材料应负担的成本差异（超支差用蓝字，节约差用红字）；期末余额在借方，反映企业库存材料超支差异，期末余额在贷方，反映企业库存材料节约差异。该账户可分别按“原材料”“周转材料”等存货类别或品种进行明细核算。

$$\frac{\text{原材料}}{\text{实际成本}}=\frac{\text{“原材料”科目}}{\text{借方余额}}+\text{“材料成本差异”科目借方余额}\left(-\frac{\text{“材料成本差异”}}{\text{科目贷方余额}}\right)$$

（二）原材料取得的核算

1.外购原材料的核算

在计划成本计价法下，外购材料核算的内容包括三个方面：一是材料采购成本核算；二是库存材料计划成本核算；三是材料成本差异核算。

（1）单货同到业务与单到货未到业务。

【例4-13】 承【例4-1】资料，假设其他条件不变，甲材料的计划成本总额为500 000元。宏业公司账务处理如下：

支付货款时，根据发票及有关结算凭证，编制会计分录：

借：材料采购——甲材料	503 000	
应交税费——应交增值税（进项税额）	85 000	
贷：银行存款		588 000

材料验收入库时，根据验收入库单，编制会计分录：

借：原材料——甲材料	500 000	
贷：材料采购——甲材料		500 000

同时结转材料成本差异，编制会计分录：

借：材料成本差异——甲材料	3 000	
贷：材料采购——甲材料		3 000

【提示】 本题结转的是超支差异，若是节约差异，会计分录与之相反。

【例4-14】 承【例4-2】资料，假设其他条件不变，乙材料的计划成本总额为21 000元。宏业公司账务处理如下：

3月5日，根据发票账单和付款凭证，编制会计分录：

借：材料采购——乙材料	20 000	
应交税费——应交增值税（进项税额）	3 400	

贷：银行存款　　23 400

3月10日，根据验收入库单，编制会计分录：

借：原材料——乙材料　　21 000

贷：材料采购——乙材料　　21 000

同时结转材料成本差异，编制会计分录：

借：材料采购——乙材料　　1 000

贷：材料成本差异——乙材料　　1 000

（2）货到单未到业务。

【例4-15】 承【例4-4】资料，假设其他条件不变，该材料计划成本总额为31 000元。宏业公司账务处理如下：

3月10日，验收甲材料，暂不作账务处理。

3月31日，按计划成本暂估价入账，编制会计分录：

借：原材料——甲材料　　31 000

贷：应付账款——暂估应付款　　31 000

4月1日，编制相反会计分录予以冲回：

借：应付账款——暂估应付款　　31 000

贷：原材料——甲材料　　31 000

4月5日，承付货款，作单货同到业务处理，编制会计分录：

借：材料采购——甲材料　　33 000

应交税费——应交增值税（进项税额）　　5 440

贷：银行存款　　38 440

借：原材料——甲材料　　31 000

贷：材料采购——甲材料　　31 000

借：材料成本差异——甲材料　　2 000

贷：材料采购——甲材料　　2 000

【提示】在会计实务中，为了简化外购材料成本差异结转的核算工作量，企业平时可先不记录材料成本差异，待月末将本月已付款或已承付并已验收入库的原材料，按实际成本和计划成本分别汇总，一次计算并结转本月材料成本差异。

2.外购材料短缺的核算

计划成本计价法下外购材料短缺的核算与按实际成本计价法下的核算大致相同，只是验收入库的部分应按计划成本计价，短缺部分与实际成本计价法下的处理原则完全相同。

3.自制原材料的核算

企业自制原材料完工验收入库应在月末根据“材料交库单”所列计划成本和有关成本计算资料所确定的实际成本，编制会计分录如下：

借：原材料（计划成本）

材料成本差异——原材料（超支差）

贷：生产成本（实际成本）

材料成本差异——原材料（节约差）

计划成本计价法下，企业接受捐赠、接受投资原材料核算原理与自制材料相似。

（三）原材料发出的核算

1.发出原材料成本的计算

月末，企业根据领料单等编制“发料凭证汇总表”结转发出材料的计划成本，应当根据所发材料的用途，按计划成本分别记入“生产成本”“制造费用”“销售费用”“管理费用”等科目，同时结转材料成本差异。

企业日常采用计划成本核算的，发出的材料成本应由计划成本调整为实际成本，通过“材料成本差异”科目进行结转。

$$\text{本期材料成本差异率}=\left(\text{期初结存材料的成本差异}+\text{本期验收入库材料的成本差异}\right)\div\left(\text{期初结存材料的计划成本}+\text{本期验收入库材料的计划成本}\right)\times 100\%$$

发出材料应负担的成本差异=发出材料的计划成本×本期材料成本差异率

如果企业的材料成本差异率各期之间是比较均衡的，也可以采用期初材料成本差异率分摊本期的材料成本差异。年度终了，应对材料成本差异率进行核实调整。

期初材料成本差异率=期初结存材料的成本差异÷期初结存材料的计划成本×100%

发出材料应负担的成本差异=发出材料的计划成本×期初材料成本差异率

【提示】上述公式中的“材料成本差异”账户的余额，在借方表示超支差异，用“+”号；在贷方表示节约差异，用“-”号。

如果发出材料需要随时结转材料成本差异，也可按上月材料成本差异率计算。

【例4-16】某企业6月初原材料的计划成本为200 000元，原材料成本差异超支额为6 000元，本月收入原材料的计划成本为400 000元，实际成本为382 000元，本月发出原材料的计划成本为500 000元，计算原材料成本差异率及发出原材料应负担的成本差异。

材料成本差异率=（6 000-18 000）÷（200 000+400 000）×100%=-2%（节约）

发出原材料应负担的成本差异=500 000×（-2%）=-10 000（元）

发出原材料的实际成本=500 000-10 000=490 000（元）

结存原材料的实际成本=100 000-2 000=98 000（元）

【练一练】

某公司甲材料采用计划成本计价法核算，3月份“原材料——甲材料”账户期初余额为35 000元，“材料成本差异——甲材料”账户期初借方余额为1 000元；本月购进甲材料的实际成本为67 200元，计划成本为65 000元；本月发出甲材料计划成本为80 000元。

请计算甲材料的成本差异率及发出材料与结存材料的实际成本。

2.发出原材料的账务处理

计划成本计价法下，原材料发出的总分类核算包括两方面内容：一是按计划成本结转发出材料的成本，借记有关科目，贷记“原材料”科目；二是结转发出材料应分摊的成本差异，借记有关科目，贷记“材料成本差异”科目（超支差用蓝字，节约差用红字）。

发出材料应负担的成本差异，必须按月分摊，不得在季末或年末一次结转。

【例4-17】假设某企业月初结存材料的计划成本为5 000元，成本差异为超支差100元。本月入库材料的计划成本为25 000元，成本差异为节约差400元。月末发料凭证汇总表见表4-5。

表4-5　　**发料凭证汇总表（计划成本法）**　　单位：元

应贷科目 / 应借科目	原材料			
	原料及主要材料	辅助材料	燃料	合计
生产成本——基本生产成本	10 000		2 000	12 000
——辅助生产成本	4 000			4 000
制造费用			1 000	1 000
管理费用		6 000		6 000
销售费用		1 000		1 000
合　计	14 000	7 000	3 000	24 000

材料成本差异率=（100-400）÷（5 000+25 000）×100％=-1％

将发料凭证汇总表中的计划成本调整为实际成本，见表4-6。

表4-6　　**发料凭证汇总表中的计划成本调整为实际成本**　　金额单位：元

应贷科目 / 应借科目	原材料				材料成本差异（-1％）	实际成本合计
	原料及主要材料	辅助材料	燃料	合计		
生产成本——基本生产成本	10 000		2 000	12 000	-120	11 880
——辅助生产成本	4 000			4 000	-40	3 960
制造费用			1 000	1 000	-10	990
管理费用		6 000		6 000	-60	5 940
销售费用		1 000		1 000	-10	990
合　计	14 000	7 000	3 000	24 000	-240	2 3760

①结转发出材料的计划成本，编制会计分录如下：

借：生产成本——基本生产成本　　12 000
　　　　　　——辅助生产成本　　4 000
　　制造费用　　1 000
　　管理费用　　6 000
　　销售费用　　1 000
　贷：原材料——原料及主要材料　　14 000
　　　　　　——辅助材料　　7 000
　　　　　　——燃料　　3 000

②结转发出材料应负担的材料成本差异，编制会计分录如下：

借：材料成本差异——原材料　　240
　贷：生产成本——基本生产成本　　120
　　　　　　　——辅助生产成本　　40
　　　制造费用　　10
　　　管理费用　　60
　　　销售费用　　10

【想一想】

若上题中的材料成本差异率为+1%，该怎样进行账务处理？

经过材料成本差异的分配，本月发出材料应分配的成本差异从“材料成本差异”科目转出之后，属于月末库存材料应分配的成本差异仍保留在“材料成本差异”科目内，作为库存材料的调整项目，在编制资产负债表时，存货项目中的材料应当按照加（减）材料成本差异后的实际成本列示。

● 任务3　库存商品的核算

库存商品是指企业已完成全部生产过程并已验收入库、合乎标准规格和技术条件，可以按照合同规定的条件送交订货单位，或可以作为商品对外销售的产品以及外购或委托加工完成验收入库用于销售的各种商品。库存商品具体包括库存产成品、外购商品、存放在门市部准备出售的商品、发出展览的商品、接受来料加工制造的代制品和为外单位加工修理的代修品等。

工业企业的库存商品主要是指产成品，即已经完成全部生产过程并验收入库的合乎标准规格和技术条件，可以按照合同规定的条件送交订货单位，或者可以作为商品对外销售的产品；其日常核算方法同原材料日常收发的核算，这里不再赘述。

商品流通企业的库存商品，主要是指外购或委托加工完成验收入库后用于销售的各种商品。企业在核算库存商品时应设置“库存商品”账户；对商品流通企业的库存商品日常收发的核算，可采用数量进价金额核算法、售价金额核算法、进价金额核算法和数量售价金额核算法。本教材主要介绍数量进价金额核算法和售价金额核算法。

一、数量进价金额核算法

库存商品按数量进价金额核算法进行日常收发核算的特点是：从库存商品的收发凭证到明细分类账和总分类账全部按商品进价计价。

（一）商品购进的账务处理

采用数量进价金额核算法对商品购进进行核算时，与采用实际成本法对原材料购进核算的方法基本相同。

【例4-18】B公司采用托收承付结算方式购进甲商品一批，商品价款为20 000元，增值税专用发票上注明的进项税额为3 400元。购进过程中发生运杂费450元，由销货方垫付。5天后商品到达并验收入库。

支付款项时：

借：在途物资　　20 450

　　应交税费——应交增值税（进项税额）　　3 400

　贷：银行存款　　23 850

商品验收入库时：

借：库存商品——甲商品　　20 450

　贷：在途物资　　20 450

【例4-19】假如上例中所采购的商品已验收入库，但是月末结算凭证尚未到达。商品的暂估价为18 000元。

平时暂不进行账务处理，月末将商品暂估入账时：

借：库存商品——甲商品　　18 000

　贷：应付账款——暂估应付款　　18 000

下月初冲销时，编制相反的会计分录：

借：应付账款——暂估应付款　　18 000

　贷：库存商品——甲商品　　18 000

（二）商品销售的账务处理

商品销售的账务处理和工业企业销售产品的账务处理相同。

商品销售的账务处理主要包括：一是按商品售价反映营业收入和销货款结算情况；二是按已销商品进价结转商品销售成本并注销库存商品。具体账务处理方法如下：

（1）商品销售货款的结算。对于企业销售的商品，凡符合收入确认条件的，应确认为本期实现的营业收入，按实际收到或应收的价款，借记“银行存款”“应收账款”“应收票据”等科目；按实现的营业收入，贷记“主营业务收入”科目；按专用发票上注明的增值税税额，贷记“应交税费——应交增值税（销项税额）”科目。

（2）商品销售成本的结转。商品销售成本的计算和结转，按其计算和结转时间的不同分为两种：一种是逐日（或逐笔）计算和结转；另一种是定期计算和结转。前者于每日反映商品销售收入时，计算和结转商品销售成本；后者于月末计算和结转商品销售成本。企业销售发出的商品，在计算结转商品销售成本时，可采用个别计价法、先进先出法、加权平均法方法。核算方法一经确定后，不得随意变更，如需变更，应在财务报表附注中予以说明。无论何时计算和结转商品销售成本，均应借记“主营业务成本”科目，贷记“库存商品”科目。

【例4-20】某商业批发企业售给外地A商场一批商品，商品货款为100 000元，增值税专用发票上注明的销项税额为17 000元，发运商品时，为购货单位以银行存款代垫运杂费2 000元，已向银行办妥货款和代垫费用的托收手续。该批商品的原进价为80 000元。

结算销售货款时：

借：应收账款　　119 000

　贷：主营业务收入　　100 000

　　　应交税费——应交增值税（销项税额）　　17 000

　　　银行存款　　2 000

结转销售成本时：

借：主营业务成本　　80 000

　贷：库存商品　　80 000

二、售价金额核算法

库存商品采用售价核算，也称“售价记账，实物负责制”。它是指在实物负责制的基础上，以售价金额核算实物负责人经管商品的进、销、存情况的一种核算方法。

采用售价金额核算法，平时对商品的购进、储存、销售均按售价记账，售价与进价的差额通过“商品进销差价”科目核算；期末计算商品进销差价率，从而计算本期已销商品应分摊的进销差价，并据以调整本期销售成本。

商品零售企业中广泛采用的售价金额核算法，也可以认为是零售价法的一种方式。这种方法的特点是“库存商品”科目按售价核算，并设置“商品进销差价”科目，核算商品售价与进价的差额。期末，通过计算商品进销差价率，将商品进销差价在本期已销商品和结存商品之间进行分摊，据以确定本期已销商品的成本和结存商品的成本。

【例4-21】 某商品流通企业为一般纳税人，2016年9月份的月初库存商品的进价成本为110 000元，售价金额为120 000元，本月发生如下购销业务：

(1) 5日，购入商品一批，取得的增值税专用发票上注明：价款39 400元，进项税额6 698元。全部款项以现金支票支付。商品已全部验收入库，该批商品的总售价为45 000元。商品入库前，以现金支付挑选整理费600元。有关账务处理为：

支付货款时：

借：在途物资	39 400	
应交税费——应交增值税（进项税额）	6 698	
贷：银行存款		46 098

支付挑选整理费时：

借：在途物资	600	
贷：库存现金		600

商品验收入库时，按售价记账：

借：库存商品	45 000	
贷：在途物资		40 000
商品进销差价		5 000

(2) 10日，销售商品一批，不含税的销售价为80 000元，已开具增值税专用发票，款项收存银行，商品已发出。有关账务处理为：

确认商品销售收入时：

借：银行存款	93 600	
贷：主营业务收入		80 000
应交税费——应交增值税（销项税额）		13 600

按售价结转商品销售成本时：

借：主营业务成本	80 000	
贷：库存商品		80 000

(3) 18日，购入商品一批，取得的增值税专用发票上注明：价款30 000元，税款5 100元。全部款项以1张期限为6个月的不带息商业汇票支付。商品已全部验收入库，总售价为35 000元。有关账务处理为：

支付货款时：

借：在途物资	30 000	
应交税费——应交增值税（进项税额）	5 100	
贷：应付票据		35 100

商品验收入库时，按售价记账：

借：库存商品	35 000	
贷：在途物资		30 000
商品进销差价		5 000

(4) 25日，赊销商品一批，开具的增值税专用发票上注明：价款50 000元，税款8 500元。商品已发运给对方。有关账务处理为：

确认商品销售收入时：

借：应收账款　　58 500

　贷：主营业务收入　　50 000

　　　应交税费——应交增值税（销项税额）　　8 500

按售价结转商品销售成本时：

借：主营业务成本　　50 000

　贷：库存商品　　50 000

(5) 30日，结转本月已销售商品应分摊的进销差价：

本月商品进销差价率=（期初库存商品进销差价+本期购入商品进销差价）÷（期初库存商品售价+本期购入商品售价）×100%

=（10 000+5 000+5 000）÷（120 000+45 000+35 000）×100%=10%

本月已销商品应分摊的进销差价=（80 000+50 000）×10%=13 000（元）

本月已销商品的实际成本=80 000+50 000−13 000=117 000（元）

借：商品进销差价　　13 000

　贷：主营业务成本　　13 000

● 任务4　周转材料的核算

周转材料是指企业能够多次使用、逐渐转移其价值但仍保持原有形态不确认为固定资产的材料，包括包装物、低值易耗品等。企业在包装物、低值易耗品较多的情况下，也可以单独设置“包装物”“低值易耗品”科目。

一、包装物的核算

（一）包装物的概念及账户设置

包装物是指为包装本企业产品而储备的各种包装容器，如桶、瓶、袋、箱等。包装物一般包括：①生产过程中用于包装产品作为产品组成部分的包装物；②随同商品出售而不单独计价的包装物；③随同商品出售而单独计价的包装物；④出租或出借给购买单位使用的包装物。

为了核算包装物的增减变动及其价值损耗、结存等情况，企业应设置“周转材料——包装物”账户。该账户属资产类账户，借方登记验收入库包装物的成本；贷方登记发出包装物的成本；期末借方余额，反映库存包装物的成本。该账户应按包装物的种类进行明细分类核算。包装物较多的企业也可以单独设置“包装物”账户。

【提示】下列包装物会计上不作“包装物”核算：各种包装材料，如纸、绳、铁丝、铁皮等，应作“原材料”核算；在企业生产经营过程中用于储存和保管货物，不对外出售、出租或出借的包装物，如企业经营过程中周转使用的包装容器，应按使用年限长短，分别作“固定资产”或“周转材料——低值易耗品”核算。

（二）包装物的账务处理

1.取得包装物的账务处理

企业购入、自制、委托加工收回验收入库包装物的核算，与原材料取得的核算原理相同，此处不再重述。

2.发出包装物的账务处理

（1）生产领用包装物。其大多属于内包装，构成产品不可分割的组成部分，因此，应将包装物成本直接计入产品生产成本。

【例4-22】 宏业公司对包装物采用计划成本核算，3月6日，生产产品领用包装物一批，计划成本为200 000元，材料成本差异率为-3%。宏业公司编制会计分录如下：

借：生产成本　　194 000

　　材料成本差异——包装物　　6 000

　贷：周转材料——包装物　　200 000

（2）随同商品销售不单独计价包装物。其使用包装物的目的是确保销售商品的质量或提供良好的服务，因此，应将包装物的成本按销售费用核算。

【例4-23】 3月7日，宏业公司销售商品领用不单独计价包装物一批，计划成本为60 000元，材料成本差异率为-3%。宏业公司编制会计分录如下：

借：销售费用　　58 200

　　材料成本差异——包装物　　1 800

　贷：周转材料——包装物　　60 000

（3）随同商品销售单独计价包装物。包装物随同商品销售并单独计价，实质上就是出售包装物，因此，账务处理与出售原材料相同，其收入作为其他业务收入核算，其成本列为其他业务成本。

【例4-24】 3月12日，宏业公司销售商品领用单独计价包装物一批，售价为20 000元、增值税为3 400元，款项已存入银行。该批包装物的计划成本为16 000元，材料成本差异率为3%。宏业公司账务处理如下：

随同商品销售收到款项时，编制会计分录：

借：银行存款　　23 400

　贷：其他业务收入　　20 000

　　　应交税费——应交增值税（销项税额）　　3 400

结转所售包装物成本时，编制会计分录：

借：其他业务成本　　16 480

　贷：周转材料——包装物　　16 000

　　　材料成本差异　　480

（4）出租、出借包装物。包装物出租是指企业将包装物以租赁形式借给购货方暂时使用；出借包装物是指企业将包装物无偿提供给购货方暂时使用。出租包装物属于企业经营业务，在包装物出租期间，企业按双方约定收取的租金应作为其他业务收入，与之对应的出租包装物的成本应列为其他业务成本。出借包装物只是企业的一种促销手段，一般不应向借入方收取费用，包装物出借期间发生的包装物成本应作为销售费用。

出租、出借包装物的成本摊销方法一般采用一次摊销法，即包装物一经发出，其成本一次全部注销。

【例4-25】 3月12日，宏业公司随同产品销售出租新包装箱10个，单位成本为50元，押金按每个60元收取，款项存入银行。3月26日，收回包装箱租金234元（其中增值税34元)，从押金中扣除，余款以现金退回。包装物成本在领用时一次转销。宏业公司的账务处理如下：

3月12日，领用包装物一次转销成本，编制会计分录：

借：其他业务成本　　500

　贷：周转材料——包装物　　500

3月12日，收取包装物押金，编制会计分录：

借：银行存款　　600

　贷：其他应付款——存入保证金　　600

3月26日，确认租金收入并结清押金，编制会计分录：

借：其他应付款——存入保证金　　600

　贷：其他业务收入　　200

　　应交税费——应交增值税（销项税额）　　34

　　库存现金　　366

【练一练】

根据上题资料，若出借包装物，其他条件不变，编制宏业公司相关的会计分录。

二、低值易耗品的核算

（一）低值易耗品的概念及账户设置

低值易耗品是指使用年限较短、不能作为固定资产管理的各种用具物品，如工具、管理用具、玻璃器皿，以及在生产经营过程中周转使用的容器等。

低值易耗品的性质属于劳动资料，可以参与多次生产周转而不改变其原有的实物形态，其价值随实物的不断磨损逐渐转化为成本费用，体现了与固定资产相似的性质。但低值易耗品价值低、易损坏、收发频繁，实际工作中为了简化管理与核算工作，通常将其列入流动资产。

为了核算企业库存低值易耗品的成本，企业应设置“周转材料——低值易耗品”账户。该账户属于资产类账户，借方登记验收入库低值易耗品的成本；贷方登记发出低值易耗品转销的成本；期末借方余额，反映企业库存低值易耗品的成本。该账户应按低值易耗品的类别、品种规格进行数量金额明细核算。对低值易耗品较多的企业也可以单独设置“低值易耗品”账户核算。

（二）低值易耗品的账务处理

1.取得低值易耗品的账务处理

企业外购、自制、委托加工完成验收入库的低值易耗品的核算，与原材料取得的核算原理相同，这里不重述。

2.低值易耗品摊销的账务处理

低值易耗品价值随生产过程逐渐转移的过程就低值易耗品摊销，其摊销方法有：一次摊销法和五五摊销法。

（1）一次摊销法。它也叫一次转销法，是指在领用低值易耗品时，一次将其价值全部转入当期成本费用的摊销方法。采用该方法，在领用低值易耗品时，借记“制造费用”“管理费用”等科目，贷记“周转材料——低值易耗品”科目，如果按计划成本核算，还应贷记“材料成本差异”科目。低值易耗品报废时，将其残值冲减当月低值易耗品的摊销额，借记“原材料”等科目，贷记“制造费用”“管理费用”等科目。其账务处理流程如图4-1所示。

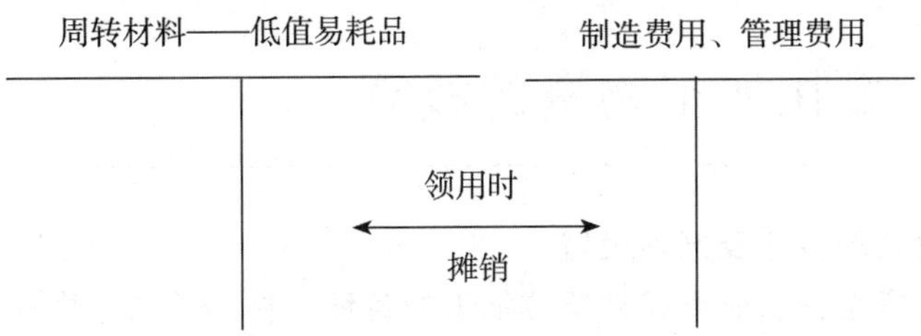

图4-1　一次摊销法账务处理流程图

【例4-26】3月12日，宏业公司基本生产车间领用一般工具一批，实际成本为4 000元。宏业公司编制会计分录如下：

借：制造费用　　4 000

　贷：周转材料——低值易耗品　　4 000

采用一次摊销法核算简单，但不能反映低值易耗品的损耗程度，并且会计账簿上一次转销，而实际仍在使用中，会形成账外资产，不利于对低值易耗品的实物管理。若领用的低值易耗品价值较大，会使当期成本费用增高，不利于成本费用的均衡。因此，该方法主要适用于一次领用数量不多、价值较低、使用期限较短或容易破损的低值易耗品的摊销。

（2）五五摊销法。在该方法下，领用低值易耗品时，先摊销其原值的50%，报废时再摊销其剩余的50%。采用该方法，应在“周转材料——低值易耗品”账户下设置“在库”、“在用”和“摊销”三个明细账户。

【例4-27】3月10日，宏业公司基本生产车间领用专用工具一批，实际成本为50 000元，同年6月16日公司所用专用工具报废，假设无残值。采用五五摊销法，宏业公司账务处理如下：

3月10日，领用专用工具时，编制会计分录：

借：周转材料——低值易耗品（在用）　　50 000

　贷：周转材料——低值易耗品（在库）　　50 000

同时摊销其50%成本，编制会计分录：

借：制造费用　　25 000

　贷：周转材料——低值易耗品（摊销）　　25 000

6月16日，专用工具报废时，摊销其剩余50%成本，编制会计分录：

借：制造费用　　25 000

　贷：周转材料——低值易耗品（摊销）　　25 000

同时转销低值易耗品摊销账户，编制会计分录：

借：周转材料——低值易耗品（摊销）　　50 000

　贷：周转材料——低值易耗品（在用）　　50 000

【提示】*若报废低值易耗品有残值，应作为当月低值易耗品摊销的减少额，冲减有关成本费用账户，借记“原材料”等科目，贷记“制造费用”“管理费用”等科目。*

采用五五摊销法，能够在账上反映在用低值易耗品的成本，有利于加强财物的管理，但若报废时，有关部门不能及时处理，容易造成账实不符。该方法适用于价值较大的低值易耗品的摊销。

● 任务5 委托加工物资的核算

一、委托加工物资的概念及账户设置

委托加工物资是指企业委托外单位加工的各种材料、商品等物资。企业委托外单位加工物资的成本包括：①加工中实际耗用物资的成本；②支付的加工费用及应负担的运杂费等；③支付的税金，包括委托加工物资所应负担的消费税（指属于消费税应税范围的加工物资）等。

为了反映和监督委托加工物资增减变动及其结存情况，企业应设置“委托加工物资”账户。该账户属资产类账户，借方登记发出加工物资的实际成本、支付的加工费、应负担的运杂费和应计入委托加工物资成本的税金；贷方登记加工完成验收入库物资的实际成本和退回剩余物资的实际成本；期末借方余额，反映企业尚未完工的委托加工物资的实际成本和发出加工物资的运杂费等。该账户应按加工合同、受托加工单位及加工物资的品种等进行明细核算。

二、委托加工物资的账务处理

委托加工物资既可按实际成本核算，也可以按计划成本核算，其方法与库存商品相似。企业发出材料时，应按其实际成本，借记“委托加工物资”科目，贷记“原材料”科目；支付加工费和增值税时，借记“委托加工物资”“应交税费——应交增值税（进项税额）”科目，贷记“银行存款”科目。

需要缴纳消费税的委托加工物资，收回后直接用于销售的，应将受托方代收代交的消费税计入委托加工物资成本，借记“委托加工物资”科目，贷记“应付账款”“银行存款”等科目；收回后用于连续生产应税消费品的，按规定准予抵扣的受托方代收代缴的消费税，借记“应交税费——应交消费税”科目，贷记“应付账款”“银行存款”等科目。

加工完成验收入库的材料和剩余材料，应按其实际成本，借记“原材料”科目，贷记“委托加工物资”科目。

【例4-28】 宏业公司委托甲企业加工商品一批（属于应税消费品），有关资料如下：3月10日，发出委托加工材料一批，实际成本为6 790 000元；3月25日，支付加工费120 000元（不含增值税），应由受托方代收代缴消费税660 000元，该商品收回后用于连续生产应税消费品；3月30日，用银行存款支付往返运杂费10 000元；4月5日，上述商品加工完毕，已办理验收入库手续。双方均为增值税一般纳税人，适用的增值税税率为17%。宏业公司对库存商品按实际成本计价核算，有关账务处理如下：

3月10日，发出委托加工材料时，编制会计分录：

借：委托加工物资　　6 790 000

　贷：原材料　　6 790 000

3月25日，支付加工费、增值税和消费税时，编制会计分录：

借：委托加工物资　　120 000

借：应交税费——应交消费税　　660 000
　　　　　——应交增值税（进项税额）　　20 400
　贷：银行存款　　800 400

3月30日，支付往返运杂费时，编制会计分录：

借：委托加工物资　　10 000
　贷：银行存款　　10 000

4月5日，商品收回验收入库时，编制会计分录：

借：库存商品　　6 920 000
　贷：委托加工物资　　6 920 000

【提示】按税法规定，企业委托加工的应税消费品，应当由受托方代收代缴消费税。委托加工收回的应税消费品用于连续生产应税消费品的，其已纳税款准予扣除，借记“应交税费——应交消费税”科目；委托加工物资收回后直接用于销售的，其已纳税款不得扣除，列入委托加工物资成本，借记“委托加工物资”科目。

● 任务6　存货清查的核算

一、存货清查的方法

存货清查是指通过对存货的实地盘点，确定存货的实有数量，并与账面结存数核对，从而确定存货实存数与账面结存数是否相符的一种专门方法。

由于存货种类繁多、收发频繁，在日常收发过程中可能发生计量错误、计算错误、自然损耗，还可能发生损坏变质以及贪污、盗窃等情况造成账实不符，形成存货的盘盈、盘亏。对于存货的盘盈、盘亏，应填写存货盘点报告（如实存账存对比表），及时查明原因，按照规定程序报批处理。

二、账户设置

为了反映企业在财产清查中查明的各种存货的盘盈、盘亏和毁损情况，企业应当设置“待处理财产损溢”科目，借方登记存货的盘亏、毁损金额及盘盈的转销金额，贷方登记存货的盘盈金额及盘亏的转销金额。企业清查的各种存货损益，应在期末结账前处理完毕，期末处理后，该科目无余额。

三、存货清查的账务处理

（一）存货盘盈的账务处理

企业发生存货盘盈时，借记“原材料”“库存商品”等科目，贷记“待处理财产损溢”科目；在按管理权限报经批准后，借记“待处理财产损溢”科目，贷记“管理费用”科目。其账务处理流程如图4-2所示。

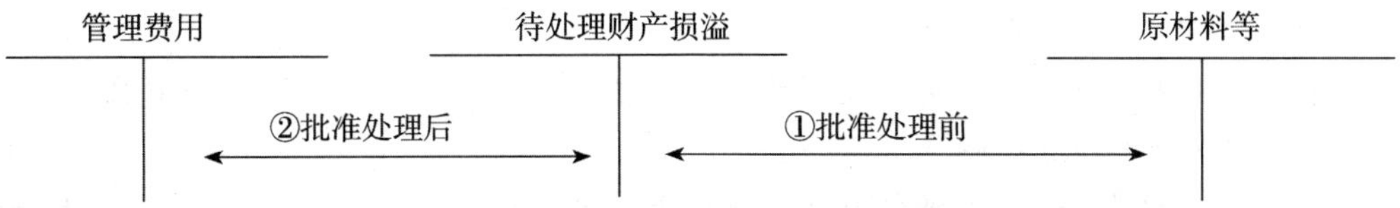

图4-2　存货盘盈账务处理流程图

【例4-29】3月31日，宏业公司在财产清查中盘盈A材料2 000千克，实际单位成本为50元，经查属于材料收发计量错误。宏业公司账务处理如下：

批准处理前，编制会计分录：

借：原材料——A材料　　100 000

　贷：待处理财产损溢——待处理流动资产损溢　　100 000

批准处理后，编制会计分录：

借：待处理财产损溢——待处理流动资产损溢　　100 000

　贷：管理费用　　100 000

（二）存货盘亏及毁损的账务处理

企业发生存货盘亏及损毁时，借记“待处理财产损溢”科目，贷记“原材料”“库存商品”等科目。在按管理权限报经批准后应进行如下账务处理：①对于入库的残料价值，记入“原材料”等科目。②对于应由保险公司和过失人的赔款，记入“其他应收款”科目。③扣除残料价值和应由保险公司、过失人赔款后的净损失，属于一般经营损失的部分，记入“管理费用”科目；属于非常损失的部分，记入“营业外支出”科目。其账务处理如图4-3所示。

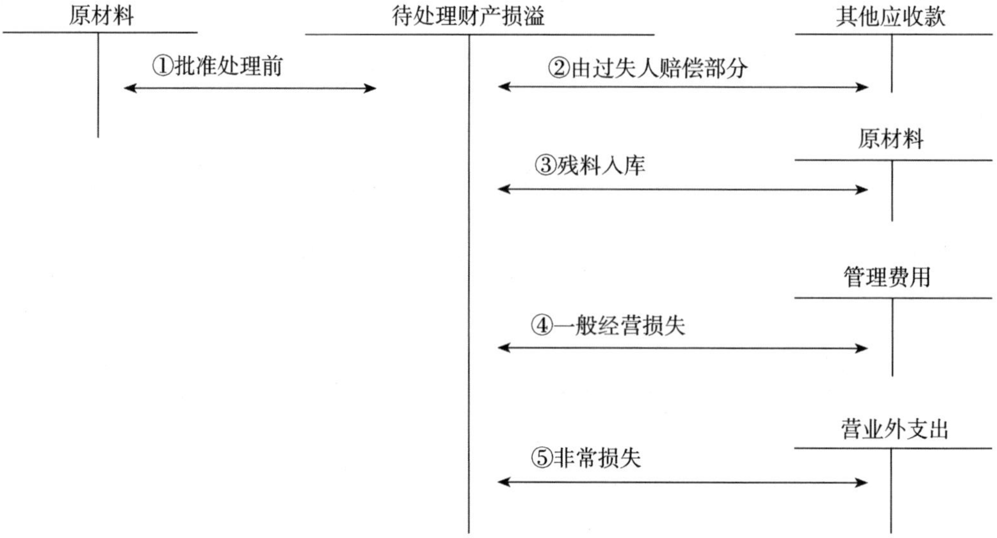

图4-3　存货盘亏及毁损账务处理流程图

【例4-30】3月31日，宏业公司进行期末财产清查，发现毁损B材料200千克，实际单位成本为200元，该批材料已抵扣的进项税额为6 800元。经查属于保管员过失造成，按规定个人赔偿30 000元，残料价值4 000元已办理入库手续。宏业公司账务处理如下：

批准处理前，编制会计分录：

借：待处理财产损溢——待处理流动资产损溢　　46 800

　贷：原材料——B材料　　40 000

　　　应交税费——应交增值税（进项税额转出）　　6 800

批准处理后，编制会计分录：

借：其他应收款 30 000
  原材料 4 000
  管理费用 12 800
 贷：待处理财产损溢——待处理流动资产损溢 46 800

【练一练】

某公司因台风造成一批库存材料毁损，实际成本为60 000元，增值税为10 200元，根据保险责任范围及保险合同规定，应由保险公司赔偿40 000元。请编制相关会计分录。

● 任务7 存货期末计价

一、存货期末计量原则

资产负债表日，存货应当按照成本与可变现净值孰低计量。即资产负债表日，当存货成本低于可变现净值时，存货按成本计量；当存货成本高于其可变现净值时，应当计提存货跌价准备，计入当期损益。

其中，可变现净值，是指在日常活动中，存货的估计售价减去至完工时估计将要发生的成本、估计的销售费用以及相关税费后的金额。

存货成本，是指期末存货的实际成本。如果企业在存货成本的日常核算中采用计划成本法、售价金额核算法等简化核算方法，则成本应为经调整后的实际成本。

可变现净值=存货的估计售价-进一步加工成本-估计销售费用和税费

如果存货是直接用于出售的，则不需减去进一步加工成本。

二、存货期末计量方法

（一）存货减值迹象的判断

存货存在下列情况之一的，通常表明存货的可变现净值低于成本：①存货的市场价格持续下跌，并且在可预见的未来无回升的希望；②企业使用原材料生产的产品的成本大于产品的销售价格；③企业因产品更新换代，原有库存原材料已不适应新产品的需要，而该原材料的市场价格又低于其账面成本；④因企业所提供的商品或劳务过时或消费者偏好改变而使市场的需求发生变化，导致市场价格逐渐下跌；⑤其他足以证明存货实质上已经发生减值的情形。

存货存在下列情形之一的，通常表明存货的可变现净值为零：①已霉烂变质的存货；②已过期且无转让价值的存货；③生产中已不再需要，并且已无使用价值和转让价值的存货；④其他足以证明已无使用价值和转让价值的存货。

（二）可变现净值的确定

企业确定存货的可变现净值，应当以取得的确凿证据为基础，并且考虑持有存货的目的、资产负债表日后事项的影响等因素。下面分别介绍不同情况下存货可变现净值的确定方法，如图4-4所示。

（1）产成品、商品等（不包括用于出售的材料）直接用于出售的商品存货，没有销售合同约定的，其可变现净值应当为在正常生产经营过程中，产成品或商品的一般销售价格（即市场销售价格）减去估计的销售费用和相关税费等后的金额。

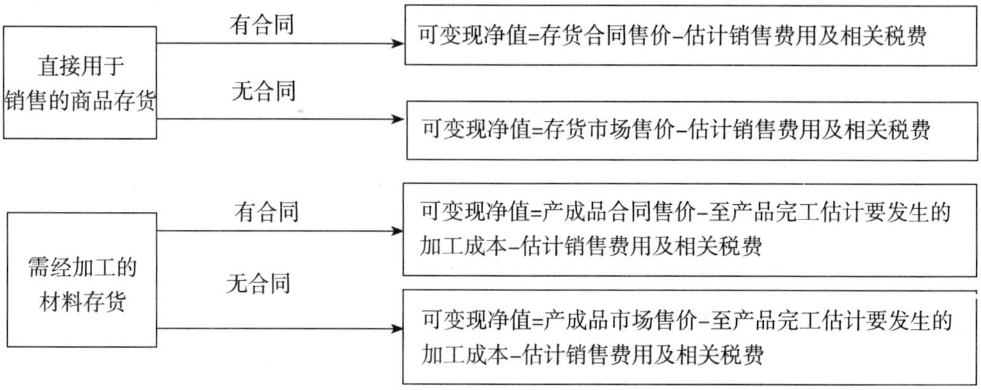

图4-4　不同情况下存货可变现净值的确定方法

【例4-31】 2016年12月31日，甲公司生产的A型机器的账面价值（成本）为2 160 000元，数量为12台，单位成本为180 000元/台。2016年12月31日，A型机器的市场销售价格（不含增值税）为190 000元/台。甲公司没有签订有关A型机器的销售合同。

本例中，由于甲公司没有就A型机器签订销售合同，因此，在这种情况下，计算确定A型机器的可变现净值应以其一般销售价格总额2 280 000元（190 000×12）作为计量基础。

（2）用于出售的材料等，应当以市场价格减去估计的销售费用和相关税费等后的金额作为其可变现净值。这里的市场价格是指材料等的市场销售价格。

【例4-32】 2016年，由于产品更新换代，甲公司决定停止生产B型机器。为减少不必要的损失，甲公司决定将原材料中专门用于生产B型机器的外购原材料钢材全部出售，2016年12月31日，其账面价值（成本）为900 000元，数量为10吨。根据市场调查，此种钢材的市场销售价格（不含增值税）为50 000元/吨，同时销售这10吨钢材可能发生销售费用及税金40 000元。

本例中，由于企业已决定不再生产B型机器，因此，该批钢材的可变现净值不能再以B型机器的销售价格作为其计量基础，而应按钢材本身的市场销售价格作为计量基础。因此，该批钢材的可变现净值应为460 000元（50 000×10-40 000）。

（3）需要经过加工的材料存货，如原材料、在产品、委托加工材料等，由于持有该材料的目的是用于生产产成品，而不是出售，该材料存货的价值将体现在用其生产的产成品上。因此，在确定需要经过加工的材料存货的可变现净值时，需要以其生产的产成品的可变现净值与该产成品的成本进行比较，如果该产成品的可变现净值高于其成本，则该材料应当按照其成本计量。

【例4-33】 2016年12月31日，甲公司库存原材料A材料的账面价值（成本）为1 400 000元，市场销售价格总额（不含增值税）为1 300 000元，假设不发生其他购买费用；用A材料生产的产成品B型机器的可变现净值高于成本。

本例中，虽然A材料在2015年12月31日的账面价值（成本）高于其市场价格。但是由于用其生产的产成品B型机器的可变现净值高于其成本，即用该原材料生产的最终产品此时并没有发生价值减损。因而，在这种情况下，即使A材料的账面价值（成本）已高于其市场价格，也不应计提存货跌价准备，仍应按其原账面价值（成本）1 400 000元列示在甲公司2016年12月31日资产负债表的存货项目之中。

如果材料价格的下降表明以其生产的产成品的可变现净值低于成本，则该材料应当按可变现净值计量。

【例4-34】 2016年12月31日，甲公司库存原材料——钢材的账面价值为580 000元，可用于生产1台A型机器，相对应的市场销售价格为540 000元，假设不发生其他购买费用。由于钢材的市场销售价格下降，用钢材作为原材料生产的A型机器的市场销售价格由1 500 000元下降为1 300 000元，但其生产成本仍为1 400 000元，即将该批钢材加工成A型机器尚需投入800 000元，估计销售费用及税金为50 000元。

根据上述资料，可按以下步骤确定该批钢材的账面价值：

第一步，计算用该原材料所生产的产成品的可变现净值。

A型机器的可变现净值=A型机器估计售价-估计销售费用及税金

=1 300 000-50 000=1 250 000（元）

第二步，将用该原材料所生产的产成品的可变现净值与其成本进行比较。

A型机器的可变现净值1 250 000元小于其成本1 400 000元，即钢材价格的下降和A型机器销售价格的下降表明A型机器的可变现净值低于其成本，因此该批钢材应当按可变现净值计量。

第三步，计算该批钢材的可变现净值，并确定其期末价值。

该批钢材的可变现净值=A型机器的估计售价-将该批钢材加工成A型机器尚需投入的成本-估计销售费用及税金

=1 300 000-800 000-50 000=450 000（元）

该批钢材的可变现净值450 000元小于其成本580 000元，因此该批钢材的期末价值应为其可变现净值450 000元，即该批钢材应按450 000元列示在甲公司2016年12月31日资产负债表的存货项目之中。

（4）为执行销售合同或者劳务合同而持有的存货，其可变现净值应当以合同价格而不是估计售价，减去估计的销售费用和相关税费等后的金额确定。

企业与购买方签订了销售合同（或劳务合同，下同），并且销售合同订购的数量大于或等于企业持有的存货数量，在这种情况下，与该项销售合同直接相关的存货的可变现净值，应当以合同价格为计量基础。

即如果企业就其产成品或商品签订了销售合同，则该批产成品或商品的可变现净值应当以合同价格作为计量基础；如果企业销售合同所规定的标的物尚未生产出来，但持有专门用于该标的物生产的材料，其可变现净值也应当以合同价格作为计量基础。

【例4-35】 2015年7月15日，甲公司与乙公司签订了一份不可撤销的销售合同，双方约定，2016年3月14日，甲公司应按190 000元/台的价格向乙公司提供A型机器10台。2015年12月31日，甲公司A型机器的账面价值（成本）为1 360 000元，数量为8台，单位成本为170 000元。2015年12月31日，A型机器的市场销售价格为180 000元/台。

本例中，根据甲公司与乙公司签订的销售合同，甲公司该批A型机器的销售价格已由销售合同约定，并且其库存数量小于销售合同订购的数量。在这种情况下，计算库存A型机器的可变现净值时，应以销售合同约定的价格1 520 000元（190 000×8）作为计量基础，即估计售价为1 520 000元。

【例4-36】 2015年12月20日，甲公司与丙公司签订了一份不可撤销的销售合同，双方约定，2016年3月15日，甲公司应按210 000元/台的价格向丙公司提供10台C型机器。至2015年12月31日，甲公司尚未生产该批C型机器，但持有专门用于生产该批C型机器的库存原材料——钢材，其账面价值为900 000元，市场销售价格总额为800 000元。

本例中，根据甲公司与丙公司签订的销售合同，甲公司该批C型机器的销售价格已由销售合同规定，虽然甲公司还未生产，但持有专门用于生产该批C型机器的库存钢材，且可生产的C型机器的数量不大于销售合同订购的数量。在这种情况下，计算该批钢材的可变现净值时，应以销售合同的C型机器的销售价格总额2 100 000元（210 000×10）作为计量基础。

如果企业持有的同一项存货数量多于销售合同或劳务合同订购的数量，应分别确定其可变现净值，并与其相对应的成本进行比较，分别确定存货跌价准备的计提或转回金额。超出合同部分的存货的可变现净值，应当以一般销售价格为基础计算。

【例4-37】 2015年8月16日，甲公司与丁公司签订了一份不可撤销的销售合同，双方约定，2016年2月15日，甲公司应按190 000元/台的价格向丁公司提供A型机器10台。2015年12月31日，甲公司A型机器的账面价值为2 040 000元，数量为12台，单位成本为170 000元/台。2015年12月31日，A型机器的市场销售价格为200 000元/台。

本例中，甲公司该批A型机器的销售价格已在双方签订的销售合同中约定，但是其库存数量大于销售合同约定的数量。这种情况下，对于销售合同约定数量内（10台）的A型机器的可变现净值应以销售合同约定的价格总额1 900 000元（190 000×10）作为计量基础；而对于超出部分（2台）的A型机器的可变现净值应以一般销售价格总额400 000元（200 000×2）作为计量基础。

三、存货跌价准备的核算

（1）存货跌价准备的计提。资产负债表日，存货的可变现净值低于成本，企业应当计提存货跌价准备。企业通常应当按照单个存货项目计提存货跌价准备。即资产负债表日，企业将每个存货项目的成本与其可变现净值逐一进行比较，按较低者计量存货。其中可变现净值低于成本的，两者的差额即为应计提的存货跌价准备。企业计提的存货跌价准备应计入当期损益。

对于数量繁多、单价较低的存货，可以按照存货类别计提存货跌价准备。与在同一地区生产和销售的产品系列相关、具有相同或类似最终用途或目的，且难以与其他项目分开计量的存货，可以合并计提存货跌价准备；存货具有相同或类似最终用途或目的，并在同一地区生产和销售，意味着存货所处的经济环境、法律环境、市场环境等相同，具有相同的风险和报酬，因此可以对其进行合并计提存货跌价准备。

【例4-38】 宏业公司有A、B、C、D四种存货，按其性质可分为甲、乙两类，2015年12月31日存货的成本与可变现净值见表4-7。

2015年12月31日，不同比较法下期末存货的价值及应计提的跌价准备计算见表4-7。

表4-7　**期末存货成本与可变现净值比较表**　单位：元

项目	成本	可变现净值	单项比较法		分类比较法		总额比较法	
			期末计价	应提准备	期末计价	应提准备	期末计价	应提准备
甲类存货	60 000	61 000			60 000			
A	24 000	26 000	24 000					
B	36 000	35 000	35 000	1 000				
乙类存货	56 000	55 500			55 500	500		
C	36 000	34 500	34 500	1 500				
D	20 000	21 000	20 000					
总计	116 000	116 500	113 500	2 500	115 500	500	116 000	

从表4-7的计算结果可以看出，单项比较法计算的期末存货价值最低，分类比较法次之，总额比较法最高。这说明比较得越细致，结果越准确，越符合稳健性原则，但计算工作量也越大。

【例4-39】甲公司按照单项存货计提存货跌价准备。2015年12月31日，A、B两项存货的成本分别为280 000元、200 000元，可变现净值分别为270 000元、220 000元，假设"存货跌价准备"科目余额为零。

在本例中，对于A存货，其成本280 000元高于其可变现净值270 000元，应计提存货跌价准备10 000元（280 000-270 000）。对于B存货，其成本200 000元低于其可变现净值220 000元，不需计提存货跌价准备。

因此，甲公司对A、B两项存货计提的存货跌价准备共计10 000元，在当日资产负债表中列示的存货金额为470 000元（270 000＋200 000）。

【例4-40】甲公司按单项存货计提存货跌价准备。2015年12月31日，甲公司库存自制半成品成本为340 000元，预计加工完成该产品尚需发生加工费用120 000元，预计产成品的销售价格（不含增值税）为510 000元，销售费用为62 000元。假定该库存自制半成品未计提存货跌价准备，且不考虑其他因素的影响。

本例中，2015年年末：

甲公司该库存自制半成品可变现净值＝预计产成品的销售价格－预计加工完成尚需发生费用－预计销售费用

＝510 000-120 000-62 000=328 000（元）

该自制半成品应计提存货跌价准备＝自制半成品成本－自制半成品可变现净值

＝340 000-328 000=12 000（元）

【例4-41】丙公司2015年年末，B存货的账面成本为110 000元，由于本年以来B存货的市场价格持续下跌，根据资产负债表日状况确定的B存货的可变现净值为95 000元，"存货跌价准备"账户期初余额为零，应计提的存货跌价准备为15 000元（110 000-95 000）。相关账务处理如下：

借：资产减值损失——B存货　15 000

　贷：存货跌价准备——B存货　15 000

（2）存货跌价准备的转回。当以前减记存货价值的影响因素已经消失，减记的金额应当予以恢复，并在原已计提的存货跌价准备金额内转回，转回的金额计入当期损益。

【提示】在核算存货跌价准备的转回时，转回的存货跌价准备与计提该准备的存货项目或类别应当存在直接对应关系。在原已计提的存货跌价准备金额内转回，意味着转回的金额以将存货跌价准备的余额冲减至零为限。

【例4-42】承【例4-41】资料，假设2015年年末，丙公司存货的种类和数量、账面成本和已计提的存货跌价准备均未发生变化，但是2016年以来B存货市场价格持续上升，市场前景明显好转，至2016年年末根据当时状态确定的B存货的可变现净值为120 000元。

在本例中，由于B存货市场价格上涨，2016年年末B存货的可变现净值（120 000元）高于其账面成本（95 000元），可以判断以前造成减记存货价值的影响因素（价格下跌）已经消失。B存货减记的金额应当在原已计提的存货跌价准备金额15 000元内予以恢复。相关账务处理如下：

借：存货跌价准备——B存货　　15 000

　贷：资产减值损失——B存货　　15 000

【例4-43】某股份公司采用备抵法核算存货跌价损失，假设各年存货数量种类未发生变动。2013年年末A种存货的实际成本为50 000元，可变现净值为47 000元；2014年年末，该存货的预计可变现净值为43 000元；2015年年末，该存货的预计可变现净值为48 500元；2016年年末，该存货的预计可变现净值为51 500元。

各年应计提的存货跌价准备及相应的账务处理如下：

2013年年末：

应计提的存货跌价准备=50 000-47 000-0=3 000（元）

借：资产减值损失　　3 000

　贷：存货跌价准备　　3 000

2014年年末：

应计提的存货跌价准备=50 000-43 000-3 000=4 000（元）

借：资产减值损失　　4 000

　贷：存货跌价准备　　4 000

2015年年末：

应冲销的存货跌价准备=50 000-48 500-7 000=-5 500（元）

借：存货跌价准备　　5 500

　贷：资产减值损失　　5 500

2016年年末：

应冲销的存货跌价准备=0-1 500=-1 500（元）

借：存货跌价准备　　1 500

　贷：资产减值损失　　1 500

（3）存货跌价准备的结转。企业计提了存货跌价准备，如果其中有部分存货已经销售，则企业在结转销售成本时，应同时结转对其已计提的存货跌价准备。对于因债务重组、非货币性资产交换转出的存货，也应同时结转已计提的存货跌价准备。

【提示】如果按存货类别计提存货跌价准备的，应当按照发生销售、债务重组、非货币性资产交换等而转出存货的成本占该存货未转出前该类别存货成本的比例结转相应的存货跌价准备。

【例4-44】 2015年，丙公司库存A机器4台，每台成本为5 000元，已经计提的存货跌价准备合计为5 000元。2016年，丙公司将库存的4台机器全部以每台6 000元的价格售出，适用的增值税税率为17%，货款已收到。

丙公司的相关账务处理如下：

借：银行存款　　28 080

　贷：主营业务收入——A机器　　24 000

　　应交税费——应交增值税（销项税额）　　4 080

借：主营业务成本——A机器　　15 000

　存货跌价准备——A机器　　5 000

　贷：库存商品——A机器　　20 000

[案例分析]

案例资料和要求见本章[案例导入]，具体账务处理如下：

（1）生产领用材料时：

借：生产成本——基本生产成本　　5 000

　贷：原材料　　5 000

（2）购买原材料时：

借：材料采购　　30 500

　应交税费——应交增值税（进项税额）　　5 100

　贷：应付票据　　35 600

材料验收入库时：

借：原材料　　31 000

　贷：材料采购　　30 500

　　材料成本差异　　500

（3）本月材料成本差异率=（200−500）÷（20 000+31 000）×100%=−0.588%

本月发出材料应负担的成本差异额=5 000×（−0.588%）=−29.40（元）

月末结转本月发出材料应负担的成本差异额，编制会计分录如下：

借：材料成本差异　　29.40

　贷：生产成本——基本生产成本　　29.40

[项目小结]

存货是指企业在日常活动中持有以备出售的产成品或商品、处在生产过程中的在产品、在生产过程或提供劳务过程中耗用的材料和物料等，包括各类材料、在产品、半成品、产成品、商品以及包装物、低值易耗品等。作为存货，首先要符合存货的定义，同时符合存货确认的两个条件，即该存货包含的经济利益很可能流入企业；该存货的成本能够可靠计量。

存货应当按照成本计量。不同类别的存货，其成本构成内容不同。在实际中，存货成本包括采购成本、加工成本和其他成本。

企业应当采用先进先出法、加权平均法或者个别计价法确定发出存货的实际成本。存货的初始计量可以按实际成本核算，也可以按计划成本核算。如果采用计划成本核算，会计期末应调整为实际成本。

商品流通企业应设置“库存商品”账户，对商品流通企业的库存商品日常收发的核算，主要采用数量进价金额核算法、售价金额核算法。

资产负债表日，存货应当按照成本与可变现净值孰低计量。在确定可变现净值时应考虑持有存货的目的、资产负债表日后事项的影响等因素。企业应当按单个存货项目计提存货跌价准备。必要时也可以按存货类别或合并计提存货跌价准备。以前减记存货价值的影响因素已经消失的，减记的金额应当予以恢复，并在原先计提的存货跌价准备的金额内转回，转回的金额计入当期损益。

[习题与实训]

一、单项选择题

1.某企业采用先进先出法计算发出原材料的成本。2016年9月1日，甲材料结存200千克，每千克实际成本为300元；9月7日，购入甲材料350千克，每千克实际成本为310元；9月21日，购入甲材料400千克，每千克实际成本为290元；9月28日，发出甲材料500千克。9月份甲材料发出成本为（　　）元。

A.145 000　　B.150 000　　C.153 000　　D.155 000

2.某企业材料采用计划成本核算。月初结存材料计划成本为130万元，材料成本差异为节约差20万元。当月购入材料一批，实际成本为110万元，计划成本为120万元，领用材料的计划成本为100万元。该企业当月领用材料的实际成本为（　　）万元。

A.88　　B.96　　C.100　　D.112

3.某一般纳税企业因台风毁损材料一批，计划成本为80 000元，材料成本差异率为-1%，企业适用的增值税税率为17%，能够获得保险公司赔款50 000元，则因该批材料的毁损而记入“营业外支出”科目的金额为（　　）元。

A.43 000　　B.42 664　　C.30 000　　D.29 200

4.甲企业为增值税一般纳税企业，适用的增值税税率为17%，因销售商品出租给乙企业包装物一批，收取押金4 914元。因乙企业逾期未退还租用的包装物，按协议规定，甲企业没收全部押金4 914元。因该业务，甲企业记入“其他业务收入”科目的金额为（　　）元。

A.4 680　　B.4 200　　C.3 884.40　　D.680

5.2016年12月31日，某公司库存原材料A材料的账面价值为350万元，市场购买价格总额为280万元，预计销售发生的相关税费为10万元；用A材料生产的产成品W型机器的可变现净值高于成本；则2016年年末A材料的账面价值为（　　）万元。

A.350　　B.280　　C.270　　D.290

二、多项选择题

1.下列费用中，不应计入外购存货采购成本的有（　　）。

A.运输机构造成的超定额损耗　　B.运输途中的合理损耗

C.采购人员差旅费　　D.进口关税

2.委托加工收回后将用于连续生产应税消费品的材料，其实际成本包括（　　）。

A.发出加工材料的计划成本　　B.发出加工材料应负担的成本差异

C.加工费用和往返运杂费　　D.支付的增值税

3.“材料成本差异”科目的贷方登记（　　）。

A.收入材料转入的节约差异　　B.收入材料转入的超支差异

C.发出材料负担的节约差异　　D.发出材料负担的超支差异

4.下列项目中，应作为销售费用处理的有（　　）。

A.随同商品出售不单独计价的包装物的成本

B.出租包装物的摊销价值

C.随同商品出售单独计价的包装物的成本

D.出借包装物的摊销价值

5.企业对于下列的存货盘亏或毁损事项进行处理时，应当计入管理费用的有（　　）。

A.因收发计量原因造成的存货盘亏净损失

B.因核算差错造成的存货盘亏净损失

C.因定额内损耗造成的存货盘亏净损失

D.因管理不善造成的存货盘亏净损失

三、判断题

1.公司在采用成本与可变现净值孰低法确定存货的期末价值，当存货的成本低于可变现净值时，期末存货应按成本计价。（　　）

2.如果期末存货的可变现净值低于成本，则“存货跌价准备”账户表现为贷方余额；反之，则表现为借方余额。（　　）

3.工业企业购进原材料时，运输途中发生的损耗，应计入购进材料的实际成本。（　　）

4.当存货的可变现净值高于其实际成本时，应将原存货跌价准备中已有的金额全部冲减，但最多将存货跌价准备冲减至零。（　　）

5.一次领用的包装物数额较大时，应当分次摊销计入各期的成本费用。（　　）

四、实训题

【实训题一】

资料：南方公司2016年5月初结存原材料的计划成本为100 000元，本月收入原材料的计划成本为200 000元，本月发出原材料的计划成本为160 000元，其中生产产品领用100 000元，车间一般耗用40 000元，企业行政管理部门领用20 000元，原材料成本差异的月初数为2 000元（超支），本月收入原材料的成本差异为5 000元（节约）。

要求：计算本月材料成本差异率，并编制发出材料的会计分录。

【实训题二】

资料：甲企业为一般纳税人，采用计划成本核算原材料，2月初有关账户余额如下：“原材料”科目借方余额15 000元；“材料成本差异”科目贷方余额600元。本月发生下列经济业务：

（1）2日，收到原材料一批，实际成本为21 300元，计划成本为20 000元，增值税为3621元。材料已验收入库，货款已于上月预付，本月补付差额5 000元。

（2）5日，用银行汇票付外埠采购材料款10 000元，税款1 700元，运杂费500元。材料已运到按计划成本9 000元验收入库。

（3）10日，向外单位购入材料一批，发票账单已收到，有关单据上列明材料价款20 000元，增值税3 400元。货款已通过银行转账支付，但月末材料仍未运到。

（4）月末，发出材料的计划成本共30 000元，其中：基本生产车间领用20 000元，车间管理部门领用6 000元，厂部管理部门领用4 000元。

（5）计算并结转领用材料应分摊的材料成本差异。

（6）计算并结存材料的实际成本。

要求：对以上经济业务编制会计分录。

【实训题三】

资料：某企业的存货收入、发出和结存数据资料如下：

（1）3月份期初结存数量300件，单价10元/件；

（2）3月2日，发出存货200件；

（3）3月5日，购进存货200件，单价12元/件；

（4）3月7日，发出存货200件；

（5）3月10日，购进存货300件，单价11元/件；

（6）3月27日，发出存货300件。

要求：根据上述资料，分别采用先进先出法、加权平均法计算发出存货和月末结存存货的成本。

【实训题四】

资料：某公司委托乙企业加工可直接对外销售的商品10 750件，有关的经济业务如下：

（1）3月28日，发出材料一批，计划成本为200 000元，材料成本差异率为−1%；

（2）4月28日，支付商品加工费3 000元，增值税510元，支付应缴纳的消费税15 000元；

（3）5月2日，用银行存款支付往返运费2 000元；

（4）5月4日，上述商品10 750件加工完毕，公司已办理验收入库手续。

要求：编制委托加工物资发出，支付有关税费，以及委托加工物资收回等业务的会计分录。

项目五

投资性房地产的核算

[知识目标]

理解投资性房地产的概念、范围及特点；明确投资性房地产的确认条件；掌握投资性房地产初始计量的账务处理；掌握投资性房地产后续计量的账务处理；掌握投资性房地产处置的账务处理。

[技能目标]

能根据投资性房地产的初始计量、后续计量及处置的原始凭证填制记账凭证。

[案例导入]

资料：甲企业对投资性房地产采用公允价值模式计量。甲企业于2013年1月1日以银行存款7 000万元购入一幢建筑物用于对外出租，租期为3年，每年12月31日收取租金300万元，假定不考虑相关税费。2013年12月31日，该幢商品房的公允价值为7 300万元，2014年12月31日，该幢商品房的公允价值为7 500万元，2015年12月31日，该幢商品房的公允价值为7 600万元，2016年1月10日将该幢商品房对外出售，收到7 800万元存入银行。

要求：编制甲企业上述经济业务的会计分录（假定按年确认公允价值变动损益和确认租金收入）。

● 任务1　投资性房地产认知

一、投资性房地产的定义和特征

房地产是指土地、建筑物及固着在土地、建筑物上不可分离的部分及其附带的各种权益。在我国，因土地归属国家或集体所有，企业只能取得土地使用权。因此，房地产中的土地是指土地使用权。房屋是指土地上的房屋等建筑物及构筑物。随着我国房地产市场交易的日益活跃，出现了将房地产用于赚取租金或增值收益的活动。

投资性房地产是指为赚取租金或资本增值，或者两者兼有而持有的房地产。投资性房地产具有以下特征：

（1）投资性房地产是一种经营活动。投资性房地产的主要形式是出租建筑物、出租土地使用权，这实质上属于一种让渡资产使用权的行为。房地产租金就是让渡资产使用权取得的使用费收入，是企业为完成其经营目标所从事的经营性活动以及与之相关的其他活动形成的经济利益总流入。投资性房地产的另一种形式是持有并准备增值后转让的土地使用权，尽管其增值收益通常与市场供求、经济发展等因素相关，但目的是增值后转让以赚取增值收益，也是企业为完成其经营目标所从事的经营性活动以及与之相关的其他活动形成的经济利益总流入。

（2）投资性房地产在用途、状态、目的等方面区别于作为生产经营场所的房地产和用于销售的房地产。

企业持有的房地产除了用作自身管理、生产经营活动场所和对外销售之外，出现了将房地产用于赚取租金或增值收益的活动，甚至成为个别企业的主营业务。这就需要将投资性房地产单独作为一项资产核算和反映，与自用的厂房、办公楼等房地产和作为存货（已建完工商品房）的房地产加以区别。

二、投资性房地产的范围

投资性房地产主要包括已出租的土地使用权、持有并准备增值后转让的土地使用权和已出租的建筑物。

（一）属于投资性房地产的项目

（1）已出租的土地使用权。它是指企业通过出让或转让方式取得并以经营租赁方式出租的土地使用权。企业计划用于出租但尚未出租的土地使用权，不属于此类。对于以经营租赁方式租入土地使用权再转租给其他单位的，不能确认为投资性房地产。

【例5-1】2016年5月10日，甲公司与乙公司签订了一项经营租赁合同，约定自2016年6月1日起，甲公司以年租金6 000 000元租赁使用乙公司拥有的一块300 000平方米的场地，租赁期为8年。2016年7月1日，甲公司又将这块场地转租给丙公司，以赚取租金差价，租赁期为5年。以上交易假设不违反国家有关规定。

本例中，对甲公司而言，这项土地使用权不能予以确认，也不属于投资性房地产。对乙公司而言，自租赁期开始日（2016年6月1日）起，这项土地使用权属于投资性房地产。

（2）持有并准备增值后转让的土地使用权。它是指企业通过出让或转让方式取得并准备增值后转让的土地使用权。但是，按照国家有关规定认定的闲置土地，不属于持有并准备增值的土地使用权。

（3）已出租的建筑物。它是指企业拥有产权并以经营租赁方式出租的房屋等建筑物，包括自行建造或开发活动完成后用于出租的建筑物。

【提示】（1）用于出租的建筑物是指企业拥有产权的建筑物，企业以经营租赁方式租入再转租的建筑物不属于投资性房地产。

（2）已出租的建筑物是企业已经与其他方签订了租赁协议，约定以经营租赁方式出租的建筑物。一般应自租赁协议规定的租赁期开始日起，经营租出的建筑物才属于已出租的建筑物。

（3）企业将建筑物出租，按租赁协议向承租人提供的相关辅助服务在整个协议中不重大的，应当将该建筑物确认为投资性房地产。例如，企业将其办公楼出租，同时向承租人提供维护、保安等日常辅助服务，企业应当将其确认为投资性房地产。

（二）不属于投资性房地产的项目

（1）自用房地产，即为生产商品、提供劳务或者经营管理而持有的房地产，包括自用建筑物（固定资产）和自用土地使用权（无形资产）。

（2）作为存货的房地产，通常指房地产开发企业在正常经营过程中销售的或为销售而正在开发的商品房和土地。

【提示】如果某项房地产部分用于赚取租金或资本增值、部分自用（即用于生产商品、提供劳务或经营管理），能够单独计量和出售的、用于赚取租金或资本增值的部分，应当确认为投资性房地产；不能够单独计量和出售的、用于赚取租金或资本增值的部分，不确认为投资性房地产。该项房地产自用的部分，以及不能够单独计量和出售的、用于赚取租金或资本增值的部分，应当确认为固定资产或无形资产。

● 任务2　投资性房地产的确认和初始计量

一、投资性房地产的确认

（一）投资性房地产的确认条件

投资性房地产只有在符合定义，并同时满足下列条件时，才能予以确认：①与该投资性房地产有关的经济利益很可能流入企业；②该投资性房地产的成本能够可靠地计量。

投资性房地产初始计量时，应当按照成本进行计量。

（二）投资性房地产的确认时点

（1）用于出租的投资性房地产以租赁期开始日为确认日。对已出租的土地使用权、已出租的建筑物，其作为投资性房地产的确认时点一般为租赁期开始日，即土地使用权、建筑物进入出租状态、开始赚取租金的日期。

（2）持有以备经营出租的空置建筑物，以企业管理当局就该事项作出正式书面决议的日期为确认日。对企业持有以备经营出租的空置建筑物，如董事会或类似机构作出书面决议，明确表明将其用于经营出租且持有意图在短期内不再发生变化的，即使尚未签订租赁协议，也应视为投资性房地产。

（3）持有以备增值后转让的土地使用权以企业将自用土地使用权停止自用，准备增值后转让的日期为准。

二、投资性房地产的初始计量

企业取得投资性房地产时，应当按照取得时的实际成本进行初始计量。

1.外购投资性房地产

外购投资性房地产的成本，包括购买价款、相关税费和可直接归属于该资产的其他支出。外购取得投资性房地产时，按照取得时的实际成本进行初始计量，借记“投资性房地产”科目（后续计量采用成本模式）或“投资性房地产——成本”科目（后续计量采用公允价值模式），贷记“银行存款”等科目。

【例5-2】2016年5月，海亮公司计划购入一栋写字楼用于对外出租。6月20日，海亮公司与乙企业签订了经营租赁合同，约定自写字楼购买日起将这栋写字楼出租给乙企业，为期3年。7月8日，海亮公司实际购入写字楼，支付价款共计3 000万元。假设不考虑其他因素。

（1）海亮公司采用成本模式进行后续计量：

借：投资性房地产——写字楼　　30 000 000

　贷：银行存款　　30 000 000

（2）海亮公司采用公允价值模式进行后续计量：

借：投资性房地产——成本（写字楼）　　30 000 000

　贷：银行存款　　30 000 000

2.自行建造投资性房地产

企业自行建造投资性房地产的成本，由建造该项房地产达到预定可使用状态前发生的必要支出构成，包括土地开发费、建筑成本、安装成本、应予以资本化的借款费用、支付的其他费用和分摊的间接费用等。

建造过程中发生的非正常性损失，直接计入当期损益，不计入建造成本。建造完工达到预定可使用状态时，应当按照确定的成本，借记“投资性房地产”科目（后续计量采用成本模式）或“投资性房地产——成本”科目（后续计量采用公允价值模式），贷记“在建工程”等科目。

【例5-3】2016年1月，海亮公司从其他单位购入一块土地的使用权，并在这块土地上开始自行建造两栋厂房。2016年10月，海亮公司预计厂房即将完工，与B公司签订了经营租赁合同，将其中一栋厂房租赁给B公司使用。租赁合同约定，该厂房于完工（达到预定可使用状态）时开始起租。2016年12月8日，两栋厂房同时完工（达到预定可使用状态）。该块土地使用权的成本为800万元；两栋厂房的实际造价均为2 000万元，能够单独出售。

（1）若海亮公司采用成本模式进行后续计量：

土地使用权中的对应部分同时转换为投资性房地产=800×2 000÷4 000=400（万元）

借：投资性房地产——厂房　　20 000 000

　贷：在建工程　　20 000 000

借：投资性房地产——土地使用权　　4 000 000

　贷：无形资产——土地使用权　　4 000 000

（2）若海亮公司采用公允价值模式进行后续计量：

借：投资性房地产——成本（厂房）　　20 000 000

　贷：在建工程　　20 000 000

借：投资性房地产——成本（土地使用权）　　4 000 000

　贷：无形资产——土地使用权　　4 000 000

3.内部转换形成的投资性房地产

企业将作为存货的房地产转换为投资性房地产的，应当按照该项存货在转换日的账面余额或公允价值，借记“投资性房地产”科目（后续计量采用成本模式）或“投资性房地产——成本”科目（后续计量采用公允价值模式）；按照其账面余额，贷记“开发产品”科目；按照其差额，贷记“其他综合收益”科目（产生贷方差额的情况下）或借记“公允价值变动损益”科目（产生借方差额的情况下）。已计提存货跌价准备的，还应当同时结转存货跌价准备。

企业将自用的建筑物等转换为投资性房地产的，应当按照其在转换日的原价、累计折旧等，分别转入“投资性房地产”“投资性房地产累计折旧”“投资性房地产减值准备”等科目。或者按其在转换日的公允价值，借记“投资性房地产——成本”科目；按照已计提的累计折旧等，借记“累计折旧”等科目；按其账面余额，贷记“固定资产”等科目；按其差额，贷记“其他综合收益”科目（产生贷方差额的情况下）或借记“公允价值变动损益”科目（产生借方差额的情况下）。已计提固定资产减值准备的，还应同时结转固定资产减值准备。

● 任务3　投资性房地产的后续计量

投资性房地产后续计量，包括两个方面的内容：一是投资性房地产初始入账价值确认后的计量；二是投资性房地产后续支出的计量。投资性房地产的后续计量通常应当采用成本模式，只有满足特定条件的情况下才可以采用公允价值模式。但是，同一企业只能采用一种模式对所有投资性房地产进行后续计量，不得同时采用两种计量模式。

一、采用成本模式进行后续计量

在成本模式下，企业应当按照固定资产或无形资产的有关规定，对投资性房地产进行后续计量，计提折旧或摊销；存在减值迹象的，还应当按照资产减值的有关规定进行处理。其核算步骤为：

（1）按期（月）计提折旧或摊销，借记“其他业务成本”等科目，贷记“投资性房地产累计折旧（摊销）”科目。

（2）取得的租金收入，借记“银行存款”等科目，贷记“其他业务收入”等科目。

（3）经减值测试后确定发生减值的，应当计提减值准备，借记“资产减值损失”科目，贷记“投资性房地产减值准备”科目。如果已经计提减值准备的投资性房地产的价值又得以恢复，不得转回。

【例5-4】2015年4月初，海亮公司从二级市场以拍卖方式取得一宗土地使用权，准备在该宗土地上建造两栋写字楼，支付土地使用权价款5 000万元，预计剩余使用年限为50年，净残值为零，采用直线法摊销。2015年4月，开始建造两栋写字楼。2015年11月与乙公司签订了经营租赁合同，将其中的一栋写字楼租赁给乙公司使用，租赁合同规定写字楼于达到预定可使用状态时起租。2016年1月写字楼完工达到预定可使用状态，两栋写字楼的实际造价均为2 000万元，均能够单独出售。假定海亮公司采用成本模式进行后续计量。租期为3年，月租金为50万元，按月收取，投资性房地产采用直线法摊销，写字楼的预计使用年限为30年。假定不考虑净残值和相关税费的影响。

海亮公司的账务处理如下：

（1）2015年4月取得土地使用权：

借：无形资产——土地使用权　　　　50 000 000

　贷：银行存款　　　　　　　　　　　　50 000 000

（2）2015年摊销土地使用权：

借：管理费用（50 000 000÷50×9÷12）　　　　750 000

贷：累计摊销　　750 000

（3）2016年年初写字楼完工达到预定可使用状态：

借：固定资产——写字楼　　20 000 000

投资性房地产——写字楼　　20 000 000

贷：在建工程　　40 000 000

借：投资性房地产——已出租土地使用权（50 000 000÷2）　25 000 000

累计摊销（750 000÷2）　　375 000

贷：无形资产——土地使用权　　25 000 000

投资性房地产累计摊销　　375 000

（4）2016年1月投资性房地产的相关账务处理：

借：其他业务成本（25 000 000÷50×1÷12）　　41 670

贷：投资性房地产累计摊销　　41 670

借：银行存款　　500 000

贷：其他业务收入　　500 000

（5）2016年2月投资性房地产的相关账务处理：

借：其他业务成本　　97 230

贷：投资性房地产累计折旧（20 000 000÷30×1÷12）　　55 560

投资性房地产累计摊销（25 000 000÷50×1÷12）　　41 670

借：银行存款　　500 000

贷：其他业务收入　　500 000

二、采用公允价值模式进行后续计量

企业有确凿证据表明其投资性房地产的公允价值能够持续可靠取得的，可以对投资性房地产采用公允价值模式进行后续计量。一旦选择公允价值模式，就应当对其所有投资性房地产采用公允价值模式进行后续计量，不得对一部分投资性房地产采用成本模式进行后续计量，对另一部分投资性房地产采用公允价值模式进行后续计量。

采用公允价值模式计量的投资性房地产，应当同时满足下列条件：

（1）投资性房地产所在地有活跃的房地产交易市场。所在地，通常是指投资性房地产所在的城市。对于大中型城市，应当为投资性房地产所在的城区。

（2）企业能够从活跃的房地产交易市场上取得同类或类似房地产的市场价格及其他相关信息，从而对投资性房地产的公允价值作出合理的估计。

企业采用公允价值模式进行后续计量的，不对投资性房地产计提折旧或进行摊销，应当以资产负债表日投资性房地产的公允价值计量。

与交易性金融资产的账务处理类似，投资性房地产在公允价值模式计量下，除设置“成本”明细科目外，还应设置“公允价值变动”明细科目，以反映公允价值变动对投资性房地产的影响。资产负债表日，投资性房地产的公允价值高于其账面余额的差额，调增投资性房地产的账面价值，借记“投资性房地产——公允价值变动”科目，同时公允价值变动计入当期损益，贷记“公允价值变动损益”科目；投资性房地产公允价值低于其账面余额的差额编制相反的会计分录。

【例5-5】 2016年9月，甲房地产开发企业与乙公司签订租赁协议，约定将甲公司新建造的一栋写字楼租赁给乙公司使用，租赁期为2年。2016年12月1日该写字楼开始出租，写字楼的工程造价为8 000万元，公允价值也为相同金额。该写字楼所在区域有活跃的房地产交易市场，而且能够从房地产交易市场上取得同类房地产的市场报价，甲公司决定采用公允价值模式对该项出租的房地产进行后续计量。

在确定该投资性房地产的公允价值时，甲公司选取了该房地产所处地区相近、结构及用途相同的房地产，参照公司所在地房地产交易市场上平均销售价格，结合周边市场信息和自有房地产的特点。2016年12月31日，该写字楼的公允价值为8 400万元。

（1）2016年12月1日，出租写字楼：

借：投资性房地产——成本　　80 000 000

　贷：开发成本　　80 000 000

（2）2016年12月31日，按照公允价值计量：

借：投资性房地产——公允价值变动　　4 000 000

　贷：公允价值变动损益　　4 000 000

三、投资性房地产后续计量模式的变更

同一企业只能采用一种模式对所有投资性房地产进行后续计量，不得同时采用两种计量模式。企业对投资性房地产的计量模式一经确定，不得随意变更。只有在房地产市场比较成熟、能够满足采用公允价值模式条件的情况下，才允许企业对投资性房地产从成本模式计量变更为公允价值模式计量。

成本模式转为公允价值模式的，应当作为会计政策变更处理，并按计量模式变更时公允价值与账面价值的差额调整期初留存收益。已采用公允价值模式计量的投资性房地产，不得从公允价值模式转为成本模式。

【例5-6】海亮公司有两项投资性房地产，一栋写字楼和一项土地使用权对外出租，采用成本模式进行后续计量。2016年2月1日，假设甲企业持有的投资性房地产满足采用公允价值模式条件，海亮公司决定采用公允价值模式进行后续计量。2016年2月1日，该写字楼的原价为10 000万元，已计提折旧3 000万元，账面价值为7 000万元，公允价值为8 000万元。土地使用权的成本为2 000万元，累计摊销为100万元，公允价值为2 100万元。公司按净利润的10%计提盈余公积。假定除上述对外出租的写字楼外，海亮公司无其他投资性房地产。

写字楼、土地使用权转为公允价值模式计量的账务处理：

借：投资性房地产——写字楼（成本）　　80 000 000

　　投资性房地产累计折旧　　30 000 000

　贷：投资性房地产——写字楼　　100 000 000

　　　利润分配——未分配利润　　9 000 000

　　　盈余公积　　1 000 000

借：投资性房地产——土地使用权（成本）　　21 000 000

　　投资性房地产累计摊销　　1 000 000

　贷：投资性房地产——土地使用权　　20 000 000

　　　利润分配——未分配利润　　1 800 000

　　　盈余公积　　200 000

四、与投资性房地产有关的后续支出

（1）投资性房地产后续支出的处理原则。投资性房地产有关的后续支出，指的是已确认为投资性房地产的项目在持有期间发生的与投资性房地产使用效能直接相关的各种支出，如改建扩建支出、装潢装修支出、日常维修支出等。

投资性房地产后续支出与固定资产有关的后续支出的处理原则类似，一般来说，如果后续支出延长投资性房地产的使用寿命或明显改良了投资性房地产的使用效能，从而导致流入企业经济利益超过预期，能满足投资性房地产确认条件的，应当计入投资性房地产成本。例如，企业为了提高投资性房地产的使用效能，往往需要对投资性房地产进行改建、扩建而使其更加坚固耐用，或者通过装修而改善其室内装潢，改扩建或装修支出一般都能满足确认条件的，应当将其资本化。

如果后续支出只是维护或恢复投资性房地产原有的使用效能，流入企业的经济利益不会超过原先的估计，这样的支出不满足投资性房地产的确认条件，应当在发生时计入当期损益。例如，企业为了保持投资性房地产的正常使用效能而对其进行日常维护和修理的支出，应当将其费用化，计入当期损益。

（2）资本化的后续支出。与投资性房地产有关的后续支出，满足投资性房地产确认条件的，应当计入投资性房地产的成本：①将改扩建的投资性房地产的账面价值转入“投资性房地产——在建”明细科目；②在建期间不计提折旧或摊销，采用公允价值后续计量模式的，在建期间不考虑公允价值的变动；③改扩建工程或装修完工时，将“投资性房地产——在建”明细科目的账面余额转入“投资性房地产”科目。

【例5-7】 2016年3月，海亮公司与乙公司的一项写字楼经营租赁合同即将到期，该写字楼按照成本模式进行后续计量，为了提高写字楼的租金收入，海亮公司决定在租赁期满后对写字楼进行改扩建，并与丙公司签订了经营租赁合同，约定自改扩建完工时将写字楼出租给丙公司。3月31日，与乙公司的租赁合同到期，写字楼随即进入改扩建工程，写字楼原价为10 000万元，已计提折旧2 000万元。12月15日，写字楼改扩建工程完工，共发生支出3 000万元，即日按照租赁合同出租给丙公司。改扩建支出属于资本化的后续支出。

海亮公司的账务处理如下：

（1）2016年3月31日，投资性房地产转入改扩建工程：

借：投资性房地产——在建　　80 000 000
　　投资性房地产累计折旧　　20 000 000
　贷：投资性房地产——写字楼　　100 000 000

（2）2016年改扩建工程发生支出：

借：投资性房地产——在建　　30 000 000
　贷：银行存款　　30 000 000

（3）2016年12月15日，改扩建工程完工：

借：投资性房地产——写字楼　　110 000 000
　贷：投资性房地产——在建　　110 000 000

【例5-8】 2016年3月，海亮公司与乙公司的一项写字楼经营租赁合同即将到期，该写字楼按照公允价值模式进行后续计量，为了提高写字楼的租金收入，海亮公司决定在租赁期满后对写字楼进行改扩建，并与丙公司签订了经营租赁合同，约定自改扩建完工时将写字楼出租给丙公司。3月31日，与乙公司的租赁合同到期，写字楼随即进入改扩建工程，当日“投资性房地产——成本”科目的余额为10 000万元，“投资性房地产——公允价值变动”科目借方余额为2 000万元。12月10日，写字楼改扩建工程完工，共发生支出5 000万元，即日按照租赁合同出租给丙公司。改扩建支出属于资本化的后续支出。

海亮公司的账务处理如下：

（1）2016年3月31日，投资性房地产转入改扩建工程：

借：投资性房地产——在建　　120 000 000

　贷：投资性房地产——成本　　100 000 000

　　　　　　　　——公允价值变动　　20 000 000

（2）2016年改扩建工程发生支出：

借：投资性房地产——在建　　50 000 000

　贷：银行存款等　　50 000 000

（3）2016年12月10日，改扩建工程完工：

借：投资性房地产——成本　　170 000 000

　贷：投资性房地产——在建　　170 000 000

（3）费用化的后续支出。与投资性房地产有关的后续支出，不满足投资性房地产确认条件的，应当在发生时计入当期损益。企业在发生投资性房地产费用化的后续支出时，借记“其他业务成本”等科目，贷记“银行存款”等科目。

【例5-9】海亮公司对其一项投资性房地产进行日常维修，发生维修支出30 000元。

海亮公司的账务处理如下：

借：其他业务成本　　30 000

　贷：银行存款等　　30 000

● 任务4　投资性房地产转换的核算

一、房地产的转换形式及转换日

房地产的转换是指房地产用途的变更。企业有确凿证据表明房地产用途发生改变，满足下列条件之一的，应当将投资性房地产转换为其他资产或者将其他资产转换为投资性房地产：

（1）投资性房地产开始自用。在此种情况下，转换日为房地产达到自用状态，企业开始将其用于生产商品、提供劳务或者经营管理的日期。

（2）作为存货的房地产改为出租。在此种情况下，转换日为房地产的租赁期开始日。租赁期开始日，是指承租人有权行使其使用租赁资产权利的日期。

（3）自用建筑物停止自用改为出租。在此种情况下，转换日为租赁期开始日。

（4）自用土地使用权停止自用，改用于赚取租金或资本增值。在此种情况下，转换日为自用土地使用权停止自用后，确定用于赚取租金或资本增值的日期。

（5）房地产企业将用于经营出租的房地产重新开发用于对外销售，从投资性房地产转为存货。在这种情况下，转换日为租赁期满，企业董事会或类似机构作出书面决议明确表明将其重新开发用于对外销售的日期。

以上所指确凿证据包括两个方面：一是企业董事会或类似机构应当就改变房地产用途形成正式的书面决议；二是房地产因用途改变而发生实际状态上的改变，如从自用状态改为出租状态。

二、房地产转换的账务处理

（一）成本模式下的转换

1.投资性房地产转换为自用房地产

企业将采用成本模式计量的投资性房地产转换为自用房地产时，应当按该项投资性房地产在转换日的账面余额、累计折旧、减值准备等，分别转入“固定资产”“累计折旧”“固定资产减值准备”等科目。其账务处理如下：

按其账面余额，借记“固定资产”或“无形资产”科目，贷记“投资性房地产”科目；按已计提的折旧或摊销，借记“投资性房地产累计折旧（摊销）”科目，贷记“累计折旧”或“累计摊销”科目；原已计提减值准备的，借记“投资性房地产减值准备”科目，贷记“固定资产减值准备”或“无形资产减值准备”科目。

【例5-10】2016年8月31日，租赁期满，甲公司将出租在外的厂房收回，公司董事会就将该厂房用于本公司生产产品形成了书面决议，2016年9月1日开始用于本公司生产产品。该项房地产在转换前采用成本模式计量，截至2016年8月31日，账面价值为37 000 000元，其中，原价50 000 000元，累计已提折旧13 000 000元。

2016年9月1日，甲公司的账务处理如下：

借：固定资产——厂房	50 000 000	
投资性房地产累计折旧	13 000 000	
贷：投资性房地产——厂房		50 000 000
累计折旧——厂房		13 000 000

2.投资性房地产转换为存货

企业将采用成本模式计量的投资性房地产转换为存货时，应当按照该项房地产在转换日的账面价值，借记“开发产品”科目；按照已计提的折旧或摊销，借记“投资性房地产累计折旧（摊销）”科目；原已计提减值准备的，借记“投资性房地产减值准备”科目；按其账面余额，贷记“投资性房地产”科目。

3.自用房地产转换为投资性房地产

企业将自用土地使用权或建筑物转换为采用成本模式计量的投资性房地产时，应当将该项建筑物或土地使用权在转换日的原价、累计折旧、减值准备等，分别转入“投资性房地产”“投资性房地产累计折旧（摊销）”“投资性房地产减值准备”科目。其账务处理为：

按其账面余额，借记“投资性房地产”科目，贷记“固定资产”或“无形资产”科目；按已计提的折旧或摊销，借记“累计折旧”或“累计摊销”科目，贷记“投资性房地产累计折旧（摊销）”科目；原已计提减值准备的，借记“固定资产减值准备”或“无形资产减值准备”科目，贷记“投资性房地产减值准备”科目。

【例5-11】甲公司拥有一栋本公司总部办公使用的办公楼，公司董事会就将该栋办公楼用于出租形成了书面决议。2016年4月10日，甲公司与乙公司签订了经营租赁协议，将这栋办公楼整体出租给乙公司使用，租赁期开始日为2016年5月1日，租期为5年。

租赁期开始日该栋办公楼的账面余额为600 000 000元，已计提折旧6 000 000元。假设甲公司所在城市不存在活跃的房地产交易市场。

2016年5月1日，甲公司的账务处理如下：

借：投资性房地产——办公楼　　600 000 000
　　累计折旧　　6 000 000
　贷：固定资产——办公楼　　600 000 000
　　　投资性房地产累计折旧　　6 000 000

4.作为存货的房地产转换为投资性房地产

企业将作为存货的房地产转换为采用成本模式计量的投资性房地产时，应当按该项存货在转换日的账面价值，借记“投资性房地产”科目；原已计提跌价准备的，借记“存货跌价准备”；按其账面余额，贷记“开发产品”等科目。

【例5-12】甲公司是从事房地产开发的企业，2016年4月10日，甲公司董事会就将其开发的一栋写字楼不再出售改用作出租形成了书面决议。甲公司遂与乙公司签订了租赁协议，将此写字楼整体出租给乙公司使用，租赁期开始日为2016年5月1日，租赁期为5年。2016年5月1日，该写字楼的账面余额为300 000 000元，未计提存货跌价准备，转换后采用成本模式进行后续计量。

2016年5月1日，甲公司的账务处理如下：

借：投资性房地产——写字楼　　300 000 000
　贷：开发产品　　300 000 000

（二）公允价值模式下的转换

1.投资性房地产转换为自用房地产

企业将采用公允价值模式计量的投资性房地产转换为自用房地产时，应当以其转换当日的公允价值作为自用房地产的账面价值，公允价值与原账面价值的差额计入当期损益。转换日，按该项投资性房地产的公允价值，借记“固定资产”或“无形资产”科目；按该项投资性房地产的成本，贷记“投资性房地产——成本”科目；按该项投资性房地产的累计公允价值变动，贷记或借记“投资性房地产——公允价值变动”科目；按其差额，贷记或借记“公允价值变动损益”科目。

【例5-13】2016年11月1日，租赁期满，华新公司将出租的写字楼收回，公司董事会就将该写字楼作为办公楼用于本公司的行政管理形成了书面决议。2016年11月1日，该写字楼正式开始自用，相应由投资性房地产转换为自用房地产，当日的公允价值为71 000 000元。该项房地产在转换前采用公允价值模式计量，原账面价值为70 000 000元，其中，成本为66 000 000元，公允价值变动为增值4 000 000元。

2016年11月1日，华新公司的账务处理如下：

借：固定资产——写字楼　　71 000 000
　贷：投资性房地产——写字楼（成本）　　66 000 000
　　　　　　　　　——写字楼（公允价值变动）　　4 000 000
　　　公允价值变动损益——投资性房地产　　1 000 000

2.投资性房地产转换为存货

企业将采用公允价值模式计量的投资性房地产转换为存货时，应当以其转换当日的公允价值作为存货的账面价值，公允价值与原账面价值的差额计入当期损益。

转换日，按该项投资性房地产的公允价值，借记“开发产品”等科目；按该项投资性房地产的成本，贷记“投资性房地产——成本”科目；按该项投资性房地产的累计公允价值变动，贷记或借记“投资性房地产——公允价值变动”科目；按其差额，贷记或借记“公允价值变动损益”科目。

3.自用房地产转换为投资性房地产

企业将自用土地使用权或建筑物转换为采用公允价值模式计量的投资性房地产时，应当按该项土地使用权或建筑物在转换日的公允价值，借记“投资性房地产——成本”科目；按已计提的累计摊销或累计折旧，借记“累计摊销”或“累计折旧”科目；原已计提减值准备的，借记“无形资产减值准备”或“固定资产减值准备”科目；按其账面余额，贷记“无形资产”或“固定资产”科目。

同时，转换日的公允价值小于账面价值的，按其差额，借记“公允价值变动损益”科目；转换日的公允价值大于账面价值的，按其差额，贷记“其他综合收益”科目。待该项投资性房地产处置时，因转换记入“其他综合收益”科目的部分应转入当期损益。

【例5-14】2015年8月，甲公司打算搬迁至新建办公楼，由于原办公楼处于商业繁华地段，甲公司准备将其出租，以赚取租金收入，已经公司董事会批准形成书面决议。2015年12月底，甲公司完成了搬迁工作，原办公楼停止自用。2016年1月1日，甲公司与乙公司签订了租赁协议，租赁期为3年。

在该例中，甲公司应当于租赁期开始日（2016年1月1日），将自用房地产转换为投资性房地产。该办公楼所在地房地产交易活跃，公司能够从市场上取得同类或类似房地产的市场价格及其他相关信息，假设甲公司对出租的该办公楼采用公允价值模式计量。假设2016年1月1日，该办公楼的公允价值为390 000 000元，其原价为650 000 000元，已提折旧250 000 000元。

2016年1月1日，甲公司的账务处理如下：

借：投资性房地产——办公楼（成本）	390 000 000	
公允价值变动损益——投资性房地产	10 000 000	
累计折旧	250 000 000	
贷：固定资产		650 000 000

4.作为存货的房地产转换为投资性房地产

企业将作为存货的房地产转换为采用公允价值模式计量的投资性房地产时，应当按该项房地产在转换日的公允价值，借记“投资性房地产——成本”科目；原已计提跌价准备的，借记“存货跌价准备”科目；按其账面余额，贷记“开发产品”等科目。

同时，转换日的公允价值小于账面价值的，按其差额，借记“公允价值变动损益”科目；转换日的公允价值大于账面价值的，按其差额，贷记“其他综合收益”科目。待该项投资性房地产处置时，因转换记入“其他综合收益”科目的部分应转入当期损益。

【例5-15】2016年4月15日，华新房地产开发公司董事会形成书面决议，将其开发的一栋写字楼用于出租。华新公司遂与乙公司签订了租赁协议，租赁期开始日为2016年5月1日，租赁期为5年。2016年5月1日，该写字楼的账面余额为50 000 000元，公允价值为52 000 000元。

2016年5月1日，华新公司的账务处理如下：

借：投资性房地产——写字楼（成本）　　52 000 000

　贷：开发产品　　50 000 000

　　其他综合收益　　2 000 000

公允价值模式下投资性房地产转换的账务处理流程如图5-1所示。

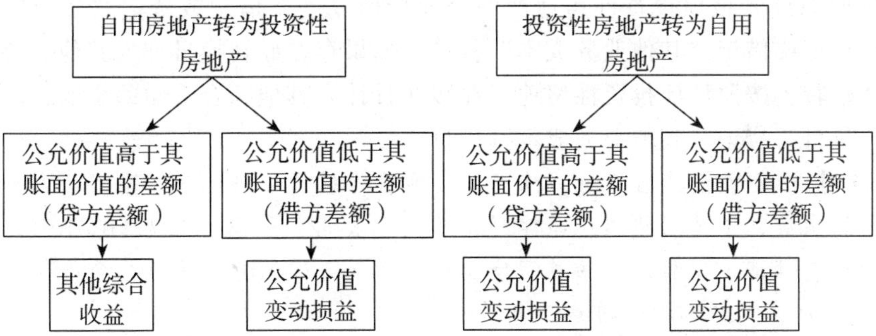

图5-1　公允价值模式下投资性房地产转换的账务处理流程

● 任务5　投资性房地产处置的核算

当投资性房地产被处置，或者永久退出使用且预计不能从其处置中取得经济利益时，应当终止确认该项投资性房地产。企业出售、转让、报废投资性房地产或者发生投资性房地产毁损，应当将处置收入扣除其账面价值和相关税费后的金额计入当期损益。此外，企业因其他原因，如非货币性资产交换等而减少投资性房地产，也属于投资性房地产的处置。

一、成本模式计量的投资性房地产的处置

处置采用成本模式计量的投资性房地产时，应当按实际收到的金额，借记“银行存款”等科目，贷记“其他业务收入”科目；按该项投资性房地产的账面价值，借记“其他业务成本”科目；按其账面余额，贷记“投资性房地产”科目；按照已计提的折旧或摊销，借记“投资性房地产累计折旧（摊销）”科目；原已计提减值准备的，借记“投资性房地产减值准备”科目。

【例5-16】华新公司将其出租的一栋写字楼确认为投资性房地产。租赁期届满后，华新公司将该栋写字楼出售给乙公司，合同价款为30 000 000元，乙公司已用银行存款付清。假设这栋写字楼原采用成本模式计量。出售时，该栋写字楼的成本为28 000 000元，已计提折旧4 000 000元，不考虑相关税费。

华新公司的账务处理如下：

借：银行存款　　30 000 000

　贷：其他业务收入　　30 000 000

借：其他业务成本　　24 000 000

　　投资性房地产累计折旧　　4 000 000

　贷：投资性房地产——写字楼　　28 000 000

二、公允价值模式计量的投资性房地产的处置

处置采用公允价值模式计量的投资性房地产时，应当按实际收到的金额，借记“银行存款”等科目，贷记“其他业务收入”科目；按该项投资性房地产的账面余额，借记“其他业务成本”科目；按其成本，贷记“投资性房地产——成本”科目；按其累计公允价值变动，贷记或借记“投资性房地产——公允价值变动”科目。

同时按照原计入该项投资性房地产的公允价值变动，借记或贷记“公允价值变动损益”科目，贷记或借记“其他业务成本”科目。如果存在原转换日计入其他综合收益的金额，也一并结转。按照该项投资性房地产在转换日计入其他综合收益的金额，借记“其他综合收益”科目，贷记“其他业务成本”科目。

【例5-17】甲公司将其出租的一栋写字楼确认为投资性房地产，采用公允价值模式计量。租赁期届满后，甲公司将该栋写字楼出售给乙公司，合同价款为16 000万元，乙公司已用银行存款付清。出售时，该栋写字楼的成本为13 000万元，公允价值变动为借方余额2 000万元。假定不考虑相关税费。

甲公司账务处理如下：

（1）收取处置收入：

借：银行存款　　160 000 000

　贷：其他业务收入　　160 000 000

（2）结转处置成本：

借：其他业务成本　　150 000 000

　贷：投资性房地产——写字楼（成本）　　130 000 000

　　　　　　　　——写字楼（公允价值变动）　　20 000 000

（3）结转投资性房地产累计公允价值变动：

借：公允价值变动损益　　20 000 000

　贷：其他业务成本　　20 000 000

[案例分析]

案例资料和要求见本章［案例导入］，具体账务处理如下：

（1）2013年1月1日：

借：投资性房地产——成本　　70 000 000

　贷：银行存款　　70 000 000

（2）2013年12月31日：

借：银行存款　　3 000 000

　贷：其他业务收入　　3 000 000

借：投资性房地产——公允价值变动　　3 000 000

　贷：公允价值变动损益　　3 000 000

（3）2014年12月31日：

借：银行存款　　3 000 000

　贷：其他业务收入　　3 000 000

借：投资性房地产——公允价值变动 2 000 000
　贷：公允价值变动损益 2 000 000

（4）2015年12月31日：

借：银行存款 3 000 000
　贷：其他业务收入 3 000 000
借：投资性房地产——公允价值变动 1 000 000
　贷：公允价值变动损益 1 000 000

（5）2016年1月10日：

借：银行存款 78 000 000
　贷：其他业务收入 78 000 000
借：其他业务成本 76 000 000
　贷：投资性房地产——成本 70 000 000
　　　　　　　　——公允价值变动 6 000 000
借：公允价值变动损益 6 000 000
　贷：其他业务成本 6 000 000

[项目小结]

本项目主要介绍了投资性房地产的概念、范围及特点；投资性房地产的确认条件；投资性房地产初始计量的账务处理；投资性房地产后续计量的账务处理；投资性房地产成本模式、公允价值模式及其转换以及投资性房地产处置的账务处理。

[习题与实训]

一、单项选择题

1.A公司2016年3月20日外购一幢建筑物。该建筑物的买价（含税）为800万元，预计使用年限为10年，净残值为80万元，款项以银行存款支付。该建筑物购买后立即用于出租，租期3年，租金总额300万元。2016年应收取的租金为75万元。A公司对投资性房地产采用公允价值模式进行后续计量。2016年12月31日，该建筑物的公允价值为830万元。不考虑其他因素，则该项投资性房地产对2016年度损益的影响金额为（　　）万元。

A.105　　B.56　　C.21　　D.75

2.甲公司为房地产开发企业，现有存货商品房一栋，实际开发成本为9 000万元，2016年3月31日，甲公司将该商品房以经营租赁方式提供给乙公司使用，租赁期为10年。甲公司对该商品房采用成本模式进行后续计量并按年限平均法计提折旧，预计使用寿命为50年，预计净残值为零。假定不考虑其他因素，下列关于甲公司2016年12月31日资产负债表项目列报正确的是（　　）。

A.存货为9 000万元　　B.固定资产为8 865万元
C.投资性房地产为8 820万元　　D.投资性房地产为8 865万元

3.2016年1月1日，甲公司购入一幢建筑物用于出租，取得发票上注明的价款为100

万元，款项以银行存款支付。购入该建筑物发生的谈判费用为0.2万元，差旅费为0.3万元，发生相关税费10万元。该投资性房地产的入账价值为（　　）万元。

A.100　　B.110　　C.100.5　　D.110.5

4.甲企业2015年1月1日外购一建筑物，取得发票上注明的价款为300万元，该建筑用于出租，年租金20万元，每年年初收取。该企业采用公允价值模式对其进行后续计量。2015年12月31日该建筑物的公允价值为420万元。2016年1月1日，甲企业因变更经营方式出售该建筑物，售价510万元，不考虑相关税费的影响，2016年影响损益的金额是（　　）万元。

A.210　　B.-90　　C.100　　D.90

二、多项选择题

1.根据《企业会计准则第3号——投资性房地产》，下列项目属于投资性房地产的有（　　）。

A.已出租的建筑物　　B.持有并准备增值后转让的空置建筑物

C.已出租的土地使用权　　D.持有并准备增值后转让的闲置土地使用权

2.企业将自用房地产转换为采用成本模式计量的投资性房地产，下列说法中正确的有（　　）。

A.自用的房地产转换为采用成本模式计量的投资性房地产，转换日投资性房地产按照公允价值入账

B.自用的房地产转换为采用成本模式计量的投资性房地产，转换日自用房地产存在折旧或摊销的，要转入投资性房地产累计折旧（摊销）

C.自用的房地产转换为采用成本模式计量的投资性房地产，转换日自用房地产存在减值准备的，要转入投资性房地产减值准备

D.自用的房地产转换为采用成本模式计量的投资性房地产，转换日“投资性房地产”科目按照自用房地产的原值入账

3.下列各项中，影响企业当期损益的有（　　）。

A.采用公允价值模式计量的投资性房地产，资产负债表日的公允价值变动

B.可供出售金融资产期末公允价值低于账面价值

C.交易性金融资产期末公允价值低于账面价值

D.将自用的土地使用权转换为采用公允价值模式计量的投资性房地产，转换日公允价值低于账面价值

4.下列各项中，不影响资本公积的有（　　）。

A.企业将自用的土地使用权停止自用转换为采用公允价值模式计量的投资性房地产，转换日公允价值大于账面价值

B.存货跌价准备的转回

C.交易性金融资产期末公允价值低于账面价值

D.存在减值迹象的长期股权投资，减值迹象消失，期末公允价值高于账面价值，转回计提的减值损失，通过损益科目转回

5.下列说中正确的有（　　）。

A.投资性房地产企业拥有的空置建筑物作为投资性房地产核算

B.企业将空置建筑物用于出租，转换日为租赁期开始日

C.自用的房地产转换为采用公允价值模式计量的投资性房地产，转换日投资性房地产的公允价值小于其账面价值的差额计入当期损益

D.自用的房地产转换为采用公允价值模式计量的投资性房地产，转换日投资性房地产的公允价值大于其账面价值的差额计入资本公积

三、判断题

1.投资性房地产采用公允价值模式进行后续计量的，应按资产负债表日该资产的公允价值调整其账面价值。（　）

2.企业将自用房地产转换为采用公允价值模式计量的投资性房地产，转换日公允价值大于账面价值的差额计入资本公积。（　）

3.企业将自用房地产转换为采用公允价值模式计量的投资性房地产，转换日公允价值大于账面价值的差额计入当期损益。（　）

4.企业将自用房地产转换为采用成本模式计量的投资性房地产，“投资性房地产”科目按照转换前的自用房地产的原值入账。（　）

5.采用公允价值模式计量的投资性房地产处置时，若在转换日存在资本公积的，资本公积要转入投资收益。（　）

四、实训题

【实训题一】

资料：正太公司2014年1月1日外购一栋建筑物，购买价款为1 000万元，该建筑物用于出租，作为投资性房地产核算。年租金为40万元，每年年初收取。该公司采用公允价值模式对其进行后续计量。2014年12月31日，该建筑物的公允价值为1 040万元；2015年12月31日，该建筑物的公允价值为1 020万元；2016年1月1日，该公司出售该建筑物，取得出售价款1 060万元。不考虑相关税费。

要求：（“投资性房地产”科目要写出明细科目，全额单位用万元表示）

（1）根据上述资料编制相关会计分录；

（2）计算该投资性房地产的处置损益。

【实训题二】

资料：甲公司为一般纳税人企业，适用的增值税税率为17%，假定不考虑其他相关税费的影响。

2013—2016年发生相关业务如下：

（1）2013年11月10日甲公司与丁公司签订协议，将建造完工的办公楼出租给丁公司，租期为3年，每年租金为6万元，于租赁各年年末收取，2014年1月1日为租赁期开始日，2016年12月31日到期。2014年1月1日，该投资性房地产的成本为12万元。甲公司对该投资性房地产采用公允价值模式计量。

（2）2014年1月1日，为购建一套需要安装的生产线A向建设银行专门借入资金50万元，并存入银行。该借款期限为3年，年利率为9.6%，分期付息，到期支付本金和最后一期利息，不计复利，合同利率与实际利率一致。

（3）2014年1月1日，用上述借款购入待安装的生产线A。增值税专用发票上注明的买价为40万元、增值税为6.8万元。另支付保险费及其他杂项费用3.2万元。该生产线交

付本公司安装部门安装。

（4）安装该生产线时，领用本公司产品一批。该批产品实际成本为4万元，税务部门核定的计税价格为8万元。

（5）安装过程中发生的安装工程人员工资为1.8万元。用银行存款支付其他安装费用1.64万元。

（6）2014年12月31日，安装工程结束，并随即投入使用。生产线A预计使用年限为5年，采用双倍余额递减法计提折旧（预计净残值率为5%）。

（7）2014年12月31日，上述投资性房地产的公允价值为13万元。

（8）2015年12月31日，上述投资性房地产的公允价值为13.5万元。

（9）2016年12月31日，甲公司将生产线A出售，出售时用银行存款支付清理费用3万元。出售所得款项50万元全部存入银行，于当日清理完毕（不考虑其他相关税费）。

（10）2016年12月31日，租赁协议到期，甲公司与丁公司达成协议，将办公楼出售给丁公司，价款为14万元，款项已收存银行。

其他资料：假定固定资产按年计提折旧，借款利息每年年末计提。

要求：编制以下业务的会计分录。（答案中的金额单位用万元表示）

（1）2014年12月31日收到租金时。

（2）甲公司2014年度借款、购建生产线A及年末计提利息时。

（3）2014年12月31日，投资性房地产公允价值变动时。

（4）2015年12月31日，投资性房地产公允价值变动时。

（5）甲公司2015年度计提折旧和利息时。

（6）甲公司2016年度计提折旧及出售该生产线时。

（7）2016年12月31日，处置投资性房地产时。

项目六

金融资产的核算

[知识目标]

熟悉交易性金融资产、可供出售金融资产和持有至到期投资在计量上的区别；掌握交易性金融资产、可供出售金融资产和持有至到期投资的核算。

[技能目标]

能根据交易性金融资产、可供出售金融资产和持有至到期投资业务的原始凭证准确填制记账凭证。

[案例导入]

资料：2015年5月，达昌公司以240万元购入甲公司股票30万股作为交易性金融资产管理，另支付手续费5万元。2015年6月30日，该股票每股市价为7.5元；2015年8月10日，甲公司宣告分派现金股利，每股0.2元；8月20日，达昌公司收到分派的现金股利。至2015年12月31日，达昌公司仍持有该交易性金融资产，期末每股市价为8.5元。2016年1月5日，以250万元出售该交易性金融资产，扣除手续费1万元后，实际收到款项249万元存入银行。假定达昌公司每年6月30日和12月31日对外提供财务报告。

要求：根据上述资料编制达昌公司交易性金融资产业务的会计分录。

● 任务1　金融资产认知

一、金融资产的定义和种类

金融资产是投资者为实现资产增值而持有的金融工具，主要包括库存现金、银行存款、应收账款、应收票据、其他应收款、股权投资、债权投资和衍生金融工具等形成的资产。

我国《企业会计准则第22号——金融工具确认和计量》规定，金融资产应当在初始确认时划分为下列四类：①以公允价值计量且其变动计入当期损益的金融资产，包括交易性金融资产和指定为以公允价值计量且其变动计入当期损益的金融资产；②持有至到期投资；③贷款和应收款项；④可供出售金融资产。

金融资产分类与金融资产计量密切相关。不同类别的金融资产，其初始计量和后续计量采用的基础也不完全相同。因此，上述分类一经确定，不得随意变更。

（一）以公允价值计量且其变动计入当期损益的金融资产

以公允价值计量且其变动计入当期损益的金融资产，可以进一步分为交易性金融资产和直接指定为以公允价值计量且其变动计入当期损益的金融资产。

1.交易性金融资产

交易性金融资产，是指企业为了近期内出售而持有的金融资产，指定为以公允价值计量且其变动计入当期损益的金融资产也视同交易性金融资产。满足以下条件之一的金融资产，应当划分为交易性金融资产：

（1）取得该金融资产的目的主要是为了近期内出售。例如，企业以赚取差价为目的从二级市场购入的股票、债券和基金等。

（2）属于进行集中管理的可辨认金融工具组合的一部分，且有客观证据表明企业近期采用短期获利方式对该组合进行管理。

（3）属于衍生工具。如国债期货、远期合同、股指期货等，其公允价值变动大于零时，应将其相关变动金额确认为交易性金融资产，同时计入当期损益。但是，被指定且为有效套期工具的衍生金融工具、属于财务担保合同的衍生金融工具、与在活跃市场中没有报价且其公允价值不能可靠计量的权益工具投资挂钩并须通过交付该权益工具结算的衍生金融工具除外。

2.直接指定为以公允价值计量且其变动计入当期损益的金融资产

企业不能随意将某项金融资产直接指定为以公允价值计量且其变动计入当期损益的金融资产。只有满足下列条件之一时，企业才能将某项金融资产直接指定为以公允价值计量且其变动计入当期损益的金融资产：

（1）该指定可以消除或明显减少由于该金融资产的计量基础不同而导致的相关利得或损失在确认和计量方面不一致的情况。

（2）企业的风险管理或投资策略的正式书面文件已载明，该金融资产组合等以公允价值为基础进行管理、评价并向关键管理人员报告。

在活跃市场中没有报价、公允价值不能可靠计量的权益工具投资，不得指定为以公允价值计量且其变动计入当期损益的金融资产。

（二）持有至到期投资

持有至到期投资是指到期日固定、回收金额固定或可确定的，且企业有明确意图和能力持有至到期的非衍生金融资产，即持有至到期的债券投资。

到期日固定、回收金额固定或可确定，是指相关合同明确了投资者在确定的期间内获得或应收取现金流量的金额和时间。如某债券投资，其到期日是确定的，在到期时应收取的本金和投资利息是固定的。

有明确意图持有至到期，是指投资者在取得投资时意图就是明确的，除非遇到一些企业所不能控制的、预期不会重复发生且难以合理预计的独立事件，否则将持有至到期。

有能力持有至到期，是指企业有足够的财务资源，并不受外部因素的影响将投资持有至到期。

企业应当于每个资产负债表日对持有至到期投资的意图和能力进行评价。发生变化的，应当将其重分类为可供出售金融资产进行处理。

（三）贷款和应收款项

贷款和应收款项，是指在活跃市场中没有报价、回收金额固定或可确定的非衍生金融资产。企业不应当将下列非衍生金融资产划分为贷款和应收款项：

（1）准备立即出售或在近期出售的非衍生金融资产，这类非衍生金融资产应划分为交易性金融资产。

（2）初始确认时被指定为以公允价值计量且其变动计入当期损益的非衍生金融资产。

（3）初始确认时被指定为可供出售的非衍生金融资产。

（4）因债务人信用恶化以外的原因，使持有方可能难以收回几乎所有初始投资的非衍生金融资产。例如，企业所持有的证券投资基金或类似的基金等。

（四）可供出售金融资产

可供出售金融资产，是指初始确认时即被指定为可供出售的非衍生金融资产，以及没有划分为持有至到期投资、贷款和应收款项、以公允价值计量且其变动计入当期损益的金融资产的金融资产。

通常情况下，划分为此类的金融资产应当在活跃市场上有报价，因此，企业从二级市场上购入的有报价的股票、债券、基金等，没有划分为以公允价值计量且其变动计入当期损益的金融资产或持有至到期投资等金融资产的，可以划分为可供出售金融资产。

二、不同类金融资产之间的重分类

企业在金融资产初始确认时对其进行分类后，不得随意变更，具体应按如下规定处理：

（1）企业在初始确认时将某金融资产划分为以公允价值计量且其变动计入当期损益的金融资产后，不能重分类为其他类金融资产；其他类金融资产也不能重分类为以公允价值计量且其变动计入当期损益的金融资产。

（2）持有至到期投资、贷款和应收款项、可供出售金融资产等三类金融资产之间，也不得随意重分类。

（3）企业因持有意图或能力的改变，使某项投资不再适合划分为持有至到期投资的，应当将其重分类为可供出售金融资产。

企业持有至到期投资在到期前处置或重分类，通常表明其违背了将投资持有至到期的最初意图。如果处置或重分类为其他类金融资产的金额相对于该类投资（即企业全部持有至到期投资）在出售或重分类前的总额较大，则企业在处置或重分类后应立即将其剩余的持有至到期投资（即全部持有至到期投资扣除已处置或重分类的部分）重分类为可供出售金融资产。

【提示】本项目所指的金融资产仅指除贷款和应收款项外的其他三类金融资产。

三、金融资产的计量

（一）金融资产的初始计量

企业初始确认金融资产时，应当按照公允价值计量。对于以公允价值计量且其变动计入当期损益的金融资产或金融负债，相关交易费用应当直接计入当期损益；对于其他类别的金融资产，相关交易费用应当计入初始确认金额。其中，金融资产的公允价值，应当以市场交易价格为基础确定。

交易费用，是指可直接归属于购买、发行或处置金融工具新增的外部费用。新增的外部费用，是指企业不购买、发行或处置金融工具就不会发生的费用，包括支付给代理机构、咨询公司、券商等的手续费和佣金及其他必要支出，不包括债券溢价、折价、融资费用、内部管理成本及其他不直接相关的费用。交易费用构成实际利率的组成部分。

企业取得金融资产所支付的价款中包含的已宣告但尚未发放的债券利息或现金股利，应当单独确认为应收项目进行处理。

（二）金融资产的后续计量

金融资产的后续计量与金融资产的分类密切相关。企业应当按照以下原则对金融资产进行后续计量：

（1）以公允价值计量且其变动计入当期损益的金融资产，应当按照公允价值计量，且不扣除将来处置该金融资产时可能发生的交易费用。

（2）持有至到期投资，应当采用实际利率法，按摊余成本计量。

（3）贷款和应收款项，应当采用实际利率法，按摊余成本计量。

（4）可供出售金融资产，应当按照公允价值计量，且不扣除将来处置该金融资产时可能发生的交易费用。

金融资产的分类见表6-1。

表6-1 **金融资产的分类**

业务		类型
（1）在二级市场购入A公司股票，对被投资企业无控制、无共同控制、无重大影响	准备近期出售	交易性金融资产
	不准备近期出售	可供出售金融资产
	属于限售股权	可供出售金融资产/交易性金融资产
（2）购入B、C、D公司股权	拥有B公司5%的股权，B公司是一家非上市公司，不存在活跃市场的公开报价（年末由于无法获得B公司股份的公开市场报价，可以采用市场乘数法确定其公允价值）	可供出售金融资产
	拥有C公司80%的股权，对被投资单位具有控制权	长期股权投资
	拥有D公司30%的股权，对被投资单位具有共同控制或重大影响	长期股权投资
（3）在二级市场购入E公司的债券	准备近期出售	交易性金融资产
	不准备近期出售但也不准备持有至到期	可供出售金融资产
	准备持有至到期且有充裕的现金	持有至到期投资

● 任务2　交易性金融资产的核算

一、交易性融资产的定义

交易性金融资产是指企业购入并准备近期出售的以公允价值计量且其变动计入当期损益的金融资产。例如企业以赚取差价为目的从二级市场购入的股票、债券、基金等。

二、账户设置

交易性金融资产业务核算应设置的主要账户有：

（1）“交易性金融资产”账户，核算企业以交易目的所持有的交易性金融资产的公允价值。该账户属于资产类账户，借方登记交易性金融资产的取得成本、资产负债表日公允价值增加额；贷方登记资产负债表日公允价值的减少额，以及结转出售交易性金融资产的成本，出售交易性金融资产结转的公允价值变动损益（收益记借方，损失记贷方）；期末余额在借方，反映企业持有的交易性金融资产的公允价值。

该账户应按交易性金融资产的类别和品种，分别设置“成本”“公允价值变动”进行明细核算。

【提示】企业持有的直接指定为以公允价值计量且其变动计入当期损益的金融资产也在该账户核算。

（2）“公允价值变动损益”账户，核算企业交易性金融资产公允价值变动而形成的应计入当期损益的利得或损失。该账户属于损益类账户，贷方登记资产负债表日企业持有的交易性金融资产的公允价值高于账面余额的差额；借方登记资产负债表日企业持有的交易性金融资产的公允价值低于账面余额的差额；期末结转到“本年利润”账户后该账户无余额。

（3）“投资收益”账户，核算企业持有交易性金融资产期间取得的投资收益以及处置交易性金融资产实现的投资收益或投资损失，贷方登记企业出售交易性金融资产实现的投资收益；借方登记企业出售交易性金融资产发生的投资损失。

三、交易性金融资产的账务处理

（1）交易性金融资产的取得。将货币资金存入投资专户时，按实际存入投资专户的金额，借记“其他货币资金——存出投资款”科目，贷记“银行存款”科目。

企业取得交易性金融资产初始计量时，按取得该交易性金融资产时的公允价值，借记“交易性金融资产——成本”科目；按发生的交易费用，借记“投资收益”科目；按已到付息期但尚未领取的债券利息或已宣告但尚未发放的现金股利，借记“应收利息”或“应收股利”科目；按实际支付的金额，贷记“银行存款”等科目。

【提示】交易费用是指可直接归属于购买、发行或处置金融工具新增的外部费用，包括支付给代理机构、咨询公司、券商等的手续费和佣金及其他必要支出。

（2）持有期间取得的现金股利或利息。交易性金融资产持有期间被投资单位宣告发放的现金股利，或在资产负债表日按分期付息、一次还本债券投资的票面利率计算的利息，借记“应收股利”或“应收利息”科目，贷记“投资收益”科目。企业收到现金股利或利息时，借记“银行存款”科目，贷记“应收股利”或“应收利息”科目。

（3）资产负债表日的公允价值变动。资产负债表日，交易性金融资产应当按照公允价值计量，公允价值与账面余额之间的差额计入当期损益。即当交易性金融资产的公允价值增加时，按公允价值增加的金额，借记“交易性金融资产——公允价值变动”科目，贷记“公允价值变动损益”科目；当交易性金融资产的公允价值减少时，按公允价值减少的金额，借记“公允价值变动损益”科目，贷记“交易性金融资产——公允价值变动”科目。

【想一想】

资产负债表日是否对交易性金融资产进行减值测试，计提减值准备？

（4）交易性金融资产的出售。出售交易性金融资产时，应按实际收到的金额，借记“银行存款”科目；按该金融资产的账面余额，贷记“交易性金融资产——成本（或公允价值变动）”科目；按其差额，贷记或借记“投资收益”科目。同时，应将原计入该金融资产的公允价值变动转出，借记“公允价值变动损益”科目，贷记“投资收益”科目，或编制相反的会计分录。

【例6-1】宏远公司2016年发生的有关交易性金融资产的业务资料如下：5月10日，为赚取比银行存款更高的收益将闲置的部分资金以每股3.1元的价格（含已宣告但尚未发放的现金股利0.1元）购入甲公司股票200万股，同时支付手续费6万元。5月30日，收到现金股利20万元。6月30日，甲公司股票市价为每股3.2元。10月8日，以每股3.8元的价格转让甲公司股票100万股，同时支付相关税费3万元，款项以银行存款收付。假定宏远公司每年6月30日和12月31日对外提供财务报告。宏远公司的账务处理如下：

5月10日，购入股票时，编制会计分录：

借：交易性金融资产——甲公司（成本）	6 000 000	
应收股利——甲公司	200 000	
投资收益	60 000	
贷：银行存款		6 260 000

5月30日，收到现金股利时，编制会计分录：

借：银行存款	200 000	
贷：应收股利——甲公司		200 000

6月30日，该股票公允价值为640万元，经查账该交易性金融资产账面余额为600万元，则应确认公允价值变动40万元（640-600），编制会计分录：

借：交易性金融资产——甲公司（公允价值变动）	400 000	
贷：公允价值变动损益		400 000

10月8日，出售股票时，编制会计分录：

借：银行存款	3 770 000	
贷：交易性金融资产——甲公司（成本）		3 000 000
——甲公司（公允价值变动）		200 000
投资收益		570 000
借：公允价值变动损益	200 000	
贷：投资收益		200 000

【提示】部分出售交易性金融资产时，应按比例结转相关成本。

【例6-2】 2015年1月1日，宏远公司从二级市场支付104万元（含已到付息期但尚未领取的利息4万元）购入乙公司发行的企业债券，另发生交易费用2万元。该债券面值为100万元，剩余期限为2年，票面年利率为4%，每年付息一次，宏运公司将其划分为交易性金融资产管理。1月5日，收到乙公司支付的该债券2014年的利息4万元；当年年末计提2015年债券应计利息；12月31日该债券公允价值为110万元（不含利息）。2016年1月5日收到该债券2015年下半年利息；3月31日，宏运公司将该债券出售，取得价款118万元（含第一季度利息1万元）。假定不考虑其他因素，则宏远公司的账务处理如下：

2015年1月1日，购入债券时，编制会计分录：

借：交易性金融资产——乙公司（成本）　1 000 000
　　应收利息——乙公司　40 000
　　投资收益　20 000
　贷：银行存款　1 060 000

2015年1月5日，收到尚未领取的利息时，编制会计分录：

借：银行存款　40 000
　贷：应收利息——乙公司　40 000

2015年12月31日，计提该债券利息，编制会计分录：

借：应收利息——乙公司　40 000
　贷：投资收益　40 000

2015年12月31日，确认债券公允价值变动，编制会计分录：

借：交易性金融资产——乙公司（公允价值变动）　100 000
　贷：公允价值变动损益　100 000

2016年1月5日，收到该债券2015年利息，编制会计分录：

借：银行存款　40 000
　贷：应收利息——乙公司　40 000

2016年3月31日，计提2016年1月至3月的利息：

$100\times4\%\times3\div12=1$（万元）

编制会计分录：

借：应收利息——乙公司　10 000
　贷：投资收益　10 000

2016年3月31日，出售债券，编制会计分录：

借：银行存款　1 180 000
　　公允价值变动损益　100 000
　贷：交易性金融资产——乙公司（成本）　1 000 000
　　　　　　　　　　——乙公司（公允价值变动）　100 000
　　投资收益　170 000
　　应收利息——乙公司　10 000

● 任务3 持有至到期投资的核算

一、持有至到期投资的概念

持有至到期投资是指到期日固定、回收金额固定或可确定，且企业有明确的意图和能力持有至到期的非衍生金融资产。

二、账户设置

企业为核算持有至到期投资的摊余成本应设置“持有至到期投资”账户。该账户属于资产类账户，借方登记取得持有至到期投资的投资成本、应计利息与应收利息相关的利息调整；贷方登记持有至到期投资的出售及转入可供出售金融资产的投资；期末余额在借方，反映持有至到期投资的摊余成本。

企业核算持有至到期投资，应设置“成本”、“利息调整”、“应计利息”（适用于一次到期还本付息债券）明细账户进行明细分类核算。若为分期付息、到期还本债券，则应设置“应收利息”账户。

持有至到期投资的面值，通过“持有至到期投资——成本”明细账户核算。

持有至到期投资初始投资成本中超过（或低于）面值的部分（即债券的溢折价），通过“持有至到期投资——利息调整”明细账户核算。

到期一次还本付息债券计提的利息通过“持有至到期投资——应计利息”明细账户核算。

【提示】分期付息债券计提的利息通过“应收利息”账户核算。

三、持有至到期投资的账务处理

（1）持有至到期投资的取得。企业取得的持有至到期投资，应按该投资的面值，借记“持有至到期投资——成本”科目；按支付的价款中包含的已到付息期但尚未领取的利息，借记“应收利息”科目；按实际支付的金额，贷记“银行存款”等科目；按其差额，借记或贷记“持有至到期投资——利息调整”科目。

（2）利息计提和溢（折）价摊销。企业购入债券的方式有面值购入、溢价购入和折价购入三种。无论是何种形式购入债券，均应在规定的债券计息日计提当期的应收利息。应计利息计算公式如下：

本期应计利息=面值×票面利率×当期期限

当企业以溢价或折价方式购入债券时，应在各期计提利息的同时进行溢价或折价摊销，以调整当期的投资收益。债券溢（折）价的摊销方法有直线法和实际利率法两种。

【提示】我国《小企业会计准则》规定小企业债券溢（折）价摊销可以用直线法，而《企业会计准则第22号——金融工具确认和计量》规定，债券溢（折）价摊销应采用实际利率法。

采用实际利率法摊销溢（折）价时，企业持有至到期投资在各期的投资收益应按各期期初摊余成本和实际利率计算确定，各期溢（折）价的摊销额等于当期确认的投资收益与当期应计利息的差额。其计算公式如下：

本期确认的投资收益=本期期初摊余成本×实际利率

本期溢（折）价摊销额=应计利息-本期确认的投资收益

【提示】摊余成本是指该金融资产的初始确认金额经下列调整后的余额：①扣除已偿

还的本金；②加上或减去采用实际利率法将该初始确认金额与到期日金额之间的差额进行摊销形成的累计摊销额；③扣除已发生的减值损失。从账户结构上看，摊余成本一般就是“持有至到期投资”账户的账面价值。

资产负债表日，持有至到期投资为分期付息、一次还本债券投资的，应按票面利率计算确定的应收未收利息，借记“应收利息”科目；按持有至到期投资摊余成本和实际利率确定的利息收入，贷记“投资收益”科目；按其差额，借记或贷记“持有至到期投资——利息调整”科目。

持有至到期投资为一次还本付息债券投资的，应按票面利率计算确定的应收未收利息，借记“持有至到期投资——应计利息”科目；按持有至到期投资摊余成本和实际利率计算确定的利息收入，贷记“投资收益”科目；按其差额，借记或贷记“持有至到期投资——利息调整”科目。

（3）持有至到期投资的终止确认。持有至到期投资终止确认主要是持有期满收回投资款。应按实际收到的金额，借记“银行存款”等科目；按其账面余额，贷记“持有至到期投资——成本（或利息调整、应计利息）”科目；按其差额，贷记或借记“投资收益”科目。已计提减值准备的，还应同时结转减值准备。

【例6-3】2016年1月1日，宏远公司支付价款1 000 000元（含交易费用）购入甲公司发行的面值为100元、5年期、票面利率为4.72%的债券12 500张。该债券每年底付息一次、到期还本。宏远公司将其划为持有至到期投资管理，有关账务处理如下：

（1）2016年1月1日，购入甲公司债券时，编制会计分录：

借：持有至到期投资——甲公司债券（成本） 1 250 000

　贷：银行存款 1 000 000

　　持有至到期投资——甲公司债券（利息调整） 250 000

（2）采用插值法计算实际利率，并采用实际利率法摊销债券折价：

$59\,000\times(1+r)^{-1}+59\,000\times(1+r)^{-2}+59\,000\times(1+r)^{-3}+59\,000\times(1+r)^{-4}+(59\,000+1\,250\,000)\times(1+r)^{-5}=1\,000\,000$

采用插值法计算实际利率：

r=10%

计提各期利息并摊销折价的计算过程见表6-2。

表6-2 **计提债券利息及折价摊销表（实际利率法）** 单位：元

年 份	投资收益 ①=上期④×实际利率	应收利息 ②=面值×票面利率	已摊折价 ③=①-②	摊余成本 ④=上期④+③
2016.01.01				1 000 000
2016.12.31	100 000	59 000	41 000	1 041 000
2017.12.31	104 100	59 000	45 100	1 086 100
2018.12.31	108 610	59 000	49 610	1 135 710
2019.12.31	113 571	59 000	54 571	1 190 281
2020.12.31	118 719*	59 000	59 719	1 250 000
合计	545 000	295 000	250 000	—

注：*为尾数调整：1 250 000+59 000-1 190 281=118 719（元）。

(3) 计提各期利息并摊销折价的账务处理：

2016年12月31日，计提利息并摊销折价，确认投资收益，编制会计分录：

借：应收利息——甲公司　59 000

　　持有至到期投资——甲公司债券（利息调整）　41 000

　贷：投资收益　100 000

实际收到利息，编制会计分录：

借：银行存款　59 000

　贷：应收利息——甲公司　59 000

（注：限于篇幅，以下2017年至2019年实际收到利息时的分录省略）

2017年12月31日，计提利息并摊销折价，确认投资收益，编制会计分录：

借：应收利息——甲公司　59 000

　　持有至到期投资——甲公司债券（利息调整）　45 100

　贷：投资收益　104 100

2018年12月31日，计提利息并摊销折价，确认投资收益，编制会计分录：

借：应收利息——甲公司　59 000

　　持有至到期投资——甲公司债券（利息调整）　49 610

　贷：投资收益　108 610

2019年12月31日，计提利息并摊销折价，确认投资收益，编制会计分录：

借：应收利息——甲公司　59 000

　　持有至到期投资——甲公司债券（利息调整）　54 571

　贷：投资收益　113 571

2020年12月31日，计提利息并摊销折价，确认投资收益，编制会计分录：

借：应收利息——甲公司　59 000

　　持有至到期投资——甲公司债券（利息调整）　59 719

　贷：投资收益　118 719

2020年12月31日，债券到期收回本金及最后一期利息，编制会计分录：

借：银行存款　1 309 000

　贷：应收利息——甲公司　59 000

　　持有至到期投资——甲公司债券（成本）　1 250 000

【例6-4】承【例6-3】资料，若宏远公司计算各期利息，并采用直线法摊销折价。

每期摊销额=250 000÷5=50 000（元）

每期应计利息=1 250 000×4.72%=59 000（元）

每期应确认的投资收益=59 000+50 000=109 000（元）

比较上述【例6-3】与【例6-4】的计算结果，采用直线法对折价进行摊销，在债券的持有期内两种方法确认的投资收益总额相等，均为545 000元（即应计利息总额295 000元+利息调整250 000元），但在直线法下每期确认的投资收益相同，而实际利率法下由于折价的摊销，使得持有至到期投资的账户余额随之递增，各期确认的投资收益额也随着投资占用资金的递增而逐期递增。由此可以看出，采用实际利率法对溢（折）价进行摊销，更能够准确反映各期投资收益与投资占用资金的关系。

【练一练】

承【例6-3】资料，若其他条件不变，该债券为到期一次还本付息，宏远公司该怎样进行账务处理？

● 任务4　可供出售金融资产的核算

一、可供出售金融资产的定义

可供出售金融资产是指在初始确认时即被指定为可供出售的非衍生金融资产，以及没有划分为持有至到期投资、贷款和应收款项、以公允价值计量且其变动计入当期损益的金融资产的金融资产，通常情况下，包括企业从二级市场上购入的没有被划分为交易性金融资产或持有至到期投资的债券投资、股票投资、基金投资等。

相对于其他金融资产，可供出售金融资产的持有意图不明确。通常情况下，企业从二级市场上购入的、有报价的债券、股票、基金等投资，可划分为可供出售金融资产。

二、账户设置

为核算企业持有的可供出售金融资产的公允价值，企业应设置“可供出售金融资产”“其他综合收益”“投资收益”账户。

“可供出售金融资产”账户属于资产类账户，核算企业持有的可供出售金融资产的公允价值。该账户的借方登记取得可供出售金融资产的公允价值及交易费用、公允价值变动增值、到期一次还本付息可供出售债券计提的利息、债券折价摊销额和已确认减值的恢复；贷方登记出售后结转的可供出售金融资产成本、债券溢价摊销额和公允价值变动减值；期末借方余额反映企业可供出售金融资产的公允价值。

该账户可按可供出售金融资产的类别和品种，分别“成本”“利息调整”“应计利息”“公允价值变动”进行明细核算。

“其他综合收益”科目核算企业持有的可供出售金融资产的公允价值变动形成的所有者权益的利得和损失等。该科目的借方登记资产负债表日可供出售金融资产公允价值低于其账面余额的差额等；贷方登记资产负债表日可供出售金融资产公允价值高于其账面余额的差额等。

可供出售金融资产发生减值，也可以单独设置“可供出售金融资产减值准备”科目进行核算。

三、可供出售金融资产的账务处理

企业取得的可供出售金融资产应当按照公允价值计量，取得可供出售金融资产所发生的交易费用应当计入可供出售金融资产的初始入账金额。企业取得可供出售金融资产支付的价款中包含已宣告但尚未发放的现金股利或已到付息期但尚未领取的债券利息的，应当单独确认为应收项目，不构成可供出售金融资产的初始入账金额。

（1）可供出售金融资产的取得。企业取得可供出售的金融资产，应按其公允价值与交易费用之和，借记“可供出售金融资产——成本”科目；按支付的价款中包含的已宣告但尚未发放的现金股利，借记“应收股利”科目；按实际支付的金额，贷记“银行存款”等科目。

企业取得的可供出售金融资产为债券投资的，应按债券的面值，借记“可供出售金融资产——成本”科目；按支付的价款中包含的已到付息期但尚未领取的利息，借记“应收利息”科目；按实际支付的金额，贷记“银行存款”等科目；按其差额，借记或贷记“可供出售金融资产——利息调整”科目。

【想一想】

取得可供出售金融资产与取得交易性金融资产发生的交易费用的账务处理有何区别？

（2）利息计提及溢（折）价摊销。资产负债表日，可供出售债券为分期付息、一次还本债券投资的，应按票面利率计算确定的应收未收利息，借记“应收利息”科目；按可供出售债券的摊余成本和实际利率计算确定的利息收入，贷记“投资收益”科目；按其差额，借记或贷记“可供出售金融资产——利息调整”科目。

可供出售债券为一次还本付息债券投资的，应按票面利率计算确定的应收未收利息，借记“可供出售金融资产——应计利息”科目；按可供出售债券的摊余成本和实际利率计算确定的利息收入，贷记“投资收益”科目；按其差额，借记或贷记“可供出售金融资产——利息调整”科目。

（3）持有期间的公允价值变动。资产负债表日，当可供出售金融资产的公允价值高于其账面余额的差额时，借记“可供出售金融资产——公允价值变动”科目，贷记“其他综合收益”科目；当可供出售金融资产公允价值低于其账面余额时，编制相反的会计分录。

【想一想】

资产负债表日可供出售金融资产与交易性金融资产公允价值变动的账务处理有何差别？

（4）可供出售金融资产的出售。企业出售可供出售金融资产，应按实际收到的金额，借记“银行存款”等科目；按其账面余额，贷记“可供出售金融资产——成本、公允价值变动、利息调整、应计利息”科目；按应从所有者权益中转出的公允价值累计变动额，借记或贷记“其他综合收益”科目；按其差额，贷记或借记“投资收益”科目。

【例6-5】宏远公司发生的有关可供出售金融资产的业务资料如下：

2014年5月20日，从深圳证券交易所购入A公司股票1 000 000股，占A公司有表决权股份的5%，合计支付价款5 080 000元，其中证券交易税等交易费用8 000元，已宣告发放现金股利72 000元，宏远公司将购入的A公司股票划分为可供出售金融资产；2014年6月20日，收到A公司发放的2013年现金股利72 000元；2014年12月31日，A公司股票收盘价为每股5.20元。

2015年4月20日，A公司宣告发放2014年现金股利2 000 000元；2015年5月10日收到A公司发放的2014年现金股利；2015年12月31日，A公司股票收盘价为每股4.90元。

2016年4月10日，宏远公司以每股4.50元的价格将A公司股票全部出售，同时支付证券交易税等交易费用7 200元。

（1）宏远公司2014年相关账务处理如下：

5月20日，购入A公司股票时，编制会计分录：

借：可供出售金融资产——A公司（成本）	5 008 000	
应收股利——A公司	72 000	
贷：银行存款		5 080 000

A公司股票单位成本=（5 080 000-72 000）÷1 000 000=5.008（元）

6月20日，收到现金股利，编制会计分录：

借：银行存款　　72 000

　贷：应收股利——A公司　　72 000

12月31日，确认A公司股票公允价值变动损益：

公允价值变动损益=(5.2-5.008)×1 000 000=192 000(元)

编制会计分录：

借：可供出售金融资产——A公司(公允价值变动)　　192 000

　贷：其他综合收益　　192 000

(2) 2015年相关账务处理如下：

4月20日，A公司宣告发放现金股利：

宏远公司应享有的份额=2 000 000×5%=100 000(元)

编制会计分录：

借：应收股利——A公司　　100 000

　贷：投资收益　　100 000

5月10日，收到A公司发放的现金股利，编制会计分录：

借：银行存款　　100 000

　贷：应收股利——A公司　　100 000

12月31日，确认A公司股票公允价值变动损益：

公允价值变动损益=(4.9-5.2)×1 000 000=-300 000(元)

编制会计分录：

借：其他综合收益　　300 000

　贷：可供出售金融资产——A公司(公允价值变动)　　300 000

(3) 2016年相关账务处理如下：

4月10日，出售A公司股票，编制会计分录：

借：银行存款　　4 492 800

　　投资收益　　515 200

　　可供出售金融资产——A公司(公允价值变动)　　108 000

　贷：可供出售金融资产——A公司(成本)　　5 008 000

　　　其他综合收益　　108 000

【例6-6】 2015年1月1日，宏远公司购入甲公司发行的3年期公司债券1 000张，每张支付价款1 028.244元，该公司债券每张票面金额为1 000元，票面利率为4%，实际利率为3%，利息每年年末支付，本金到期支付。宏远公司将该公司债券划分为可供出售金融资产。有关账务处理如下：

2015年1月1日购入债券时，编制会计分录：

借：可供出售金融资产——甲公司(成本)　　1 000 000

　　　　　　　　　　——甲公司(利息调整)　　28 244

　贷：银行存款　　1 028 244

假设该债券在2015年12月31日每张的市场价格为1 000.094元，则应确认的投资收益和应计利息：

投资收益=1 028 244×3%=30 847.32(元)

应收利息=1 000 000×4%=40 000（元）

编制会计分录：

借：应收利息——甲公司　　40 000

　贷：投资收益　　30 847.32

　　　可供出售金融资产——甲公司（利息调整）　　9 152.68

2015年确认债券公允价值变动损益=1 028 244-9 152.68-1 000.094×1 000

=-18 997.32（元）

编制会计分录：

借：其他综合收益　　18 997.32

　贷：可供出售金融资产——甲公司（公允价值变动）　　18 997.32

金融资产核算的比较见表6-3。

表6-3　**金融资产核算的比较**

类别	划分条件	初始计量	持有期间	后续计量
1.以公允价值计量且其变动计入当期损益的金融资产（交易性金融资产）	准备近期出售	应当按照取得时的公允价值作为初始确认金额，相关的交易费用在发生时计入当期损益（“投资收益”科目），不包括应收项目	被投资单位宣告发放的现金股利计入投资收益，或在资产负债表日按分期付息、一次还本债券投资的票面利率计算的利息，计入投资收益	资产负债表日，企业应将以公允价值计量且其变动计入当期损益的金融资产的公允价值变动计入当期损益（“公允价值变动损益”科目）
2.持有至到期投资	有意图和能力准备持有至到期	应当按取得时的公允价值和相关交易费用之和作为初始确认金额，不包括应收项目	在资产负债表日，企业应当按照期初摊余成本和实际利率计算确认利息收入，计入投资收益	按照摊余成本计量
3.贷款和应收款项			在资产负债表日，企业应当按照期初摊余成本和实际利率计算确认利息收入	
4.可供出售金融资产	不准备近期出售，但也不准备持有至到期或永远持有	应当按取得时的公允价值和相关交易费用之和作为初始确认金额，不包括应收项目	股票：被投资单位宣告发放的现金股利，计入投资收益 债券：在资产负债表日应当按照摊余成本和实际利率计算确认利息收入，计入投资收益	资产负债表日，可供出售金融资产应当以公允价值计量，且公允价值变动计入其他综合收益

[案例分析]

案例资料和要求见本章［案例导入］，具体账务处理如下：

（1）2015年5月购入股票时：

借：交易性金融资产——甲公司（成本）　　2 400 000

借：投资收益　　50 000

　贷：银行存款　　2 450 000

（2）2015年6月30日，确认公允价值变动时：

30×7.5−240=−15（万元）

借：公允价值变动损益　　150 000

　贷：交易性金融资产——甲公司（公允价值变动）　　150 000

（3）2015年8月10日，宣告分派现金股利时：

达昌公司应享有的份额=30×0.2=6（万元）

借：应收股利——甲公司　　60 000

　贷：投资收益　　60 000

（4）2015年8月20日，收到现金股利时：

借：银行存款　　60 000

　贷：应收股利——甲公司　　60 000

（5）2015年12月31日，确认公允价值变动时：

30×（8.5−7.5）=30（万元）

借：交易性金融资产——甲公司（公允价值变动）　　300 000

　贷：公允价值变动损益　　300 000

（6）2016年1月5日，出售该交易性金融资产时：

借：银行存款　　2 490 000

　　投资收益　　60 000

　贷：交易性金融资产——甲公司（成本）　　2 400 000

　　　　　　　　　——甲公司（公允价值变动）　　150 000

借：公允价值变动损益　　150 000

　贷：投资收益　　150 000

[项目小结]

金融资产主要包括库存现金、应收账款、应收票据、垫款、其他应收款、应收利息、债权投资、股权投资、基金投资、衍生金融资产等。

交易性金融资产主要是指企业为了近期内出售而持有的金融资产。为了核算交易性金融资产的取得、收取现金股利或利息、处置等业务，企业应设置“交易性金融资产”、“公允价值变动损益”和“投资收益”等科目。

持有至到期投资是指到期日固定、回收金额固定或可确定的，且企业有明确意图和能力持有至到期的非衍生金融资产，即持有至到期的债券投资。为了核算持有至到期投资，企业应设置如下明细科目：“成本”“利息调整”“应计利息”（适用于一次到期还本付息债券）。若为分期付息、到期还本债券，则设置“应收利息”科目。

可供出售金融资产是指初始确认时即被指定为可供出售的非衍生金融资产。可供出售金融资产应当以公允价值进行后续计量。公允价值变动形成的利得或损失，应当直接计入其他综合收益。在该金融资产终止确认时转出，计入当期损益（投资收益）。

[习题与实训]

一、单项选择题

1.企业持有的下列投资中，投资对象只能是债券而不能是股票的是（　　）。

A.交易性金融资产　　B.持有至到期投资

C.可供出售金融资产　　D.长期股权投资

2.关于交易性金融资产的计量，下列说法正确的是（　　）。

A.应当按取得该金融资产的公允价值和相关交易费用之和作为初始确认金额

B.应当按取得该金融资产的公允价值作为初始确认金额，相关交易费用在发行时计入当期损益

C.资产负债表日，企业应将金融资产的公允价值变动计入当期所有者权益

D.处置该金融资产时，其公允价值与初始入账金额之间的差额应确认为投资收益，不调整公允价值变动损益

3.甲公司于2015年11月3日从证券市场上购入A公司发行在外的股票400万股作为交易性金融资产，每股购买价格为5元，另支付相关费用10万元；2015年12月31日，该部分股票的公允价值为2 050万元，甲公司2015年12月31日应确认的公允价值变动损益为（　　）万元。

A.收益50　　B.损失50　　C.收益40　　D.损失40

4.2016年2月2日，甲公司支付830万元取得一项股权投资作为交易性金融资产核算，支付价款中包括已宣告但尚未领取的现金股利20万元，另支付交易费用5万元。甲公司该项交易性金融资产的入账价值为（　　）万元。

A.810　　B.815　　C.830　　D.835

5.A公司于2015年2月28日以每股9元的价格购入某上市公司股票200万股，划分为交易性金融资产，购买该股票支付佣金、手续费等共计2万元。5月2日，收到该上市公司按每股0.5元发放的现金股利。12月31日，该股票的市价为每股18元。不考虑其他因素，则该项交易性金融资产对A公司2015年度利润总额的影响为（　　）万元。

A.1 898　　B.1 798　　C.98　　D.1 900

二、多项选择题

1.交易性金融资产主要是指企业以赚取差价为目的从二级市场购入的（　　）等。

A.股票　　B.债券　　C.应收账款　　D.基金

2.下列各项目中，构成交易性金融资产交易费用的有（　　）。

A.买价　　B.印花税

C.佣金　　D.已宣告发放但尚未领取的现金股利

3.企业购入公司债券作为交易性金融资产时可能用到的借方科目有（　　）。

A.“交易性金融资产”　　B.“应收利息”

C.“财务费用”　　D.“投资收益”

4.“持有至到期投资”账户下应设置的明细账户有（　　）。

A.成本　　B.溢折价　　C.应计利息　　D.利息调整

5.下列金融资产中，应按摊余成本进行后续计量的有（　　）。

A.持有至到期投资　　　　B.可供出售金融资产

C.贷款和应收款项　　　　D.购入准备近期出售的债券投资

三、判断题

1.可供出售金融资产应当以公允价值进行后续计量，其公允价值变动计入资本公积。（　　）

2.企业购入没有公开报价且不准备随时变现的股票投资应划分为可供出售金融资产。（　　）

3.“可供出售金融资产”账户核算企业持有的可供出售金融资产的公允价值。（　　）

4.持有至到期投资一定是债券投资，交易性金融资产和可供出售金融资产一定是股票投资。（　　）

5.根据我国企业会计制度的规定，小企业债券溢折价摊销可以用直线法，而上市公司发行债券的溢折价摊销应采用实际利率法。（　　）

四、实训题

【实训题一】

资料：2016年5月13日，甲公司支付价款1 060 000元从二级市场购入乙公司发行的股票100 000股，每股价格为10.6元（含已宣告发放但尚未领取的现金股利0.6元），另支付交易费用1 000元。甲公司将持有的乙公司股权划分为交易性金融资产，且持有乙公司股权后对其无重大影响。

甲公司其他相关资料如下：

（1）5月23日，收到乙公司发放的现金股利；

（2）6月30日，乙公司股票价格涨到每股13元；

（3）8月15日，将持有的乙公司股票全部售出，每股售价为15元。

要求：编制以上经济业务的会计分录。

【实训题二】

资料：甲公司于2014年1月2日从证券市场上购入乙公司于2013年1月1日发行的债券，该债券期限为4年，票面利率为4%，每年1月5日支付上年度利息，到期日为2017年1月1日，到期一次还本付息。甲公司购入债券的面值为1 000万元，实际支付价款992.77万元，另支付相关费用20万元。甲公司购入后将其划分为持有至到期投资。购入债券的实际利率为5%。假定按年计提利息。

要求：编制甲公司上述有关业务的会计分录（答案金额用万元表示）。

【实训题三】

资料：甲公司于2015年1月1日按面值从债券市场上购入乙公司公开发行的债券10万张，每张面值为100元，票面利率为3%，划分为可供出售金融资产。2015年12月31日，该债券市价为每张99元。2015年，乙公司发生严重的财务困难，但仍可支付该债券当年的票面利息。2016年12月31日，该债券的公允价值下降为每张80元。甲公司预计，该债券价值还会持续下跌。假定甲公司初始确认该债券时计算确定的债券实际利率为3%，按年计提利息，利息于每年年末收到，且不考虑其他因素。

要求：编制甲公司可供出售金融资产的有关会计分录。

长期股权投资的核算

[知识目标]

了解长期股权投资的分类；掌握长期股权投资初始计量、后续计量、出售及减值的核算。

[技能目标]

能根据长期股权投资初始计量、后续计量、出售及减值业务的原始凭证，正确填制记账凭证。

[案例导入]

资料：甲上市公司发生下列与长期股权投资相关的业务：

（1）2015年1月3日，购入乙公司股票580万股，每股买入价为8元（包含已宣告但尚未发放的现金股利0.25元），另外支付相关税费7万元，款项均以银行存款支付。甲公司购入乙公司股票后取得占乙公司25%有表决权的股份。当日，乙公司所有者权益的账面价值（与其公允价值不存在差异）为18 000万元。甲公司将该股票作为长期股权投资管理。

（2）2015年3月16日，收到乙公司宣告分派的现金股利。

（3）2015年度，乙公司实现净利润3 000万元。

（4）2016年2月16日，乙公司宣告分派2015年度的股利，每股分派现金股利0.20元。

（5）2016年3月12日，甲上市公司收到乙公司分派的2015年度的现金股利。

（6）2016年11月4日，甲上市公司出售所持有的全部乙公司的股票，取得价款5 200万元（不考虑长期股权投资减值及相关税费）。

要求：根据上述资料，编制甲上市公司长期股权投资的有关会计分录。

● 任务1　长期股权投资认知

一、长期股权投资的概念

长期股权投资，是指投资企业对被投资单位实施控制、重大影响的权益性投资，以及对其合营企业的权益性投资。

除此之外，其他权益性投资不作为长期股权投资进行核算，而应当按照《企业会计准则第22号——金融工具确认和计量》的规定进行会计核算。

企业能够对被投资单位实施控制的，被投资单位为本企业的子公司。控制，是指投资方拥有对被投资方的权力，通过参与被投资方的相关活动而享有可变回报，并且有能力运用对被投资方的权力影响其回报金额。

企业与其他方对被投资单位实施共同控制的，被投资单位为本企业的合营企业。共同控制，是指按照相关约定对某项安排所共有的控制，并且该安排的相关活动必须经过分享控制权的参与方一致同意后才能决策。

企业能够对被投资单位施加重大影响的，被投资单位为本企业的联营企业。重大影响，是指投资企业对被投资单位的财务和经营政策有参与决策的权力，但并不能够控制或者与其他方一起共同控制这些政策的制定。在确定能否对被投资单位施加重大影响时，应当考虑投资企业和其他方持有的被投资单位当期可转换公司债券、当期可执行认股权证等潜在表决权因素。投资企业通常可以通过以下一种或几种情形来判断是否对被投资单位具有重大影响：

（1）在被投资单位的董事会或类似权力机构中派有代表。在这种情况下，由于在被投资单位的董事会或类似权力机构中派有代表，并相应享有实质性的参与决策权，投资方可以通过该代表参与被投资单位财务和经营政策的制定，从而可以对被投资单位施加重大影响。

（2）参与被投资单位财务和经营政策制定过程。在这种情况下，在制定政策过程中可以为其自身利益提出建议和意见，从而可以对被投资单位施加重大影响。

（3）与被投资单位之间发生重要交易。有关的交易因对被投资单位的日常经营具有重要性，进而在一定程度上可以影响到被投资单位的生产经营决策。

（4）向被投资单位派出管理人员。在这种情况下，管理人员有权力主导被投资单位的相关活动，从而能够为被投资单位施加重大影响。

（5）向被投资单位提供关键技术资料。因被投资单位的生产经营需要依赖投资方的技术或技术资料，表明投资方对被投资单位具有重大影响。

但是，需要注意的是，存在上述一种或多种情形并不意味着投资方一定对被投资方具有重大影响。投资企业需要综合考虑所有事实和情况来作出恰当的判断。

二、长期股权投资的核算方法

长期股权投资的核算方法有两种：一是成本法；二是权益法。

（一）成本法核算的范围

企业能够对被投资单位实施控制的长期股权投资，即企业对子公司的长期股权投资，应当采用成本法核算，投资企业为投资性主体且子公司不纳入其合并财务报表的除外。

对子公司的长期股权投资采用成本法核算，主要是为了避免在子公司实际发放现金股利或利润之前，母公司垫付资金发放现金股利或利润等情况，解决了原来权益法下投资收益不能足额收回导致超额分配的问题。

（二）权益法核算的范围

企业对被投资单位具有共同控制或重大影响时，长期股权投资应当采用权益法核算。

（1）企业对被投资单位具有共同控制的长期股权投资，即企业对合营企业的长期股权投资。

（2）企业对被投资单位具有重大影响的长期股权投资，即企业对联营企业的长期股权投资。

投资企业对联营企业的权益性投资，其中一部分通过风险投资机构、共同基金、信托公司或包括投连险基金在内的类似主体间接持有，无论以上主体是否对这部分投资具有重大影响，投资企业都可以按照《企业会计准则第22号——金融工具确认和计量》的有关规定，对间接持有的该部分投资选择以公允价值计量且其变动计入当期损益，并对其余部分采用权益法核算。

（三）账户设置

为了反映和监督企业长期股权投资的取得、持有和处置等情况，企业应当设置“长期股权投资”“投资收益”“其他综合收益”等科目。

“长期股权投资”科目核算企业持有的长期股权投资，借方登记长期股权投资取得时的初始投资成本，以及采用权益法核算时按被投资单位实现的净损益、其他综合收益和其他权益变动等计算的应享有的份额；贷方登记处置长期股权投资的账面余额或采用权益法核算时被投资单位宣告分派现金股利或利润时企业按持股比例计算应享有的份额，以及按被投资单位发生的净亏损、其他综合收益和其他权益变动等计算的应分担的份额；期末借方余额，反映企业持有的长期股权投资的价值。

“长期股权投资”科目应当按照被投资单位设置明细科目进行明细核算。长期股权投资核算采用权益法的，应当分别设置“投资成本”“损益调整”“其他综合收益”“其他权益变动”明细科目进行明细核算。

● 任务2　采用成本法核算长期股权投资

一、长期股权投资初始投资成本的确定

除企业合并形成的长期股权投资以外，以支付现金取得的长期股权投资应当按照实际支付的购买价款作为初始投资成本。投资企业所发生的与取得长期股权投资直接相关的费用、税金及其他必要支出应计入长期股权投资的初始投资成本。

此外，投资企业取得长期股权投资，实际支付的价款或对价中包含的已宣告但尚未发放的现金股利或利润，作为应收项目处理，不构成长期股权投资的成本。

二、长期股权投资的取得

投资企业取得长期股权投资时，应当按照初始投资成本计价。追加投资时，投资企业应当调整长期股权投资的成本。

除企业合并形成的长期股权投资以外，以支付现金、非现金资产等方式取得的长期股权投资，应当根据按照上述规定确定的长期股权投资初始投资成本，借记“长期股权投资”科目，贷记“银行存款”“其他货币资金”等科目。如果实际支付的价款中包含已宣告但尚未分派的现金股利或利润，借记“应收股利”科目，贷记“银行存款”科目。

【例7-1】甲公司2016年1月15日从上海证券交易所购买长兴股份有限公司发行的股票5 100 000股准备长期持有，从而拥有长兴股份有限公司51%的股份。每股买入价为6元，另外，购买该股票时发生有关税费153 000 元，款项已支付。甲公司有关账务处理如下：

（1）计算初始投资成本：

股票成交金额（5 100 000×6）	30 600 000
加：相关税费	153 000
	30 753 000

（2）编制购入股票的会计分录：

借：长期股权投资——长兴股份有限公司　　30 753 000

　贷：其他货币资金——存出投资款　　30 753 000

三、长期股权投资持有期间被投资单位宣告分派现金股利或利润

长期股权投资持有期间被投资单位宣告分派现金股利或利润时，对采用成本法核算的，投资企业按应享有的份额确认为当期投资收益，借记“应收股利”科目，贷记“投资收益”科目。

【例7-2】 甲公司2016年5月20日在上海证券交易所购买诚信股份有限公司的股票10 000股作为长期股权投资，每股买入价为10元，每股价格中包含0.2元的已宣告但尚未分派的现金股利，另支付相关税费700元。甲公司有关账务处理如下：

（1）计算初始投资成本：

股票成交金额（10 000×10）	100 000
加：相关税费	700
减：已宣告但尚未分派的现金股利（10 000×0.2）	2 000
	98 700

（2）编制购入股票的会计分录：

借：长期股权投资——诚信股份有限公司　　98 700

　　应收股利——诚信股份有限公司　　2 000

　贷：其他货币资金——存出投资款　　100 700

（3）假定甲公司2016年6月25日收到诚信股份有限公司分来的购买该股票时已宣告但尚未分派的现金股利2 000元。

借：其他货币资金——存出投资款　　2 000

　贷：应收股利——诚信股份有限公司　　2 000

取得长期股权投资时，如果实际支付的价款中包含已宣告但尚未分派的现金股利或利润，应借记“应收股利”科目。

【例7-3】 承【例7-2】，假定甲公司于2016年6月20日收到诚信股份有限公司宣告分派2015年现金股利的通知，应分得现金股利500元。甲公司应编制会计分录如下：

借：应收股利——诚信股份有限公司　　500

　贷：投资收益　　500

属于长期股权投资持有期间被投资单位宣告分派现金股利或利润的，投资企业按应享有的份额确认为当期投资收益，借记“应收股利”科目，贷记“投资收益”科目。

四、长期股权投资的处置

处置长期股权投资时，按照实际取得的价款与长期股权投资账面价值的差额确认为投资损益，并应同时结转已计提的长期股权投资减值准备。

投资企业处置长期股权投资时，应当按照实际收到的金额，借记“银行存款”等科

目；按照原已计提的减值准备，借记“长期股权投资减值准备”科目；按照该项长期股权投资的账面余额，贷记“长期股权投资”科目；按照尚未领取的现金股利或利润，贷记“应收股利”科目；按照其差额，贷记或借记“投资收益”科目。

【例7-4】甲公司在上海证券交易所将其作为长期投资持有的远洋股份有限公司的1 500股股票，以每股10元的价格卖出，支付相关税费100元，取得价款14 900元，款项已由银行收妥。该长期股权投资的账面价值为14 000元，假定没有计提减值准备。甲公司有关账务处理如下：

（1）计算投资收益：

股票转让取得价款	14 900
减：投资账面余额	14 000
	900

（2）编制出售股票时的会计分录：

借：其他货币资金——存出投资款	14 900	
贷：长期股权投资——远洋股份有限公司		14 000
投资收益		900

● 任务3　采用权益法核算长期股权投资

一、长期股权投资的取得

投资企业取得长期股权投资采用权益法核算时，长期股权投资的初始投资成本大于投资时应享有被投资单位可辨认净资产公允价值份额的，该部分差额是投资企业在取得投资过程中通过作价体现出的与所取得股权份额相对应的商誉价值，在此种情况下，不要求调整长期股权投资的初始投资成本，借记“长期股权投资——投资成本”科目，贷记“银行存款”等科目。

长期股权投资的初始投资成本小于投资时应享有被投资单位可辨认净资产公允价值份额的，该部分差额体现为双方在交易作价过程中转让方的让步，该部分经济利益流入应计入取得长期股权投资当期的营业外收入，同时调整增加长期股权投资的成本，借记“长期股权投资——投资成本”科目，贷记“银行存款”等科目，按照其差额，贷记“营业外收入”科目。

【例7-5】甲公司2015年1月20日在上海证券交易所购买南方股份有限公司发行的股票5 000 000股准备长期持有，占东方股份有限公司股份的30%。每股买入价为6元，另外，购买该股票时发生相关税费50 000元，款项已由银行存款支付。2014年12月31日，南方股份有限公司的所有者权益的账面价值（与其公允价值不存在差异）为100 000 000元。甲公司有关账务处理如下：

（1）计算初始投资成本：

股票成交金额（5 000 000×6）	30 000 000
加：相关税费	50 000
	30 050 000

（2）编制购入股票的会计分录：

借：长期股权投资——南方股份有限公司（投资成本）　30 050 000

　贷：其他货币资金——存出投资款　30 050 000

在本例中，长期股权投资的初始投资成本300 50 000元大于投资时应享有被投资单位可辨认净资产公允价值的份额30 000 000元（100 000 000×30%），其差额50 000元不调整长期股权投资的初始投资成本。

但是，如果长期股权投资的初始投资成本小于投资时应享有被投资单位可辨认净资产公允价值的份额，应借记“长期股权投资——投资成本”科目，贷记“银行存款”等科目，按照其差额，贷记“营业外收入”科目。

【练一练】

2016年1月，A公司取得B公司30%的股权，支付价款6 000万元。A公司在取得B公司的股权后，能够对B公司施加重大影响。不考虑相关税费等其他因素的影响。

假设一：取得投资时，被投资单位可辨认净资产的账面价值为15 000万元（假定被投资单位各项可辨认净资产的公允价值与账面价值相同）。

假设二：取得投资时，被投资单位可辨认净资产的公允价值为24 000万元。

请作出相关账务处理。

二、持有期间被投资单位实现净利润或发生净亏损和其他综合收益

投资企业在持有长期股权投资期间，应按照被投资单位实现的净利润（以取得投资时被投资单位可辨认净资产的公允价值为基础计算）中应享有的份额，借记“长期股权投资——损益调整”科目，贷记“投资收益”科目。

被投资单位发生净亏损作相反的会计分录，借记“投资收益”科目，贷记“长期股权投资——损益调整”科目，但以“长期股权投资”科目的账面价值减记至零为限。还需承担的投资损失，应将其他实质上构成对被投资单位净投资的“长期应收款”等科目的账面价值减记至零为限；除按照以上步骤已确认的损失外，按照投资合同或协议约定将承担的损失，确认为预计负债。除上述情况仍未确认的应分担被投资单位的损失，应在备查簿中登记。发生亏损的被投资单位以后实现净利润的，应按与上述相反的顺序进行处理。

上述以“长期股权投资”科目的账面价值减记至零为限所指“长期股权投资”科目是指“长期股权投资——对××单位投资”这个明细科目，该明细科目通常由“投资成本”“损益调整”“其他综合收益”“其他权益变动”4个二级明细科目组成，账面价值减至零即意味着“对××单位投资”的这4个二级明细科目余额合计为零。

上述所讲“其他实质上构成对被投资单位净投资的‘长期应收款’等”通常是指投资企业对被投资单位的长期债权，该债权没有明确的清收计划，且在可预见的未来期间不准备收回的，实质上构成对被投资单位的净投资。但是，该类长期权益不包括投资企业与被投资单位之间因销售商品、提供劳务等日常活动所产生的长期债权。

发生亏损的被投资单位以后实现净利润的，投资企业计算应享有的份额，如有未确认投资损失的，应先弥补未确认的投资损失，弥补损失后仍有余额的，依次借记“长期应收款”科目和“长期股权投资——损益调整”科目，贷记“投资收益”科目。

投资企业在对权益法下的长期股权投资确认投资收益和其他综合收益时，还需要注意以下两个方面：

一是被投资单位采用的会计政策及会计期间与投资企业不一致的，应当按照投资企业的会计政策及会计期间对被投资单位的财务报表进行调整，并据以确认投资收益和其他综合收益等。

二是投资企业计算确认应享有或应分担被投资单位的净损益时，与联营企业、合营企业之间发生的未实现内部交易损益按照应享有的比例计算归属于投资企业的部分，应当予以抵消，在此基础上确认投资收益。投资企业与被投资单位发生的未实现内部交易损失，按照《企业会计准则第8号——资产减值》等的有关规定属于资产减值损失的，应当全额确认。

被投资单位以后宣告分派现金股利或利润时，投资企业计算应分得的部分，借记“应收股利”科目，贷记“长期股权投资——损益调整”科目。

【例7-6】承【例7-5】，2015年南方股份有限公司实现净利润1 000 000元。甲公司按照持股比例确认投资收益300 000元。2016年5月15日，南方股份有限公司宣告分派现金股利，每10股派0.3元，甲公司可分派150 000元。2016年6月15日，甲公司收到南方股份有限公司分派的现金股利。假定不考虑其他因素。甲公司应编制会计分录如下：

（1）确认从南方股份有限公司实现的投资收益时：

借：长期股权投资——南方股份有限公司（损益调整）　　300 000

　贷：投资收益　　300 000

（2）南方股份有限公司宣告分派现金股利时：

借：应收股利——南方股份有限公司　　150 000

　贷：长期股权投资——南方股份有限公司（损益调整）　　150 000

（3）收到南方股份有限公司发放的现金股利时：

借：其他货币资金——存出投资款　　150 000

　贷：应收股利——南方股份有限公司　　150 000

收到被投资单位发放的股票股利，不进行账务处理，但应在备查簿中进行登记，在除权日注明增加的股数，以反映股份的变化情况。

投资企业在持有长期股权投资期间，应当按照应享有或应分担被投资单位实现其他综合收益的份额，借记“长期股权投资——其他综合收益”科目，贷记“其他综合收益”科目。

这里所讲的“其他综合收益”，是指企业根据会计准则规定未在当期损益中确认的各项利得和损失。

【例7-7】承【例7-6】，2015年南方股份有限公司可供出售金融资产的公允价值增加了400 000元。甲公司按照持股比例确认相应的其他综合收益120 000元。甲公司应编制会计分录如下：

借：长期股权投资——南方股份有限公司（其他综合收益）　　120 000

　贷：其他综合收益——南方股份有限公司　　120 000

三、持有期间被投资单位所有者权益的其他变动

投资企业对于被投资单位除净损益、其他综合收益和利润分配外所有者权益的其他变动，应当按照持股比例计算应享有的份额，借记或贷记“长期股权投资——其他权益变动”科目，贷记或借记“资本公积——其他资本公积”科目。

四、长期股权投资的处置

投资企业处置长期股权投资时，按照实际取得的价款与长期股权投资账面价值的差额确认为投资损益，采用与被投资单位直接处置相关资产或负债相同的基础，按相应比例对原计入其他综合收益的部分进行会计处理，同时按照结转的长期股权投资的投资成本比例结转“资本公积——其他资本公积”科目的相关金额。如果对长期股权投资计提了减值准备，还应当同时结转已计提的长期股权投资减值准备。

投资企业处置长期股权投资时，应按照实际收到的金额，借记“银行存款”等科目；按照原已计提的减值准备，借记“长期股权投资减值准备”科目；按照该长期股权投资的账面余额，贷记“长期股权投资”科目；按照尚未领取的现金股利或利润，贷记“应收股利”科目；按照其差额，贷记或借记“投资收益”科目。

同时，应当采用与被投资单位直接处置相关资产或负债相同的基础，对相关的其他综合收益进行会计处理。按照上述原则可以转入当期损益的其他综合收益，应按结转的长期股权投资的投资成本比例结转原记入“其他综合收益”科目的金额，借记或贷记“其他综合收益”科目，贷记或借记“投资收益”科目。

同时，还应按照结转的长期股权投资的投资成本比例结转原记入“资本公积——其他资本公积”科目的金额，借记或贷记“资本公积——其他资本公积”科目，贷记或借记“投资收益”科目。

【例7-8】承【例7-7】、【例7-6】和【例7-5】，2016年7月20日，甲公司在上海证券交易所出售所持南方股份有限公司的股票5 000 000股，每股出售价为10元，款项已收到。甲公司应编制会计分录如下：

借：其他货币资金——存出投资款	50 000 000	
贷：长期股权投资——南方股份有限公司（投资成本）		30 050 000
——南方股份有限公司（损益调整）		150 000
——南方股份有限公司（其他综合收益）		120 000
投资收益		19 680 000

同时：

借：其他综合收益——南方股份有限公司	120 000	
贷：投资收益		120 000

● 任务4　长期股权投资减值的核算

一、长期股权投资减值金额的确定

投资企业应当关注长期股权投资的账面价值是否大于享有被投资单位所有权益账面价值的份额等类似情况。出现类似情况时，投资企业应当按照《企业会计准则第8号——资产减值》对长期股权投资进行减值测试，其可收回金额低于账面价值的，应当将该长期股权投资的账面价值减记至可收回金额，减记的金额确认为减值损失，计入当期损益，同时计提相应的资产减值准备。

二、长期股权投资减值的账务处理

投资企业计提长期股权投资减值准备，应当通过设置“长期股权投资减值准备”账户进行核算。

“长期股权投资减值准备”账户属于资产类账户，也是“长期股权投资”账户的备抵调整账户。该账户贷方登记计提的长期股权投资减值准备，借方登记处置长期股权投资而转销的长期股权投资减值准备，期末贷方余额反映企业已计提但尚未转销的长期股权投资减值准备。该账户可按被投资单位进行明细核算。

投资企业按照应减记的金额，借记“资产减值损失——计提的长期股权投资减值准备”科目，贷记“长期股权投资减值准备”科目。

长期股权投资减值损失一经确认，在以后会计期间不得转回。

【例7-9】 海亮公司原持有甲公司40％的股权，2016年12月28日，公司决定出售10％的甲公司股权，出售时该公司账面上对甲公司的长期股权投资的构成为：投资成本3 600万元，损益调整960万元，其他综合收益600万元，计提减值准备200万元。出售取得价款1 410万元。

（1）转让股份时：

借：银行存款	14 100 000	
长期股权投资减值准备	500 000	
贷：长期股权投资——投资成本		9 000 000
——损益调整		2 400 000
——其他综合收益		1 500 000
投资收益		1 700 000

（2）将原计入其他综合收益的部分按比例转入当期损益：

借：其他综合收益	1 500 000	
贷：投资收益		1 500 000

［案例分析］

案例资料和要求见本章［案例导入］，具体任务分析如下：

第一步，确定核算方法。根据甲公司持有乙公司的表决权份额判断，甲公司的长期股权投资应采用权益法核算。

第二步，具体账务处理：

（1）2015年1月3日：

股票的初始投资成本=580×8+7−580×0.25=4 502（万元）

购买日应享有被投资单位所有者权益的份额=18 000×25%=4 500（万元）

初始投资成本大于取得投资时应享有被投资单位可辨认净资产份额，该部分差额直接计入投资成本，编制会计分录：

借：长期股权投资——乙公司（成本）	45 020 000	
应收股利——乙公司	1 450 000	
贷：银行存款		46 470 000

（2）2015年3月16日，收到现金股利，编制会计分录：

借：银行存款	1 450 000	

贷：应收股利——乙公司 1 450 000

（3）2015年度，根据乙公司的净利润计算确认投资收益，编制会计分录：

借：长期股权投资——乙公司（损益调整） 7 500 000

贷：投资收益——股权投资收益 7 500 000

（4）2016年2月16日，确认应收股利，编制会计分录：

借：应收股利——乙公司 1 160 000

贷：长期股权投资——乙公司（损益调整） 1 160 000

（5）2016年3月12日，收到现金股利，编制会计分录：

借：银行存款 1 160 000

贷：应收股利——乙公司 1 160 000

（6）2016年11月4日，出售乙公司股票，编制会计分录：

借：银行存款 52 000 000

贷：长期股权投资——乙公司（成本） 45 020 000

——乙公司（损益调整） 6 340 000

投资收益——股权投资收益 640 000

[项目小结]

长期股权投资，是指投资企业对被投资单位实施控制、重大影响的权益性投资，以及对其合营企业的权益性投资。

长期股权投资的后续计量应当分别采用成本法和权益法确定期末账面余额。

长期股权投资核算的成本法，是指按投资成本计价的方法。在成本法下，长期股权投资应当按照初始投资成本计价。长期股权投资持有期间被投资单位宣告发放现金股利或利润时，企业按应享有的部分确认为投资收益。

长期股权投资核算的权益法，是指投资以初始投资成本计量后，在投资持有期间根据投资企业享有被投资单位所有者权益份额的变动对投资的账面价值进行调整的方法。企业对被投资单位具有共同控制或者重大影响时，长期股权投资应当采用权益法核算。

为了反映和监督企业长期股权投资的取得、持有和处置等情况，企业应当设置“长期股权投资”“投资收益”“其他综合收益”等科目进行核算。

[习题与实训]

一、单项选择题

1.甲公司于2016年3月1日用货币资金从证券市场上购入A公司发行在外股份的25%作为长期股权投资核算，实际支付价款569万元，另支付相关税费1万元。同日A公司可辨认净资产的公允价值为2 200万元，所有者权益总额为2 100万元。甲公司2016年1月1日应确认的损益为（　　）万元。

A.20　　B.0　　C.18　　D.−20

2.甲公司于2016年3月1日用货币资金从证券市场上购入A公司发行在外股份的

20%，并对A公司具有重大影响，实际支付价款380万元，另支付相关税费1万元。同日A公司可辨认净资产的公允价值为2 000万元。甲公司2016年1月1日按被投资单位可辨认净资产的公允价值份额调整后的长期股权投资成本为（　　）万元。

A.381　　B.380　　C.400　　D.401

3.甲公司2016年1月1日取得A公司10%的股权，采用成本法核算，实际支付价款600万元。4月1日，A公司宣告分派2015年现金股利100万元，当年A公司经营获利300万元，2016年年末甲公司的长期股权投资账面余额为（　　）万元。

A.600　　B.590　　C.620　　D.610

4.甲公司2016年年初购入A公司30%的股份，对A公司能够施加重大影响，实际支付价款200万元（与享有A公司的可辨认净资产的公允价值的份额相等）。当年A公司经营获利100万元，发放现金股利20万元，资本公积变动使所有者权益增加30万元。2016年年末甲公司的该项投资的账面余额为（　　）万元。

A.224　　B.233　　C.239　　D.200

5.甲公司于2016年1月10日出售一项原采用权益法核算的长期股权投资，该项投资出售时的账面价值为2 000万元（成本1 700万元，损益调整200万元，其他权益变动100万元），售价2 100万元。甲公司出售此项长期股权投资时应确认的投资收益为（　　）万元。

A.100　　B.200　　C.300　　D.0

二、多项选择题

1.下列投资中，应作为长期股权投资核算的有（　　）。

A.对子公司的投资

B.对合营企业和联营企业的投资

C.在活跃市场中没有报价、公允价值无法可靠计量的没有控制、共同控制或重大影响的权益性投资

D.在活跃市场中有报价、公允价值能够可靠计量的没有控制、共同控制或重大影响的权益性投资

2.投资企业的下列各项业务，应采用成本法核算的有（　　）。

A.对子公司的长期股权投资

B.对合营企业的长期股权投资

C.对联营企业的长期股权投资

D.对被投资单位不具有共同控制或重大影响，在活跃市场中没有报价、公允价值不能可靠计量的长期股权投资

3.甲公司采用成本法核算对乙公司的长期股权投资，甲公司对乙公司投资的账面余额只有在发生（　　）的情况下，才应作相应的调整。

A.追加投资　　B.被投资单位实现净利润

C.被投资单位接受非现金资产捐赠　　D.收回投资

4.采用成本法核算长期股权投资，下列各项中不会导致长期股权投资账面价值发生增减变动的有（　　）。

A.长期股权投资发生减值损失

B.持有长期股权投资期间被投资单位实现净利润

C.收到了取得长期股权投资时包含在价款中的已宣告但尚未发放的现金股利

D.持有期间被投资单位宣告发放的现金股利

5.权益法下核算长期股权投资应在“长期股权投资”科目下设置的明细科目有（　　）。

A.成本　　B.长期股权投资减值准备

C.损益调整　　D.其他权益变动

三、判断题

1.企业取得长期股权投资，实际支付的价款或对价中包含的已宣告但尚未发放的现金股利或利润，作为投资收益处理，不构成长期股权投资的成本。（　　）

2.在成本法下，企业在长期股权投资持有期间所取得的现金股利，若属于投资前被投资单位实现的净利润，应冲减长期股权投资的成本。（　　）

3.采用权益法核算时，被投资单位所有者权益发生变动时，投资方应按持股比例调整长期股权投资的账面价值，并确认投资收益。（　　）

4.采用权益法核算时，被投资单位宣告发放现金股利时，投资方应按持股比例计算应得的份额，冲减长期股权投资的账面价值。（　　）

5.长期股权投资采用权益法核算，长期股权投资的初始投资成本小于投资时应享有被投资单位可辨认净资产公允价值份额的，其差额应当确认为资本公积，同时调整长期股权投资的成本。（　　）

四、实训题

【实训题一】

资料：甲上市公司发生下列长期股权投资业务：

（1）2015年1月3日，购入乙公司股票580万股，占乙公司有表决权股份的25%，对乙公司的财务和经营决策具有重大影响，甲公司采用权益法对长期股权投资核算。每股买入价为8元，每股价格中包含已宣告但尚未发放的现金股利0.25元，另外支付相关税费7万元。款项均以银行存款支付。当日，乙公司可辨认净资产的公允价值为19 000万元。

（2）2015年3月16日，收到乙公司宣告分派的现金股利。

要求：编制甲公司上述经济业务事项的会计分录（“长期股权投资”科目要求写出明细科目，答案中的金额单位用万元表示）。

【实训题二】

资料：甲公司2015年1月5日购入乙公司有表决权的股票100万股，占乙公司股份的10%，款项780万元以银行存款支付。假定取得时乙公司的账面价值与公允价值一致，发生下列与长期股权投资相关的业务：

（1）2015年度，乙公司实现净利润200万元。

（2）2016年1月10日，乙公司宣告分派2015年度的现金股利每股0.10元。

（3）2016年2月20日，甲公司收到乙公司分派的现金股利。

（4）2016年度，乙公司发生亏损20万元。

要求：

（1）不考虑长期股权投资的减值因素，根据上述资料，编制甲公司长期股权投资业务的会计分录（“长期股权投资”科目应写出明细科目，答案中的金额单位用万元表示）。

（2）计算2016年12月31日甲公司“长期股权投资”科目的账面余额。

【实训题三】

资料：2014年1月3日，甲公司购入乙公司股票500万股，占乙公司有表决权股份的25%，对乙公司的财务和经营决策具有重大影响，甲公司采用权益法对长期股权投资核算。支付价款4 000万元，当日，乙公司所有者权益的账面价值与其公允价值不存在差异。甲公司发生下列长期股权投资业务：

（1）2014年度，乙公司实现净利润3 000万元。

（2）2015年2月1日，乙公司宣告分派2014年度股利，每股分派现金股利0.20元。

（3）2015年3月18日，甲公司收到乙公司分派的现金股利。

（4）2016年1月3日，甲公司出售所持有的全部乙公司的股票，共取得价款5 100万元（不考虑长期股权投资减值及相关税费的影响）。

要求：编制甲公司上述持有长期股权投资期间以及处置的会计分录（“长期股权投资”科目要求写出明细科目，答案中的金额单位用万元表示）。

【实训题四】

资料：甲公司于2014年2月1日购入乙公司普通股1 000 000股，每股面值为1元，实际支付价款共2 520 000元，另支付佣金手续费等30 000元，占乙公司有表决权资本的10%，甲公司用成本法核算对乙公司的股票投资。2014年4月10日，乙公司宣告派发现金股利1 000 000元；2014年5月10日，乙公司支付现金股利；2014年，乙公司实现净利润200 000元，未宣告分派现金股利；2015年，乙公司发生亏损100 000元；2016年1月20日，甲公司转让上述股票中的500 000股，实得款项1 800 000元。

要求：编制甲公司上述业务的会计分录。

项目八

固定资产的核算

[知识目标]

了解固定资产的概念与分类；掌握固定资产初始成本的确认原则、折旧范围的确定和折旧方法的选择；熟悉固定资产取得、折旧计提、后续支出、处置、清查及减值等业务的核算方法。

[技能目标]

能正确选择固定资产折旧方法并计算折旧额；能根据有关原始凭证对固定资产取得、折旧计提、后续支出、处置、清查及减值等业务进行正确的账务处理。

[案例导入]

资料：2016年，大兴公司因生产经营需要决定自营建造仓库一间，预计工程建设期为1年，发生的与该工程项目有关业务的资料如下：

（1）1月5日，购入工程建设用钢材一批，价款为200 000元，增值税为34 000元，物资验收入库，款项以银行存款付讫。

（2）1月7日，工程开工，领用上述全部钢材。

（3）1月7日，工程领用本单位库存水泥一批，成本为20 000元，税务部门核定的计税价格为30 000元。

（4）1月12日，工程领用外购原材料一批，材料实际成本为10 000元，应负担的增值税为1 700元。

（5）1月至3月，应付工程人员工资20 000元，以银行存款支付其他费用9 200元。

（6）3月31日，该仓库达到预定可使用状态交付使用。

该仓库预计使用20年，净残值20 000元，采用直线法计提折旧。

要求：

（1）根据（1）至（6）的资料，编制相关会计分录。

（2）计算该仓库的入账价值。

（3）计算2016年度该仓库应计提的折旧额，并编制会计分录。

● 任务1 固定资产认知

一、固定资产的概念和特征

我国《企业会计准则第4号——固定资产》（2006）规定，固定资产，是指同时具有下列特征的有形资产：（1）为生产商品、提供劳务、出租或经营管理而持有的；（2）使用寿命超过一个会计年度。

从这一定义可以看出，作为企业的固定资产应具备以下特征：

第一，企业持有固定资产的目的是满足生产商品、提供劳务、出租或经营管理的需要，而不像商品一样为了对外出售。这一特征是固定资产区别于商品等流动资产的重要标志。即企业持有的固定资产是企业的劳动工具或手段，而不是用于出售的产品。其中“出租”的固定资产，是指企业以经营租赁方式出租的机器设备类固定资产，不包括以经营租赁方式出租的建筑物，后者属于企业的投资性房地产，不属于固定资产。

第二，企业使用固定资产的期限较长，使用寿命一般超过一个会计年度。这一特征表明企业固定资产的收益期超过一年，能在一年以上的时间里为企业创造经济利益。

固定资产的使用寿命，是指企业使用固定资产的预计期间，或者该固定资产所能生产产品或提供劳务的数量。通常情况下，固定资产的使用寿命是指使用固定资产的预计期间，比如自用房屋建筑物的使用寿命表现为企业对该建筑物的预计使用年限。对于某些机器设备或运输设备等固定资产，其使用寿命表现为以该固定资产所能生产产品或提供劳务的数量，例如，汽车或飞机等，按其预计行驶或飞行里程估计使用寿命。

固定资产使用寿命超过一个会计年度，意味着固定资产属于非流动资产，随着使用和磨损，通过计提折旧的方式逐渐减少账面价值。这是区分设备器具是属于存货类的流动资产还是长期性质的固定资产时的一项重要判别依据。

第三，固定资产是有形资产。固定资产具有实物特征，这一特征将固定资产与无形资产区别开来。有些无形资产可能同时符合固定资产的其他特征，如无形资产为生产商品、提供劳务而持有，使用寿命超过一个会计年度，但是，由于其没有实物形态，所以，不属于固定资产。

有些资产符合以上固定资产的三项特征，如企业持有的工具、管理用具等资产，但是由于它们数量多、单价低，逐项确认固定资产显然不符合成本效益原则，因此，在实务中归类为存货。

另外，固定资产的各组成部分，如果各自具有不同的使用寿命或者以不同的方式为企业提供经济利益，从而适用不同的折旧率和折旧方法的，应单独确认为固定资产。例如，飞机的引擎，如果其与飞机机身具有不同的使用寿命，从而适用不同的折旧率和折旧方法，则企业应将其单独确认为固定资产。

二、固定资产的分类

企业的固定资产种类繁多、规格不一，为加强管理，便于组织会计核算，有必要对其进行科学、合理的分类。根据不同的管理需要和核算要求以及不同的分类标准，可以对固定资产进行以下分类：

（1）按经济用途，固定资产可分为：①生产经营用固定资产。它是指直接服务于企业生产、经营过程的各种固定资产，如生产经营用的房屋、建筑物、机器、设备、器具、工具等。②非生产经营用固定资产。它是指不直接服务于生产、经营过程的各种固定资产，如职工宿舍等使用的房屋、设备和其他固定资产等。

按照固定资产的经济用途分类，其意义在于：可以归类反映和监督企业生产经营用固定资产和非生产经营用固定资产之间，以及生产经营用各类固定资产之间的组成和变化情况，借以考核和分析企业固定资产的利用情况，促使企业合理地配备固定资产，充分发挥其效用。

（2）按照使用情况可以将固定资产分为使用中固定资产、未使用固定资产、出租固定资产和不需用固定资产四大类。

使用中固定资产，是指企业正在使用的经营用固定资产和非经营用固定资产。企业的房屋及建筑物无论是否在实际使用，都应视为使用中固定资产；由于季节性生产经营或进行大修理等原因而暂时停止使用以及存放在生产车间或经营场所备用、轮换使用的固定资产，也属于使用中固定资产。

未使用固定资产，是指已购建完成但尚未交付使用的新增固定资产以及进行改建、扩建等暂时脱离生产经营过程的固定资产。

出租固定资产，是指企业根据租赁合同规定，以经营租赁方式出租给其他企业临时使用的固定资产。

不需用固定资产，是指本企业多余或不适用、待处置的固定资产。

（3）按经济用途和使用情况等，固定资产可分为：①生产经营用固定资产。②非生产经营用固定资产。③出租固定资产（指在经营租赁方式下出租给外单位使用的固定资产）。④不需用固定资产。⑤未使用固定资产。⑥土地（指过去已经估价单独入账的土地，因征地而支付的补偿费，应计入与土地有关的房屋、建筑物的价值内，不单独作为土地价值入账。企业取得的土地使用权，应作为无形资产管理，不作为固定资产管理）。⑦融资租入固定资产（指企业以融资租赁方式租入的固定资产，在租赁期内，应视同自有固定资产进行管理）。

由于企业的经营性质不同，经营规模各异，对固定资产的分类不可能完全一致。但在实际工作中，企业大多采用综合分类的方法作为编制固定资产目录、进行固定资产核算的依据。

【提示】*以经营租赁方式出租的建筑物属于投资性房地产。*

三、固定资产的确认

某一资产项目，如果要作为固定资产加以确认，首先要符合固定资产的定义；其次，还需要满足固定资产的确认条件。固定资产在同时满足以下两个条件时，才能予以确认：

（1）与该固定资产有关的经济利益很可能流入企业。对固定资产的确认来说，如果某一项固定资产预期不能给企业带来经济利益，就不能确认为企业的固定资产。在实务中，判断固定资产包含的经济利益是否很可能流入企业，主要依据与该固定资产所有权相关的风险和报酬是否转移给了企业。

通常情况下，取得固定资产的所有权是判断与固定资产所有权相关的风险和报酬转移给了企业的一个重要标志。凡是所有权已属于企业，不论企业是否收到或持有该项固定资产，均可作为企业的固定资产；反之，如果没有取得所有权，即使存放在企业，也不能作为企业的固定资产。

融资租入固定资产，企业（承租人）虽然不拥有该固定资产的所有权，但企业能够控制该固定资产所包含的经济利益，与固定资产所有权相关的风险和报酬实质上已转移到了企业，因此，符合固定资产确认的第一个条件。

（2）该固定资产的成本能够可靠地计量。如果固定资产的成本能够可靠地计量，并同时满足其他确认条件，就可以加以确认；否则，企业不应加以确认。

企业在确认固定资产的成本时，有时需要根据所获得的最新资料，对固定资产的成本进行合理的估计。比如，企业对于已达到预定可使用状态的固定资产，在尚未办理竣工决算前，需要根据工程预算、工程造价或者工程实际发生的成本等资料，按估计价值确定固定资产的成本，待办理竣工决算后，再按实际成本调整原来的暂估价值。

【提示】一是固定资产的各组成部分具有不同使用寿命或者以不同方式为企业提供经济利益，适用不同折旧率或折旧方法的，应当分别将各组成部分确认为单项固定资产。

二是与固定资产有关的后续支出，满足固定资产确认条件的，应当计入固定资产成本；不满足固定资产确认条件的，应当在发生时计入当期损益。

● 任务2　固定资产取得的核算

一、固定资产的初始计量

固定资产应当按照成本进行初始计量。固定资产的成本，是指企业购建某项固定资产达到预定可使用状态前所发生的一切合理、必要的支出。这些支出包括直接发生的价款、相关税费、运杂费、包装费和安装成本等，也包括间接发生的，如应承担的借款利息、外币借款折算差额以及应分摊的其他间接费用。

企业取得固定资产的方式一般包括购买、自行建造、融资租入等，取得方式不同，初始计量的方法也各不相同。

二、账户设置

固定资产可以通过购买、自建、投资者投入、接受捐赠、融资租入、非货币性资产交换、债务重组等方式获取。取得方式不同，涉及的核算账户也不同，主要包括：

（1）“固定资产”账户。该账户核算企业固定资产原值的增减变化和结存情况，属于资产类账户。借方登记增加固定资产的原值；贷方登记减少固定资产的原值；期末借方余额，反映企业期末固定资产的原值。该账户应按固定资产类别、使用部门进行明细核算。

（2）“在建工程”账户。该账户核算企业基建、更新改造等在建工程发生的实际支出，属于资产类账户。该账户借方登记企业在建工程的实际支出；贷方登记完工交付使用工程转入“固定资产”账户的实际成本；期末借方余额，反映企业尚未达到预定可使用状态在建工程的实际支出。该账户应按建筑工程、安装工程等进行明细核算。

（3）“工程物资”账户。该账户核算企业以自建方式建造固定资产而购入的各类工程物资的实际成本，属于资产类账户。该账户借方登记验收入库工程物资的实际成本；贷方登记领用工程物资的实际成本；期末借方余额，反映期末结存工程物资的实际成本。该账户应按“专用材料”“专用设备”“工具器具”等进行明细核算。

三、固定资产增加的核算

（一）外购固定资产的核算

企业外购固定资产的成本，包括购买价款、相关税费、使固定资产达到预定可使用状态前所发生的可归属于该项资产的运输费、装卸费、安装费和专业人员服务费等。

外购固定资产是否达到预定可使用状态，需要根据具体情况进行分析判断。如果购入不需安装的固定资产，购入后即可发挥作用，则购入后即可达到预定可使用状态。如果购入需安装的固定资产，只有在安装调试后达到设计要求或合同规定的标准，才达到预定可使用状态。

【提示】从2009年1月1日起，我国对增值税的征收实行了由生产型向消费型的转变。增值税一般纳税人购进（包括接受捐赠、实物投资）或自制固定资产发生的进项税额从销项税额中抵扣。允许抵扣的固定资产包括机器、机械、运输工具以及其他与生产经营有关的设备、工具、器具等。

纳税人自用的应征消费税的摩托车、汽车、汽艇，其进项税额不得从销项税额中抵扣，应计入所购固定资产的成本。

另外，对于已抵扣进项税额的固定资产，如果将其用于企业集体福利、个人消费等方面，应在当月按照扣除折旧后的固定资产净值和适用的增值税税率计算不得抵扣的进项税额。

购进固定资产（机器设备）支付的运输费用，按取得的增值税专用运输发票上注明的运输费金额计入固定资产成本，按运输费与增值税税率11%计算的进项税额，也可抵扣。

债务重组、非货币性资产交换等业务中，涉及固定资产的，都需要根据此规定进行账务处理。

（1）购入不需要安装的固定资产。其应按实际支付的全部价款作为固定资产的原值，直接记入“固定资产”账户。

【例8-1】2016年3月8日，宏业公司购入不需安装的生产设备一台，取得的增值税专用发票上注明的价款为30 000元、增值税为5 100元，支付运杂费500元、装卸费400元。全部款项以银行存款支付。宏业公司编制会计分录如下：

借：固定资产	30 900	
应交税费——应交增值税（进项税额）	5 100	
贷：银行存款		36 000

（2）企业购入需安装的固定资产，实际支付的价款应先记入“在建工程”账户，待安装完毕再转入“固定资产”账户。

【例8-2】2016年3月12日，宏业公司购入一台需要安装的生产设备，取得的增值税专用发票上注明的价款为200 000元、增值税为34 000元，支付运杂费5 000元，全部款项以银行存款支付；3月16日，设备投入安装，支付供应商安装费10 000元；3月20日，安装完毕交付使用。宏业公司相关账务处理如下：

3月12日，支付设备款，编制会计分录：

借：在建工程——安装工程	205 000	
应交税费——应交增值税（进项税额）	34 000	
贷：银行存款		239 000

3月16日，支付安装费，编制会计分录：

借：在建工程——安装工程　　10 000

　贷：银行存款　　10 000

3月20日，设备安装完毕交付使用，编制会计分录：

借：固定资产　　215 000

　贷：在建工程——安装工程　　215 000

在实际工作中，企业可能以一笔款项购入多项没有单独标价的固定资产。此时，应当按照各项固定资产的公允价值比例对总成本进行分配，分别确定各项固定资产的成本。如果以一笔款项购入的多项资产中除固定资产之外还包括其他资产，也应按类似的方法予以处理。

【例8-3】2016年5月20日，甲公司向乙公司一次购入3套不同型号且具有不同生产能力的设备A、B和C。甲公司为该批设备共支付货款5 100 000元、增值税进项税额867 000元、保险费16 000元、装卸费4 000元，全部款项通过银行转账支付；假定A、B和C设备分别满足固定资产的确认条件，公允价值分别为1 560 000元、2 340 000元和1 300 000元。假定不考虑其他相关税费，甲公司的账务处理如下：

（1）确定应计入固定资产成本的金额，包括购买价款、保险费、装卸费等。

5 100 000+16 000+4 000=5 120 000（元）

（2）确定A、B和C的价值分配比例。

A设备应分配的固定资产价值比例为：

1 560 000÷（1 560 000+2 340 000+1 300 000）×100%=30%

B设备应分配的固定资产价值比例为：

2 340 000÷（1 560 000+2 340 000+1 300 000）×100%=45%

C设备应分配的固定资产价值比例为：

1 300 000÷（1 560 000+2 340 000+1 300 000）×100%=25%

（3）确定A、B和C设备各自的成本。

A设备的成本=5 120 000×30%=1 536 000（元）

B设备的成本=5 120 000×45%=2 304 000（元）

C设备的成本=5 120 000×25%=1 280 000（元）

（4）编制会计分录。

借：固定资产——A　　1 536 000

　　　　　——B　　2 304 000

　　　　　——C　　1 280 000

　　应交税费——应交增值税（进项税额）　　867 000

　贷：银行存款　　5 987 000

（二）自行建造固定资产的核算

自行建造的固定资产，其成本由建造该项资产达到预定可使用状态前所发生的必要支出构成，包括工程用物资成本、人工成本、相关税费、应予资本化的借款费用以及应分摊的间接费用等。企业自行建造固定资产包括自营建造和出包建造两种方式。

【提示】企业为建造固定资产通过出让方式取得土地使用权而支付的土地出让金不计入在建工程成本，而应确认为无形资产（土地使用权）。

（1）自营方式建造固定资产。它是指企业自行组织工程物资采购、自行组织施工人员从事工程施工完成固定资产建造，其成本应当按照实际发生的材料、人工、机械施工费等计量。具体核算过程如图8-1所示。

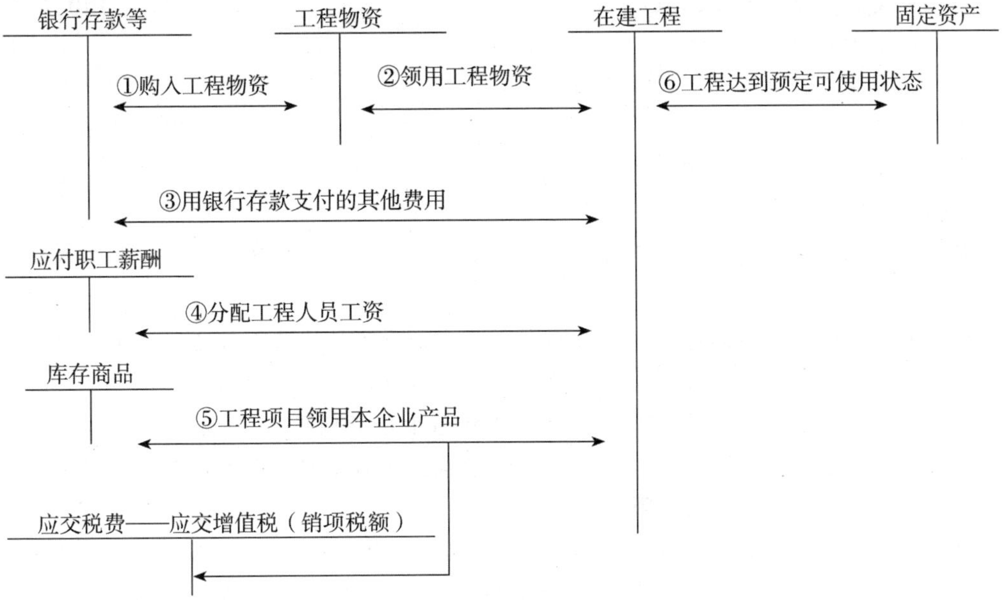

图8-1 自营方式建造固定资产的核算过程

【例8-4】2016年5月，某水泥厂自建厂房一幢，建筑工程全部支出资料记录如下：

购入钢材一批，取得的增值税专用发票上注明的价款为500 000元、增值税为85 000元，款项以银行存款支付，钢材已全部由工程部门领用；领用本企业生产的水泥一批，实际成本为80 000元，税务部门核定的计税价格为100 000元，水泥适用的增值税税率为17%；工程建设期间发生工程人员应计工资200 000元；为工程建设支付的其他费用为40 000元。厂房建造工程已完工并达到预定可使用状态。水泥厂自营工程的账务处理如下：

（1）购入工程物资支付货款，编制会计分录：

借：工程物资——钢材 585 000
　贷：银行存款 585 000

（2）工程领用工程物资，编制会计分录：

借：在建工程——建筑工程 585 000
　贷：工程物资——钢材 585 000

（3）工程领用本企业生产的水泥，编制会计分录：

借：在建工程——建筑工程 97 000
　贷：库存商品 80 000
　　应交税费——应交增值税（销项税额） 17 000

【提示】自产货物用于建造不动产（属于增值税非应税项目）应视同销售计算增值税

销项税额。

（4）分配工程人员工资，编制会计分录：

借：在建工程——建筑工程　　200 000

　贷：应付职工薪酬——工资　　200 000

（5）支付工程发生的其他费用，编制会计分录：

借：在建工程——建筑工程　　40 000

　贷：银行存款　　40 000

（6）工程完工交付使用，编制会计分录：

借：固定资产　　922 000

　贷：在建工程——建筑工程　　922 000

【想一想】

若上例中水泥厂建造的不是厂房而是一条生产线，其他条件不变，上述业务该怎样进行处理？

（2）出包工程。采用出包方式建造固定资产，企业要与建造承包商签订建造合同。企业的新建、改建、扩建等建设项目，通常均采用出包方式。

以出包方式建造固定资产的具体支出，由建造承包商核算，“在建工程”科目实际成为企业与建造承包商的结算科目，企业将与建造承包商结算的工程价款作为工程成本，统一通过“在建工程”科目进行核算。

【例8-5】 2016年1月3日，宏业公司以出包方式建造一条生产线，根据合同约定工程造价为800 000元，当日公司预付合同价款500 000元；4月28日，工程验收合格，按合同约定与承包商结算工程合同款，补付工程款300 000元。此外，整个工程项目发生管理费、可行性研究费等支出共计100 000元。宏业公司有关账务处理如下：

（1）预付合同款，编制会计分录：

借：预付账款　　500 000

　贷：银行存款　　500 000

（2）工程竣工验收，并结算工程款，编制会计分录：

借：在建工程——出包工程　　800 000

　贷：预付账款　　500 000

　　　银行存款　　300 000

（3）发生应计入工程成本的管理费、可行性研究费等支出，编制会计分录：

借：在建工程——出包工程　　100 000

　贷：银行存款　　100 000

（4）工程完工并达到预定可使用状态验收交付使用，编制会计分录：

借：固定资产　　900 000

　贷：在建工程——出包工程　　900 000

（三）其他方式取得固定资产的核算

（1）投资者投入。在办理了固定资产移交手续之后，应按投资合同或协议约定的价值加上应支付的相关税费作为固定资产的入账价值，但合同或协议约定的价值不公允的除外。

【例8-6】 2016年3月15日，宏业公司收到伟达公司投入设备一台，伟达公司记录该设备的账面原价为300 000元，已提折旧40 000元。经双方协商确认价值为290 000元，双方同意以该价值确认投资额。宏业公司编制会计分录如下：

借：固定资产　　290 000

　贷：实收资本——伟达公司　　290 000

（2）接受捐赠。接受捐赠固定资产的成本按捐赠方是否提供有关凭证分别处理：捐赠方提供凭证的，按凭证上标明的金额加上应支付的相关税费作为固定资产的实际成本；捐赠方未提供有关凭证的，按市价或同类固定资产的市价，加应支付的相关税费作为固定资产的实际成本。

【例8-7】 2015年3月16日，宏业公司接受捐赠生产设备一台，捐赠方提供的增值税专用发票上注明的价款为50 000元、增值税为8 500元。宏业公司支付设备运输费，取得的增值税专用发票上注明的运费为2 000元、增值税为220元。宏业公司编制会计分录如下：

借：固定资产　　52 000

　　应交税费——应交增值税（进项税额）　　8 720

　贷：银行存款　　2 220

　　　营业外收入——捐赠利得　　58 500

（3）租入固定资产。这包括两种形式：一种是经营租赁；另一种是融资租赁。融资租赁是指实质上转移了与资产所有权有关的全部风险和报酬的租赁。其所有权最终可能转移，也可能不转移。这里仅介绍经营租赁的核算。

如果一项租赁在实质上没有转移与租赁资产所有权有关的全部风险和报酬，那么该项租赁应认定为经营租赁。其账务处理不需将租赁资产资本化，只需将支付或应付的租金按一定方法计入相关资产成本或当期损益。

通常情况下，企业应当将经营租赁的租金在租赁期内各个期间，按照直线法计入相关资产成本或者当期损益。

【例8-8】 2014年1月1日，甲公司从乙租赁公司采用经营租赁方式租入一台办公设备。租赁合同规定：租赁期开始日为2014年1月1日，租赁期为3年，租金总额为240 000元，租赁开始日，甲公司先预付租金200 000元，第3年年末再支付租金40 000元；租赁期满，乙租赁公司收回办公设备。假定甲公司在每年年末确认租金费用，不考虑其他相关税费。

甲公司的账务处理如下：

（1）2014年1月1日，预付租金：

借：预付账款——乙租赁公司　　200 000

　贷：银行存款　　200 000

（2）2014年12月31日，确认本年租金费用：

借：管理费用　　80 000

　贷：预付账款——乙租赁公司　　80 000

确认租金费用时，不能依据各期实际支付的租金金额来确定，而应采用直线法分摊确认，此项租赁租金总额为240 000元，按直线法计算，每年应分摊的租金费用为

80 000元。

(3) 2015年12月31日，确认本年租金费用：

借：管理费用　　80 000

　贷：预付账款——乙租赁公司　　80 000

(4) 2016年12月31日，支付第3期租金并确认本年租金费用：

借：管理费用　　80 000

　贷：银行存款　　40 000

　　　预付账款——乙租赁公司　　40 000

任务3　固定资产折旧的核算

一、固定资产折旧的概念及其影响因素

(一) 固定资产折旧的概念

固定资产折旧是指在固定资产使用寿命内，按照确定的方法对应计折旧额进行系统分摊。固定资产由于损耗而减少的价值，包括有形损耗和无形损耗。其中，应计折旧额是指应当计提折旧的固定资产的原价扣除其预计净残值后的金额；已计提减值准备的固定资产，还应当扣除已计提的固定资产减值准备累计金额。

固定资产的折旧按期转入成本和费用，并随着产品销售的实现收回以弥补成本费用，从而使这部分价值损耗得到补偿。由此可见，正确计算和计提固定资产折旧，不仅影响成本、费用和企业盈亏的正确计算，而且也是保证固定资产再生产资金来源的重要手段。

(二) 影响固定资产折旧的因素

影响固定资产折旧的因素主要有：①固定资产原价，是指固定资产的成本；②预计净残值，是指假定固定资产预计使用寿命已满并处于使用寿命终了时的预期状态，企业从该项资产处置中获得的扣除预计处置费用后的金额；③固定资产减值准备，是指固定资产已计提的固定资产减值准备累计金额；④固定资产的使用寿命，是指企业使用固定资产的预计期间，或者该固定资产所能生产产品或提供劳务的数量。

企业至少应当于每年年度终了，对固定资产的使用寿命、预计净残值和折旧方法进行复核。使用寿命预计数与原先估计数有差异的，应当调整固定资产使用寿命。预计净残值预计数与原先估计数有差异的，应当调整预计净残值。与固定资产有关的经济利益预期实现方式有重大改变的，应当改变固定资产折旧方法。固定资产使用寿命、预计净残值和折旧方法的改变应当作为会计估计变更。

二、固定资产折旧的计提范围

《企业会计准则第4号——固定资产》规定，企业应对所有的固定资产计提折旧，但是，已提足折旧仍继续使用的固定资产和单独计价入账的土地除外。在实际业务中，应注意以下几点：

(1) 已提足折旧的固定资产，不论能否继续使用，均不再计提折旧；提前报废的固定资产，也不再补提折旧。所谓提足折旧是指已经提足该项固定资产的应计折旧总额。

(2) 已达到预定可使用状态但尚未办理竣工决算的固定资产，应当按估计价值确定其成本，并计提折旧，待办理竣工决算后，再按实际成本调整原暂估价值，但不需调整原已

计提的折旧额。

（3）经营性租入和融资性租出的固定资产不提折旧；经营性租出和融资性租入的固定资产企业拥有所有权或控制权，应当计提折旧。

（4）未使用固定资产、不需用固定资产、因大修理而停用的固定资产均需计提折旧，而因扩建转入在建工程的固定资产、未提足折旧而提前报废的固定资产不提折旧。

三、固定资产折旧方法

企业应当根据与固定资产有关的经济利益的预期实现方式，合理选择折旧方法。固定资产折旧方法包括年限平均法、工作量法、双倍余额递减法和年数总和法等。企业选用不同的固定资产折旧方法，将影响固定资产使用寿命期间内不同时期的折旧费用，因此，固定资产的折旧方法一经确定，不得随意变更。

（1）年限平均法。它又称直线法，是指将固定资产的应计折旧额均衡地分摊到固定资产预计使用寿命内的一种方法。采用这种方法计算的每期折旧额相等。其计算公式如下：

年折旧率=（1-预计净残值率）÷预计使用寿命（年）×100%

月折旧率=年折旧率÷12

月折旧额=固定资产原价×月折旧率

【例8-9】宏业公司有厂房一幢，原价为2 000 000元，预计可使用5年，预计净残值率为2%。该厂房的折旧率和折旧额计算如下：

年折旧率=（1-2%）÷5×100%=19.6%

月折旧率=19.6%÷12=1.63%

月折旧额=2 000 000×1.63%=32 600（元）

（2）工作量法。它是根据实际工作量计算每期应提折旧额的一种方法。其计算公式如下：

单位工作量折旧额=固定资产原价×（1-预计净残值率）÷预计总工作量

某项固定资产月折旧额=该项固定资产当月工作量×单位工作量折旧额

【例8-10】宏业公司有一辆卡车，原价为160 000元，预计总行驶里程为500 000千米，预计净残值率为5%。2016年3月份行驶8 000千米。该汽车3月份折旧额计算如下：

单位里程折旧额=160 000×（1-5%）÷500 000=0.304（元/千米）

月折旧额=8 000×0.304=2 432（元）

（3）双倍余额递减法。它是指在不考虑固定资产预计净残值的情况下，根据每期期初固定资产原价减去累计折旧后的金额和双倍的直线法折旧率计算固定资产折旧的一种方法。应用这种方法计算折旧额时，由于每年年初固定资产净值没有扣除预计净残值，所以在计算固定资产折旧额时，应在其折旧年限到期前两年内，将固定资产净值扣除预计净残值后的余额平均摊销。其计算公式如下：

年折旧率=2÷预计使用寿命（年）×100%

年折旧额=（固定资产原价-累计折旧）×年折旧率

月折旧额=年折旧额÷12

【提示】采用这种方法时折旧率是固定不变的，而折旧额逐年递减。

【例8-11】承【例8-9】资料，按双倍余额递减法计提折旧，每年的折旧额计算如下：

年折旧率=2÷5×100%=40%

第1年应提折旧额=2 000 000×40%=800 000（元）

第2年应提折旧额=（2 000 000-800 000）×40%=480 000（元）

第3年应提折旧额=（1 200 000-480 000）×40%=288 000（元）

从第4年起改用年限平均法（直线法）计提折旧。

第4年、第5年年折旧额=[（720 000-288 000）-40 000]÷2=196 000（元）

每年各月折旧额根据年折旧额除以12来计算。

（4）年数总和法。它是指将固定资产的原价减去预计净残值后的余额，乘以一个以固定资产尚可使用寿命为分子、以预计使用寿命逐年数字之和为分母的逐年递减的分数计算每年的折旧额。其计算公式如下：

年折旧率=尚可使用寿命÷预计使用寿命的年数总和×100%

月折旧率=年折旧率÷12

月折旧额=（固定资产原价-预计净残值）×月折旧率

【提示】这种方法下，折旧率是逐年递减的，而计提折旧的基数是固定不变的。

【例8-12】承【例8-9】资料，按年数总和法计提折旧，每年折旧额的计算见表8-1。

表8-1 **固定资产折旧计算表** 金额单位：元

年份	应提折旧总额（原值-预计净残值）	尚可使用年限	年折旧率	年折旧额	累计折旧额
1	1 960 000	5	5/15	653 333	653 333
2	1 960 000	4	4/15	522 667	1 176 000
3	1 960 000	3	3/15	392 000	1 568 000
4	1 960 000	2	2/15	261 333	1 829 333
5	1 960 000	1	1/15	130 667	1 960 000

每年各月折旧额根据年折旧额除以12来计算。

四、固定资产折旧的核算

企业计提固定资产折旧时，一方面要反映由于使用固定资产而增加的成本费用支出，另一方面要反映固定资产价值的减少。为使“固定资产”账户保持原始价值记录，应单独设置“累计折旧”账户专门核算由于折旧而减少的固定资产价值。“累计折旧”账户属于资产类账户，也是“固定资产”账户的备抵调整账户，贷方登记固定资产折旧的增加；借方登记固定资产折旧的减少；期末贷方余额，反映固定资产的累计折旧额。

企业应当按月计提固定资产折旧，当月增加的固定资产，当月不计提折旧，从下月起计提折旧；当月减少的固定资产，当月仍计提折旧，从下月起不计提折旧。

企业计提的固定资产折旧，应当根据用途计入相关资产的成本或者当期损益。例如，基本生产车间使用的固定资产，其计提的折旧应计入制造费用；管理部门使用的固定资产，计提的折旧应计入管理费用；销售部门使用的固定资产，计提的折旧应计入销售费用；未使用固定资产，其计提的折旧应计入管理费用等。

企业计提固定资产折旧时，借记“制造费用”“管理费用”“销售费用”等科目，贷记“累计折旧”科目。其账务处理如图8-2所示。

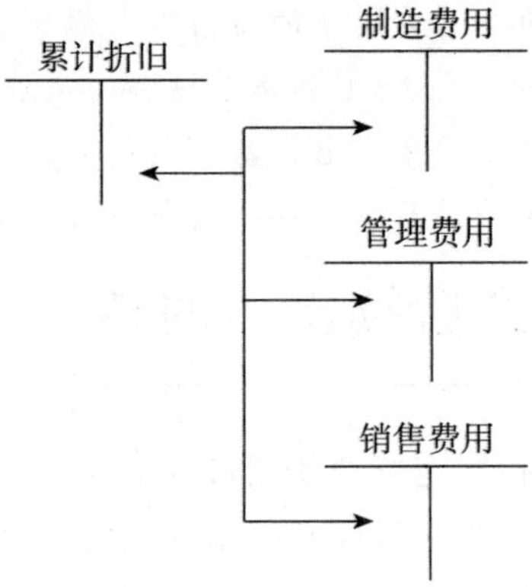

图8-2 固定资产计提折旧账务处理图

【例8-13】 宏业公司2016年3月份固定资产计提折旧情况如下：一车间厂房计提折旧4 800 000元，机器设备计提折旧4 500 000元；管理部门房屋计提折旧7 500 000元，运输工具计提折旧2 400 000元；销售部门房屋计提折旧3 200 000元，运输工具计提折旧2 630 000元。当月新购置机器设备一台，价值5 400 000元，预计使用寿命为10年，该企业同类设备计提折旧采用年限平均法。

本例中，新购置的机器设备本月不计提折旧。宏业公司编制会计分录如下：

借：制造费用——一车间	9 300 000	
管理费用	9 900 000	
销售费用	5 830 000	
贷：累计折旧		25 030 000

【练一练】

甲企业为增值税一般纳税人，增值税税率为17%。2016年发生的固定资产相关业务如下：

(1) 1月20日，企业购入一台不需安装的管理用A设备，取得的增值税专用发票上注明的设备价款为460万元、增值税为78.2万元，另发生运杂费8万元，款项均以银行存款支付。

(2) A设备经过调试后，于1月22日投入使用，预计使用10年，预计净残值为35万元，决定采用双倍余额递减法计提折旧。

(3) 7月15日，企业生产车间购入一台需要安装的B设备，取得的增值税专用发票上注明的设备价款为600万元、增值税为102万元，另发生保险费8万元，款项均以银行存款支付。

(4) 8月19日，将B设备投入安装，以银行存款支付安装费3万元。B设备于8月25日达到预定可使用状态并投入使用。

(5) B设备采用工作量法计提折旧，预计净残值为11万元，预计总工时为5万小时。9月，B设备实际使用工时为720小时。

假设除上述资料外，不考虑其他因素。

要求：(答案中的金额单位用万元表示)

(1) 编制甲企业2016年1月20日购入A设备的会计分录。

（2）计算甲企业2016年2月A设备的折旧额并编制会计分录。

（3）编制甲企业2016年7月15日购入B设备的会计分录。

（4）编制甲企业2016年8月安装B设备及其投入使用的会计分录。

（5）计算甲企业2016年9月B设备的折旧额并编制会计分录。

● 任务4　固定资产后续支出的核算

固定资产的后续支出是指固定资产使用过程中发生的更新改造支出、修理费用等。企业的固定资产在投入使用后，为了适应新技术发展的需要，或者为维护或提高固定资产的使用效能，往往需要对现有固定资产进行维护、改建、扩建或者改良。

后续支出的处理原则为：符合固定资产确认条件的，应当计入固定资产成本，同时将被替换部分的账面价值扣除；不符合固定资产确认条件的，应当计入当期损益。

一、资本化的后续支出

固定资产发生可资本化的后续支出时，企业一般应将该固定资产的原价、已计提的累计折旧和减值准备转销，将其账面价值转入在建工程，并停止计提折旧。发生的可资本化的后续支出，通过“在建工程”科目核算。在固定资产发生的后续支出完工并达到预定可使用状态时，再从在建工程转为固定资产，并按重新确定的使用寿命、预计净残值和折旧方法计提折旧。

【例8-14】2016年1月，宏业公司为满足生产发展的需要，决定对本企业2013年12月建成并投入使用的生产线进行改造，改扩建工程于2016年4月30日达到预定可使用状态。改扩建过程支出如下：外购工程用物资一批，取得的增值税专用发票上注明的价款为210 000元、增值税为35 700元，物资已全部领用；工程建设人员应计工资为84 000元。原生产线建造成本为300 000元，采用年限平均法计提折旧，预计净残值率为3%，预计使用年限为6年。改扩建后生产线的预计净残值率为改扩建后其账面价值的4%，折旧方法不变。该生产线改扩建后，大大提高了生产能力，预计尚可使用年限为7年。不考虑其他相关税费，宏业公司改扩建工程的账务处理如下：

（1）固定资产转入在建工程，编制会计分录：

借：在建工程——××生产线	203 000	
累计折旧	97 000	
贷：固定资产——××生产线		300 000

注：截至2015年12月份，累计折旧=300 000×（1-3%）÷6×2=97 000（元）。

（2）购入改扩建工程物资，编制会计分录：

借：工程物资	210 000	
应交税费——应交增值税（进项税额）	35 700	
贷：银行存款		245 700

（3）发生改扩建工程支出，编制会计分录：

借：在建工程——××生产线	294 000	
贷：工程物资		210 000
应付职工薪酬		84 000

（4）改扩建工程达到预定可使用状态转为固定资产，编制会计分录：

借：固定资产——××生产线　　497 000

　贷：在建工程——××生产线　　497 000

自2016年5月开始，甲企业应对该生产线按新的使用寿命、净残值计提折旧。

二、费用化的后续支出

一般情况下，固定资产投入使用之后，由于固定资产磨损、各组成部分耐用程度不同，可能导致固定资产的局部损坏，为了维护固定资产的正常运转和使用，充分发挥其使用效能，企业会对固定资产进行必要的维护。

固定资产的日常维护支出通常不满足固定资产的确认条件，应在发生时直接计入当期损益。企业生产车间和行政管理部门等发生的固定资产修理费用等后续支出计入管理费用；企业专设销售机构的，其发生的与专设销售机构相关的固定资产修理费用等后续支出，计入销售费用。固定资产更新改造支出不满足固定资产确认条件的，也应在发生时直接计入当期损益。

融资租入固定资产发生的固定资产后续支出，比照上述原则处理。经营租入固定资产发生的改良支出，应通过“长期待摊费用”科目核算，并在剩余租赁期与租赁资产尚可使用年限两者中较短的期间内，采用合理的方法进行摊销。

【例8-15】2016年3月10日，宏业公司对现有的一台管理用设备进行日常修理，修理过程中发生材料费100 000元，应支付维修人员工资30 000元。宏业公司编制会计分录如下：

借：管理费用　　130 000

　贷：原材料　　100 000

　　应付职工薪酬——工资　　30 000

● 任务5　固定资产处置与清查的核算

一、固定资产处置核算

（一）固定资产终止确认的条件

固定资产的处置包括固定资产的出售、转让、报废或毁损、对外投资、非货币性资产交换、债务重组等。固定资产满足下列条件之一的，应当予以终止确认：

（1）该固定资产处于处置状态。处于处置状态的固定资产不再用于生产商品、提供劳务、出租或经营管理，因此不再符合固定资产的定义，应予终止确认。

（2）该固定资产预期通过使用或处置不能产生经济利益。固定资产的确认条件之一是“与该固定资产有关的经济利益很可能流入企业”，如果一项固定资产预期通过使用或处置不能产生经济利益，就不再符合固定资产的定义和确认条件，应予终止确认

（二）固定资产处置的账务处理

企业出售、转让、报废固定资产或发生固定资产毁损，应当将处置收入扣除账面价值和相关税费后的金额计入当期损益。固定资产的账面价值是固定资产成本扣减累计折旧和减值准备后的金额。

1.账户设置

企业因出售、报废、毁损、对外投资、非货币性资产交换、债务重组等原因处置转出

的固定资产价值以及在清理过程中发生的费用应设置“固定资产清理”账户核算。该账户属资产类账户，借方登记转入清理的固定资产净值和发生的清理费用及转销的固定资产清理净收益；贷方登记清理固定资产的变价收入和由保险公司或过失人承担的损失及转销的固定资产清理净损失；固定资产清理净损益转销后该账户无余额。该账户应按被清理的固定资产项目进行明细核算。

2.固定资产处置的账务处理

固定资产出售、报废和毁损的处理一般要经过以下几个步骤：

第一，固定资产转入清理。按固定资产的账面价值，借记“固定资产清理”科目；按已计提的累计折旧，借记“累计折旧”科目；按已计提的减值准备，借记“固定资产减值准备”科目；按固定资产原价，贷记“固定资产”科目。

第二，发生的清理费用。企业在固定资产清理过程中发生的相关税费及其他费用，应借记“固定资产清理”科目，贷记“银行存款”“应交税费”等科目。

第三，出售收入、残料等的处理。企业收回出售固定资产的价款、残料价值和变价收入等，应冲减清理支出，借记“银行存款”“原材料”等科目，贷记“固定资产清理”“应交税费——应交增值税”等科目。

第四，保险赔款及过失人赔款处理。企业计算或收到的应由保险公司或过失人赔偿的损失，应借记“其他应收款”“银行存款”等科目，贷记“固定资产清理”科目。

第五，清理净损益的处理。固定资产清理完毕后，属于生产经营期间正常的处理净损失，借记“营业外支出——非流动资产处置损失”科目，贷记“固定资产清理”科目；属于生产经营期间由于自然灾害等非正常原因造成的，借记“营业外支出——非常损失”科目，贷记“固定资产清理”科目。

固定资产清理完成后的净收益，借记“固定资产清理”科目，贷记“营业外收入——非流动资产处置利得”科目。

其账务处理如图8-3所示。

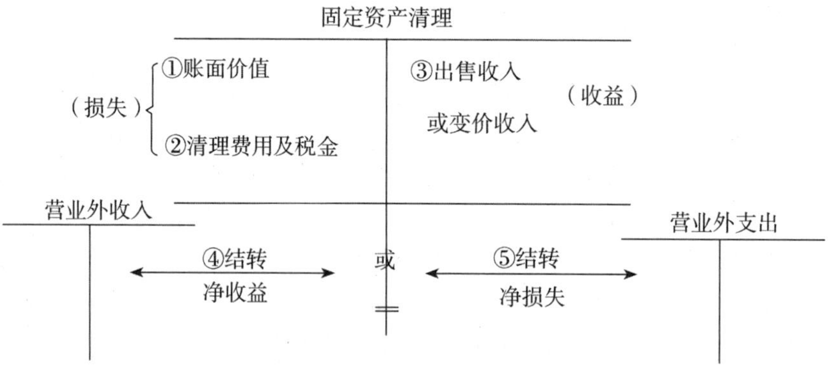

图8-3　固定资产清理账务处理图

【例8-16】宏业公司出售房屋一幢，原价3 000 000元，已提折旧1 000 000元；实际售价2 400 000元，款项已收存入银行，不考虑相关税费；以银行存款支付清理费用30 000元。宏业公司账务处理如下：

(1) 将出售固定资产转入清理，编制会计分录：

借：固定资产清理　　2 000 000
　　累计折旧　　1 000 000
　贷：固定资产　　3 000 000

(2) 收到出售固定资产价款，编制会计分录：

借：银行存款　　2 400 000
　贷：固定资产清理　　2 400 000

(3) 支付清理费用，编制会计分录：

借：固定资产清理　　30 000
　贷：银行存款　　30 000

(4) 结转出售固定资产实现的净收益，编制会计分录：

借：固定资产清理　　370 000
　贷：营业外收入——非流动资产处置利得　　370 000

【例8-17】 丙公司因遭受水灾而毁损一座仓库，该仓库原价为3 000 000元，已计提折旧1 000 000元，未计提减值准备。其残料估计价值为50 000元，残料已办理入库。发生清理费用20 000元，以现金支付。经保险公司核定应赔偿损失1 500 000元，尚未收到赔款。丙公司应作如下账务处理：

(1) 将毁损的仓库转入清理时：

借：固定资产清理　　2 000 000
　　累计折旧　　1 000 000
　贷：固定资产　　3 000 000

(2) 残料入库时：

借：原材料　　50 000
　贷：固定资产清理　　50 000

(3) 支付清理费用时：

借：固定资产清理　　20 000
　贷：库存现金　　20 000

(4) 确定应由保险公司理赔的损失时：

借：其他应收款——保险公司　　1 500 000
　贷：固定资产清理　　1 500 000

(5) 结转毁损固定资产发生的损失时：

借：营业外支出——非常损失　　470 000
　贷：固定资产清理　　470 000

【练一练】

甲公司现有一台设备由于性能等原因决定提前报废，原价为600 000元，已提折旧450 000元，未计提减值准备；报废时的残值变价收入为20 000元；报废清理过程中发生清理费用3 500元。有关收入、支出均通过银行办理结算。请你为甲公司作出相关的账务处理。

二、固定资产清查核算

企业应定期或至少于每年年末对固定资产进行清查盘点，清查过程中，若发现盘盈、盘亏的固定资产，应填制固定资产盘存盈亏报告表。清查固定资产的损益，应及时查明原因，并按照规定程序报批处理。

（一）固定资产盘盈的核算

企业盘盈固定资产，应作为前期差错更正处理，在按管理权限报经批准处理前应按重置成本，借记“固定资产”科目，贷记“以前年度损益调整”科目。盘盈固定资产的核算如图8-4所示。

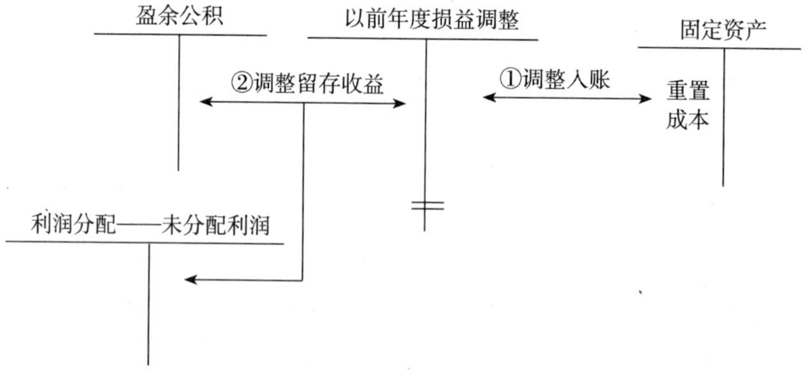

图8-4 盘盈固定资产的核算

【例8-18】2016年1月20日，宏业公司在财产清查过程中发现2015年12月购入的一台设备尚未入账，重置成本为50 000元（假定与其计税基础不存在差异）。根据《企业会计准则第28号——会计政策、会计估计变更和差错更正》规定，该盘盈固定资产作为前期差错进行处理。宏业公司盘盈固定资产时，编制会计分录：

借：固定资产 50 000

贷：以前年度损益调整 50 000

（二）固定资产盘亏的核算

企业盘亏固定资产，在查明原因前，应先将盘亏固定资产的账面价值转入“待处理财产损溢——待处理固定资产损溢”账户。按管理权限报经批准后处理，应由保险赔偿或过失人赔偿的，转入“其他应收款”账户；净损失转入“营业外支出”账户。盘亏固定资产的核算如图8-5所示。

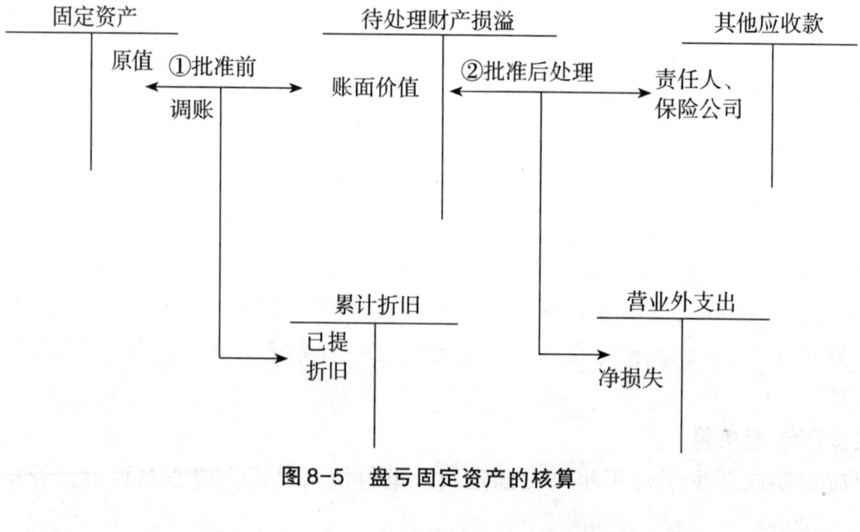

图8-5 盘亏固定资产的核算

【例8-19】 宏业公司在财产清查中发现盘亏设备一台，其账面原值为80 000元，已提折旧28 000元，已提减值准备1 800元。宏业公司应编制会计分录：

借：待处理财产损溢——待处理固定资产损溢　　50 200
　　累计折旧　　28 000
　　固定资产减值准备　　1 800
　贷：固定资产　　80 000

经核查上述固定资产盘亏属于自然灾害造成的，应由保险公司赔偿21 000元，经批准后，编制会计分录：

借：其他应收款　　21 000
　　营业外支出　　29 200
　贷：待处理财产损溢——待处理固定资产损溢　　50 200

● 任务6　固定资产减值的核算

一、固定资产减值确认

固定资产在使用过程中，由于存在有形和无形损耗以及其他原因，会导致资产可收回金额低于其账面价值，此时如果不对这部分价值予以确认，将会虚增企业的资产，导致会计信息丧失可靠性。因此，企业应在固定资产出现减值迹象时进行减值测试，其可收回金额低于账面价值的，应当将该固定资产的账面价值减记至可收回金额，减记的金额确认为减值损失计入当期损益，同时计提相应的固定资产减值准备。

固定资产减值损失一经确认，在以后会计期间不得转回。

二、固定资产减值的账务处理

企业核算固定资产的减值应设置"资产减值损失"和"固定资产减值准备"账户。其中"资产减值损失"账户核算因固定资产减值而导致的损失；"固定资产减值准备"账户核算因固定资产减值而计提的减值准备。

【例8-20】 2015年12月31日，宏业公司的某生产线存在可能发生减值的迹象。经测算，该生产线的可收回金额合计为1 390 000元，账面价值为1 500 000元，以前年度未对该生产线计提减值准备。

年末该生产线的可收回金额低于账面价值，应计提固定资产减值准备，编制会计分录：

借：资产减值损失——计提的固定资产减值准备　　110 000
　贷：固定资产减值准备　　110 000

[案例分析]

案例资料和要求见本章［案例导入］，具体账务处理如下：

(1) 1月5日，购入工程物资，编制会计分录：

借：工程物资　　234 000
　贷：银行存款　　234 000

1月7日，领用工程物资，编制会计分录：

借：在建工程　　234 000

　贷：工程物资　　234 000

1月7日，领用本单位生产的水泥，编制会计分录：

借：在建工程　　25 100

　贷：库存商品　　20 000

　　　应交税费——应交增值税（销项税额）　　5 100

1月12日，领用外购生产用原材料，编制会计分录：

借：在建工程　　11 700

　贷：原材料　　10 000

　　　应交税费——应交增值税（进项税额转出）　　1 700

1月至3月应付工程人员工资，编制会计分录：

借：在建工程　　20 000

　贷：应付职工薪酬　　20 000

支付其他费用，编制会计分录：

借：在建工程　　9 200

　贷：银行存款　　9 200

（2）该仓库的入账价值=234 000 + 25 100 + 11 700 + 20 000 + 9 200=300 000（元）

仓库达到预定可使用状态，结转固定资产，编制会计分录：

借：固定资产　　300 000

　贷：在建工程　　300 000

（3）2016年度该仓库应计提折旧额=（300 000−20 000）÷20×9÷12=10 500（元）

编制会计分录：

借：管理费用　　10 500

　贷：累计折旧　　10 500

[项目小结]

固定资产，是指为生产商品、提供劳务、出租或经营管理而持有的，使用寿命超过一个会计年度的有形资产。企业确认固定资产，必须满足：①与该固定资产有关的经济利益很可能流入企业；②该固定资产的成本能够可靠地计量。

固定资产应当按照成本进行初始计量。固定资产的成本，是指企业购建某项固定资产达到预定可使用状态前所发生的一切合理、必要的支出。这些支出包括：直接发生的价款、运杂费、包装费和安装成本等，也包括间接发生的，如应承担的借款利息、外币借款折算差额以及应分摊的其他间接费用。

固定资产折旧是指在固定资产的使用寿命内，按照确定的方法对应计提折旧额进行的系统分摊。企业根据固定资产的性质和使用情况，合理确定固定资产的使用寿命和预计净残值。固定资产的使用寿命、预计净残值一经确定，不得随意变更。固定资产的折旧方法包括年限平均法、工作量法、双倍余额递减法和年数总和法等。

固定资产的后续支出是指固定资产在使用过程中发生的更新改造支出、修理费用等。固定资产的后续支出，满足固定资产确认条件的，应当计入固定资产成本；不满足固定资产确认条件的后续支出，应当在发生时计入当期损益。

固定资产的处置包括出售、报废、毁损、对外投资、非货币性资产交换、债务重组等。处置固定资产应通过“固定资产清理”账户核算。

企业应定期或者至少于每年年末对固定资产进行清查盘点，如果发现盘盈、盘亏的固定资产，应填制固定资产盘盈盘亏报告表。清查固定资产的损溢，应及时查明原因，并按照规定程序报批处理。固定资产在资产负债表日存在可能发生减值的迹象时，应计提固定资产资产减值准备。固定资产减值损失一经确认，在以后会计期间不得转回。

[习题与实训]

一、单项选择题

1.下列固定资产中，应计提折旧的是（　　）。

A.未提足折旧提前报废的房屋　　B.闲置的房屋

C.已提足折旧继续使用的房屋　　D.经营租入的房屋

2.甲企业购入三项没有单独标价的固定资产A、B、C，均不需要安装。实际支付的价款总额为100万元。其中固定资产A的公允价值为60万元，固定资产B的公允价值为40万元，固定资产C的公允价值为20万元（假定不考虑增值税问题）。则固定资产A的入账价值为（　　）万元。

A.60　　B.50　　C.100　　D.120

3.某企业对账面原价为120万元、累计折旧为70万元的某一项固定资产进行清理。清理时发生清理费用5万元，清理收入为80万元。该固定资产的清理净收益为（　　）万元。

A.21　　B.25　　C.71　　D.75

4.甲公司2015年3月20日购入一台需要安装的机器设备，该设备的成本为960万元，安装期发生相关支出30万元，在2015年9月20日达到预定可使用状态，预计使用年限为5年，预计净残值为50万元。在采用双倍余额递减法计提折旧的情况下，2016年该设备应计提的折旧额为（　　）万元。

A.237.6　　B.396　　C.356.4　　D.297

5.甲公司对A设备进行改良，该设备原价为2 000万元，已提折旧600万元，已提减值准备300万元，改良中发生各项资本化支出共计500万元。改良时被替换部分的账面原价为150万元。则改良后固定资产的入账价值为（　　）万元。

A.1 100　　B.1 450　　C.1 517.5　　D.2 000

二、多项选择题

1.不满足固定资产确认条件的固定资产日常维护支出，可能记入的会计科目有（　　）。

A.“制造费用”　　B.“管理费用”　　C.“在建工程”　　D.“销售费用”

2.下列关于固定资产的处置的说法中正确的有（　　）。

A.当该项固定资产处于处置状态时，应当终止确认该项固定资产

B.出售、报废或者毁损固定资产时，应通过“固定资产清理”科目核算

C.固定资产清理完成后，属于生产经营期间正常的处理损失，应该记入“营业外支出”科目

D.固定资产用于对外投资时，直接按照固定资产科目余额进行结转即可，不需要通过“固定资产清理”科目核算

3.期末发生的下列事项中，影响当年度利润表中营业利润的有（　　）。

A.计提管理部门不需用固定资产的折旧费

B.计提固定资产减值损失

C.购买固定资产支付的运杂费

D.管理部门设备发生的修理支出

4.下列机器设备，应计提折旧的有（　　）。

A.融资租入的机器设备　　B.经营租入的设备

C.已季节性停用的设备　　D.已提足折旧继续使用的机器设备

5.固定资产的后续支出，可能记入的会计科目有（　　）。

A.“固定资产”　B.“制造费用”　C.“管理费用”　D.“销售费用”

三、判断题

1.按双倍余额递减法计提的折旧额在任何时期都大于按年限平均法计提的折旧额。（　　）

2.企业季节性停用或大修理停用的固定资产属于使用中的固定资产。（　　）

3.固定资产提足折旧后，不论能否继续使用，均不再计提折旧；提前报废的固定资产，也不再补提折旧。（　　）

4.已达到预定可使用状态但在年度内尚未办理竣工决算手续的固定资产，应按估计价值暂估入账，并计提折旧，办理竣工决算手续后，如果与原暂估入账的金额不等，需要调整固定资产科目的金额，同时调整已经计提的累计折旧金额。（　　）

5.所建造的固定资产已达到预定可使用状态，但尚未办理竣工结算的，则不应计提固定资产折旧，待办理竣工结算手续后，转入固定资产后再计提折旧。（　　）

四、实训题

【实训题一】

资料：某企业于2016年9月5日对一条生产线进行改扩建。改扩建前该生产线账面原值为300 000元，已提折旧180 000元，已提减值准备10 000元。在扩建过程中以银行存款支付拆除费用60 000元，残料变价收入为50 000元，价款存入银行，另外领用工程用物资20 000元，另有生产用原材料5 000元，原材料的进项税额为850元，应付改扩建工程人员工资12 000元。该生产线于2016年11月20日完工交付使用。该企业对改扩建后的生产线采用年限平均法计提折旧，预计尚可使用10年，预计净残值为30 000元。

要求：

（1）编制上述与固定资产改扩建有关的会计分录；

（2）计算改扩建后的固定资产每年应计提的折旧额。

【实训题二】

资料：2016年1月1日，时代公司从长城租赁公司经营租入一栋办公设备。租赁合同规定：租赁期开始日为2016年1月1日，租赁期为3年，租金总额为300 000元，租赁开始日，时代公司先预付租金220 000元，第3年年末再支付租金80 000元；租赁期满，长城租赁公司收回办公设备。假定时代公司在每年末确认租金费用，不考虑其他相关税费。

要求：编制时代公司相关的会计分录。

【实训题三】

资料：甲公司2016年6月21日购置一台不需安装即可投入使用的固定资产。固定资产的入账价值为600万元，预计使用寿命为5年，预计净残值为零。甲公司采用年数总和法计提折旧。

要求：计算该项固定资产的年折旧额。

项目九

无形资产的核算

[知识目标]

了解无形资产的概念与特征；掌握无形资产取得、摊销、减值与处置业务的会计核算方法。

[技能目标]

能根据无形资产取得、摊销、减值及处置业务的相关原始凭证进行账务处理。

[案例导入]

资料：某公司自行研究开发一项专利技术，与该项专利技术有关的资料如下：研发活动自2015年1月进入开发阶段，2015年7月1日开发成功，并按法律程序申请取得专利权，此项技术已在本单位行政管理部门推广使用。开发阶段发生开发费用800 000元，其中满足资本化条件的费用为500 000元，同时在申请专利过程中发生费用支出8 000元。全部款项以银行存款支付。该专利权法律规定有效期为5年，公司对无形资产成本采用直线法摊销。2016年12月1日，公司将该项专利权转让，实际取得价款600 000元，假定不考虑相关税费，款项已收讫并存入银行。

要求：根据上列资料编制相关会计分录。

● 任务1　无形资产认知

一、无形资产的概念及特征

无形资产是指企业拥有或控制的没有实物形态的可辨认非货币性长期资产，通常包括专利权、非专利技术、商标权、著作权、特许权和土地使用权等。无形资产具有以下特征：

（1）由企业拥有或者控制并能为其带来未来经济利益的资源。通常情况下，企业拥有或者控制的无形资产应当拥有其所有权并且能够为企业带来未来经济利益。但在某些情况下，并不需要企业拥有其所有权，如果企业有权获得某项无形资产产生的未来经济利益，并能约束其他方获得这些经济利益，则表明企业控制了该无形资产。客户关系、人力资源等，由于企业无法控制其带来的未来经济利益，不符合无形资产的定义，不应将其确认为无形资产。

（2）无形资产不具有实物形态。无形资产通常表现为某种权利、某项技术或是某种获取超额利润的综合能力，它们不具有实物形态，如土地使用权、非专利技术等。需要指出的是，某些无形资产的存在有赖于实物载体，如计算机软件需要存储在介质中，但这并不改变无形资产本身不具有实物形态的特性。在确定一项包含无形和有形要素的资产是属于固定资产，还是属于无形资产时，需要通过判断来加以确定，通常以哪个要素更重要作为判断的依据。例如，计算机控制的机械工具没有特定计算机软件就不能运行时，则说明该软件构成相关硬件不可缺少的组成部分，该软件应作为固定资产处理；如果计算机软件不是相关硬件不可缺少的组成部分，则该软件应作为无形资产处理。

（3）无形资产具有可辨认性。要作为无形资产进行核算，该资产必须是能够区别于其他资产可单独辨认的，如企业特有的专利权、非专利技术、商标权、土地使用权、特许权等。满足下列条件之一的，应当认定为其具有可辨认性：①能够从企业中分离或者划分出来，并能单独或者与相关合同、资产或负债一起，用于出售、转移、授予许可、租赁或交换。②源自合同性权利或其他法定权利，无论这些权利是否可以从企业或其他权利和义务中转移或者分离。如一方通过与另一方签订特许权合同而获得的特许使用权，通过法律程序申请获得的商标权、专利权等。

（4）无形资产属于非货币性资产。非货币性资产是指企业持有的货币资金和将以固定或可确定的金额收取的资产以外的其他资产。无形资产在持有过程中为企业带来未来经济利益的情况不确定，不属于将以固定或可确定的金额收取的资产，属于非货币性资产。

【提示】商誉无法与企业自身分离而存在，不具有可辨认性，不属于无形资产。

二、无形资产的确认

无形资产应当在符合定义的前提下，同时满足以下两个确认条件时，才能予以确认：

（1）与该无形资产有关的经济利益很可能流入企业。通常情况下，无形资产产生的未来经济利益可能包括在销售商品、提供劳务的收入当中，或者企业使用该项无形资产而减少或节约了成本，或者体现在获得的其他利益当中。例如，生产加工企业在生产工序中使用了某种知识产权，使其降低了未来生产成本。

在会计实务中，要确定无形资产所创造的经济利益是否很可能流入企业，需要进行职业判断。在进行这种判断时，需要对无形资产在预计使用寿命内可能存在的各种经济因素作出合理估计，并且应当有确凿的证据支持。

（2）该无形资产的成本能够可靠地计量。这是确认资产的一项基本条件，对无形资产而言，这个条件显得更为重要。例如，企业内部产生的品牌、报刊名、刊头和实质上类似项目的支出，由于不能与整个业务开发成本区分开来，成本无法可靠计量，因此，不应确认为无形资产。

【想一想】

企业的人力资源在会计上可否作为无形资产确认？

三、无形资产的构成

无形资产主要包括专利权、商标权、土地使用权、非专利技术、著作权、特许权等。

（1）专利权。它是指国家专利主管机关依法授予发明创造专利申请人对其发明创造在法定期限内所享有的专有权利，包括发明专利权、实用新型专利权和外观设计专利权。它给予持有者独家使用或控制某项发明的特殊权利。《中华人民共和国专利法》明确规定，专利人拥有的专利权受到国家法律保护。专利权是允许其持有者独家使用或控制的特权，但它并不保证一定能给持有者带来经济效益，如有的专利可能会被另外更有经济价值的专利所淘汰等。因此，企业不应将其所拥有的一切专利权都予以资本化，作为无形资产管理和核算。

一般而言，只有从外单位购入的专利或者自行开发并按法律程序申请取得的专利，才能作为无形资产管理和核算。这种专利可以降低成本，或者提高产品质量，或者将其转让出去获得转让收入。

企业从外单位购入的专利权，应按实际支付的价款作为专利权的成本。企业自行开发并按法律程序申请取得的专利权，应按照无形资产准则确定的金额作为成本。

（2）商标权。商标是用来辨认特定的商品或劳务的标记。商标权是指专门在某类指定的商品或产品上使用特定的名称或图案的权利。商标经过注册登记，就获得了法律的保护。《中华人民共和国商标法》明确规定，经商标局核准注册的商标为注册商标，商标注册人享有商标专用权，受法律的保护。

企业自创商标并将其注册登记，所花费用一般不大，是否将其资本化并不重要。能够给拥有者带来获利能力的商标，往往是通过多年的广告宣传和其他传播商标名称的手段，以及客户的信赖等树立起来的。广告费一般不作为商标权的成本，而是在发生时直接计入当期损益。

按照《中华人民共和国商标法》的规定，商标可以转让，但受让人应保证使用该注册商标的产品质量。如果企业购买他人的商标，一次性支出费用较大的，可以将其资本化，作为无形资产管理。这时，应根据购入商标的价款、支付的手续费及有关费用作为商标的成本。

（3）土地使用权。它是指国家准许某一企业或单位在一定期间内对国有土地享有开发、利用、经营的权利。土地属于国家和集体所有，任何社会组织或个人都不能以任何理由侵占、买卖土地。企业取得土地的使用权通常是有偿的，企业为获得土地使用权向政府支付的土地出让金应作为无形资产的成本。

（4）非专利技术，即专有技术，或技术秘密、技术诀窍，是指先进的、未公开的、未申请专利的、可以带来经济效益的技术及诀窍。其主要内容包括：一是工业专有技术，即在生产上已经采用，仅限于少数人知道，不享有专利权或发明权的生产、装配、修理、工艺或加工方法的技术知识；二是商业（贸易）专有技术，即具有保密性质的市场情报、原材料价格情报以及用户、竞争对象的情况和有关知识；三是管理专有技术，即生产组织的经营方式、管理方式、培训职工方法等保密知识。非专利技术并不是专利法的保护对象，专有技术所有人依靠自我保密的方式来维持其独占权，可以用于转让和投资。

企业的非专利技术，有些是自己研究开发的，有些是根据合同规定从外部购入的。如果是企业自己研究开发的，应将符合《企业会计准则第6号——无形资产》规定的符合开发支出资本化条件的，确认为无形资产。对于从外部购入的非专利技术，应将实际发生的支出予以资本化，作为无形资产入账。

（5）著作权。它又称为版权，是制作者对其创作的文学、科学和艺术作品依法享有的某种特殊权利。著作权包括两方面的权利，即精神权利（人身权利）和经济权利（财产权利）。前者指作品署名权、发表作品、确认作者身份、保护作品完整性、修改已经发表的作品等各项权利，包括发表权、署名权、修改权和保护作品完整权；后者指以出版、表演、广播、展览、录制唱片、摄制影片等方式使用作品以及因授权他人使用作品而获得经济利益的权利。

（6）特许权。它又称为经营特许权、专营权，是指企业在某一地区经营或销售某种特定商品的权利或是一家企业接受另一家企业使用其商标、商号、技术秘密等的权利。前者一般是指政府机关授权、准许企业使用或在一定地区享有经营某种业务的特权，如水、电、邮电通讯等专营权以及烟草专卖权等；后者指企业间依照签订的合同，有期限或无期限使用另一家企业的某些权利，如连锁店分店使用总店的名称等。

● 任务2 无形资产取得的核算

一、无形资产的初始计量

无形资产通常按照实际成本进行初始计量，即以取得无形资产并使之达到预定用途而发生的全部支出作为无形资产的成本。对于不同来源取得的无形资产，其成本构成不尽相同。

（1）外购无形资产的成本。其包括购买价款、相关税费以及直接归属于使该项资产达到预定用途所发生的其他支出。其中，直接归属于使该项资产达到预定用途所发生的其他支出包括使无形资产达到预定用途所发生的专业服务费用、测试无形资产是否能够正常发挥作用的费用等，但不包括为引入新产品进行宣传发生的广告费、管理费用及其他间接费用，也不包括在无形资产已经达到预定用途以后发生的费用。

购买无形资产的价款超过正常信用条件延期支付，实质上具有融资性质的，无形资产的成本应以购买价款的现值为基础确定。实际支付的价款与购买价款的现值之间的差额作为未确定融资费用，在信用期间内采用实际利率法进行摊销，摊销金额除满足借款费用资本化条件应当计入无形资产成本外，均应当在信用期间内确认为财务费用，计入当期损益。

（2）投资者投入无形资产的成本。其应当按照投资合同或协议约定的价值确定，但合同或协议约定价值不公允的除外。

（3）土地使用权的成本。企业取得的土地使用权，通常应当按照取得时所支付的价款及相关税费确认为无形资产。但属于投资性房地产的土地使用权，应当按照投资性房地产进行账务处理。

土地使用权用于自行开发建造厂房等地上建筑物时，土地使用权的账面价值不与地上建筑物合并计算其成本，而仍作为无形资产进行核算，土地使用权与地上建筑物分别进行摊销和计提折旧。但下列情况除外：

第一，房地产开发企业取得的土地使用权用于建造对外出售的房屋建筑物，相关的土地使用权应当计入所建造的房屋建筑物成本。

第二，企业外购房屋建筑物所支付的价款中包括土地使用权和建筑物的价值的，应当对实际支付的价款按照合理的方法（例如，公允价值相对比例）在土地使用权与地上建筑物之间进行分配；如果确实无法在土地使用权与地上建筑物之间进行合理分配的，应当全部作为固定资产，按照固定资产确认和计量的原则进行账务处理。

企业改变土地使用权的用途，停止自用土地使用权而用于赚取租金或资本增值时，应将其转为投资性房地产。

二、无形资产的核算

（一）账户设置

取得无形资产的核算涉及的主要账户有“无形资产”和“研发支出”。

（1）“无形资产”账户。该账户属于资产类账户，核算无形资产原值的增减变动和结存情况。该账户借方登记增加无形资产的原值；贷方登记减少无形资产的原值；期末余额在借方，反映企业实有无形资产的原值。该账户应按无形资产项目进行明细核算。

（2）“研发支出”账户。该账户属于成本类账户，核算企业无形资产研发过程中发生的各项支出。该账户应按无形资产研发项目分别“费用化支出”和“资本化支出”进行明细核算。其中，“资本化支出”明细账户，核算无形资产达到预定用途之前累计发生的应归属于该资产的开发成本，借方登记实际发生的各项符合资本化条件的开发支出，贷方登记已经达到预定用途转入“无形资产”账户的成本，期末借方余额反映尚未达到预定用途的开发项目的累计成本；“费用化支出”明细账户，核算无形资产研发过程中研究阶段的支出和不符合资本化条件的开发支出，期末应将该明细账户的余额转入“管理费用”账户，结转后无余额。

（二）账务处理

（1）外购无形资产的核算。外购无形资产应按支付的买价、相关税费以及直接归属于使该资产达到预定用途所发生的其他支出作为实际成本。

【例9-1】2016年3月15日，华夏公司购入一项非专利技术，以银行存款支付买价800 000元、相关税费100 000元。华夏公司编制会计分录如下：

借：无形资产——非专利技术　　　　900 000

　贷：银行存款　　　　　　　　　　　900 000

（2）自主研发无形资产的核算。企业内部研究开发项目所发生的支出应区分研究阶段支出和开发阶段支出，企业自行开发无形资产发生的研发支出，不满足资本化条件的，借记“研发支出——费用化支出”科目，满足资本化条件的，借记“研发支出——资本化支出”科目，贷记“原材料”“银行存款”“应付职工薪酬”等科目。

研究开发项目达到预定用途形成无形资产的，应按“研发支出——资本化支出”科目的余额，借记“无形资产”科目，贷记“研发支出——资本化支出”科目。

期（月）末，应将“研发支出——费用化支出”科目归集的金额转入“管理费用”科目，借记“管理费用”科目，贷记“研发支出——费用化支出”科目。

研发支出的分类如图9-1所示。

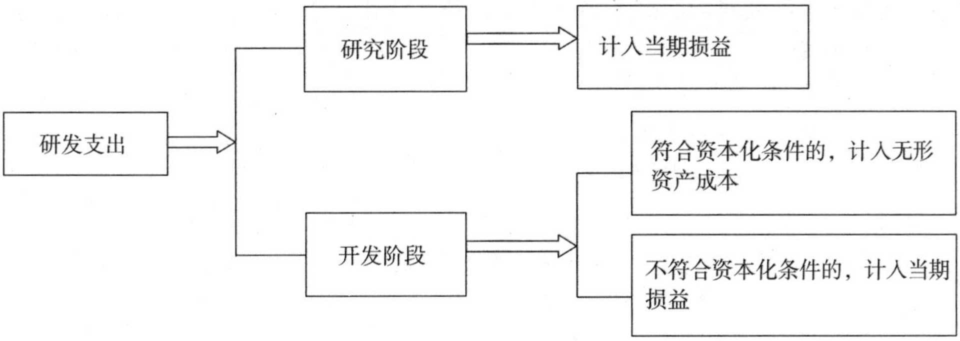

图9-1　研发支出的分类

无形资产研发支出的账务处理程序如图9-2所示。

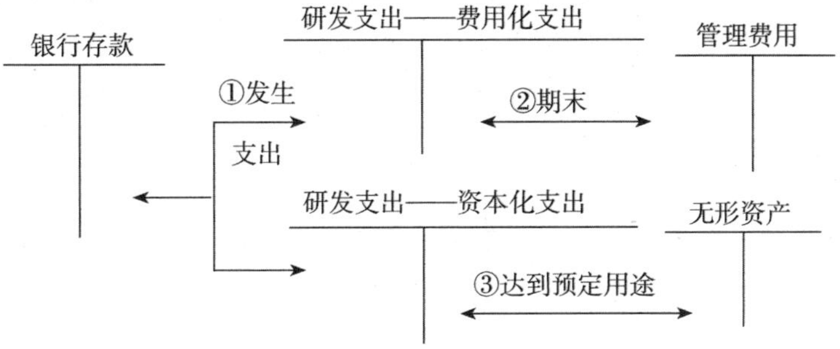

图9-2　无形资产研发支出的账务处理程序

【例9-2】 华夏公司2016年1月份开始研发一项新产品专利技术，研究阶段发生费用350 000元，其中材料费200 000元、研发人员工资100 000元、其他费用50 000元（以银行存款支付）。同年10月进入开发阶段，至12月该专利技术已达到预定用途并申请专利，此阶段发生材料费300 000元、研发人员工资200 000元、其他费用150 000元（以银行存款支付），总计650 000元，其中符合资本化条件的费用为590 000元。华夏公司账务处理如下：

（1）研究阶段发生的支出，编制会计分录：

借：研发支出——费用化支出	350 000	
贷：原材料		200 000
应付职工薪酬		100 000
银行存款		50 000

上述“研发支出——费用化支出”在发生当月月末应转入当期损益，编制会计分录：

借：管理费用	350 000	
贷：研发支出——费用化支出		350 000

（2）开发阶段发生的支出，编制会计分录：

借：研发支出——资本化支出	590 000	
——费用化支出	60 000	
贷：原材料		300 000
应付职工薪酬		200 000

贷：银行存款　　150 000

上述专利权开发成功后结转开发支出，编制会计分录：

借：无形资产　　590 000

管理费用　　60 000

贷：研发支出——资本化支出　　590 000

——费用化支出　　60 000

【练一练】

2015年1月1日，甲公司董事会批准研发某项新型技术，该公司董事会认为，研发该项目具有可靠的技术和财务等资源的支持，并且一旦研发成功将降低生产成本。2016年1月31日，该项新型技术研发成功并已经达到预定用途。研发过程中所发生的直接相关的必要支出情况如下：

（1）2015年度发生材料费用9 000 000元，人工费用4 500 000元，计提专用设备折旧750 000元，以银行存款支付其他费用3 000 000元，总计17 250 000元，其中，符合资本化条件的支出为7 500 000元。

（2）2016年1月31日前发生材料费用800 000元，人工费用500 000元，计提专用设备折旧50 000元，其他费用20 000元，总计1 370 000元。

本例中，甲公司经董事会批准研发某项新型技术，并认为完成该项新型技术无论从技术上，还是财务等方面都能够得到可靠的资源支持，一旦研发成功将降低公司的生产成本，并且有确凿证据予以支持。因此，符合条件的开发费用可以资本化。

此外，甲公司在开发该项新型技术时，累计发生了18 620 000元的研究与开发支出，其中符合资本化条件的开发支出为8 870 000元，符合“归属于该无形资产开发阶段的支出能够可靠地计量”的条件。

（3）其他方式取得无形资产的核算。其他方式取得无形资产的途径有投资者投入、接受捐赠、非货币性资产交换、债务重组、企业合并等。其中，投资者投入的无形资产，应当按投资合同或协议约定的价值确定实际成本；接受捐赠的无形资产，应按发票金额或公允价值确定实际成本。

【例9-3】甲公司与华夏公司签定协议，决定以其拥有的一项发明专利投资于华夏公司，双方协议价格为900 000元。华夏公司另支付印花税等相关费用40 000元，款项通过银行转账支付。假定协议价格与甲公司享有的注册资本金、专利权的公允价值相等。

华夏公司接受甲公司投入专利权的成本=900 000+40 000=940 000（元）

华夏公司编制会计分录如下：

借：无形资产——专利权　　940 000

贷：实收资本——甲公司　　900 000

银行存款　　40 000

【想一想】

若上例华夏公司接受的是甲公司的捐赠，该怎样进行账务处理？

● 任务3　无形资产摊销与减值的核算

一、无形资产摊销

根据使用期限是否有限，无形资产可分为有期限无形资产和无期限无形资产两类。企业会计准则规定，对使用寿命有限的无形资产，其成本应在其预计的使用寿命期内采用一定的方法进行摊销，计入当期损益；对使用寿命无限的无形资产，在持有期限内不需要进行成本摊销，但应在每个会计期末进行减值测试，若发生减值，应计提无形资产减值准备。无形资产的分类如图9-3所示。

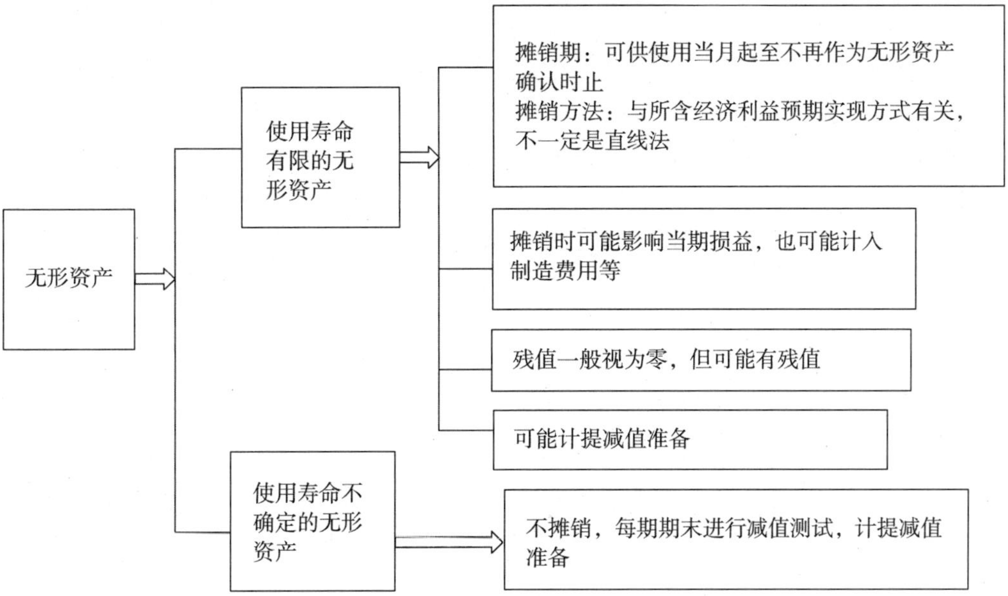

图9-3　无形资产的分类

（一）账户设置

企业无形资产的成本摊销应通过“累计摊销”账户核算。该账户属于资产类账户，也是“无形资产”账户的备抵调整账户，贷方登记企业计提的无形资产摊销额；借方登记处置无形资产转出的累计摊销额；期末余额在贷方，反映企业期末无形资产的累计摊销额。该账户应按无形资产项目进行明细核算。

（二）使用寿命有限的无形资产的摊销

（1）企业应当于取得无形资产时分析判断其使用寿命。使用寿命有限的无形资产应进行摊销，并且其残值应当视为零。对于使用寿命有限的无形资产应当自可供使用（即其达到预定用途）的当月起开始摊销，处置当月不再摊销。

（2）无形资产摊销方法包括直线法、生产总量法等。企业选择的无形资产摊销方法，应当反映与该项无形资产有关的经济利益的预期实现方式。无法可靠确定预期实现方式的，应当采用直线法摊销。

（3）企业应当按月对无形资产进行摊销。无形资产的摊销额一般应当计入当期损益：①企业自用的无形资产，其摊销金额计入管理费用；②出租的无形资产，其摊销金额计入其他业务成本；③某项无形资产包含的经济利益通过所生产的产品或其他资产实现的，其摊销金额应当计入相关资产成本。

无形资产摊销的账务处理如图9-4所示。

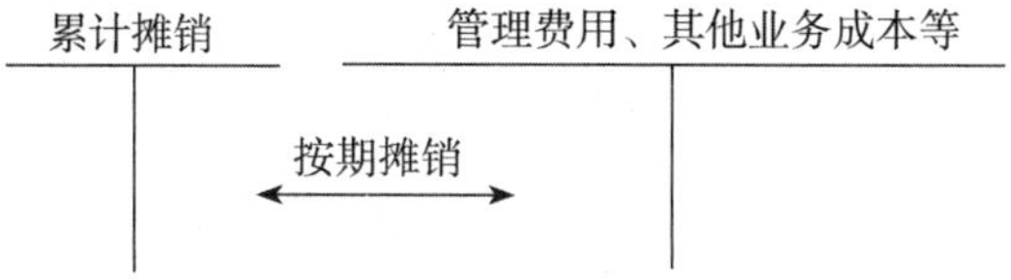

图9-4　无形资产摊销的账务处理

【例9-4】甲公司购买了一项特许权，成本为9 600 000元，合同规定受益年限为10年，甲公司每月应摊销80 000元（9 600 000÷10÷12）。每月摊销时，甲公司应作如下账务处理：

借：管理费用　　80 000

　贷：累计摊销　　80 000

【例9-5】2016年1月1日，甲公司将其自行开发完成的非专利技术出租给丁公司，该非专利技术的成本为7 200 000元，双方约定的租赁期限为10年，甲公司每月应摊销60 000元（7 200 000÷10÷12）。每月摊销时，甲公司应作如下账务处理：

借：其他业务成本　　60 000

　贷：累计摊销　　60 000

【例9-6】2014年1月1日，甲公司从外单位购得一项新专利技术用于产品生产，支付价款65 000 000元，款项已支付。该项专利技术受法律保护的期间为15年，公司预计运用该项专利生产的产品在未来10年内会为公司带来经济利益。假定这项无形资产的净残值为零，并按年采用直线法摊销。

本例中，甲公司外购的专利技术的预计使用期限（10年）短于法律保护期间（15年），则应当按照企业预计使用期限确定其使用寿命，同时这也就表明该项专利技术是使用寿命有限的无形资产，且该项无形资产用于产品生产，因此，应当将其摊销金额计入相关产品的成本。

甲公司的账务处理如下：

（1）取得无形资产时：

借：无形资产——专利权　　65 000 000

　贷：银行存款　　65 000 000

（2）按年摊销时：

借：制造费用——专利权摊销　　6 500 000

　贷：累计摊销　　6 500 000

2016年1月1日，就上述专利技术，第三方向甲公司承诺在4年内以其最初取得时公允价值的60%购买该项专利技术，从公司管理层目前的持有计划来看，准备在4年内将其出售给第三方。为此，甲公司应当在2016年变更该项专利技术的估计使用寿命为4年，变更净残值为39 000 000元（65 000 000×60%），并按会计估计变更进行处理。

2016年该项无形资产的摊销金额为3 250 000元（（65 000 000-6 500 000×2-39 000 000）÷4）。

甲公司2016年对该项专利技术按年摊销的账务处理为：

借：制造费用——专利权摊销　　3 250 000

　贷：累计摊销　　3 250 000

二、无形资产的减值

企业会计准则规定，对使用寿命无限的无形资产，在持有期间内不需进行成本摊销，但在每个会计期末应进行减值测试，估计其可收回金额。如果可收回金额小于其账面价值，应计提无形资产减值准备；如果可收回金额大于其账面价值，则不需进行账务处理。

如经减值测试表明已发生减值，则需要计提相应的减值准备，具体账务处理为：借记“资产减值损失”科目，贷记“无形资产减值准备”科目。

无形资产减值属于永久性减值，一经确认不得转回，只有在资产处置、出售、对外投资等情况下，才能予以转出。

【例9-7】 2014年1月1日，甲公司自行研发的某项非专利技术已经达到预定用途，累计研究支出为600 000元，累计开发支出为2 600 000元（其中符合资本化条件的支出为1 900 000元）。有关调查表明，根据产品生命周期、市场竞争等方面情况综合判断，该非专利技术将在不确定的期间内为企业带来经济利益。

由此，该非专利技术可视为使用寿命不确定的无形资产，在持有期间内不需要进行摊销。

2015年年底，甲公司对该项非专利技术按照资产减值的原则进行减值测试，经测试表明其已发生减值。2015年年底，该非专利技术的可收回金额为1 800 000元。

甲公司的账务处理为：

(1) 2014年1月1日，非专利技术达到预定用途：

借：无形资产——非专利技术　　1 900 000

　贷：研发支出——资本化支出　　1 900 000

(2) 2015年12月31日，非专利技术发生减值：

借：资产减值损失——非专利技术（1 900 000-1 800 000）　100 000

　贷：无形资产减值准备——非专利技术　　100 000

【想一想】

无形资产减值准备与固定资产减值准备的计提在会计核算上有何区别？

【练一练】

2015年12月31日，市场上某项技术生产的产品销售势头较好，已对甲公司产品的销售产生重大不利影响。甲公司外购的类似专利技术的账面价值为900 000元，剩余摊销年限为4年，经减值测试，该专利技术的可收回金额为790 000元。请作出甲公司的账务处理。

● 任务4　无形资产处置的核算

无形资产的处置和报废，主要是指无形资产对外出租、出售，或者是无法为企业带来未来经济利益时，应予转销并终止确认。

一、无形资产出租的核算

企业让渡无形资产使用权并收取租金，在满足收入确认条件的情况下，应确认相关的收入和费用。

（1）出租无形资产取得租金收入时，借记“银行存款”等科目，贷记“其他业务收入”等科目；

（2）摊销出租无形资产的成本和发生与转让有关的各种费用支出时，借记“其他业务成本”“税金及附加”等科目，贷记“累计摊销”“应交税费”等科目。

【例9-8】 2016年1月1日，甲公司将某商标权出租给乙公司使用，租期为4年，每年收取租金200 000元。甲公司在出租期间内不再使用该商标权。该商标权是甲公司2015年1月1日购入的，初始入账价值为2 000 000元，预计使用年限为20年，采用直线法按年摊销。假定不考虑相关税费。

甲公司的账务处理为：

（1）每年取得租金时：

借：银行存款	200 000	
贷：其他业务收入——出租商标权		200 000

（2）按年对该商标权进行摊销时：

借：其他业务成本——商标权摊销	100 000	
贷：累计摊销		100 000

二、无形资产出售的核算

企业出售无形资产，表明企业放弃该无形资产的所有权，应将所取得的价款与该无形资产账面价值的差额作为资产处置利得或损失，计入当期损益。

无形资产的账面价值是无形资产账面余额扣减累计摊销和累计减值准备后的金额。

出售无形资产时，应按实际收到的金额，借记“银行存款”等科目；按已计提的累计摊销额，借记“累计摊销”科目；按已计提的减值准备，借记“无形资产减值准备”科目；按应支付的相关税费及其他费用，贷记“应交税费”“银行存款”等科目；按其账面余额，贷记“无形资产”科目；按其差额，贷记“营业外收入——非流动资产处置利得”科目或借记“营业外支出——非流动资产处置损失”科目。

【例9-9】 甲企业出售一项商标权，所得价款为1 300 000元，假定不考虑相关税费。该商标权成本为3 000 000元，出售时已摊销金额为1 800 000元，已计提的减值准备为400 000元。

甲企业的账务处理如下：

借：银行存款	1 300 000	
累计摊销	1 800 000	
无形资产减值准备——商标权	400 000	
贷：无形资产——商标权		3 000 000
营业外收入——非流动资产处置利得		500 000

三、无形资产报废的核算

如果无形资产预期不能为企业带来未来经济利益，例如，某无形资产已被其他新技术所替代或超过法律保护期，不能再为企业带来经济利益，则不再符合无形资产的定义，应将其报废并予以转销，其账面价值转作当期损益。

转销时，应按已计提的累计摊销额，借记“累计摊销”科目；按已计提的减值准备，借记“无形资产减值准备”科目；按无形资产的账面余额，贷记“无形资产”科目；按其差额，借记“营业外支出——非流动资产处置损失”科目。

【例9-10】2015年3月20日，甲企业原拥有一项非专利技术已被内部研发成功的新技术所替代，并且根据市场调查，用该非专利技术生产的产品已没有市场，现决定予以转销。转销时，该项非专利技术的成本为600 000元，累计摊销为350 000元，计提减值准备150 000元，该项非专利技术的残值为0。假定不考虑其他相关因素。甲企业编制会计分录如下：

借：累计摊销	350 000	
无形资产减值准备——非专利技术	150 000	
营业外支出——非流动资产处置损失	100 000	
贷：无形资产——非专利技术		600 000

[案例分析]

案例资料和要求见本章［案例导入］，具体账务处理如下：

①2015年发生开发费用支出时：

借：研发支出——资本化支出	500 000	
——费用化支出	300 000	
贷：银行存款		800 000

②2015年年末结转费用化开发支出时：

借：管理费用	300 000	
贷：研发支出——费用化支出		300 000

③2015年成功申报专利权，结转资本化开发支出时：

借：无形资产	508 000	
贷：研发支出——资本化支出		500 000
银行存款		8 000

④2015年摊销时：

专利权摊销金额=508 000÷5÷12×6=50 800（元）

借：管理费用	50 800	
贷：累计摊销		50 800

⑤2016年12月转让专利权时：

累计摊销=508 000÷5÷12×17=143 933（元）

借：银行存款	600 000	
累计摊销	143 933	
贷：无形资产		508 000
营业外收入——非流动资产处置损失		235 933

[项目小结]

无形资产是指企业拥有或者控制的、没有实物形态的可辨认非货币性资产。无形资产主要包括专利权、非专利技术、商标权、著作权、土地使用权、特许权等。

无形资产在满足以下两个条件时，才能加以确认：与该无形资产有关的经济利益很可能流入企业；该无形资产的成本能够可靠地计量。

对于不同途径取得的无形资产，其成本构成也不完全相同。

企业应当于取得无形资产时分析判断其使用寿命。无形资产的使用寿命如为有限的，应当估计该使用寿命的年限或者构成使用寿命的产量等类似计量单位数量；无法预见无形资产为企业带来经济利益的期限的，应当视为使用寿命不确定的无形资产。使用寿命有限的无形资产应进行摊销，使用寿命不确定的无形资产不应摊销。

无形资产在资产负债表日存在可能发生减值的迹象时，应当计提资产减值准备。

企业让渡无形资产使用权形成的租金收入和发生的相关费用，分别确认为其他业务收入和其他业务成本。企业出售无形资产，应当将取得的价款与该无形资产账面价值的差额计入当期损益（营业外收入或营业外支出）。

如果某项无形资产预期不能为企业带来经济利益，应当将该无形资产的账面价值予以转销，其账面价值转作当期损益（营业外支出）。

[习题与实训]

一、单项选择题

1.企业购入或支付土地出让金取得的土地使用权，在已经开发或建造自用项目的情况下，一般通过（　　）科目核算。

A.“固定资产”　　B.“在建工程”　　C.“无形资产”　　D.“长期待摊费用”

2.无形资产预期不能给企业带来经济利益时，应将其账面价值列入（　　）科目。

A.“营业外支出”　　B.“其他业务成本”　　C.“管理费用”　　D.“投资收益”

3.2015年1月1日，乙公司将某项专利权的使用权转让给丙公司，每年收取租金10万元。该专利权是乙公司2012年1月1日购入的，入账价值10万元，预计使用年限为5年，该无形资产按直线法摊销。假定不考虑相关税费，乙公司2015年度因该专利权形成的其他业务利润为（　　）万元。

A.-2　　B.7.5　　C. 8　　D.9.5

4.企业出售一项3年前取得的专利权，该专利权取得时的成本为40万元，按10年摊销，出售时取得收入80万元，假定不考虑相关税费，则出售该项专利对当期损益的影响为（　　）万元。

A.48　　B.52　　C.30　　D.32

5.无形资产预期不能为企业带来经济利益的，应按已计提的累计摊销，借记“累计摊销”科目；原已计提减值准备的，借记“无形资产减值准备”科目；按其账面余额，贷记“无形资产”科目；按其差额，借记（　　）科目。

A.“营业外支出” B.“管理费用” C.“投资收益” D.“其他业务成本”

6.A公司2011年1月1日购入一项无形资产。该无形资产的实际成本为500万元，摊销年限为10年。2015年12月31日，该无形资产发生减值，预计可回收金额为160万元。计提减值准备后，该无形资产原摊销年限不变。2016年12月31日，该无形资产的账面金额为（ ）万元。

A.270 B.218 C.200 D.144

二、多项选择题

1.企业对使用寿命有限的无形资产进行摊销时，其摊销额应根据不同情况分别计入（ ）。

A.管理费用 B.制造费用 C.财务费用 D.其他业务成本

2.下列关于无形资产摊销的说法中，正确的有（ ）。

A.使用寿命有限的无形资产，其摊销金额应当在使用寿命内系统合理摊销

B.企业摊销无形资产，应当自无形资产可供使用当月起开始摊销，处置当月不再摊销

C.无形资产摊销年限应超过10年

D.使用寿命不确定的无形资产不应摊销

3.下列关于无形资产账务处理的表述中，正确的有（ ）。

A.无形资产后续支出应当在发生时计入当期损益

B.企业自用的、使用寿命确定的无形资产的摊销金额，应当全部计入当期管理费用

C.不能为企业带来经济利益的无形资产的摊余价值，应当全部转入当期管理费用

D.使用寿命有限的无形资产应当在取得当月起开始摊销

4.下列有关无形资产后续计量的说法中，不正确的有（ ）。

A.使用寿命不确定的无形资产，其应摊销的金额应该按照10年进行摊销

B.无形资产必须采用直线法进行摊销

C.使用寿命不确定的无形资产应该按照系统合理的方法进行摊销

D.企业无形资产的摊销方法应当反映与该项无形资产有关的经济利益的预期实现方式

5.下列哪些情况应将无形资产的账面价值全部转入当期损益（ ）。

A.某项无形资产已被新技术所代替，并且该项无形资产已无使用价值

B.某项无形资产已超过法律保护期限，并且不能为企业带来经济利益

C.其他足以证明某项无形资产已经丧失了使用价值和转让价值的情形

D.某项无形资产已被其他新技术所代替，使其为企业创造经济利益受到很大的不利影响

三、判断题

1.由于出售无形资产属于企业的日常活动，因此出售无形资产所取得的收入应通过“其他业务收入”科目核算。（ ）

2.企业开发阶段发生的支出应全部资本化，计入无形资产成本。（ ）

3.使用寿命有限的无形资产应当摊销，使用寿命不确定的无形资产不予摊销。（ ）

4.使用寿命不确定的无形资产不再进行摊销，也不用进行减值测试计提减值准备。（ ）

5. 无法区分研究阶段支出和开发阶段支出的，应当将其所发生的研发支出全部资本化，计入无形资产成本。（　　）

四、实训题

【实训题一】

资料：企业自行研制开发一项技术，经申请获得专利权。有关资料如下：

（1）2014年5月，以银行存款支付研发支出20 000元，其中符合资本化条件的是16 500元。

（2）2014年12月1日，无形资产研发成功并申请专利，以银行存款支付律师费1 000元、注册费500元。

（3）企业按规定在5年内平均分摊，并于每月末摊销。

（4）2016年12月1日，企业以49 500元将此专利出售给A公司，款项已存银行，假定不考虑相关税费。

要求：

（1）计算该专利权的入账价值，并编制研制过程与注册业务的相关会计分录。

（2）计算每月末的摊销额，并编制摊销分录。

（3）计算该专利权的出售损益，并编制会计分录（“研发支出”“应交税费”科目要求写出明细科目）。

【实训题二】

资料：2015年7月1日，A公司将一项无形资产以495万元的价格转让给B公司。该项无形资产是A公司2011年1月1日以700万元的价格购入的，购入时预计使用年限为10年，法律规定的有效使用年限为12年，采用直线法摊销。2012年年底，该项无形资产出现减值迹象，经减值测试，其可收回金额为480万元。不考虑相关税费，假定该无形资产计提减值准备之后的摊销方法不变。

要求：计算A公司转让该无形资产所获得的净收益。

【实训题三】

资料：M公司2015年1月18日购入一项专利权，实际支付买价70万元，另付相关费用2万元，该专利权的摊销年限为5年。2015年4月1日，M公司将该专利权出售，取得价款30万元。假定不考虑相关税费及无形资产减值准备。

要求：计算转让该专利权形成的净损失。

项目十

流动负债的核算

[知识目标]

掌握短期借款、应付账款、应付票据、预收账款和其他应付款的确认与计量及业务核算；掌握应付职工薪酬、应交税费的账户设置及业务核算。

[技能目标]

能根据应付账款、应付票据、预收账款及其他应付款等业务的原始凭证正确编制记账凭证，并根据记账凭证登记相关明细账和总账；能编制工资结算单或工资费用分配汇总表，并对应付职工薪酬相关业务编制记账凭证；能对应交税费进行相应的账务处理。

[案例导入]

资料：甲公司为增值税一般纳税人，适用的增值税税率为17%，原材料采用实际成本法进行日常核算。2016年6月份，甲公司发生如下涉及增值税的经济业务或事项：

（1）购入不需安装的生产经营用设备一台，增值税专用发票上注明的价款为40万元、增值税税额为6.8万元（增值税允许抵扣）。货款尚未支付。

（2）建造办公楼领用生产用库存原材料，价值5万元，应由该批原材料负担的增值税税额为0.85万元。

（3）销售商品一批，增值税专用发票上注明的价款为100万元、增值税税额为17万元，提货单和增值税专用发票已交购货方，并收到购货方开出并承兑的商业承兑汇票。该批商品的实际成本为80万元。

（4）由于管理不善被盗原材料一批，价值2万元，应由该批原材料负担的增值税税额为0.34万元，尚未经批准处理。

（5）用银行存款15万元缴纳当期应交增值税。

要求：根据上述资料编制相关的会计分录（金额单位用万元表示）。

● 任务1　短期借款的核算

一、短期借款的含义及种类

短期借款是指企业向银行或其他金融机构等借入的期限在一年以下（含一年）的各种借款，通常是企业为了满足正常生产经营的资金需求或者是为了抵偿某项债务而借入的。

（1）临时借款，是指企业由于临时性、季节性等原因向金融机构申请取得的借款。

（2）生产经营周转借款，是指企业为了满足生产经营流动资金需求向金融机构申请取得的借款。

（3）票据贴现借款，是指企业将持有的商业汇票向银行申请票据贴现取得的款项。

（4）结算借款，是指在采用托收承付结算方式办理销货款结算的情况下，企业为解决商品发出后至收到托收货款前所需要的在途资金，以托收承付结算凭证为保证向银行取得的借款。

无论借入款项的来源如何，企业均需要向债权人按期偿还借款的本金及利息，因此，企业要及时如实地反映短期借款的借入、利息的发生和本金及利息的偿还情况。

二、账户设置

企业为总括地核算和监督短期借款的取得和偿还情况应设置“短期借款”账户。该账户属负债类账户，贷方登记企业取得的短期借款本金；借方登记企业偿还短期借款的本金；期末余额在贷方，反映尚未偿还的短期借款的本金。该账户应按借款种类、贷款人和币种进行明细核算。

三、短期借款的账务处理

（一）短期借款的取得

企业从银行或其他金融机构取得短期借款时，应按实际收到的金额，借记“银行存款”科目，贷记“短期借款”科目。

【例10-1】 7月1日，宏远公司因季节性生产需要向工商银行借入150 000元，期限为6个月，年利率为8%。该款项已划入宏远公司临时存款账户。宏远公司编制会计分录如下：

借：银行存款　　150 000

　贷：短期借款——工商银行　　150 000

（二）计提借款利息

企业各种短期借款均应按期结算或支付利息。由于短期借款期限在一年以内，且金额不大，因此，其利息一般采取单利计算。其计算公式为：

借款利息=借款本金×借款利率×借款期限

企业短期借款利息的结算办法有三种：按月计算并支付；按月预提，分季支付；到期一次还本付息。不同结算方式下的账务处理如下：

（1）如果企业的短期借款利息是按月支付的，或者利息是在借款到期时连同本金一起归还，但是数额不大的，可以不采用预提的方法，而在实际支付或收到银行的计息通知时，直接计入当期损益，借记“财务费用”科目，贷记“银行存款”或“库存现金”科目。

(2) 按月预提分季支付，或到期一次还本付息且数额较大的，应在资产负债表日计算本期应计利息费用，借记“财务费用”科目，贷记“应付利息”科目。实际支付利息时，根据已预提的利息，借记“应付利息”科目；根据本期应计利息，借记“财务费用”科目；根据实际支付的利息，贷记“银行存款”科目。

【例10-2】 承【例10-1】资料，宏远公司与工商银行签订的借款合同采用按季付息、到期还本的结算方式。宏远公司账务处理如下：

7月、8月、10月、11月，每月月末计提利息1 000元（150 000×8%÷12），编制会计分录：

借：财务费用　　1 000
　贷：应付利息　　1 000

9月，实际支付本季度利息合计3 000元，编制会计分录：

借：应付利息　　2 000
　　财务费用　　1 000
　贷：银行存款　　3 000

(3) 借款本金归还的核算（包括最后一期利息）。企业归还短期借款时，应按归还的借款本金，借记“短期借款”科目；按最后一期的利息金额，借记“财务费用”科目；按实际支付金额，贷记“银行存款”科目。如果有以前预提本期支付的利息，应借记“应付利息”科目。

【例10-3】 承【例10-1】、【例10-2】资料，12月31日宏远公司归还借款本金和利息。编制会计分录如下：

借：短期借款——工商银行　　150 000
　　应付利息　　2 000
　　财务费用　　1 000
　贷：银行存款　　153 000

【练一练】

假设宏远公司上述借款采用的利息结算方式是到期一次还本付息，该怎样进行账务处理？

● 任务2　应付及预收款项的核算

一、应付票据的核算

（一）应付票据的含义、确认与计量

应付票据是指企业购买材料、商品和接受劳务供应等而开出、承兑的商业汇票，包括商业承兑汇票和银行承兑汇票。应付票据的入账价值视商业汇票是否带息而定：不带息商业汇票，应按票据面值入账；带息商业汇票，企业开出并承兑商业汇票时应按面值入账，期末计算应付利息也计入应付票据。

（二）账户设置

为核算企业开出并承兑的商业汇票的发生、偿付及结余信息，企业应设置“应付票据”账户。该账户属负债类账户，贷方登记企业签发、承兑的商业汇票的面值和带息票据计提的利息；借方登记企业到期支付的票款或转出金额；期末贷方余额，表示企业尚未到期的应付票据本息合计。

该账户应按债权人进行明细核算，同时，企业应当设置“应付票据备查簿”，详细登记商业汇票的种类、号数和出票日期、到期日、票面余额、交易合同号和收款人姓名或单位名称以及付款日期和金额等资料。

（三）应付票据的账务处理

1.向银行申请承兑，支付承兑手续费

【例10-4】3月6日，宏业公司为购货向开户银行申请开具一张面值585 000元、期限4个月的不带息银行承兑汇票，支付承兑手续费292.50元。宏业公司编制会计分录如下：

借：财务费用　　292.50

　贷：银行存款　　292.50

2.持票购货

【例10-5】承【例10-4】资料，3月8日，宏业公司用该商业汇票采购材料一批，材料运抵并已验收入库。取得销货方开具的增值税专用发票上注明的价款为500 000元、增值税为85 000元。宏业公司编制会计分录如下：

借：原材料　　500 000

　　应交税费——应交增值税（进项税额）　　85 000

　贷：应付票据　　585 000

【想一想】

若以商业汇票抵付应付账款，应怎样进行账务处理？

3.票据到期，到期支付票据本息

【例10-6】承【例10-5】资料，7月6日，宏业公司于3月6日开出的商业汇票到期支付票款。宏业公司编制会计分录如下：

借：应付票据　　585 000

　贷：银行存款　　585 000

【提示】若为带息票据，会计期末（通常为年末）应计提利息，编制会计分录如下：

借：财务费用

　贷：应付票据——应计利息

4.票据到期，企业无力支付票据本息款

【例10-7】承【例10-5】资料，上述银行承兑汇票到期，宏业公司无力支付票款。宏业公司编制会计分录如下：

借：应付票据　　585 000

　贷：短期借款　　585 000

【提示】若【例10-5】开出的是商业承兑汇票，宏业公司到期无力付款，应编制会计分录如下：

借：应付票据

　贷：应付账款

二、应付账款的核算

（一）应付账款的含义、确认与计量

应付账款是指企业因购买材料、商品和接受劳务供应等暂时未能付款而发生的债务。应付账款应在企业取得所购货物所有权，或已接受劳务供应时确认。应付账款通常是在购销活动中由于取得物资与支付货款时间不一致造成的，而企业通常会在较短时期内支付款项，因此，应付账款通常按发票记载的应付金额入账，并不需要考虑货币时间价值。

（二）账户设置

为总括地核算和监督企业应付账款的发生、偿还、转销等情况，企业应设置“应付账款”账户。该账户属负债类账户，贷方登记企业购买材料、商品和接受劳务等而发生的应付未付款项，以及因无力支付到期商业承兑汇票而转入的应付票据款；借方登记已偿还的应付账款，或已开出、承兑商业汇票抵付的应付账款，以及冲销无法支付的应付账款；期末贷方余额，反映企业尚未支付的应付账款。该账户应按供应单位开设明细账核算。

【想一想】

在存在现金折扣的情况下，应付账款的入账金额如何确定？

（三）应付账款的账务处理

1.应付账款的发生

（1）企业购入材料、商品而形成的应付未付款。

【例10-8】3月1日，宏业公司从A公司购入一批材料，取得的增值税专用发票上注明的价款为1 000 000元、增值税为170 000元；对方代垫运杂费10 000元。材料已验收入库（材料按实际成本计价法核算），款项尚未支付。宏业公司编制会计分录如下：

借：原材料	1 010 000	
应交税费——应交增值税（进项税额）	170 000	
贷：应付账款——A公司		1 180 000

【想一想】

企业购入材料或商品，在单到货未到或货到单未到的情况下，该怎样进行账务处理？

【练一练】

益民百货商场于2016年4月2日从利源公司购入一批家电产品并验收入库。增值税专用发票上注明的价款为100 000 元、增值税为17 000元。按照购货协议的规定，益民百货商场如在15天内付清货款，将获得1%的现金折扣（假定计算现金折扣时需考虑增值税）。益民百货商场于2016年4月10日按照扣除现金折扣后的金额用银行存款付清了所欠利源公司货款。请同学们对益民百货商场的上述业务进行会计处理。

（2）企业接受供应单位提供劳务而形成的应付未付款。

【例10-9】3月31日，宏业公司根据有关资料结算本月应付电费48 000元，其中，生产车间电费36 000元，行政管理部门电费12 000元。宏业公司编制会计分录如下：

借：制造费用	36 000	
管理费用	12 000	
贷：应付账款——××电力公司		48 000

2.应付账款的偿还

【例10-10】承【例10-9】资料，4月6日，宏业公司收到供电部门开具的增值税专用发票，支付3月份应付电费48 000元，不考虑相关税费。编制会计分录如下：

借：应付账款——××电力公司　　48 000

　贷：银行存款　　48 000

3.应付账款的转销

企业对因债权人撤销等原因而产生确实无法支付的应付账款，应将其账面余额转入“营业外收入——其他”账户。

【例10-11】3月31日，宏业公司确定一笔应付甲企业的款项6 000元无法支付，经批准予以转销，编制会计分录如下：

借：应付账款——甲企业　　6 000

　贷：营业外收入——其他　　6 000

三、预收账款及其他应付款的核算

（一）预收账款的核算

预收账款是指企业按照合同规定向购货单位预收的款项。预收账款与应付账款的区别在于，预收账款在以后需要用实物、劳务等偿付，而非用货币偿付。

1.账户设置

企业为核算与监督预收账款的取得、偿付等情况应设置“预收账款”账户。“预收账款”属于负债类账户，其贷方登记企业收到购货方预付和补付的货款；借方登记企业实际发出产品的价税款及退回的余款；期末余额在贷方，反映企业向购货单位预收的款项；期末余额在借方，反映企业应由购货单位补付的款项。该账户应按购货单位进行明细核算。

【提示】预收款项不多的企业，可以不设“预收账款”账户，而将预收款直接通过“应收账款”账户核算，但编制财务报表时，仍应将“预收账款”的金额和“应收账款”的金额分开列示。

2.预收账款的账务处理

【例10-12】3月6日，宏业公司与甲企业签订一份订货合同，合同约定货款金额共计1 000 000元（不含增值税），完成期限预计6个月，甲企业应在合同签订一周内支付宏业公司预付货款600 000元，剩余货款在交货后一次付清。假设货物适用的增值税税率为17%。宏业公司的有关账务处理如下：

（1）收到甲企业交来的款项时，编制会计分录：

借：银行存款　　600 000

　贷：预收账款——甲企业　　600 000

（2）按合同规定发货后，编制会计分录：

借：预收账款——甲企业　　1 170 000

　贷：主营业务收入　　1 000 000

　　　应交税费——应交增值税（销项税额）　　170 000

（3）收到甲企业补付的货款时，编制会计分录：

借：银行存款　　570 000

　贷：预收账款——甲企业　　570 000

【想一想】

假若宏业公司只能向甲企业提供价值400 000元的货物，则应退给甲企业货款132 000

元，宏业公司该怎样进行账务处理？

（二）其他应付款的核算

其他应付款是指与企业购销业务没有直接关系的一切暂收、应付款项，包括如应付租入包装租金、存入保证金等。

1.账户设置

企业为核算和监督其他应付款的增减变动及其结存情况应设置“其他应付款”账户。该账户属负债类账户，贷方登记企业发生的各种应付、暂收款项；借方登记企业实际偿还或转销的各种应付、暂收款项；期末贷方余额，反映企业应付未付的其他应付款项。该账户应按其他应付款的项目和对方单位（或个人）进行明细核算。

2.其他应付款的账务处理

【例10-13】从2016年1月1日起，宏业公司以经营租赁方式租入管理用办公设备一批，每月租金50 000元，每季末支付。宏业公司有关账务处理如下：

（1）1月31日，计提应付经营租入固定资产租金，编制会计分录：

借：管理费用	50 000	
贷：其他应付款——应付××租金		50 000

2月底编制与上述相同的会计分录。

（2）3月31日，以银行存款支付本季度租金，编制会计分录：

借：其他应付款——应付××租金	100 000	
管理费用	50 000	
贷：银行存款		150 000

● 任务3　职工薪酬的核算

一、职工薪酬的概念和内容

职工薪酬，是指企业为获得职工提供的服务或解除劳动关系而给予的各种形式的报酬或补偿。企业提供给职工配偶、子女、受赡养人、已故员工遗属及其他受益人等的福利，也属于职工薪酬。

这里所说的职工，是指与企业订立劳动合同的所有人员，含全职、兼职和临时职工，也包括虽未与企业订立劳动合同但由企业正式任命的人员。未与企业订立劳动合同或未由其正式任命，但向企业所提供服务与职工所提供服务类似的人员，也属于职工的范畴，包括通过企业与劳务中介公司签订用工合同而向企业提供服务的人员。

职工薪酬主要包括短期薪酬、离职后福利、辞退福利和其他长期职工福利。

（一）短期薪酬

短期薪酬，是指企业预期在职工提供相关服务的年度报告期间结束后12个月内将全部予以支付的职工薪酬，因解除与职工的劳动关系给予的补偿除外。因解除与职工的劳动关系给予的补偿属于辞退福利的范畴。短期薪酬主要包括：

（1）职工工资、奖金、津贴和补贴。

（2）职工福利费。这主要是指尚未实行医疗统筹企业职工的医疗费用、职工因公伤赴外地就医路费、职工生活困难补助，以及按照国家规定开支的其他职工福利支出。

（3）医疗保险费、养老保险费、失业保险费、工伤保险费和生育保险费等社会保险费。医疗保险费、养老保险费、失业保险费、工伤保险费和生育保险费等社会保险费，是指企业按照国务院、各地方政府规定的基准和比例计算，向社会保险经办机构缴纳的医疗保险费、养老保险费、失业保险费、工伤保险费和生育保险费。企业按照年金计划规定的基准和比例计算，向企业年金管理人缴纳的补充养老保险，以及企业以购买商业保险形式提供给职工的各种保险待遇属于企业提供的职工薪酬，应当按照职工薪酬的原则进行确认、计量和披露。

【提示】为职工缴纳的养老保险费、失业保险费调整至离职后福利中。

（4）住房公积金。它是指企业按照国家规定的基准和比例计算，向住房公积金管理机构缴存的住房公积金。

（5）工会经费和职工教育经费。它是指企业为了改善职工文化生活、促使职工学习先进技术和提高文化水平和业务素质，用于开展工会活动和职工教育及职业技能培训等的相关支出。

（6）短期带薪缺勤。它是指职工虽然缺勤但企业仍向其支付报酬的安排，包括年休假、病假、婚假、产假、丧假、探亲假等。长期带薪缺勤属于其他长期职工福利。

（7）短期利润分享计划。它是指因职工提供服务而与职工达成的基于利润或其他经营成果提供薪酬的协议。长期利润分享计划属于其他长期职工福利。

（8）其他短期薪酬。它是指除上述薪酬以外的其他为获得职工提供的服务而给予的短期薪酬。

（二）离职后福利

离职后福利，是指企业为获得职工提供的服务而在职工退休或与企业解除劳动关系后，提供的各种形式的报酬和福利，属于短期薪酬和辞退福利的除外。

（三）辞退福利

辞退福利，是指企业在职工劳动合同到期之前解除与职工的劳动关系，或者为鼓励职工自愿接受裁减而给予职工的补偿。

（四）其他长期职工福利

其他长期职工福利，是指除短期薪酬、离职后福利、辞退福利之外的所有职工薪酬，包括长期带薪缺勤、长期残疾福利、长期利润分享计划等。

二、账户设置

为了反映企业职工薪酬的提取、结算、使用等情况，应当设置“应付职工薪酬”科目进行核算。该科目贷方登记已分配计入有关成本费用项目的职工薪酬的数额，借方登记实际发放的职工薪酬数额；期末贷方余额，反映企业应付未付的职工薪酬。

该科目可以根据职工薪酬的项目分别设置“工资”“职工福利费”“社会保险费”“住房公积金”“工会经费”“职工教育经费”“累积带薪缺勤”“利润分享计划”“设定提存计划”“设定受益计划义务”“非货币性福利”“辞退福利”等明细科目进行明细核算。

三、短期薪酬的账务处理

（一）货币性职工薪酬

1.工资、奖金、津贴和补贴

企业发生的职工工资、奖金、津贴和补贴等薪酬，应当根据职工提供服务情况和工资标准等计算应计入职工薪酬的工资总额，并按照受益对象计入当期损益或相关资产成本，借记“生产成本”“制造费用”“管理费用”等科目，贷记“应付职工薪酬——工资、奖金、津贴和补贴”科目；发放时，借记“应付职工薪酬——工资、奖金、津贴和补贴”科目，贷记“银行存款”等科目。

企业在每月份终了，应编制工资结算单或工资费用分配汇总表，并根据受益对象进行工资费用分配的账务处理。

【例10-14】 甲企业2016年7月份应付工资总额为69 300元，工资费用分配汇总表中列示的产品生产人员工资为48 000元，车间管理人员工资为10 500元，企业行政管理人员工资为9 060元，专设销售机构人员工资为1 740元。甲企业应编制会计分录如下：

借：生产成本——基本生产成本　　48 000
　　制造费用　　10 500
　　管理费用　　9 060
　　销售费用　　1 740
　贷：应付职工薪酬——工资、奖金、津贴和补贴　　69 300

在实务中，企业一般在每月发放工资前根据工资费用分配汇总表中的“实发金额”栏的合计数，通过开户银行支付给职工，或从开户银行提取现金，然后再向职工发放。企业按照有关规定向职工支付工资、奖金、津贴、补贴等，借记“应付职工薪酬——工资、奖金、津贴和补贴”科目，贷记“银行存款”“库存现金”等科目；企业从应付职工薪酬中扣还的各种款项（代垫的家属医药费、个人所得税等），借记“应付职工薪酬——工资、奖金、津贴和补贴”科目，贷记“银行存款”“库存现金”“其他应收款”“应交税费——应交个人所得税”等科目。

【例10-15】 承【例10-14】，甲企业根据工资费用分配汇总表结算本月应付职工工资总额69 300元，其中企业代扣职工房租3 200元、代垫职工家属医药费800元，实发工资65 300元。甲企业应编制会计分录如下：

（1）向银行提取现金：

借：库存现金　　65 300
　贷：银行存款　　65 300

（2）用现金发放工资：

借：应付职工薪酬——工资、奖金、津贴和补贴　　65 300
　贷：库存现金　　65 300

注：如果通过银行发放工资，该企业应编制会计分录如下：

借：应付职工薪酬——工资、奖金、津贴和补贴　　65 300
　贷：银行存款　　65 300

（3）代扣款项：

借：应付职工薪酬——工资、奖金、津贴和补贴　　4 000
　贷：其他应收款——职工房租　　3 200
　　　　　　　　——代垫医药费　　800

2.职工福利费

对于职工福利费，企业应当在实际发生时根据实际发生额计入当期损益或相关资产成本，借记“生产成本”“制造费用”“管理费用”“销售费用”等科目，贷记“应付职工薪酬——职工福利费”科目。

【例10-16】 利民公司下设一职工食堂，每月根据在岗职工数量及岗位分布情况、相关历史经验数据等计算需要补贴食堂的金额，从而确定企业每期因职工食堂而需要承担的福利费金额。2016年12月，企业在岗职工共计200人，其中管理部门40人，生产车间160人，企业的历史经验数据表明，对于每个职工企业每月需补贴食堂120元。该公司的有关会计分录如下：

借：生产成本　　19 200
　　管理费用　　4 800
　贷：应付职工薪酬——职工福利费　　24 000

该公司应当提取的职工福利=120×200=24 000（元）

支付时：

借：应付职工薪酬——职工福利费　　24 000
　贷：银行存款　　24 000

3.国家规定计提标准的职工薪酬

企业为职工缴纳的医疗保险费、工伤保险费、生育保险费等社会保险费和住房公积金，以及按规定提取的工会经费和职工教育经费，应当在职工为其提供服务的会计期间，根据规定的计提基础和计提比例计算确定相应的职工薪酬金额，并确认相关负债，按照受益对象计入当期损益或相关资产成本，借记“生产成本”“制造费用”“管理费用”等科目，贷记“应付职工薪酬”科目。

例如，应向社会保险经办机构等缴纳的医疗保险费、养老保险费、失业保险费、工伤保险费、生育保险费等社会保险费，应向住房公积金管理机构缴存的住房公积金，以及工会经费（工资总额的2%）和职工教育经费（工资总额的1.5%）等。

【例10-17】 2016年6月，昌达公司当月应发工资为2 000万元，其中：生产部门直接生产人员工资1 000万元；生产部门管理人员工资200万元；公司管理部门人员工资360万元；公司专设产品销售机构人员工资100万元；建造厂房人员工资220万元；内部开发存货管理系统人员工资120万元。

根据所在地政府规定，公司分别按照职工工资总额的10%、12%、2%和10.5%计提医疗保险费、养老保险费、失业保险费和住房公积金，缴纳给当地社会保险经办机构和住房公积金管理机构。公司内设医务室，根据2015年实际发生的职工福利费情况，公司预计2016年应承担的职工福利费金额为职工工资总额的2%，职工福利的受益对象为上述所有人员。公司分别按照职工工资总额的2%和1.5%计提工会经费和职工教育经费。假定公司存货管理系统已处于开发阶段并符合《企业会计准则第6号——无形资产》规定的资本化为无形资产的条件。

应计入生产成本的职工薪酬金额=1 000＋1 000×（10%＋12%＋2%＋10.5%＋2%＋2%＋1.5%）
=1 400（万元）

应计入制造费用的职工薪酬金额=200＋200×（10%＋12%＋2%＋10.5%＋2%＋2%＋1.5%）
=280（万元）

应计入管理费用的职工薪酬金额=360＋360×（10%＋12%＋2%＋10.5%＋2%＋2%＋1.5%）
=504（万元）

应计入销售费用的职工薪酬金额=100＋100×（10%＋12%＋2%＋10.5%＋2%＋2%＋1.5%）
=140（万元）

应计入在建工程成本的职工薪酬金额=220＋220×（10%＋12%＋2%＋10.5%+2%＋2%＋1.5%）
=308（万元）

应计入无形资产成本的职工薪酬金额=120＋120×（10%＋12%＋2%＋10.5%＋2%＋2%＋1.5%）
=168（万元）

公司在分配工资、职工福利费、各种社会保险费、住房公积金、工会经费和职工教育经费等职工薪酬时，应当进行如下账务处理：

借：生产成本	14 000 000	
制造费用	2 800 000	
管理费用	5 040 000	
销售费用	1 400 000	
在建工程	3 080 000	
研发支出——资本化支出	1 680 000	
贷：应付职工薪酬——工资		20 000 000
——职工福利费（20 000 000×2%）		400 000
——社会保险费（20 000 000×（10%+12%+2%））		4 800 000
——住房公积金（20 000 000×10.5%）		2 100 000
——工会经费（20 000 000×2%）		400 000
——职工教育经费（20 000 000×1.5%）		300 000

对于国家相关法律法规没有明确规定计提基础和计提比例的职工薪酬——企业应根据历史经验数据和自身实际情况，计算确定应付职工薪酬金额和应计入成本费用的薪酬金额。

4.短期带薪缺勤

带薪缺勤应当根据其性质及其职工享有的权利，分为累积带薪缺勤和非累积带薪缺勤两类。企业应当对累积带薪缺勤和非累积带薪缺勤分别进行账务处理。如果带薪缺勤属于长期带薪缺勤，企业应当作为其他长期职工福利处理。

第一，累积带薪缺勤及其账务处理。累积带薪缺勤，是指带薪权利可以结转下期的带薪缺勤，本期尚未用完的带薪缺勤权利可以在未来期间使用。企业应当在职工提供了服务从而增加了其未来享有的带薪缺勤权利时，确认与累积带薪缺勤相关的职工薪酬，并以累积未行使权利而增加的预期支付金额计量。

有些累积带薪缺勤在职工离开企业时，对于未行使的权利，职工有权获得现金支付。职工在离开企业时能够获得现金支付的，企业应当确认企业必须支付的、职工全部累积未使用权利的金额。企业应当根据资产负债表日因累积未使用权利而导致的预期支付的追加金额，作为累积带薪缺勤费用进行预计。

【例10-18】华夏公司共有1 000名职工，从2015年1月1日起，该公司实行累积带薪缺勤制度。2015年12月31日，每个职工当年平均未使用带薪年休假为2天。该公司平均每名职工每个工作日工资为500元。该公司的带薪缺勤制度规定，职工累积未使用的带薪缺勤权利可以无限期结转，且可以于职工离开企业时以现金支付。在该公司的

1 000名职工中，50名为总部各部门经理，100名为总部各部门职员，800名为直接生产工人，50名工人正在建造一幢自用办公楼。

分析：该公司在2015年12月31日应当预计由于职工累积未使用的带薪年休假权利而导致的全部金额，即相当于2 000天（1 000×2天）的带薪年休假工资1 000 000元（2 000×500），并进行如下账务处理：

借：管理费用（150×2×500）　　150 000
　　生产成本（800×2×500）　　800 000
　　在建工程（50×2×500）　　50 000
　贷：应付职工薪酬——累积带薪缺勤　　1 000 000

第二，非累积带薪缺勤及其账务处理。非累积带薪缺勤，是指带薪权利不能结转至下期的带薪缺勤，本期尚未用完的带薪缺勤权利将予以取消，并且职工离开企业时也无权获得现金支付。我国企业职工休婚假、产假、丧假、探亲假、病假期间的工资通常属于非累积带薪缺勤。由于职工提供服务本身不能增加其能够享受的福利金额，企业在职工未缺勤时不应当计提相关费用和负债。

为此，我国企业会计准则规定，企业应当在职工实际发生缺勤的会计期间确认与非累积带薪缺勤相关的职工薪酬。企业确认职工享有的与非累积带薪缺勤权利相关的薪酬，视同职工出勤确认的当期损益或相关资产成本。通常情况下，与非累积带薪缺勤相关的职工薪酬已经包括在企业每期向职工发放的工资等薪酬中，因此，不必额外进行相应的账务处理。

（二）非货币性福利薪酬

企业向职工提供非货币性福利的，应当按照公允价值计量。企业向职工提供的非货币性职工薪酬，应当分下列情况进行处理：

1.以自产产品或外购商品发放给职工作为福利

在这种情况下，应当按照公允价值和相关税费确认应计入成本费用的职工薪酬，相关收入的确认、销售成本的结转和相关税费的处理，与正常商品销售相同。以外购商品作为非货币性福利提供给职工的，应当按照该商品的公允价值和相关税费计入成本费用。

在以自产产品或外购商品发放给职工作为福利的情况下，企业在进行账务处理时，应当先通过“应付职工薪酬”科目归集当期应计入成本费用的非货币性职工薪酬金额，以确定完整、准确的企业人工成本金额。

【例10-19】甲公司为一家彩电生产企业，共有职工200名。2016年5月份，公司以其生产的成本为10 000元的液晶彩电和外购的每台不含税价格为1 000元的电暖气作为春节福利发放给公司的每名职工。该型号液晶彩电的售价为每台14 000元，甲公司适用的增值税税率为17%；公司以银行存款支付了购买电暖气的价款和增值税进项税额，并取得了增值税专用发票，增值税税率为17%。假定这200名职工中有170名为直接参加生产的职工，30名为总部管理人员。

甲公司发放彩电福利的账务处理如下：

彩电的售价总额=14 000×170+14 000×30=2 380 000+420 000=2 800 000（元）

彩电的增值税销项税额=170×14 000×17%+30×14 000×17%=404 600+71 400=476 000（元）

公司决定发放彩电作为非货币性福利时：

借：生产成本　2 784 600

　　管理费用　491 400

　贷：应付职工薪酬——非货币性福利　3 276 000

实际发放彩电时：

借：应付职工薪酬——非货币性福利　3 276 000

　贷：主营业务收入　2 800 000

　　　应交税费——应交增值税（销项税额）　476 000

借：主营业务成本　2 000 000

　贷：库存商品　2 000 000

甲公司发放电暖气的账务处理如下：

电暖气的售价总额=170×1 000＋30×1 000=170 000+30 000=200 000（元）

电暖气的进项税额=170×1 000×17%＋30×1 000×17%=28 900＋5 100=34 000（元）

公司决定发放电暖气作为非货币性福利时：

借：生产成本　198 900

　　管理费用　35 100

　贷：应付职工薪酬——非货币性福利　234 000

购买并发放电暖气时：

借：应付职工薪酬——非货币性福利　234 000

　贷：银行存款　234 000

2.将拥有的房屋等资产无偿提供给职工使用或租赁住房等资产供职工无偿使用

企业将拥有的房屋等资产无偿提供给职工使用的，应当根据受益对象，将住房每期应计提的折旧计入相关资产成本或当期损益，同时确认应付职工薪酬。租赁住房等资产供职工无偿使用的，应当根据受益对象，将每期应付的租金计入相关资产成本或当期损益，并确认应付职工薪酬。难以认定受益对象的，直接计入当期损益，并确认应付职工薪酬。

【例10-20】 甲公司总部共有部门经理以上职工30名，公司为每人提供一辆汽车免费使用，假定每辆汽车每月计提折旧1 000元；公司共有副总裁以上高级管理人员10名，公司为每人租赁一套月租金为8 000元的公寓。该公司每月的账务处理如下：

借：管理费用　110 000

　贷：应付职工薪酬——非货币性福利　110 000

借：应付职工薪酬——非货币性福利　110 000

　贷：累计折旧　30 000

　　　其他应付款　80 000

四、设定提存计划的核算

设定提存计划，是指企业向单独主体（如基金等）缴存固定费用后，不再承担进一步支付义务的离职后福利计划（如职工缴纳的养老、失业保险）。设定提存计划的账务处理比较简单，因为企业在每一期间的义务取决于该期间将要提存的金额。因此，在计量义务或费用时不需要精算假设，通常也不存在精算利得或损失。

对于设定提存计划，企业应当根据在资产负债表日为换取职工在会计期间提供的服务而向单独主体缴存的提存金，确认为应付职工薪酬，并计入当期损益或相关资产成本。

【例10-21】海兴公司根据所在地政府规定，按照职工工资总额的12%计提基本养老保险费，缴存当地社会保险经办机构。2016年7月，该公司缴存的基本养老保险费应计入生产成本的金额为120万元，应计入制造费用的金额为24万元，应计入管理费用的金额为43.2万元。

借：生成成本　　　　　　　　　　　　　　　　1 200 000

　　制造费用　　　　　　　　　　　　　　　　　240 000

　　管理费用　　　　　　　　　　　　　　　　　432 000

　贷：应付职工薪酬——设定提存计划　　　　　　　　　1 872 000

【练一练】

甲上市公司为增值税一般纳税人，适用的增值税税率为17%。2016年3月发生与职工薪酬有关的交易或事项如下：

（1）对行政管理部门使用的设备进行日常维修，应付企业内部维修人员工资1.2万元。

（2）对以经营租赁方式租入的生产线进行改良，应付企业内部改良工程人员工资3万元。

（3）为公司总部下属25位部门经理每人配备汽车一辆免费使用，假定每辆汽车每月折旧费用为0.08万元。

（4）将50台自产的V型厨房清洁器作为福利分配给本公司行政管理人员。该厨房清洁器每台生产成本为1.2万元，市场售价为1.5万元（不含增值税）。

（5）月末，分配职工工资150万元，其中直接生产产品人员工资105万元，车间管理人员工资15万元，企业行政管理人员工资20万元，专设销售机构人员工资10万元。

（6）以银行存款缴纳职工医疗保险费5万元。

（7）按规定计算代扣代缴职工个人所得税0.8万元。

（8）以现金支付职工李某生活困难补助0.1万元。

（9）从应付张经理的工资中，扣回上月代垫的应由其本人负担的医疗费0.8万元。

根据上述交易或事项编制会计分录（答案中的金额单位用万元表示）。

● 任务4　应交税费的核算

一、应交税费认知

（一）应交税费的内容

企业根据税法规定应缴纳的各种税费包括：增值税、消费税、城市维护建设税、资源税、企业所得税、土地增值税、房产税、车船税、城镇土地使用税、教育费附加、印花税、耕地占用税等。

（二）账户设置

企业应通过“应交税费”科目，总括反映各种税费的应交、缴纳等情况。该科目贷方登记应缴纳的各种税费等，借方登记实际缴纳的税费；期末余额一般在贷方，反映企业尚未缴纳的税费；期末余额如在借方，反映企业多交或尚未抵扣的税费。该科目按应交的税费项目设置明细科目进行明细核算。

二、应交增值税

在中华人民共和国境内(以下称境内)销售服务、无形资产或者不动产(以下称应税行为)的单位和个人，为增值税纳税人，应当按照本办法缴纳增值税，不缴纳营业税。

单位，是指企业、行政单位、事业单位、军事单位、社会团体及其他单位。个人，是指个体工商户和其他个人。

纳税人分为一般纳税人和小规模纳税人。

应税行为的年应征增值税销售额(以下称应税销售额)超过财政部和国家税务总局规定标准的纳税人为一般纳税人，未超过规定标准的纳税人为小规模纳税人。

年应税销售额超过规定标准的其他个人不属于一般纳税人。年应税销售额超过规定标准但不经常发生应税行为的单位和个体工商户可选择按照小规模纳税人纳税。

年应税销售额未超过规定标准的纳税人，会计核算健全，能够提供准确税务资料的，可以向主管税务机关办理一般纳税人资格登记，成为一般纳税人。

根据《中华人民共和国增值税暂行条例》和《关于全面推开营业税改征增值税试点的通知》（财税〔2016〕36号）等有关规定，对增值税有关会计处理规定如下：

（一）会计科目及专栏设置

增值税一般纳税人应当在“应交税费”科目下设置“应交增值税”“未交增值税”“预交增值税”“待抵扣进项税额”“待认证进项税额”“待转销项税额”“增值税留抵税额”“简易计税”“转让金融商品应交增值税”“代扣代交增值税”等明细科目。

1. 增值税一般纳税人应在“应交增值税”明细账内设置“进项税额”“销项税额抵减”“已交税金”“转出未交增值税”“减免税款”“出口抵减内销产品应纳税额”“销项税额”“出口退税”“进项税额转出”“转出多交增值税”等专栏。其中：

（1）“进项税额”专栏，记录一般纳税人购进货物、加工修理修配劳务、服务、无形资产或不动产而支付或负担的、准予从当期销项税额中抵扣的增值税税额；

（2）“销项税额抵减”专栏，记录一般纳税人按照现行增值税制度规定因扣减销售额而减少的销项税额；

（3）“已交税金”专栏，记录一般纳税人当月已缴纳的应交增值税税额；

（4）“转出未交增值税”和“转出多交增值税”专栏，分别记录一般纳税人月度终了转出当月应交未交或多交的增值税税额；

（5）“减免税款”专栏，记录一般纳税人按现行增值税制度规定准予减免的增值税税额；

（6）“出口抵减内销产品应纳税额”专栏，记录实行“免、抵、退”办法的一般纳税人按规定计算的出口货物的进项税抵减内销产品的应纳税额；

（7）“销项税额”专栏，记录一般纳税人销售货物、加工修理修配劳务、服务、无形资产或不动产应收取的增值税税额；

（8）“出口退税”专栏，记录一般纳税人出口货物、加工修理修配劳务、服务、无形资产按规定退回的增值税税额；

（9）“进项税额转出”专栏，记录一般纳税人购进货物、加工修理修配劳务、服务、无形资产或不动产等发生非正常损失以及其他原因而不应从销项税额中抵扣、按规定转出的进项税额。

2.“未交增值税”明细科目，核算一般纳税人月度终了从“应交增值税”或“预交增值税”明细科目转入当月应缴未缴、多缴或预缴的增值税税额，以及当月缴纳以前期间未缴的增值税税额。一般来说，月末应做如下会计分录：

（1）月末，将当月应缴未缴增值税税额从“应交税费——应交增值税”科目转入“应交税费——未交增值税”科目。

借：应交税费——应交增值税（转出未交增值税）

　贷：应交税费——未交增值税

（2）月末，将当月多缴的增值税税额自“应交税费——应交增值税”科目转入“应交税费——未交增值税”科目。

借：应交税费——未交增值税

　贷：应交税费——应交增值税（转出多交增值税）

（3）月末，将当月预缴的增值税税额自“应交税费——预交增值税”科目转入“应交税费——未交增值税”科目。

借：应交税费——未交增值税

　贷：应交税费——预交增值税

（4）当月缴纳以前期间未缴的增值税税额。

借：应交税费——未交增值税

　贷：银行存款

3.“预交增值税”明细科目，核算一般纳税人转让不动产、提供不动产经营租赁服务、提供建筑服务、采用预收款方式销售自行开发的房地产项目等，以及其他按现行增值税制度规定应预缴的增值税税额。

【注意】预缴的增值税税款可以在当期增值税应纳税额中抵减，抵减不完的，结转下期继续抵减。纳税人以预缴税款抵减应纳税额，应以完税凭证作为合法有效凭证。

4.“待抵扣进项税额”明细科目，核算一般纳税人已取得增值税扣税凭证并经税务机关认证，按照现行增值税制度规定准予以后期间从销项税额中抵扣的进项税额。其包括：一般纳税人自2016年5月1日后取得并按固定资产核算的不动产或者2016年5月1日后取得的不动产在建工程，按现行增值税制度规定准予以后期间从销项税额中抵扣的进项税额；实行纳税辅导期管理的一般纳税人取得的尚未交叉稽核比对的增值税扣税凭证上注明或计算的进项税额。

5.“待认证进项税额”明细科目，核算一般纳税人由于未经税务机关认证而不得从当期销项税额中抵扣的进项税额。其包括：一般纳税人已取得增值税扣税凭证、按照现行增值税制度规定准予从销项税额中抵扣，但尚未经税务机关认证的进项税额；一般纳税人已申请稽核但尚未取得稽核相符结果的海关缴款书进项税额。

6.“待转销项税额”明细科目，核算一般纳税人销售货物、加工修理修配劳务、服务、无形资产或不动产，已确认相关收入（或利得）但尚未发生增值税纳税义务而需于以后期间确认为销项税额的增值税税额。

例如，跨年出租房产的业务，如果合同约定承租方在最后一年的期末支付全部租金，出租方收到租金后开具增值税发票，出租方在第一年年末的会计处理为：

借：应收账款/应收票据

　贷：应交税费——待转销项税额

　　　主营业务收入

7.“增值税留抵税额”明细科目，核算兼有销售服务、无形资产或者不动产的原增值税一般纳税人，截止到纳入营改增试点之日前的增值税期末留抵税额按照现行增值税制度规定不得从销售服务、无形资产或不动产的销项税额中抵扣的增值税留抵税额。

8.“简易计税”明细科目，核算一般纳税人采用简易计税方法发生的增值税计提、扣减、预缴、缴纳等业务。

9.“转让金融商品应交增值税”明细科目，核算增值税纳税人转让金融商品发生的增值税税额。

【注意】在增值税税制下，金融商品持有期间（含到期）利息（保本收益、报酬、资金占用费、补偿金等）收入应当按照贷款服务缴纳增值税，这部分税金不在此科目核算。

10.“代扣代交增值税”明细科目，核算纳税人购进在境内未设经营机构的境外单位或个人在境内的应税行为代扣代缴的增值税。

（二）一般纳税人应交增值税的账务处理

1.取得资产或接受劳务等业务的账务处理

（1）采购等业务进项税额允许抵扣的账务处理。一般纳税人购进货物、加工修理修配劳务、服务、无形资产或不动产，按应计入相关成本费用或资产的金额，借记“在途物资”“原材料”“库存商品”“生产成本”“无形资产”“固定资产”“管理费用”等科目；按当月已认证的可抵扣增值税税额，借记“应交税费——应交增值税（进项税额）”科目；按当月未认证的可抵扣增值税税额，借记“应交税费——待认证进项税额”科目；按应付或实际支付的金额，贷记“应付账款”“应付票据”“银行存款”等科目。发生退货的，如原增值税专用发票已经认证，应根据税务机关开具的红字增值税专用发票编制相反的会计分录；如原增值税专用发票未经认证，应将发票退回并编制相反的会计分录。

（2）采购等业务进项税额不得抵扣的账务处理。一般纳税人购进货物、加工修理修配劳务、服务、无形资产或不动产，用于简易计税方法计税项目、免征增值税项目、集体福利或个人消费等，其进项税额按照现行增值税制度规定不得从销项税额中抵扣的，取得增值税专用发票时，应借记相关成本费用或资产科目，同时借记“应交税费——待认证进项税额”科目，贷记“银行存款”“应付账款”等科目；经税务机关认证后，应借记相关成本费用或资产科目，贷记“应交税费——应交增值税（进项税额转出）”科目。

（3）购进不动产或不动产在建工程按规定进项税额分年抵扣的账务处理。一般纳税人自2016年5月1日后取得并按固定资产核算的不动产或者2016年5月1日后取得的不动产在建工程，其进项税额按现行增值税制度规定自取得之日起分2年从销项税额中抵扣的，应当按取得成本，借记“固定资产”“在建工程”等科目；按当期可抵扣的增值税税额，借记“应交税费——应交增值税（进项税额）”科目；按以后期间可抵扣的增值税税额，借记“应交税费——待抵扣进项税额”科目；按应付或实际支付的金额，贷记“应付账款”“应付票据”“银行存款”等科目。尚未抵扣的进项税额待以后期间允许抵扣时，按允许抵扣的金额，借记“应交税费——应交增值税（进项税额）”科目，贷记“应交税费——待抵扣进项税额”科目。

【例10-22】万祥公司是增值税一般纳税人，2016年6月10日，该公司购进办公大楼一座，该大楼用于公司办公，计入固定资产，并于次月开始计提折旧。6月20日，该纳税人取得该大楼的增值税专用发票并认证相符，专用发票注明的金额为1 000万元、增值税税额为110万元。

借：固定资产——办公楼　　10 000 000
　　应交税费——应交增值税（进项税额）　　660 000
　　　　　　——待抵扣进项税额　　440 000
　贷：银行存款　　11 100 000

剩余的40%于取得扣税凭证的当月起第13个月（2017年6月）抵扣时的会计处理如下：

借：应交税费——应交增值税（进项税额）　　440 000
　贷：应交税费——待抵扣进项税额　　440 000

（4）货物等已验收入库但尚未取得增值税扣税凭证的账务处理。一般纳税人购进的货物等已到达并验收入库，但尚未收到增值税扣税凭证并未付款的，应在月末按货物清单或相关合同协议上的价格暂估入账，不需要将增值税的进项税额暂估入账。于下月初，用红字冲销原暂估入账金额，待取得相关增值税扣税凭证并经认证后，按应计入相关成本费用或资产的金额，借记“原材料”“库存商品”“固定资产”“无形资产”等科目；按可抵扣的增值税税额，借记“应交税费——应交增值税（进项税额）”科目；按应付金额，贷记“应付账款”等科目。

（5）购买方作为扣缴义务人的账务处理。按照现行增值税制度规定，境外单位或个人在境内发生应税行为，在境内未设有经营机构的，以购买方为增值税扣缴义务人。境内一般纳税人购进服务、无形资产或不动产，按应计入相关成本费用或资产的金额，借记“生产成本”“无形资产”“固定资产”“管理费用”等科目；按可抵扣的增值税税额，借记“应交税费——进项税额”科目（小规模纳税人应借记相关成本费用或资产科目）；按应付或实际支付的金额，贷记“应付账款”等科目；按应代扣代缴的增值税税额，贷记“应交税费——代扣代交增值税”科目。实际缴纳代扣代缴增值税时，按代扣代缴的增值税税额，借记“应交税费——代扣代交增值税”科目，贷记“银行存款”科目。

【注意】扣缴义务人凭完税凭证抵扣进项税额的，应当具备书面合同、付款证明和境外单位的对账单或者发票。资料不全的，其进项税额不得从销项税额中抵扣。

2.销售等业务的账务处理

（1）销售业务的账务处理。企业销售货物、加工修理修配劳务、服务、无形资产或不动产，应当按应收或已收的金额，借记“应收账款”“应收票据”“银行存款”等科目；按取得的收入金额，贷记“主营业务收入”“其他业务收入”“固定资产清理”“工程结算”等科目；按现行增值税制度规定计算的销项税额（或采用简易计税方法计算的应纳增值税税额），贷记“应交税费——应交增值税（销项税额）”或“应交税费——简易计税”科目（小规模纳税人应贷记“应交税费——应交增值税”科目）。发生销售退回的，应根据按规定开具的红字增值税专用发票编制相反的会计分录。

按照国家统一的会计制度确认收入或利得的时点早于按照增值税制度确认增值税纳税义务发生时点的，应将相关销项税额计入“应交税费——待转销项税额”科目，待实际发生纳税义务时再转入“应交税费——应交增值税（销项税额）”或“应交税费——简易计税”科目。

确认收入时：

借：应收账款/应收票据

　贷：应交税费——待转销项税额

　　　主营业务收入

结转时：

借：应交税费——待转销项税额

　贷：应交税费——应交增值税（销项税额）

按照增值税制度确认增值税纳税义务发生时点早于按照国家统一的会计准则确认收入或利得的时点的，应将应纳增值税税额，借记“应收账款”科目，贷记“应交税费——应交增值税（销项税额）”或“应交税费——简易计税”科目。按照国家统一的会计制度确认收入或利得时，应按扣除增值税销项税额后的金额确认收入。

（2）视同销售的账务处理。企业发生税法上视同销售的行为，应当按照企业会计准则制度相关规定进行相应的会计处理，并按照现行增值税制度规定计算的销项税额（或采用简易计税方法计算的应纳增值税税额），借记“应付职工薪酬”“利润分配”等科目，贷记“应交税费——应交增值税（销项税额）”或“应交税费——简易计税”科目（小规模纳税人应记入“应交税费——应交增值税”科目）。

①用资产或者外购货物对外捐赠的账务处理如下：

借：营业外支出——捐赠支出

　贷：库存商品

　　　应交税费——应交增值税（销项税额）

②以自产货物发放福利的账务处理如下：

公司决定发放非货币性福利时：

借：生产成本——直接人工

　　管理费用——人工费用

　贷：应付职工薪酬——非货币性福利

借：应付职工薪酬——非货币性福利

　贷：主营业务收入

　　　应交税费——应交增值税（销项税额）

实际发放非货币性福利时：

借：主营业务成本

　贷：库存商品

【提示】以自产产品捐赠在进行会计处理时不确认收入，以自产产品发放福利在进行会计处理时确认收入。

（3）全面试行营业税改征增值税前已确认收入，此后产生增值税纳税义务的账务处理。

①未产生营业税纳税义务而未计提营业税的：

借：主营业务收入

　贷：应交税费——应交增值税（销项税额）

②已经计提营业税且未缴纳的：

借：应交税费——应交营业税

　　　　　　——应交城市维护建设税

　　　　　　——应交教育费附加

　贷：税金及附加

同时，在达到增值税纳税义务时点时：

借：主营业务收入

　贷：应交税费——应交增值税（销项税额）

全面试行营业税改征增值税后，“营业税金及附加”科目名称调整为“税金及附加”科目，该科目核算企业经营活动发生的消费税、城市维护建设税、资源税、教育费附加及房产税、城镇土地使用税、车船税、印花税等相关税费；利润表中的“营业税金及附加”项目调整为“税金及附加”项目。

3.差额征税的账务处理

（1）企业发生相关成本费用允许扣减销售额的有关账务处理如下：

借：主营业务成本/库存商品/工程施工

　贷：应付账款/应付票据/银行存款

（2）取得合规增值税扣税凭证且纳税义务发生时：

借：应交税费——应交增值税（销项税额抵减）

或　　应交税费——简易计税

或　　应交税费——应交增值税（注：小规模纳税人时）

　贷：主营业务成本/库存商品/工程施工

【例10-23】某运输公司为营业税改征增值税试点的增值税一般纳税人，适用的增值税税率为11%。2016年8月提供国内货物运输服务取得价税款合计3 330 000元，款项存入银行。支付非试点联运企业运费555 000元，并取得交通运输业专用发票。不考虑其他因素。该运输公司应编制会计分录如下：

（1）接受联运企业应税服务：

借：主营业务成本　　500 000

　　应交税费——应交增值税（营改增抵减的销项税额）　　55 000

　贷：银行存款　　555 000

营业税改征增值税抵减的销项税额=［555 000÷（1+11%）］×11%=55 000（元）

（2）确认提供货物运输服务应交增值税：

借：银行存款　　3 330 000

　贷：主营业务收入　　3 000 000

　　　应交税费——应交增值税（销项税额）　　330 000

增值税销项税额=［3 330 000÷（1+11%）］×11%=330 000（元）

4.出口退税的账务处理

为核算纳税人出口货物应收取的出口退税款，设置“应收出口退税款”科目，该科目借方反映销售出口货物按规定向税务机关申报应退回的增值税、消费税等，贷方反映实际收到的出口货物应退回的增值税、消费税等。期末借方余额，反映尚未收到的应退税额。

（1）未实行“免、抵、退”办法的一般纳税人出口货物按规定退税的，按规定计算的应收出口退税额，借记“应收出口退税款”科目，贷记“应交税费——应交增值税（出口退税）”科目；收到出口退税时，借记“银行存款”科目，贷记“应收出口退税款”科目；退税额低于购进时取得的增值税专用发票上的增值税额的差额，借记“主营业务成本”科目，贷记“应交税费——应交增值税（进项税额转出）”科目。

（2）实行“免、抵、退”办法的一般纳税人出口货物，在货物出口销售后结转产品销售成本时，按规定计算的退税额低于购进时取得的增值税专用发票上的增值税额的差额，借记“主营业务成本”科目，贷记“应交税费——应交增值税（进项税额转出）”科目；按规定计算的当期出口货物的进项税抵减内销产品的应纳税额，借记“应交税费——应交增值税（出口抵减内销产品应纳税额）”科目，贷记“应交税费——应交增值税（出口退税）”科目。在规定期限内，内销产品的应纳税额不足以抵减出口货物的进项税额，不足部分按有关税法规定给予退税的，应在实际收到退税款时，借记“银行存款”科目，贷记“应交税费——应交增值税（出口退税）”科目。

5.进项税额抵扣情况发生改变的账务处理

因发生非正常损失或改变用途等，原已计入进项税额、待抵扣进项税额或待认证进项税额，但按现行增值税制度规定不得从销项税额中抵扣的，借记“待处理财产损溢”“应付职工薪酬”“固定资产”“无形资产”等科目，贷记“应交税费——应交增值税（进项税额转出）”、“应交税费——待抵扣进项税额”或“应交税费——待认证进项税额”科目；原不得抵扣且未抵扣进项税额的固定资产、无形资产等，因改变用途等用于允许抵扣进项税额的应税项目的，应按允许抵扣的进项税额，借记“应交税费——应交增值税（进项税额）”科目，贷记“固定资产”“无形资产”等科目。固定资产、无形资产等经上述调整后，应按调整后的账面价值在剩余尚可使用寿命内计提折旧或摊销。

一般纳税人购进时已全额计提进项税额的货物或服务等转用于不动产在建工程的，对于结转以后期间的进项税额，应借记“应交税费——待抵扣进项税额”科目，贷记“应交税费——应交增值税（进项税额转出）”科目。

【注意】税法上的非正常损失，是指因管理不善造成货物被盗、丢失、霉烂变质，以及因违反法律法规造成货物或者不动产被依法没收、销毁、拆除的情形。

6.月末转出多交增值税和未交增值税的账务处理

月度终了，企业应当将当月应缴未缴或多缴的增值税自“应交增值税”明细科目转入“未交增值税”明细科目。对于当月应缴未缴的增值税，借记“应交税费——应交增值税（转出未交增值税）”科目，贷记“应交税费——未交增值税”科目；对于当月多缴的增值税，借记“应交税费——未交增值税”科目，贷记“应交税费——应交增值税（转出多交增值税）”科目。

7.缴纳增值税的账务处理

（1）缴纳当月应交增值税的账务处理。企业缴纳当月应交的增值税，借记“应交税费——应交增值税（已交税金）”科目（小规模纳税人应借记“应交税费——应交增值税”科目），贷记“银行存款”科目。

（2）缴纳以前期间未交增值税的账务处理。企业缴纳以前期间的未交增值税，借记“应交税费——未交增值税”科目，贷记“银行存款”科目。

（3）预缴增值税的账务处理。企业预缴增值税时，借记“应交税费——预交增值税”科目，贷记“银行存款”科目。月末，企业应将“预交增值税”明细科目余额转入“未交增值税”明细科目，借记“应交税费——未交增值税”科目，贷记“应交税费——预交增值税”科目。房地产开发企业等在预缴增值税后，应直至纳税义务发生时方可从“应交税费——预交增值税”科目结转至“应交税费——未交增值税”科目。

（4）减免增值税的账务处理。对于当期直接减免的增值税，借记“应交税金——应交增值税（减免税款）”科目，贷记损益类相关科目。

8.增值税期末留抵税额的账务处理

纳入营改增试点当月月初，原增值税一般纳税人应按不得从销售服务、无形资产或不动产的销项税额中抵扣的增值税留抵税额，借记“应交税费——增值税留抵税额”科目，贷记“应交税费——应交增值税（进项税额转出）”科目。待以后期间允许抵扣时，按允许抵扣的金额，借记“应交税费——应交增值税（进项税额）”科目，贷记“应交税费——增值税留抵税额”科目。

9.增值税税控系统专用设备和技术维护费用抵减增值税税额的账务处理

按现行增值税制度规定，企业初次购买增值税税控系统专用设备支付的费用以及缴纳的技术维护费允许在增值税应纳税额中全额抵减的，按规定抵减的增值税应纳税额，借记“应交税费——应交增值税（减免税款）”科目（小规模纳税人应借记“应交税费——应交增值税”科目），贷记“管理费用”等科目。

10.关于小微企业免征增值税的会计处理规定

小微企业在取得销售收入时，应当按照税法的规定计算应交增值税，并确认为应交税费，在达到增值税制度规定的免征增值税条件时，将有关应交增值税转入当期损益。有关账务处理如下：

（1）实现销售时：

借：银行存款

　贷：主营业务收入

　　应交税费——应交增值税

（2）月销售额不满3万元（或季销售额不满9万元）时：

借：应交税费——应交增值税

　贷：主营业务收入

（三）小规模纳税人应交增值税的账务处理

小规模纳税企业应当按照不含税销售额和规定的增值税征收率计算缴纳增值税，销售货物或提供应税劳务和应税服务时只能开具普通发票，不能开具增值税专用发票。小规模纳税企业不享有进项税额的抵扣权，其购进货物或接受应税劳务和应税服务支付的增值税直接计入有关货物或劳务的成本。因此，小规模纳税人只需在“应交税费”科目下设置“应交增值税”“转让金融商品应交增值税”“代扣代交增值税”三个二级明细科目，以减轻小规模纳税人的核算压力。

小规模纳税人采购等业务的账务处理。小规模纳税人购买物资、服务、无形资产或不动产，取得增值税专用发票上注明的增值税应计入相关成本费用或资产，不通过“应交税费——应交增值税”科目核算，借记“材料采购”“在途物资”等科目，贷记“银行存款”等科目。销售货物、提供应税劳务和应税服务，按全部价款，借记“银行存款”等科目；按不含税的销售额，贷记“主营业务收入”等科目；按应纳增值税税额，贷记“应交税费——应交增值税”科目。

【例10-24】 甲公司为增值税小规模纳税人，适用的增值税税率为3%，原材料按实际成本核算。该公司发生经济交易如下：

购入原材料一批，取得的增值税专用发票上注明的货款为30 000元、增值税税额为5 100元。款项以银行存款支付，材料验收入库。销售产品一批，所开出的普通发票中注明的货款（含税）为51 500元，款项已存入银行。用银行存款缴纳增值税1 500元。该公司应编制会计分录如下：

（1）购入原材料：

借：原材料　　35 100

　贷：银行存款　　35 100

（2）销售产品：

借：银行存款　　51 500

　贷：主营业务收入　　50 000

　　　应交税费——应交增值税　　1 500

不含税销售额=含税销售额÷（1+征收率）=51 500÷（1+3%）=50 000（元）

应纳增值税=不含税销售额×征收率=50 000×3%=1 500（元）

（3）缴纳增值税：

借：应交税费——应交增值税　　1 500

　贷：银行存款　　1 500

三、应交消费税

（一）应交消费税概述

消费税是指在我国境内生产、委托加工和进口应税消费品的单位和个人，按其流转额缴纳的一种税。

消费税有从价定率和从量定额两种征收方法。

采取从价定率方法征收的消费税，以不含增值税的销售额为税基，按照税法规定的税率计算。企业的销售收入包含增值税的，应将其换算为不含增值税的销售额。

采取从量定额计征的消费税，根据按税法确定的企业应税消费品的数量和单位应税消费品应缴纳的消费税计算确定。

（二）应交消费税的账务处理

企业应在“应交税费”科目下设置“应交消费税”明细科目，核算应交消费税的发生、缴纳情况。该科目贷方登记应缴纳的消费税，借方登记已缴纳的消费税；期末贷方余额反映企业尚未缴纳的消费税，借方余额反映企业多缴纳的消费税。

1. 销售应税消费品

企业销售应税消费品应交的消费税，应借记“税金及附加”科目，贷记“应交税费——应交消费税”科目。

【例 10-25】 甲企业销售生产的高档化妆品，价款为100 000元（不含增值税），适用的消费税税率为15%，不考虑其他相关税费。甲企业应编制会计分录如下：

借：税金及附加　　15 000

　贷：应交税费——应交消费税　　15 000

应纳消费税=100 000×15%=15 000（元）

2. 自产自用应税消费品

企业将生产的应税消费品用于在建工程等非生产机构时，按规定应缴纳的消费税，借记“在建工程”等科目，贷记“应交税费——应交消费税”科目。

【例 10-26】 乙企业在建工程领用自产的柴油成本为50 000元，应纳消费税税额为6 000元。不考虑其他相关税费。乙企业应编制会计分录如下：

借：在建工程　　56 000

　贷：库存商品　　50 000

　　　应交税费——应交消费税　　6 000

【例 10-27】 丙企业下设的职工食堂享受企业提供的补贴，本月领用自产产品一批。该产品的账面成本为30 000元，市场价格为40 000元（不含增值税），适用的消费税税率为10%。不考虑其他相关税费。丙企业应编制会计分录如下：

借：应付职工薪酬——职工福利费　　40 000

　　税金及附加　　4 000

　贷：主营业务收入　　40 000

　　　应交税费——应交消费税　　4 000

借：主营业务成本　　30 000

　贷：库存商品　　30 000

3. 委托加工应税消费品

企业如有应交消费税的委托加工物资，一般应由受托方代收代缴税款。

（1）委托加工物资收回后，直接用于销售的，应将受托方代收代缴的消费税计入委托加工物资的成本，借记“委托加工物资”等科目，贷记“应付账款”“银行存款”等科目。

（2）委托加工物资收回后用于连续生产应税消费品的，按规定准予抵扣的，应按已由受托方代收代缴的消费税，借记“应交税费——应交消费税”科目，贷记“应付账款”“银行存款”等科目，待用委托加工的应税消费品生产出应纳消费税的产品销售时，再缴纳消费税。

【例 10-28】 甲企业委托乙企业代为加工一批应交消费税的材料（非金银首饰）。甲企业的材料成本为200 000元，加工费为40 000元，由乙企业代收代缴的消费税为16 000元（不考虑增值税）。材料已经加工完成，并由甲企业收回验收入库，加工费尚未支付。甲企业采用实际成本法进行原材料的核算。甲企业应编制会计分录如下：

（1）如果委托加工物资收回后继续用于生产应税消费品：

借：委托加工物资　200 000

　贷：原材料　200 000

借：委托加工物资　40 000

　　应交税费——应交消费税　16 000

　贷：应付账款　56 000

借：原材料　240 000

　贷：委托加工物资　240 000

（2）如果委托加工物资收回后直接对外销售：

借：委托加工物资　200 000

　贷：原材料　200 000

借：委托加工物资　56 000

　贷：应付账款　56 000

借：原材料　256 000

　贷：委托加工物资　256 000

4. 进口应税消费品

企业进口应税物资在进口环节应交的消费税，计入该项物资的成本，借记“材料采购”“固定资产”等科目，贷记“银行存款”等科目。

【例 10-29】 甲企业从国外进口一批需要缴纳消费税的商品，商品价值为100 000元，进口环节需要缴纳的消费税为20 000元（不考虑增值税），采购的商品已经验收入库，货款尚未支付，税款已经用银行存款支付。甲企业应编制会计分录如下：

借：库存商品　120 000

　贷：应付账款　100 000

　　　银行存款　20 000

四、其他应交税费

其他应交税费是指除上述应交税费以外的其他各种应上交国家的税费，包括资源税、城市维护建设税、土地增值税、所得税、房产税、城镇土地使用税、车船税、教育费附加、个人所得税等，企业应当在“应交税费”科目下设置相应的明细科目进行核算。

（一）应交资源税

资源税是对在我国境内开采矿产品或者生产盐的单位和个人征收的税。

1. 对外销售应税产品应缴纳的资源税应记入“税金及附加”科目，借记“税金及附加”科目，贷记“应交税费——应交资源税”科目。

2. 自产自用应税产品应缴纳的资源税应记入“生产成本”“制造费用”等科目，借记“生产成本”“制造费用”等科目，贷记“应交税费——应交资源税”科目。

【例 10-30】 甲企业本期对外销售资源税应税矿产品3 500吨，将自产资源税应税矿产品600吨用于其产品生产，税法规定每吨矿产品应交资源税为5元。甲企业应编制会计分录如下：

（1）计算对外销售应税矿产品应交资源税：

借：税金及附加　　17 500
　贷：应交税费——应交资源税　　17 500

企业对外销售应税产品应缴纳的资源税=3 500×5=17 500（元）

（2）计算自用应税矿产品应交资源税：

借：生产成本　　3 000
　贷：应交税费——应交资源税　　3 000

企业自产自用应税矿产品应缴纳的资源税=600×5=3 000（元）

（3）缴纳资源税：

借：应交税费——应交资源税　　20 500
　贷：银行存款　　20 500

（二）应交城市维护建设税

城市维护建设税是以增值税、消费税等为计税依据征收的一种税。其纳税人为缴纳增值税、消费税的单位和个人，以纳税人实际缴纳的增值税、消费税税额为计税依据，并分别与两项税金同时缴纳。税率因纳税人所在地不同而从1%～7%不等。其计算公式为：

应纳税额=（应交增值税+应交消费税）×适用税率

企业按规定计算出应缴纳的城市维护建设税，借记"税金及附加"等科目，贷记"应交税费——应交城市维护建设税"科目。

缴纳城市维护建设税时，借记"应交税费——应交城市维护建设税"科目，贷记"银行存款"科目。

【例10-31】 甲企业本期实际应交增值税为360 000元、消费税为240 000元，适用的城市维护建设税税率为7%。甲企业应编制会计分录如下：

（1）计算应交城市维护建设税：

借：税金及附加　　42 000
　贷：应交税费——应交城市维护建设税　　42 000

应交的城市维护建设税=（360 000+240 000）×7%=42 000（元）

（2）用银行存款缴纳城市维护建设税：

借：应交税费——应交城市维护建设税　　42 000
　贷：银行存款　　42 000

（三）应交教育费附加

教育费附加是为了发展教育事业而向企业征收的附加费用，企业按应交流转税的一定比例计算缴纳。企业按规定计算出应缴纳的教育费附加，借记"税金及附加"等科目，贷记"应交税费——应交教育费附加"科目。

【例10-32】 甲企业按税法规定计算2016年第四季度应缴纳的教育费附加为18 000元，款项已经用银行存款支付。甲企业应编制会计分录如下：

（1）计算应缴纳的教育费附加：

借：税金及附加　　18 000
　贷：应交税费——应交教育费附加　　18 000

（2）缴纳教育费附加：

借：应交税费——应交教育费附加　　18 000

　贷：银行存款　　18 000

（四）应交土地增值税

土地增值税是对转让国有土地使用权、地上的建筑物及其附着物（以下简称转让房地产）并取得增值性收入的单位和个人所征收的一种税。

土地增值税按照转让房地产所取得的增值额和规定的税率计算征收。转让房地产的增值额是转让收入减去税法规定扣除项目金额后的余额，其中，转让收入包括货币收入、实物收入和其他收入；扣除项目主要包括取得土地使用权所支付的金额、房地产开发成本及费用、与转让房地产有关的税金、旧房及建筑物的评估价格、财政部确定的其他扣除项目等。

土地增值税采用四级超率累进税率，其中最低税率为30%，最高税率为60%。根据企业对房地产核算的方法不同，企业应交土地增值税的账务处理也有所不同：

1.企业转让的土地使用权连同地上建筑物及其附着物一并在“固定资产”科目核算的，转让时应交的土地增值税，借记“固定资产清理”科目，贷记“应交税费——应交土地增值税”科目。

2.土地使用权在“无形资产”科目核算的，按实际收到的金额，借记“银行存款”“累计摊销”“无形资产减值准备”等科目；按应交的土地增值税，贷记“应交税费——应交土地增值税”科目；同时冲销土地使用权的账面价值，贷记“无形资产”科目；按其差额，借记“营业外支出”科目或贷记“营业外收入”科目。

3.房地产开发经营企业销售房地产应缴纳的土地增值税，借记“税金及附加”科目，贷记“应交税费——应交土地增值税”科目。

缴纳土地增值税时，借记“应交税费——应交土地增值税”科目，贷记“银行存款”科目。

【例10-33】甲企业对外转让一栋厂房，根据税法规定计算的应交土地增值税为35 000元。甲企业应编制会计分录如下：

（1）计算应交土地增值税：

借：固定资产清理　　35 000

　贷：应交税费——应交土地增值税　　35 000

（2）用银行存款缴纳土地增值税：

借：应交税费——应交土地增值税　　35 000

　贷：银行存款　　35 000

（五）应交房产税、城镇土地使用税和车船税

房产税是国家对在城市、县城、建制镇和工矿区征收的由产权所有人缴纳的一种税。房产税依照房产原值一次减除10%～30%后的余额计算缴纳。没有房产原值作为依据的，由房产所在地税务机关参考同类房产核定；房产出租的，以房产租金收入为房产税的计税依据。

城镇土地使用税是以城市、县城、建制镇、工矿区范围内使用土地的单位和个人为纳税人，以其实际占用的土地面积和规定税额计算征收。

车船税是以车辆、船舶（简称车船）为课征对象，向车船的所有人或者管理人征收的

一种税。

企业应交的房产税、城镇土地使用税、车船税，记入“税金及附加”科目，借记“税金及附加”科目，贷记“应交税费——应交房产税（或应交城镇土地使用税、应交车船税）”科目。

【例10-34】某企业按税法规定本期应缴纳房产税16 000元、车船税3 800元、城镇土地使用税4 500元。该企业应编制会计分录如下：

（1）计算应缴纳的上述税金：

借：税金及附加	24 300	
贷：应交税费——应交房产税		16 000
——应交城镇土地使用税		4 500
——应交车船税		3 800

（2）用银行存款缴纳上述税金：

借：应交税费——应交房产税	16 000	
——应交城镇土地使用税	4 500	
——应交车船税	3 800	
贷：银行存款		24 300

【提示】印花税的会计处理：

借：税金及附加

　贷：银行存款

（六）应交个人所得税

企业职工按规定应缴纳的个人所得税通常由单位代扣代缴。企业按规定计算的代扣代缴的职工个人所得税，借记“应付职工薪酬”科目，贷记“应交税费——应交个人所得税”科目；企业缴纳个人所得税时，借记“应交税费——应交个人所得税”科目，贷记“银行存款”等科目。

【例10-35】某企业本月的应付职工工资总额为400 000元，按税法规定应代扣代缴的职工个人所得税共计4 000元，实发工资396 000元。该企业应编制会计分录如下：

（1）代扣个人所得税：

借：应付职工薪酬——工资、奖金、津贴和补贴	4 000	
贷：应交税费——应交个人所得税		4 000

（2）缴纳个人所得税：

借：应交税费——应交个人所得税	4 000	
贷：银行存款		4 000

[案例分析]

案例资料和要求见本章［案例导入］，具体账务处理如下：

（1）借：固定资产	40
应交税费——应交增值税（进项税额）	6.8
贷：应付账款	46.8

(2) 借：在建工程　5.85
　　贷：原材料　5
　　　　应交税费——应交增值税（进项税额转出）　0.85
(3) 借：应收票据　117
　　贷：主营业务收入　100
　　　　应交税费——应交增值税（销项税额）　17
借：主营业务成本　80
　贷：库存商品　80
(4) 借：待处理财产损溢　2.34
　　贷：原材料　2
　　　　应交税费——应交增值税（进项税额转出）　0.34
(5) 借：应交税费——应交增值税（已交税金）　15
　　贷：银行存款　15

[项目小结]

企业的负债包括流动负债和非流动负债。流动负债主要包括短期借款、应付及预收款项、应交税费等，本项目主要介绍流动负债核算。

短期借款是指企业向银行或其他金融机构借入的期限在一年以下（含一年）的各种借款。企业借入短期借款的主要目的在于解决企业流动资金不足的问题，以保证企业的生产经营正常进行。

企业的应付及预收款项包括应付账款、应付票据、应付职工薪酬、预收账款、其他应付款等。

应交税费是指企业根据税法规定应当缴纳的各种税费，包括增值税、消费税、所得税、土地增值税、城市维护建设税、房产税、城镇土地使用税、教育费附加、车船税、个人所得税、印花税等。

[习题与实训]

一、单项选择题

1.某企业为增值税一般纳税人，2016年应缴纳各种税费为：增值税350万元，消费税150万元，城市维护建设税35万元，房产税10万元，车船税5万元，所得税250万元。上述各项税费应计入管理费用的金额为（　　）万元。

A.5　　B.15　　C.50　　D.185

2.某企业作为福利为高级管理人员配备汽车，对这些汽车计提折旧时应编制的会计分录是（　　）。

A.借记“累计折旧”科目，贷记“固定资产”科目

B.借记“管理费用”科目，贷记“固定资产”科目

C.借记“管理费用”科目，贷记“应付职工薪酬”科目；同时，借记“应付职工薪

酬”科目，贷记“累计折旧”科目

D.借记“管理费用”科目，贷记“固定资产”科目；同时，借记“应付职工薪酬”科目，贷记“累计折旧”科目

3.某公司向职工发放自产的加湿器作为福利，该产品的成本为每台150元，计税价格为每台200元，增值税税率为17%。公司共有职工500人，每人发放一台。则计入该公司应付职工薪酬的金额为（　　）元。

A.117 000　　B.75 000　　C.100 000　　D.92 000

4.甲公司为增值税一般纳税人，适用的增值税税率为17%。年末将20台自产的空调作为福利发给本企业职工，该空调的生产成本为1 000元/台，市场售价为2 000元/台（不含增值税）。则甲公司实际发放时应计入应付职工薪酬借方的金额为（　　）元。

A.40 000　　B.23 400　　C.43 400　　D.46 800

5.甲公司为增值税一般纳税人，因山洪暴发毁损库存材料一批，实际成本为20 000元，收回残料价值800元，保险公司赔偿11 600元。甲公司购入该批材料适用的增值税税率为17%，该批毁损原材料的非常损失净额是（　　）元。

A.7 600　　B.18 800　　C.8 400　　D.11 000

二、多项选择题

1.公司以下各项行为中，应作为增值税进项税额转出处置的有（　　）。

A.工程项目领用本公司的材料　　B.工程项目领用本公司的产品

C.管理不善造成存货毁损　　D.以产成品对外捐赠

2.应通过“应收票据”或“应付票据”科目核算的票据有（　　）。

A.银行本票　　B.银行汇票　　C.商业承兑汇票　　D.银行承兑汇票

3.对于带息商业汇票，下列表述正确的有（　　）。

A.收到票据时，按票面价值入账　　B.票据到期值=票面价值+到期利息

C.对应收票据不计提坏账准备

D.对到期不能收回的应收票据转入应收账款后应计提坏账准备

4.企业将商业承兑汇票向银行贴现，票据到期时贴现银行收不到款项，贴现银行应（　　）。

A.将贴现票据退回给票据承兑人

B.向票据承兑人加收罚息

C.将贴现票据退回给贴现企业

D.从贴现企业的账户中将票据本息划回

5.下列关于应付账款的处理中，不正确的有（　　）。

A.货物与发票账单同时到达，待货物验收入库后，按发票账单登记入账

B.货物已到，但至月末时发票账单还未到达，应等发票账单到达时再入账

C.应付账款一般按到期时应付金额的现值入账

D.企业采购业务中形成的应付账款，确认其入账价值时不需考虑将要发生的现金折扣

三、判断题

1.凡是企业缴纳的税费都要通过“应交税费”账户进行核算。（　　）

2.企业为职工缴纳的基本养老保险费、补充养老保险费，以及为职工购买的商业养老保险，均属于企业提供的职工薪酬。（ ）

3.应付职工未按期领取的工资应该通过“其他应付款”科目核算。（ ）

4.应付账款附有现金折扣的，应按照扣除现金折扣前的应付账款总额入账。因在折扣期限内付款而获得的现金折扣，应在偿付应付账款时冲减财务费用。（ ）

5.企业到期无力支付的银行承兑汇票，应按票面金额转入“应付账款”账户。（ ）

四、实训题

【实训题一】

资料：甲公司为增值税一般纳税人，适用的增值税税率为17%。2016年10月，甲公司发生的交易或事项如下：

（1）对行政管理部门使用的设备进行日常维修，应付企业内部维修人员工资6万元。

（2）为公司总部下属25位部门经理每人配备汽车一辆免费使用，假定每辆汽车每月计提折旧0.4万元。

（3）月末，分配职工工资850万元，其中直接生产产品人员工资625万元，车间管理人员工资75万元，企业行政管理人员工资100万元，专设销售机构人员工资50万元。

（4）将本公司生产的液晶电视作为福利发放给职工，其中生产工人100名，行政管理人员20名，销售人员50名。每台电视的市场销售价格为1万元，实际成本为0.7万元。

（5）按规定计算代扣代缴职工个人所得税4万元。

（6）以现金支付职工王某生活困难补助5万元。

（7）从应付李经理的工资中，扣回上月代垫的应由其本人负担的医疗费4万元。

要求：编制甲公司2016年10月上述交易或事项（1）～（7）的会计分录（答案中的金额单位用万元表示）。

【实训题二】

资料：甲公司为增值税一般纳税人，适用的增值税税率为17%，材料采用实际成本进行日常核算。该公司2016年4月30日“应交税费——应交增值税”科目借方余额为4万元，该借方余额均可用下月的销项税额抵扣。5月份发生如下涉及增值税的经济业务：

（1）购买原材料一批，增值税专用发票上注明的价款为60万元、增值税税额为10.2万元，公司已开出商业承兑汇票。该原材料已验收入库。

（2）企业对外销售原材料一批。该批原材料的成本为36万元，计税价格为41万元，应缴纳的增值税税额为6.97万元。

（3）销售产品一批，销售价格为20万元（不含增值税税额），实际成本为16万元，提货单和增值税专用发票已交购货方，货款尚未收到。该销售符合收入的确认条件。

（4）在建工程领用原材料一批，该批原材料实际成本为30万元，应由该批原材料负担的增值税税额为5.1万元。

（5）因管理不善毁损原材料一批，该批原材料的实际成本为10万元，增值税税额为1.7万元。

（6）用银行存款缴纳本月增值税2.5万元。

要求：

（1）编制上述经济业务相关的会计分录（“应交税费”科目要求写出明细科目及专栏名称）。

（2）计算甲公司5月份发生的销项税额、应交增值税税额和应交未交的增值税税额。

项目十一

非流动负债的核算

[知识目标]

掌握负债筹资的基本渠道，长期借款、应付债券和长期应付款的核算。

[技能目标]

能根据长期借款、应付债券和长期应付款业务的原始凭证正确编制记账凭证。

[案例导入]

资料：甲企业2016年发生下列经济业务：

(1) 1月1日，为工程建设需要向建行贷款800 000元，期限为5年，年利率为10%(实际利率与合同利率一致)，到期一次还本，每年1月1日实际支付利息。该工程2016年1月开始动工建造，建设期预计1年，2016年年末完工，假设工程建造期间计提的利息费用均符合资本化条件。

(2) 经批准于4月1日发行5年期、到期一次还本付息的债券10 000张。每张面值为100元，票面利率为8%，假定实际利率与票面利率一致，发行收入已收到并存入银行。该企业筹集资金当期全部用于某建设项目，项目将于2018年完工，假设项目建设期间计提的利息费用均符合资本化条件。

要求：

(1) 编制与长期借款业务相关的会计分录。

(2) 编制与债券发行相关的会计分录。

● 任务1　非流动负债认知

一、非流动负债的特点

非流动负债是指偿还期在一年或者超过一年的一个营业周期以上的债务。企业举借非流动负债，主要是为了购置大型机器设备、扩建厂房等扩大生产经营规模的需要。企业举借非流动负债与增发股票进行股权融资相比，具有下列优点：

（1）可以保持对企业的控制权和稳定公司股票的价格。增发股票会稀释原有股东的持股比例，分散股权；而且增发股票还会使每股收益额下降，从而导致股票价格下跌。而公司的债权人不能参与公司的经营管理，不享有公司重大决策的表决权，即非流动负债融资可以保持对公司的控制权。

（2）举借非流动负债支付的利息具有抵税作用。因为利息费用可以在税前扣除，而股利只能在税后支付。

（3）可以为股东带来更大的经济利益。因为非流动负债的利息支出是固定的，而且可以税前扣除，只要投资报酬率大于非流动负债的利息率，举借非流动负债扩大企业的生产经营就可以为股东带来剩余收益，增加股东的利益。

但是举借非流动负债也有不足之处：因为固定的利息费用可能增大企业的财务风险。一旦企业经营状况不好，不能及时偿还本金和利息，债权人就有权向法院申诉，强迫企业支付，甚至迫使债务人破产。

二、非流动负债的种类

（1）非流动负债按筹措的方式不同，可分为长期借款、应付债券和长期应付款。长期借款是指企业向银行或其他金融机构借入的偿还期在一年以上的各种借款。应付债券是指企业为筹措长期资金而发行的一年期以上的债券。长期应付款是企业除长期借款和应付债券以外的长期应付款项，主要包括应付融资租入固定资产的租赁费和以分期付款方式购入的固定资产、无形资产等发生的应付款项。

（2）非流动负债按偿还的方式不同，可分为定期偿还的非流动负债和分期偿还的非流动负债。

● 任务2 长期借款的核算

一、长期借款的含义

长期借款是指企业向银行或其他金融机构借入的期限在一年以上（不含一年）的各种借款，一般用于固定资产的购建、改扩建工程、大修理工程、对外投资以及保持长期经营能力等方面。

长期借款属于企业的非流动负债，由于长期借款的使用关系到企业的生产经营规模和效益，企业除了要遵守有关的贷款规定、编制借款计划并要有不同形式的担保外，还应监督借款的使用、按期支付长期借款的利息以及按规定的期限归还借款本金等。

二、账户设置

企业为了总括地反映长期借款的取得、计提利息和归还本息等情况，应设置“长期借款”账户进行核算。该账户属负债类账户，贷方登记借入各项长期借款的本金及计提的利息；借方登记归还长期借款的本息；期末余额在贷方，反映企业期末尚未偿还的长期借款本息金额。该账户应按贷款单位和贷款种类设置明细账，并分别按“本金”和“利息调整”进行明细核算。

【想一想】

“长期借款”账户与“短期借款”账户在核算本金与利息上有何不同？

三、长期借款的账务处理

（一）长期借款的取得

企业取得长期借款时，按实际取得借款的金额，借记“银行存款”科目；按长期借款的本金，贷记“长期借款——本金”科目；按其差额，借记“长期借款——利息调整”科目。

【例11-1】宏远公司为建造办公楼，于2015年12月1日从建设银行取得借款5 000 000元，期限为3年，年利率为8.4%，到期一次还本付息，不计复利。所借款项已存入银行。宏远公司编制会计分录如下：

借：银行存款	5 000 000	
贷：长期借款——建设银行（本金）		5 000 000

【例11-2】万盛达公司为满足资金周转需要，于2015年1月1日从工商银行借入2年期借款100 000元，年利率为8%，单利计息，到期一次还本付息。借款日企业实际收到95 868元转入银行存款账户。假定该贷款的实际利率为10%，企业于每年年末计提利息。

万盛达公司收到借款时，编制会计分录如下：

借：银行存款	95 868	
长期借款——工商银行（利息调整）	4 132	
贷：长期借款——工商银行（本金）		100 000

（二）长期借款利息的确认

在资产负债表日，企业应按长期借款的摊余成本和实际利率计算确定长期借款的利息费用，借记“在建工程”“财务费用”“制造费用”等科目；按借款本金和合同利率计算确定应付未付利息，贷记“应付利息”科目（对于一次还本付息的长期借款，贷记“长期借款——应计利息”科目）；按其差额，贷记“长期借款——利息调整”科目。

长期借款利息费用应当在资产负债表日按照实际利率法计算确定，实际利率与合同利率差异较小的，也可以采用合同利率计算确定利息费用。

长期借款计算确定的利息费用，应当按以下原则计入有关成本、费用：

1.属于筹建期间的，计入管理费用；

2.属于生产经营期间的，计入财务费用；

3.如果长期借款用于购建固定资产的，在固定资产尚未达到预定可使用状态前，所发生的应当资本化的利息支出数，计入在建工程成本；

4.固定资产达到预定可使用状态后发生的利息支出，以及按规定不予资本化的利息支出，计入财务费用。

长期借款利息的计算方法包括单利和复利两种。我国通常采用单利法，其计算公式如下：

利息=本金×利率×期数

本利和=本金×（1+利率×期数）

【例11-3】承【例11-1】资料，宏远公司2015年12月31日计提长期借款利息，编制会计分录如下：

2015年12月31日计提当期利息=5 000 000×8.4%÷12=35 000（元）

借：财务费用　　35 000

　贷：长期借款——建设银行（应计利息）　　35 000

2016年1月至2018年10月月末预提利息会计分录同上。

当企业取得长期借款的名义利率与实际利率不一致时，资产负债表日借款利息费用应按实际利率法计算确定，即按长期借款的摊余成本和实际利率计算各期利息费用。其实际利率是指将长期借款在存续期间的未来现金流量折现为该借款当前价值时所使用的利率。但实际利率与名义利率差异较小的，也可以采用名义利率计算确定利息费用。

【例11-4】 承【例11-2】资料，采用实际利率法计提各期利息见表11-1。

表11-1　**长期借款利息计算表（实际利率法）**　单位：元

日期	当期应付利息	利息费用	当期摊销的利息调整	利息调整余额	长期借款摊余成本
	①=本金×名义利率	②=上期⑤×实际利率	③=②-①	④=上期④-③	⑤=上期⑤+②
2015.01.01				4 132	95 868
2015.12.31	8 000	9 586.80	1 586.80	2 545.20	105 454.80
2016.12.31	8 000	10 545.20*	2 545.20	0	116 000

注：*为尾数调整。

2015年12月31日长期借款摊余成本=100 000+8 000-（4 132-1 586.80）
=105 454.80（元）

2016年12月31日长期借款摊余成本=100 000+16 000=116 000（元）

2015年12月31日计提当期利息，编制会计分录如下：

借：财务费用　　9 586.80

　贷：长期借款——工商银行（应计利息）　　8 000

　　　　　　——工商银行（利息调整）　　1 586.80

2016年12月31日计提当期利息，编制会计分录如下：

借：财务费用　　10 545.20

　贷：长期借款——工商银行（应计利息）　　8 000

　　　　　　——工商银行（利息调整）　　2 545.20

（三）长期借款的归还

企业归还长期借款本息时，按归还的长期借款本金，借记“长期借款——本金”科目；按已计提的应计利息金额，贷记“长期借款——应计利息”科目；按实际支付款，贷记“银行存款”科目；按其差额，借记“财务费用”“在建工程”等科目。

【例11-5】 承【例11-1】、【例11-3】资料，2018年11月30日，宏远公司偿还银行借款本息，编制会计分录如下：

借：财务费用　　35 000

　　长期借款——建设银行（本金）　　5 000 000

　　　　　　——建设银行（应计利息）　　1 225 000

　贷：银行存款　　6 260 000

【例11-6】 承【例11-2】、【例11-4】资料，2017年1月1日，借款到期还本付息时编制会计分录如下：

借：长期借款——工商银行（本金） 100 000
——工商银行（应计利息） 16 000
贷：银行存款 116 000

【例 11-7】某企业为建造一幢厂房，于2015年1月1日借入期限为2年的长期专门借款2 000 000元，款项已存入银行。借款利率按市场利率确定为9%，每年付息一次，期满后一次还清本金。2015年年初，该企业以银行存款支付工程价款共计800 000元；2016年年初，又以银行存款支付工程费用700 000元。该厂房于2016年8月31日完工，达到预定可使用状态。假定不考虑闲置专门借款资金存款的利息收入或者投资收益。该企业的有关账务处理如下：

（1）2015年1月1日，取得借款时：

借：银行存款 2 000 000
贷：长期借款——本金 2 000 000

（2）2015年年初，支付工程款时：

借：在建工程——厂房 800 000
贷：银行存款 800 000

（3）2015年12月31日，计算应计入工程成本的利息费用时：

借款利息=2 000 000×9%=180 000（元）

借：在建工程——厂房 180 000
贷：应付利息 180 000

（4）2015年12月31日，支付借款利息时：

借：应付利息 180 000
贷：银行存款 180 000

（5）2016年年初，再次支付工程款时：

借：在建工程——厂房 700 000
贷：银行存款 700 000

（6）2016年8月31日，工程达到预定可使用状态时：

该期应计入工程成本的8个月的利息=2 000 000×9%÷12×8=120 000（元）

借：在建工程——厂房 120 000
贷：应付利息 120 000

同时：

借：固定资产——厂房 1 800 000
贷：在建工程——厂房 1 800 000

（7）2016年12月31日，计算2016年9—12月的利息费用时：

应计入财务费用的利息=2 000 000×9%÷12×4=60 000（元）

借：财务费用 60 000
贷：应付利息 60 000

（8）2016年12月31日，支付利息时：

借：应付利息 180 000
贷：银行存款 180 000

（9）2017年1月1日，到期还本时：

借：长期借款——本金　　2 000 000

　贷：银行存款　　2 000 000

● 任务3　应付债券的核算

一、应付债券的含义

应付债券是企业为了筹集长期资金依法定程序对外发行的约定在一定期限还本付息的有价证券，是一种债务凭证。投资者可以根据其手中持有的债券在一定的时间按规定的利率向筹资企业收取利息和收回本金。企业发行的超过一年以上的债券构成一项非流动负债。

【提示】企业发行的偿还期在一年及以内的债券属于流动负债，会计上作为“交易性金融负债”核算。

二、债券发行价格的确定

（一）债券的发行价格

应付债券的发行价格是指企业在发行债券时向购买人收取的价款，其发行价格的高低一般取决于债券票面金额、债券票面利率、发行当时的市场利率以及债券期限的长短等因素。企业债券的票面利率又称为名义利率。实际利率也可称为市场利率。债券发行有面值、溢价和折价发行三种情况：

（1）当票面利率与市场利率一致时，债券的发行价格等于面值，称为平价发行或面值发行。

（2）当票面利率高于市场利率时，债券的发行价值高于面值，称为溢价发行，溢价是企业以后各期多付利息而事先得到的补偿。

（3）当票面利率低于市场利率时，企业按低于面值的价格发行，称为折价发行，折价是企业以后各期少付利息而预先给投资者的补偿。

【提示】溢价或折价实质上是发行债券企业在债券存续期内对利息费用的一种调整。债券发行价格是指债券发行时的实际价格。

（二）债券发行价格的计算

债券发行价格的计算公式如下：

债券发行价格=债券面值按市场利率的折现值+债券利息按市场利率的折现值

其中：

债券面值按市场利率的折现值=债券面值×复利现值系数

在分期付息的情况下，

债券利息按市场利率的折现值=每个付息期的利息额×年金现值系数

【例11-8】宏远公司2013年12月31日经批准发行3年期分期付息、到期一次还本的债券100万元，债券利息在每年12月31日支付，票面利率为6%。假定债券发行时的市场利率分别为5%、6%、7%，请计算债券的发行价格。

债券到期值=100万元

每期应付债券利息=100×6%=6（万元）

市场利率为5%时，发行价格=100×0.8638＋6×2.7232=103（万元）

市场利率为6%时，发行价格=100×0.8396＋6×2.6730=100（万元）

市场利率为7%时，发行价格=100×0.8163＋6×2.6243=97（万元）

注：计算债券发行价格中的“0.8638、0.8396和0.8163”分别是利率为5%、6%和7%，期限为3年的复利现值系数；“2.7232、2.6730和2.6243”分别是利率为5%、6%和7%，期限为3年的年金现值系数。

三、应付债券的账务处理

企业应通过设置“应付债券”科目，核算应付债券的发行、计提利息、还本付息等情况。该科目贷方登记应付债券的本金和利息；借方登记归还的债券本金和利息；期末贷方余额表示企业尚未偿还的长期债券。该科目可按“面值”“利息调整”“应计利息”等设置明细科目进行明细核算。

企业应当设置企业债券备查簿，详细登记每一个企业债券的票面金额、债券票面利率、还本付息期限与方式、发行总额、发行日期和编号、委托代售单位、转换股份等资料。企业债券到期结清时，应当在备查簿内逐笔注销。

（一）应付债券的发行

企业发行债券，应按发行债券实际收到的款项，借记“银行存款”科目；按债券面值，贷记“应付债券——债券面值”科目；按实际收到款项与债券面值之间的差额，贷记或借记“应付债券——利息调整”科目。

【例11-9】 承【例11-8】资料，2013年12月31日，宏远公司按面值发行债券时，编制会计分录如下：

借：银行存款	1 000 000	
贷：应付债券——面值		1 000 000

溢价发行时，编制会计分录如下：

借：银行存款	1 030 000	
贷：应付债券——面值		1 000 000
——利息调整		30 000

折价发行时，编制会计分录如下：

借：银行存款	970 000	
应付债券——利息调整	30 000	
贷：应付债券——面值		1 000 000

（二）利息计提及溢（折）价摊销

1.利息计提及溢（折）价摊销的计算

利息调整应在债券存续期间内采用实际利率法进行摊销。实际利率法，是指按照应付债券的实际利率计算其摊余成本及各期利息费用的方法。实际利率，是指将应付债券在债券存续期间的未来现金流量，折现为该债券当前账面价值所使用的利率。具体计算公式如下：

应计利息=面值×票面利率×当期期限

利息费用=应付债券当期期初摊余成本×实际利率×当期期限

溢（折）价摊销额=当期应计利息-当期利息费用

2.利息计提及溢（折）价摊销的账务处理

（1）资产负债表日，对于分期付息一次还本的债券，企业应按应付债券的摊余成本和实际利率计算确定债券利息费用，借记“在建工程”“制造费用”“财务费用”等科目；按票面利率计算确定应付未付利息，贷记“应付利息”科目；按其差额，借记或贷记“应付债券——利息调整”科目。

（2）对于一次还本付息的债券，应于资产负债表日，按摊余成本和实际利率计算确定债券利息费用，借记“在建工程”“制造费用”“财务费用”等科目；按票面利率计算确定应付未付利息，贷记“应付债券——应计利息”科目；按其差额，借记或贷记“应付债券——利息调整”科目。

应付债券计提利息的账务处理如图11-1所示。

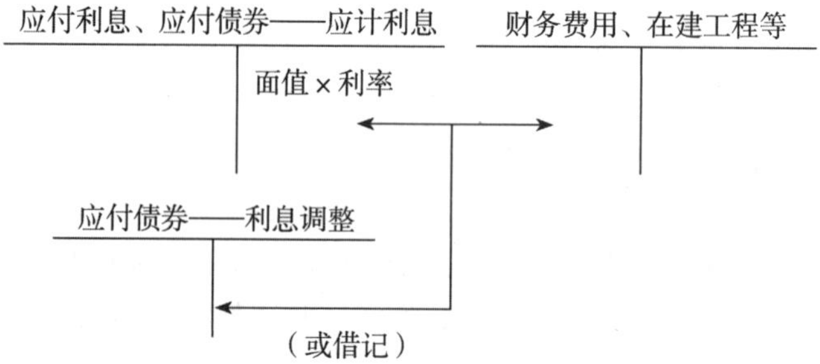

图11-1 应付债券计提利息的账务处理流程图

【例11-10】承【例11-9】资料，宏远公司在溢价发行债券的情况下，采用实际利率法计算确定利息费用，其计算过程见表11-2。

表11-2 **利息费用计算表** 单位：元

付息日期	应付利息	利息费用	摊销的溢价	摊余成本
	①=面值×票面利率	②=上期④×实际利率	③=①-②	④=上期④-③
2013.12.31				1 030 000
2014.12.31	60 000	51 500	8 500	1 021 500
2015.12.31	60 000	51 075	8 925	1 012 575
2016.12.31	60 000	47 425*	12 575	1 000 000

注：*为尾数调整：60 000-12 575=47 425。

若宏远公司发行企业债券所筹集的资金用于生产线的建设，建设工期为1年，生产线于2014年12月31日达到预定可使用状态。宏远公司各年计提利息并摊销溢价的账务处理如下：

2014年12月31日，计提利息并摊销溢价时，编制会计分录：

借：在建工程——生产线工程　　51 500

　　应付债券——利息调整　　8 500

　贷：应付利息　　60 000

付息时：

借：应付利息　　60 000

贷：银行存款　　60 000

2015年12月31日，计提利息并摊销溢价时，编制会计分录：

借：财务费用　　51 075

应付债券——利息调整　　8 925

贷：应付利息　　60 000

付息时：

借：应付利息　　60 000

贷：银行存款　　60 000

2016年12月31日，计提利息并摊销溢价时，编制会计分录：

借：财务费用　　47 425

应付债券——利息调整　　12 575

贷：应付利息　　60 000

【提示】对于到期一次还本付息的债券，在计息日计算的应付未付利息，贷记“应付债券——应计利息”科目，其他账务处理与分期付息、到期还本债券相同。

【练一练】

根据【例11-8】资料，在折价发行的情况下，采用实际利率法计算确定利息费用，并编制相关的会计分录。

（三）债券到期清偿

债券到期时，无论是面值发行，还是溢价或折价发行，“应付债券——利息调整”账户的余额均为零。

对于到期一次还本付息债券到期还款时，应按债券面值，借记“应付债券——面值”科目；按应付未付全部利息，借记“应付债券——应计利息”科目；按实际支付的金额，贷记“银行存款”科目。

对于一次还本、分期付息债券到期还款时，按债券面值，借记“应付债券——面值”科目；按最后一期利息费用，借记“在建工程”“财务费用”“制造费用”等科目；按实际支付的金额，贷记“银行存款”科目；按其差额，借记或贷记“应付债券——利息调整”科目。

【例11-11】承【例11-9】、【例11-10】资料，在溢价发行的情况下，2016年宏远公司偿还债券本金和利息时，编制会计分录如下：

借：应付债券——面值　　1 000 000

应付利息　　60 000

贷：银行存款　　1 060 000

【例11-12】2011年12月31日，A公司经批准发行5年期一次还本、分期付息的公司债券10 000 000元，债券利息在每年12月31日支付，票面利率为6%。假定债券发行时的市场利率为5%，该债券发行筹集的资金主要用于工程建设。

A公司该批债券实际发行价格=10 000 000×0.7835（复利现值系数）+10 000 000×6%×4.3295（年金现值系数）

=10 432 700（元）

A公司根据上述资料，采用实际利率和摊余成本计算确定利息费用，结果见表11-3。

表 11-3 **利息费用计算表** 单位：元

付息日期	支付利息	实际利息费用	摊销的利息调整	摊余成本
2011.12.31				10 432 700
2012.12.31	600 000	521 635	78 365	10 354 335
2013.12.31	600 000	517 716.75	82 283.25	10 272 051.75
2014.12.31	600 000	513 602.59	86 397.41	10 185 654.34
2015.12.31	600 000	509 282.72	90 717.28	10 094 937.06
2016.12.31	600 000	505 062.94*	94 937.06	10 000 000

注：*为尾数调整。

根据表 11-3 的资料，A 公司的账务处理如下：

（1）2011 年 12 月 31 日，发行债券时：

借：银行存款　10 432 700

　贷：应付债券——面值　10 000 000

　　　　　　——利息调整　432 700

（2）2012 年 12 月 31 日，确认利息费用时：

借：在建工程　521 635

　　应付债券——利息调整　78 365

　贷：应付利息　600 000

2013 年、2014 年、2015 年确认利息费用的账务处理同 2012 年。

（3）2016 年 12 月 31 日，归还债券本金及最后一期利息费用时：

借：在建工程　505 062.94

　　应付债券——面值　10 000 000

　　　　　　——利息调整　94 937.06

　贷：银行存款　10 600 000

2016 年 12 月 31 日，“应付债券——利息调整”科目账面余额=432 700-（78 365+82 283.25+86 397.41+90 717.28）=94 937.06（元）。

【练一练】

承【例 11-9】、【例 11-10】资料，在面值发行或折价发行的情况下，宏远公司该怎样进行账务处理？

四、可转换公司债券的账务处理

我国发行可转换公司债券采取记名式无纸化发行方式。企业发行的可转换公司债券，既含有负债成分又含有权益成分，根据《企业会计准则第 37 号——金融工具列报》的规定，应当在初始确认时将负债和权益成分进行分拆，分别进行处理。企业发行可转换公司债券的有关账务处理如下：

（一）初始确认

企业发行的可转换公司债券应当在初始确认时将其包含的负债成分和权益成分进行分拆，在进行分拆时，应当先确定负债成分的公允价值并以此作为其初始确认金额，确认为应付债券；再按整体发行价格扣除负债成分初始确认金额后的金额确定权益成分的初始确认金额，确认为其他权益工具。

发行可转换公司债券发生的交易费用，应当在负债成分和权益成分之间按照各自初始确认金额（相对公允价值）的相对比例进行分摊。企业应按实际收到的款项，借记“银行存款”等科目；按可转换公司债券包含的负债成分面值，贷记“应付债券——可转换公司债券（面值）”科目；按权益成分的公允价值，贷记“其他权益工具”科目；按其差额，借记或贷记“应付债券——可转换公司债券（利息调整）”科目。

（二）后续计量

对于可转换公司债券的负债成分，在转换为股份前，其账务处理与一般公司债券相同。

（三）行使转换权利

可转换公司债券持有人行使转换权利，将其持有的债券转换为股票，按可转换公司债券的余额，借记“应付债券——可转换公司债券（面值/利息调整）”科目；按其权益成分的金额，借记“其他权益工具”科目；按股票面值和转换的股数计算的股票面值总额，贷记“股本”科目；按其差额，贷记“资本公积——股本溢价”科目。如用现金或银行存款支付不可转换股票的部分，还应贷记“库存现金”“银行存款”等科目。

【例11-13】 大华上市公司经批准于2015年1月1日按每份面值100元发行了10 000份5年期一次还本付息的可转换公司债券，共计1 000 000元，款项收存银行，债券票面年利率为6%。债券发行1年后可转换为该上市公司普通股股票，转股时每份债券可转10股，股票面值为每股1元。假定2016年1月1日债券持有人将持有的可转换公司债券全部转换为该上市公司普通股股票。该公司发行可转换公司债券时二级市场上与之类似的没有转换权的债券市场利率为9%。该可转换公司债券发生的利息费用不符合资本化条件。

该公司有关该可转换公司债券的账务处理如下：

（1）2015年1月1日，发行可转换公司债券时：

首先，确定可转换公司债券负债成分的公允价值：

1 000 000×（P/F，9%，5）+1 000 000×6%×（P/A，9%，5）

=1 000 000×0.6499+1 000 000×6%×3.8897=883 282（元）

可转换公司债券权益成分的公允价值：

1 000 000-883 282=116 718（元）

借：银行存款	1 000 000	
应付债券——可转换公司债券（利息调整）	116 718	
贷：应付债券——可转换公司债券（面值）		1 000 000
其他权益工具		116 718

（2）2015年12月31日，确认利息费用时：

应计入财务费用的利息=883 282×9%=79 495.38（元）

当期应付未付的利息费用=1 000 000×6%=60 000（元）

借：财务费用	79 495.38	
贷：应付债券——可转换公司债券（应计利息）		60 000
——可转换公司债券（利息调整）		19 495.38

（3）2016年1月1日，债券持有人行使转换权时：

债券持有人在当期付息前转换股票，应按债券面值和应计利息之和除以10，计算转换的股份数。

转换的股份数=（1 000 000+60 000）÷10=106 000（股）

借：应付债券——可转换公司债券（面值）	1 000 000	
——应计利息	60 000	
其他权益工具	116 718	
贷：股本		106 000
应付债券——可转换公司债券（利息调整）		97 222.62
资本公积——股本溢价		973 495.38

● 任务4　长期应付款的核算

一、长期应付款的含义

长期应付款是指企业除长期借款和应付债券以外的其他各种长期应付款项，包括应付融资租入固定资产的租赁费、以分期付款方式购入固定资产发生的应付款项等。长期应付款除具有长期负债的一般特点外，还具有款项主要形成固定资产并分期付款的特点。

企业应设置“长期应付款”科目，核算企业融资租入固定资产和以分期付款方式购入固定资产时应付的款项及其偿还情况。该科目贷方反映应付的长期应付款项；借方反映偿还的长期应付款项；期末贷方余额，反映企业应付未付的长期应付款项。该科目可按长期应付款的种类和债权人设置明细科目进行明细核算。

二、长期应付款的账务处理

（一）应付融资租赁款

1.融资租赁业务的认定

根据《企业会计准则第21号——租赁》的规定，一项租赁业务满足下列标准之一的，应认定为融资租赁；否则，就属于经营租赁。

（1）在租赁期届满时，租赁资产的所有权转移给承租人。

（2）承租人有购买租赁资产的选择权，所订立的购价预计远低于行使选择权时租赁资产的公允价值，因而在租赁开始日就可以合理确定承租人将会行使这种选择权。

（3）租赁期占租赁资产尚可使用年限的大部分。但如果租赁资产在租赁开始前已使用年限超过该资产全新时可使用年限的大部分，则该项标准不适用。此处“大部分”是指75%（含）以上。

（4）就承租人而言，租赁开始日最低租赁付款额的现值几乎相当于租赁开始日租赁资产的原账面价值；就出租人而言，租赁开始日最低收款额的现值几乎相当于租赁开始日租赁资产的账面价值。但如果租赁资产在开始租赁前已使用年限超过该资产全新时可使用年限的大部分，则此项标准不适用。此处“几乎相当于”是指90%（含）以上。

【提示】“最低租赁付款额”是指在租赁期内，承租人应支付或可能被要求支付的款项（不包括或有租金和履约成本），加上由承租人或与其有关的第三方担保的资产余值。

承租人在计算最低租赁付款额的现值时，能够取得出租人租赁内含利率的，应当采用租赁内含利率作为折现率；否则，应当采用租赁合同规定的利率作为折现率。承租人无法取得出租人的租赁内含利率且租赁合同没有规定利率的，应当采用同期银行贷款利率作为折现率。其中，租赁内含利率是指在租赁开始日，使最低租赁收款额的现值与未担保余值的现值之和等于租赁资产公允价值与出租人的初始直接费用之和的折现率。未担保余值是指租赁资产余值中扣除就出租人而言的担保余值后的资产余值。

（5）租赁资产性质特殊，如果不作较大改造，只有承租人才能使用。

2.融资租入固定资产的账务处理

（1）租入时的账务处理。融资租入固定资产时，应在租赁开始日，按应计入固定资产成本的金额（租赁开始日租赁资产公允价值与最低租赁付款额现值两者中的较低者，加上初始直接费用），借记“在建工程”或“固定资产”科目；按最低租赁付款额，贷记“长期应付款”科目；按发生的初始直接费用，贷记“银行存款”等科目；按其差额，借记“未确认融资费用”科目。

【提示】初始直接费用是指在租赁谈判和签订合同过程中发生的，可直接归属于租赁项目的手续费、律师费、差旅费、印花税等费用。

“未确认融资费用”账户属负债类账户，是“长期应付款”账户的调整账户，借方登记形成的未确认融资费用；贷方登记分期转销的未确认融资费用；期末借方余额，反映企业未确认融资费用的摊余价值。该账户应按债权人或长期应付项目进行明细核算。

（2）租赁期间的账务处理。未确认融资费用应在租赁期内各期采用实际利率法进行分摊，借记“财务费用”科目，贷记“未确认融资费用”科目。

融资租入固定资产应采用与自有固定资产相同的政策计提折旧，其折旧期限按下列原则确定：能够合理确定租赁期满时将会取得租赁资产所有权的，应当在租赁资产尚可使用年限内计提折旧；无法合理确定租赁期满时能够取得租赁资产所有权的，应当在租赁期与租赁资产尚可使用年限两者中较短的期间内计提折旧。计提的折旧额，按固定资产的用途不同，借记“制造费用”“管理费用”等科目，贷记“累计折旧”科目。

按期支付每期应付款项时，借记“长期应付款——应付融资租赁款”科目，贷记“银行存款”科目。

（3）租赁期满的账务处理。租赁期届满时，承租人对租赁资产的处理有三种情况：返还、优惠续租和留购。租赁期届满，承租人向出租人返还租赁资产的，借记“长期应付款——应付融资租赁款”“累计折旧”科目，贷记“固定资产——融资租入固定资产”科目。

如果承租人行使优惠续租选择权，应视同该项租赁一直存在处理。如果承租人在租赁期届满时没有续租，根据协议规定须向出租人支付违约金的，借记“营业外支出”科目，贷记“银行存款”等科目。

在承租人享有优惠购买选择权的情况下支付购买价款的，借记“长期应付款——应付融资租赁款”科目，贷记“银行存款”等科目；同时，将固定资产从“固定资产——融资租入固定资产”明细账户转入有关明细账户。

【例11-14】宏远公司于2011年1月10日以融资租赁方式租入需要安装的生产设备一台，按租赁协议约定的设备价款（公允价值）为1 200 000元，折现率为10%，租赁期为5年，年租赁费为300 000元，于每年年末分期支付。租赁期满后，该设备的所有权转给宏远公司所有。宏远公司另以银行存款支付运杂费5 000元；设备运抵公司后，发生安装调试费20 000元，款项通过银行转账支付。根据上述资料，宏远公司相关账务处理如下（省略提取折旧的会计分录）：

最低租赁付款额=300 000×5=1 500 000（元）

最低租赁付款额现值=300 000×3.7908=1 137 240（元）

因为最低租赁付款额现值小于该设备的公允价值，应按最低租赁付款额的现值作为租入设备的入账价值。

未确认融资费用=300 000×5-1 137 240=362 760（元）

采用实际利率法计算每期未确认融资费用的分摊金额，结果见表11-4。

表11-4　**未确认融资费用摊销表**　单位：元

日期	租金	确认的融资费用	应付本金减少额	应付本金余额
	①	②=期初④×10%	③=①-②	④=期初④-③
2011.01.10				1 137 240
2011.12.31	300 000	113 724	186 276	950 964
2012.12.31	300 000	95 096	204 904	746 060
2013.12.31	300 000	74 606	225 394	520 666
2014.12.31	300 000	52 067	247 933	272 733
2015.12.31	300 000	27 267*	272 733	0
合计	1 500 000	362 760	1 137 240	—

注：*为尾数调整。

2011年1月10日，租入设备时，编制会计分录：

借：在建工程——设备安装工程　1 137 240

　　未确认融资费用　362 760

　贷：长期应付款——应付融资租赁款　1 500 000

支付运杂费及安装调试费时，编制会计分录：

借：在建工程——设备安装工程　25 000

　贷：银行存款　25 000

安装完毕交付使用时，编制会计分录：

借：固定资产——融资租入固定资产　1 162 240

　贷：在建工程——设备安装工程　1 162 240

2011年12月31日，支付当期租金时，编制会计分录：

借：长期应付款——应付融资租赁款　300 000

　贷：银行存款　300 000

2011—2015年每年支付租金时编制相同的会计分录。

摊销未确认融资费用，编制会计分录（以2011年12月31日为例）：

借：财务费用　113 724

　贷：未确认融资费用　113 724

（二）具有融资性质的延期付款购买资产

企业购买资产有可能延期支付有关价款。如果延期支付的购买价款超过正常信用条件，实质上具有融资性质，所购资产的成本应当以延期支付购买价款的现值为基础确定。实际支付的价款与购买价款的现值之间的差额，应当在信用期间内采用实际利率法进行摊销，符合资本化条件的，计入相关资产成本，否则计入当期损益。其账务处理如下：

（1）按购买价款的现值，借记“固定资产”“在建工程”等科目；按应支付的价款总额，贷记“长期应付款”科目；按其差额，借记“未确认融资费用”科目。

（2）按期支付价款时，借记“长期应付款”科目，贷记“银行存款”科目。

延期付款购买资产的账务处理如图11-2所示。

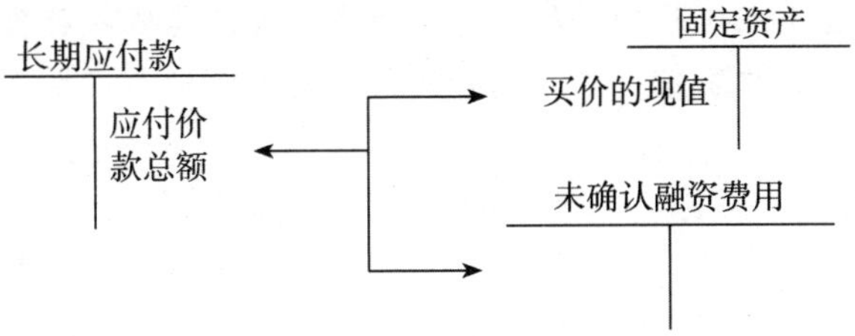

图11-2　延期付款购买资产的账务处理流程图

假设2014年1月1日，甲公司采用分期付款方式购入大型设备一套，当日投入使用。合同约定的价款为2 700万元，分3年等额支付；该分期支付购买价款的现值为2 430万元。假定不考虑其他因素，甲公司该设备的入账价值为2 430万元。

[案例分析]

案例资料和要求见本章［案例导入］，具体账务处理如下：

（1）与长期借款业务相关的会计分录：

2016年1月1日，取得借款时：

借：银行存款　　800 000

　贷：长期借款　　800 000

12月31日，计提利息80 000元（800 000×10%）：

借：在建工程　　80 000

　贷：应付利息　　80 000

（2）与债券发行相关的会计分录：

2016年4月1日，收到发行债券的价款时：

借：银行存款　　1 000 000

　贷：应付债券——面值　　1 000 000

12月31日，应计提债券利息60 000元（1 000 000×8%×9÷12）：

借：在建工程　　60 000

　贷：应付债券——应计利息　　60 000

[项目小结]

企业的负债包括流动负债和非流动负债。非流动负债主要包括长期借款、应付债券及长期应付款等。

长期借款是指企业向银行等金融机构借入的期限在一年以上（不含一年）的各项借款。长期借款一般用于固定资产的购建、改扩建工程、大修理工程等方面。

应付债券是企业为了筹集长期资金依法定程序对外发行的约定在一定期限还本付息的有价证券，是一种债务凭证。其发行价格有平价发行、溢价发行和折价发行三种。企业发行的一般公司债券，无论是按面值发行，还是溢价发行或折价发行，均采用实际利率法对利息调整在债券存续期间内进行摊销。

长期应付款是指企业除长期借款和应付债券以外的其他各种长期应付款，主要包括应付融资租入固定资产的租赁费、以分期付款方式购入固定资产发生的应付款项等。

[习题与实训]

一、单项选择题

1.就发行债券企业而言，所获得的债券溢价实质上是（　　）。

A.为以后少付利息而付出的代价　　B.为以后多付利息而得到的补偿

C.为以后少得利息而得到的补偿　　D.债券发行费用

2.某企业于2014年7月1日按面值发行5年期、到期一次还本付息的公司债券，该债券面值总额为8 000万元，票面年利率为4%，自发行日起计息。假定票面利率与实际利率一致，不考虑相关税费，2015年12月31日该应付债券的账面价值为（　　）万元。

A.8 480　　B.8 000　　C.8 320　　D.8 160

3.某股份有限公司于2015年1月1日折价发行4年期、到期一次还本付息的公司债券，债券面值为500万元，票面年利率为10%，实际利率为12%，发行价格为480万元。债券折价采用实际利率法摊销。该债券2015年度发生的利息费用为（　　）万元。

A.7.6　　B.20　　C.57.6　　D.50

4.甲公司于2015年1月1日发行面值总额为1 000万元、期限为5年的债券，该债券票面利率为6%，每年年初付息、到期一次还本，发行价格总额为1 043.27万元，债券溢价采用实际利率法摊销，实际利率为5%。2015年12月31日，该应付债券的摊余成本为（　　）万元。

A.1 000　　B.1 060　　C.1 035.43　　D.1 095.43

5.某项融资租赁，租赁开始日租赁资产的公允价值为2 800万元，最低租赁付款额现值为2 900万元，初始直接费用为5万元。承租人承租期开始日融资租入固定资产的入账价值为（　　）万元。

A.2 800　　B.2 805　　C.2 900　　D.2 905

二、多项选择题

1."应付债券"账户应设置的明细账户有（　　）。

A.面值　　B.利息调整　　C.债券溢折价　　D.应计利息

2."应付债券"账户的借方反映的内容有（　　）。

A.债券溢价摊销额　　B.债券折价摊销额

C.计提的应付债券利息　　D.归还的债券本金

3.如果发行债券筹集的资金用于固定资产建造，在资产尚未达到可使用状态前，下列项目应计入在建工程成本的有（　　）。

A.债券的折溢价摊销额　　B.债券的应计利息

C.债券面值　　D.发行债券的代理手续费、印刷费

4.应通过“长期应付款”科目核算的经济业务有（　　）。

A.以分期付款方式购入无形资产发生的应付款项

B.具有融资性质的延期付款购买资产

C.应付融资租入固定资产的租赁费

D.应付经营租入固定资产的租赁费

5.确定融资租入固定资产入账价值时应考虑的因素有（　　）。

A.租赁开始日租赁资产的公允价值

B.最低租赁付款额的现值

C.承租人在租赁谈判和签订租赁合同过程中发生的、可归属于租赁项目的手续费、律师费等初始费用

D.租赁资产预计使用年限

三、判断题

1.一次还本付息债券每期计提的利息应记入“应付债券——应计利息”账户，分期付息、到期一次还本债券每期计提的利息应记入“应付利息”账户。（　　）

2.短期借款利息在预提或实际支付时均应通过“短期借款”账户核算。（　　）

3.债券的票面利率高于发行时的市场利率，债券应溢价发行；反之，债券应折价发行。（　　）

4.应付债券的利息不会计入在建工程成本。（　　）

5.采用实际利率法摊销应付债券的溢价，每期计入的费用是逐期增加的。（　　）

四、实训题

【实训题一】

资料：甲公司为建造厂房，2015年1月1日向建设银行借入期限为2年的借款100万元，款项已存入银行。该借款利率为9%，按年付息、到期一次还本。2015年1月10日，工程正式开工，以银行存款预付工程价款60万元。2016年年初又以银行存款支付工程费用40万元。该厂房于2016年8月底完工，达到预定可使用状态。

要求：编制该公司上述借款的相关会计分录。

【实训题二】

资料：2014年1月1日，甲公司经批准发行3年期、面值为5 000 000元的公司债券。该债券每年年初付息、到期一次还本，票面年利率为3%，发行价格为4 861 265元，发行债券筹集的资金已收到用于补充流动资金。利息调整采用实际利率法摊销，经计算，实际利率为4%。

要求：编制甲公司发行债券、年末计提利息和到期偿还的有关会计分录。

【实训题三】

资料：2014年12月31日，A公司经批准发行5年期一次还本、分期付息的公司债券10 000 000元，债券利息在每年12月31日支付，票面利率为年利率6%。假定债券发行时的市场利率为5%。

要求：

（1）计算A公司该批债券的实际发行价格；

（2）编制A公司每年实际利息费用计算表；

（3）编制相关会计分录。

项目十二

所有者权益的核算

[知识目标]

了解权益筹资的方式及所有者权益的构成内容；掌握实收资本（股本）、资本公积和留存收益的核算。

[技能目标]

能正确编制实收资本（股本）、资本公积、盈余公积及利润分配业务的记账凭证。

[案例导入]

资料：2015年，海兴有限责任公司与权益筹资相关的部分业务资料如下：

（1）收到宏业公司90万元，根据合同约定，宏业公司在本公司的注册资本中所占的份额为80万元。

（2）接受伟达公司投入的专利权一项，该专利权的公允价值为70万元。

（3）年末公司持有的可供出售金融资产公允价值变动增加10万元。

（4）结转本年实现净利润80万元，年末公司按10%提取法定盈余公积，按5%提取任意盈余公积，发放利润10万元。

要求：根据资料编制海兴有限责任公司与上述业务有关的会计分录。

● 任务1　所有者权益认知

一、所有者权益的概念及特征

所有者权益是指企业资产扣除负债后由所有者享有的剩余权益，股份公司的所有者权益也称股东权益。所有者权益和负债都是企业从事生产经营活动所需资金的来源，相对于负债，所有者权益有以下特征：

（1）所有者权益一般不要求企业直接偿还，除非发生法定行为的减资、清算等事项，但负债到期必须偿还。从法律角度看，负债对企业资产的要求权优先于所有者权益。例如，当企业进行清算时，资产在扣除了破产清算费用后将优先用于偿还负债，剩余的资产才能在投资者之间按出资比例进行分配。因此，所有者权益从数量上表现为企业的全部资产减去全部负债后的余额。基于上述原因，所有者权益也被称为净资产。

（2）所有者权益表明投资者与企业之间的产权投资与被投资关系，企业的投资者可以凭借对企业的所有权参与企业的经营管理，而债权人通常无权参与企业的经营管理。

（3）投资者通常以股利或利润的形式参与企业的利润分配，而债权人不能参与企业的利润分配，只能按预先约定的条件取得利息收入。

二、所有者权益的构成内容

《企业会计准则第30号——财务报表列报》规定，所有者权益类应当按照实收资本（或股本）、资本公积、其他综合收益、盈余公积、未分配利润等项目分项列示。

三、公司组织形式与其所有者权益的特点

企业的组织形式是企业财产的组织方式，通常分为公司制企业和非公司制企业两类。当今企业的主要组织形式是公司制企业。根据我国《公司法》规定，公司制企业分为有限责任公司和股份有限公司两类。

（1）有限责任公司。它又称有限公司，是指由法律规定的一定人数的股东组成，股东以其认缴的出资额为限对公司债务承担责任，公司以其全部资产对其债务承担责任的企业法人。有限责任公司的股东之间可以相互转让其全部或部分股权。但是股东向股东以外的人转让股权时，应当经其他股东过半数同意。

股东在企业中所享有的权益称为所有者权益，分为实收资本、资本公积、其他综合收益、盈余公积和未分配利润。在公司设立时，股东投入的资本全部表现为实收资本。

（2）股份有限公司。它是指公司资本由股份组成的公司，股东以其认购的股份为限对公司债务承担责任，公司以其全部资产对其债务承担责任的企业法人。股份有限公司可以采取发起设立或募集设立。发起设立是指由发起人认购公司应发行的全部股份而设立的公司；募集设立是指由发起人认购公司应发行股份的一部分，其余股份向社会公开募集或向特定对象募集而设立的公司。股份有限公司的资本划分为股份，每一股份的金额相等。

股东在企业中所享有的权益称为股东权益，证明股东权益的载体是股票，股份有限公司股票的面值称为股本。股东权益分为股本、资本公积、盈余公积和未分配利润。股东初始投入资本包括面值和溢价两部分，分别表现为股本和资本公积。

● 任务2　实收资本（或股本）的核算

一、实收资本（或股本）认知

（一）实收资本的定义

我国《企业法人登记管理条例》明确规定，企业申请开业，必须具备符合国家规定并与其生产经营和服务规模相适应的资金数额。

实收资本是企业按照章程规定或合同、协议约定，接受投资者投入企业的资本。实收资本的构成比例或股东的股权比例，是确定所有者在企业所有者权益中份额的基础，也是企业进行利润或股利分配的主要依据。

（二）投入资本的方式

我国《公司法》规定，股东可以用货币出资，也可以用实物、知识产权、土地使用权等可以用货币估价并可以依法转让的非货币财产作价出资；但是，法律、行政法规规定不得作为出资的财产除外。企业应当对作为出资的非货币财产评估作价，核实财产，不得高估或者低估作价。法律、行政法规对评估作价有规定的，从其规定。全体股东的货币出资金额不得低于有限责任公司注册资本的30%。不论以何种方式出资，投资者如在投资过程中违反投资合约或协议约定，不按规定如期缴足出资额，企业可以依法追究投资者的违约责任。

我国目前实行的是注册资本金制度，注册资本是指企业在工商行政管理部门登记的注册资金。根据《公司法》规定，有限责任公司的注册资本是指在公司登记机关登记的全体股东认缴的出资额；发起设立的股份有限公司的注册资本为其在公司登记机关登记的全体发起人认购的股本总额；募集方式设立的股份有限公司的注册资本为其在公司登记机关登记的实收股本总额。

根据我国《企业法人登记管理条例》规定，除国家另有规定外，企业的注册资金与实收资本应保持一致。

二、实收资本（或股本）的账务处理

（一）账户设置

企业为了核算投资者投入资本的增减变动情况应设置“实收资本”（或“股本”）账户。该账户属所有者权益类账户，贷方登记实收资本（或股本）的增加额；借方登记实收资本（或股本）的减少额；期末余额在贷方，反映企业期末实收资本（或股本）的实有数额。该账户应按投资者进行明细核算。

【提示】股份有限公司应通过“股本”科目核算，其他各类企业应通过“实收资本”科目核算，企业收到投资者出资额超过其注册资本或股本的部分应通过“资本公积”账户核算。

（二）实收资本（或股本）的增加

实收资本增加的途径主要有接受投资者投入和资本公积或盈余公积转增资本等，增资途径如图12-1所示。这里仅介绍接受投资者投入导致的实收资本（或股本）增加的核算。

增资 ①投资者追加出资
　　 ②资本公积、盈余公积转增资本

图12-1　增资途径

1.接受现金资产投资

股份有限公司接受现金资产投资主要通过发行股票实现。根据我国《公司法》规定，股票可以按面值发行或溢价发行。股票发行收入大于股本总额的为溢价发行；股票发行收入等于股本总额的为面值发行。

股份有限公司发行股票时，应按实际收到的现金借记“银行存款”等科目；按股票面值，贷记“股本”科目；若有差额，贷记“资本公积——股本溢价”科目。

【例12-1】宏达股份有限公司发行普通股200 000股，每股面值为1元，每股发行价格为5元。假定股票发行成功，股款1 000 000元已全部收到，不考虑发行过程中的税费等因素。宏达股份有限公司编制会计分录如下：

借：银行存款　　　　1 000 000

　贷：股本　　　　200 000

　　资本公积——股本溢价　　　　800 000

有限责任公司接受投资者现金资产投资的核算，与上述股票发行的核算基本相同。所不同的是，有限责任公司在创立时，投资者的出资额与注册资本一致，一般不会产生资本溢价，出资者认缴的出资额全部记入“实收资本”账户。

【练一练】

伟达有限责任公司由甲、乙、丙共同投资设立，其注册资本为300 000元，甲、乙、丙持股比例分别为60%、25%和15%。按章程规定，甲、乙、丙投入的资本分别为180 000元、75 000元和45 000元，全部投资款已如期足额收到。请编制伟达有限责任公司接受投资的相关会计分录。

2.接受非现金资产投资

企业接受非现金资产投资时，应按投资合同或协议约定价值确定非现金资产的价值（但投资合同或协议约定价值不公允的除外）及投资者在注册资本中应享有的份额。对投资者在注册资本中应享有的份额部分，记入“实收资本”（或“股本”）账户，超过部分记入“资本公积——资本（或股本）溢价”账户。

【例12-2】 宏远公司于设立时收到甲公司投入的不需要安装的机器设备一台，合同约定该机器设备的价值为300 000元、增值税为51 000元，合同约定的固定资产价值与公允价值相符，不考虑其他因素。宏远公司在收到投入的固定资产时，应编制会计分录：

借：固定资产　　　　300 000

　　应交税费——应交增值税（进项税额）　　　　51 000

　贷：实收资本——甲公司　　　　351 000

【提示】实收资本（或股本）确认时间的规定：以现金资产投入的，应在收到现金资产时确认；以实物资产投入的，应在办理实物产权转让手续时确认；以无形资产投入的，应在移交有关凭证时确认。

【练一练】

甲公司设立时收到A公司投入的原材料一批，A公司提供的增值税专用发票上注明的价款为400 000元、增值税为68 000元。投资合同约定的该批原材料的价值与不含税发票金额相等。假定不考虑其他因素，甲公司原材料按实际成本核算。请编制甲公司接受投资时的会计分录。

（三）实收资本（或股本）的减少

企业减少实收资本应按法定程序报经批准，股份有限公司采用收购本公司股票方式减资的，应通过“库存股”科目核算。

股份有限公司应设置“库存股”账户，核算企业收购、转让和注销的本公司股份。该账户借方登记收购的本公司股份，贷方登记转让或注销的库存股，期末借方余额反映企业持有尚未转让或注销的本公司股份金额。股份有限公司采用收购本公司股票减资时，按股票面值和注销股数计算的股票面值总额冲减股本，按注销库存股的账面余额与所冲减股本的差额冲减股本溢价，股本溢价不足冲减的，应依次冲减“盈余公积”“利润分配——未分配利润”等科目。如果回购股票支付的价款低于面值总额的，所注销库存股的账面余额与所冲减股本的差额作为增加资本公积（股本溢价）处理。

回购股票的账务处理流程如图12-2所示。

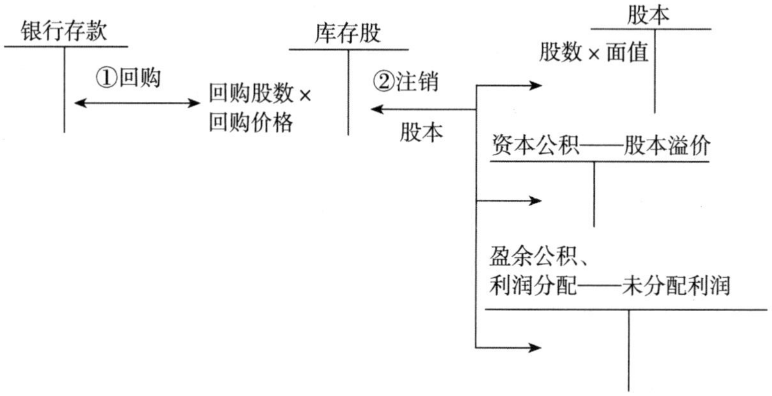

图12-2　回购股票的账务处理流程

【例12-3】 甲公司2015年12月31日的股本为10 000万股，面值为1元，资本公积（股本溢价）为3 000万元，盈余公积为4 000万元。经股东大会批准，甲公司拟以现金回购本公司股票2 000万股并注销。假定甲公司按每股2元回购股票，不考虑其他因素，甲公司的账务处理如下：

回购本公司股票时：

库存股成本=20 000 000×2=40 000 000（元）

借：库存股	40 000 000	
贷：银行存款		40 000 000

注销本公司股票时：

应冲减的资本公积=20 000 000×2-20 000 000×1=20 000 000（元）

借：股本	20 000 000	
资本公积——股本溢价	20 000 000	
贷：库存股		40 000 000

【例12-4】 承【例12-3】资料，若甲公司按每股3元回购股票，其他条件不变，甲公司的账务处理如下：

回购本公司股票时：

库存股成本=20 000 000×3=60 000 000（元）

借：库存股	60 000 000	
贷：银行存款		60 000 000

注销本公司股票时：

应冲减的资本公积=20 000 000×3-20 000 000×1=40 000 000（元）

借：股本	20 000 000	
资本公积——股本溢价	30 000 000	
盈余公积	10 000 000	
贷：库存股		60 000 000

【例12-5】 承【例12-3】资料，若甲公司按每股0.9元回购股票，其他条件不变，

甲公司的账务处理如下：

回购本公司股票时：

库存股成本=20 000 000×0.9=18 000 000（元）

借：库存股 18 000 000

贷：银行存款 18 000 000

注销本公司股票时：

应增加的资本公积=20 000 000×1-20 000 000×0.9=2 000 000（元）

借：股本 20 000 000

贷：库存股 18 000 000

资本公积——股本溢价 2 000 000

任务3 资本公积的核算

一、资本公积认知

（一）资本公积的来源

资本公积是企业收到投资者出资额超出其在注册资本（或股本）中所占份额的部分，以及其他资本公积等。资本公积包括资本溢价（或股本溢价）和其他资本公积等。

资本溢价（或股本溢价），是企业收到投资者的超出其在企业注册资本（或股本）中所占份额的投资。形成资本溢价（或股本溢价）的原因有溢价发行股票、投资者超额缴入资本等。

其他资本公积是指除净损益、其他综合收益和利润分配以外的所有者权益的其他变动。如企业的长期股权投资采用权益法核算时，因被投资单位除净损益、其他综合收益和利润分配以外的所有者权益的其他变动，投资企业按照应享有份额而增加或减少的资本公积。

企业根据国家有关规定实行股权激励的，如果在等待期内取消了授予的权益工具，企业应在进行权益工具加速行权处理时，将剩余等待期内应确认的金额立即计入当期损益，并同时确认资本公积。

资本公积的核算包括资本溢价（或股本溢价）的核算、其他资本公积的核算和资本公积转增资本的核算等内容。

（二）资本公积与实收资本（或股本）、留存收益的区别

1.资本公积与实收资本（或股本）的区别

（1）从来源和性质看。实收资本（或股本）是指投资者按照企业章程或合同、协议的约定，实际投入企业并依法进行注册的资本，它体现了企业所有者对企业的基本产权关系。资本公积是投资者的出资中超出其在注册资本中所占份额的部分，以及直接计入所有者权益的利得和损失，它不直接表明所有者对企业的基本产权关系。

（2）从用途看。实收资本（或股本）的构成比例是确定所有者参与企业财务经营决策的基础，也是企业进行利润分配或股利分配的依据，同时还是企业清算时确定所有者对净资产的要求权的依据。资本公积的用途主要是用来转增资本（或股本）。资本公积不体现各所有者的占有比例也不能作为所有者参与企业财务经营决策或进行利润分配（或股利分配）的依据。

2.资本公积与留存收益的区别

留存收益是企业从历年实现的利润中提取或形成的留存于企业的内部积累，来源于企业生产经营活动实现的利润。资本公积不是来源于企业实现的利润，而主要来自资本溢价（或股本溢价）等。

二、资本公积的账务处理

（一）账户设置

企业为了核算企业收到投资者投资超出其在企业注册资本（或股本）中所占份额以及直接计入所有者权益的利得和损失等，应设置“资本公积”账户。该账户属所有者权益类账户，贷方登记资本公积的增加数；借方登记资本公积的减少数；期末贷方余额，反映企业资本公积的现有数。该账户应按“资本溢价（或股本溢价）”“其他资本公积”进行明细核算。

（二）资本溢价（或股本溢价）的形成

1.资本溢价

除股份有限公司以外的其他类型的企业在创立时，投资者认缴的出资额与注册资本一致，一般不会产生资本溢价。但在企业重组或有新的投资者加入时，常常会出现资本溢价。因为在企业进行正常生产经营后，其资本利润率通常要高于企业初创阶段，另外，企业有内部积累，新投资者加入企业后，也要分享这些积累，因此，新加入的投资者往往要付出大于原投资者的出资额，才能取得与原投资者相同的出资比例。投资者多缴的部分就形成了资本溢价。

【例12-6】甲有限责任公司由两位投资者投入200 000元设立，每人出资100 000元。一年后，为扩大经营规模，经批准，甲有限责任公司注册资本增加到300 000元，并引入第三位投资者加入。按照投资协议，新投资者需缴入现金120 000元，同时享有该公司三分之一的股份。甲有限责任公司已收到该现金投资。假定不考虑其他因素，甲有限责任公司编制会计分录如下：

借：银行存款	120 000	
贷：实收资本		100 000
资本公积——资本溢价		20 000

2.股本溢价

股份有限公司是以发行股票的方式筹集股本的，股票可按面值发行，也可按溢价发行，我国目前不准折价发行。与其他类型的企业不同，股份有限公司在成立时可能会溢价发行股票，因而在成立之初，就可能会产生股本溢价。股本溢价的数额等于股份有限公司发行股票时实际收到的款项超过股票面值总额的部分。

在按面值发行股票的情况下，企业发行股票取得的收入，应全部作为股本处理；在溢价发行股票的情况下，企业发行股票取得的收入，等于股票面值部分作为股本处理，超出股票面值的溢价收入应作为股本溢价处理。

发行股票相关的手续费、佣金等交易费用，如果是溢价发行股票的，应从溢价中抵扣，冲减资本公积（股本溢价）；无溢价发行股票或溢价金额不足以抵扣的，应将不足抵扣的部分冲减盈余公积和未分配利润。

【例12-7】华夏股份有限公司首次公开发行了普通股500 000股，每股面值1元，每股发行价格为2元。该公司以银行存款支付发行手续费、咨询费等费用共计40 000

元。假定发行收入已全部收到，发行费用已全部支付，不考虑其他因素，华夏公司的账务处理如下：

收到发行收入时，编制会计分录：

借：银行存款　　1 000 000

　贷：股本　　500 000

　　资本公积——股本溢价　　500 000

支付发行费用时，编制会计分录：

借：资本公积——股本溢价　　40 000

　贷：银行存款　　40 000

（三）其他资本公积

其他资本公积的具体内容将在其他章节相关部分讲述，本处暂略。

（四）资本公积转增资本

根据我国《公司法》的规定，资本公积不得用于弥补公司亏损，资本公积的用途主要是用来转增资本。

【例12-8】美达有限责任公司由A、B、C三人共同出资设立，三人的持股比例分别为50%、30%、20%。2015年5月1日，因扩大经营规模需要，决定按原持股比例将资本公积4 000 000元转增资本。假定已按法定程序办理增资和变更手续。该公司应编制会计分录如下：

借：资本公积　　4 000 000

　贷：实收资本——A　　2 000 000

　　——B　　1 200 000

　　——C　　800 000

【提示】用于转增资本的资本公积仅指股本溢价或资本溢价，其他资本公积不得用于转增资本。

● 任务4　其他综合收益的核算

一、其他综合收益的内容

其他综合收益，是指企业根据其他会计准则规定未在当期损益中确认的各项利得和损失，包括以后会计期间不能重分类进损益的其他综合收益和以后会计期间满足规定条件时将重分类进损益的其他综合收益两类。

1.以后会计期间不能重分类进损益的其他综合收益项目

这主要包括重新计量设定受益计划净负债或净资产导致的变动，以及按照权益法核算因被投资单位重新计量设定受益计划净负债或净资产变动导致的权益变动，投资企业按持股比例计算确认的该部分其他综合收益项目。

2.以后会计期间满足规定条件时将重分类进损益的其他综合收益项目

二、其他综合收益的账务处理

（一）可供出售金融资产公允价值的变动

可供出售金融资产公允价值变动形成的利得，除减值损失和外币货币性金融资产形成

的汇兑差额外，可编制以下会计分录：(具体例题分散在相应章节)

借：可供出售金融资产——公允价值变动

　贷：其他综合收益

或编制相反的会计分录。

(二) 可供出售外币非货币性项目的汇兑差额

对于发生的汇兑损失：

借：其他综合收益

　贷：可供出售金融资产

对于发生的汇兑收益，编制相反的会计分录。

(三) 金融资产的重分类

1.将可供出售金融资产重分类为采用成本或摊余成本计量的金融资产

重分类日该项金融资产的公允价值或账面价值作为成本或摊余成本，该项金融资产没有固定到期日的，与该金融资产相关、原直接计入所有者权益的利得或损失，仍应记入“其他综合收益”科目，在该金融资产被处置时转入当期损益。

2.将持有至到期投资重分类为可供出售金融资产，并以公允价值进行后续计量

借：可供出售金融资产（金融资产的公允价值）

　　持有至到期投资减值准备

　贷：持有至到期投资

　　　其他综合收益（差额，或借方）

产生的其他综合收益在该可供出售金融资产发生减值或终止确认时转入当期损益。

3.按规定应当以公允价值计量，但以前公允价值不能可靠计量的可供出售金融资产

在其公允价值能够可靠计量时改按公允价值计量，将相关账面价值与公允价值之间的差额记入“其他综合收益”科目，在该可供出售金融资产发生减值或终止确认时转入当期损益。(具体例题分散在相应章节)

(四) 采用权益法核算的长期股权投资

1.被投资单位其他综合收益变动，投资方按持股比例计算应享有的份额

借：长期股权投资——其他综合收益

　贷：其他综合收益

被投资单位其他综合收益减少时编制相反的会计分录。(具体例题分散在相应章节)

2.处置采用权益法核算的长期股权投资

借：其他综合收益

　贷：投资收益（或相反会计分录）

(五) 存货或自用房地产转换为投资性房地产

企业将作为存货的房地产转为采用公允价值模式计量的投资性房地产，其公允价值大于账面价值的：(具体例题分散在相应章节)

借：投资性房地产——成本（转换日的公允价值）

　贷：开发产品等

　　　其他综合收益（差额）

企业将自用房地产转为采用公允价值模式计量的投资性房地产，其公允价值大于账面

价值的：

借：投资性房地产——成本（转换日的公允价值）
　　累计折旧
　　固定资产减值准备
　贷：固定资产
　　　其他综合收益（差额）

处置该项投资性房地产时，因转换计入其他综合收益的金额应转入当期其他业务成本（具体例题分散在相应章节）：

借：其他综合收益
　贷：其他业务成本

【例 12-9】A企业持有B企业30%的股份，能够对B企业施加重大影响。当期B企业因持有的可供出售金融资产公允价值的变动计入其他综合收益的金额为120万元。除该事项外，B企业当期实现的净损益为640万元。假定A企业与B企业适用的会计政策、会计期间相同，投资时B企业各项可辨认资产、负债的公允价值与其账面价值亦相同。双方在当期及以前期间未发生任何内部交易。不考虑所得税影响因素。A企业在确认应享有被投资单位所有者权益的变动时：

借：长期股权投资——损益调整	1 920 000	
——其他综合收益	360 000	
贷：投资收益（6 400 000×30%）		1 920 000
其他综合收益（1 200 000×30%）		360 000

● 任务5　留存收益的核算

一、留存收益的概念及内容

留存收益是指企业从历年实现的利润中提取或形成的留存于企业的内部积累，包括盈余公积和未分配利润两类。

盈余公积是指企业按照有关规定从净利润中提取的积累资金。公司制企业的盈余公积包括法定盈余公积和任意盈余公积。法定盈余公积是指企业按照规定的比例从净利润中提取的盈余公积。任意盈余公积是指企业按照股东会或股东大会决议提取的盈余公积。

企业提取的盈余公积经批准可用于弥补亏损、转增资本或发放现金股利或利润等。

未分配利润是指企业实现的净利润经过弥补亏损、提取盈余公积和向投资者分配利润后留存在企业的、历年结存的利润。相对于所有者权益的其他部分来说，企业对于未分配利润的使用有较大的自主权。

二、留存收益的账务处理

（一）盈余公积

按照《公司法》的有关规定，公司制企业应当按照净利润（减弥补以前年度亏损，下同）的10%提取法定盈余公积。非公司制企业法定盈余公积的提取比例可超过净利润的10%。法定盈余公积累计额已达注册资本的50%时可以不再提取。

【提示】在计算提取法定盈余公积的基数时，不应包括企业年初未分配利润。

公司制企业可根据股东大会的决议提取任意盈余公积。非公司制企业经类似权力机构批准，也可提取任意盈余公积。法定盈余公积和任意盈余公积的区别在于各自计提的依据不同，前者以国家的法律法规为依据；后者由企业的权力机构自行决定。

1.提取盈余公积

企业按规定提取盈余公积时，应通过“利润分配”和“盈余公积”等科目进行核算。

【例12-10】昌盛股份有限公司本年实现净利润7 000 000元，年初未分配利润为0。经股东大会批准，昌盛股份有限公司按当年净利润的10%提取法定盈余公积。假定不考虑其他因素，昌盛股份有限公司的账务处理如下：

借：利润分配——提取法定盈余公积　　700 000

　贷：盈余公积——法定盈余公积　　700 000

本年提取盈余公积的金额=7 000 000×10%=700 000（元）

2.盈余公积补亏

【例12-11】经股东大会批准，盛大股份有限公司用以前年度提取的盈余公积弥补当年亏损，当年弥补亏损的数额为600 000元。假定不考虑其他因素，盛大股份有限公司的账务处理如下：

借：盈余公积　　600 000

　贷：利润分配——盈余公积补亏　　600 000

3.盈余公积转增资本

【例12-12】因扩大经营规模需要，经股东大会批准，亚太股份有限公司将盈余公积500 000元转增股本。假定不考虑其他因素，亚太股份有限公司的账务处理如下：

借：盈余公积　　500 000

　贷：股本　　500 000

4.以盈余公积发放现金股利或利润

【例12-13】盛大股份有限公司2015年12月31日发行在外的普通股为50 000 000股，每股面值为1元，可供投资者分配的利润为5 000 000元，盈余公积为20 000 000元。2016年3月20日，股东大会批准了2015年度利润分配方案，以2015年12月31日为登记日，按每股0.2元发放现金股利。盛大股份有限公司共需要分派10 000 000元现金股利，其中动用可供投资者分配的利润5 000 000元、盈余公积5 000 000元。假定不考虑其他因素，盛大股份有限公司账务处理如下：

（1）宣告分派股利时：

借：利润分配——应付现金股利　　5 000 000

　　盈余公积　　5 000 000

　贷：应付股利　　10 000 000

（2）支付股利时：

借：应付股利　　10 000 000

　贷：银行存款　　10 000 000

在本例中，盛大股份有限公司经股东大会批准，以未分配利润和盈余公积发放现金股利，属于以未分配利润发放现金股利的部分5 000 000元记入“利润分配——应付现金股利”科目，属于以盈余公积发放现金股利的部分5 000 000元记入“盈余公积”科目。

（二）利润分配

利润分配是指企业根据国家有关规定和企业章程、投资者协议等的规定，对企业当年可供分配的利润所进行的分配。

可供分配的利润=当年实现的净利润＋年初未分配利润（或-年初未弥补亏损）＋其他

利润分配的顺序依次是：提取法定盈余公积、提取任意盈余公积、向投资者分配利润。

未分配利润是经过弥补亏损、提取法定盈余公积、提取任意盈余公积和向投资者分配利润等利润分配之后剩余的利润，它是企业留待以后年度进行分配的历年结存利润。

企业应通过“利润分配”科目核算企业利润的分配（或亏损的弥补）和历年分配（或弥补）后的未分配利润（或未弥补亏损）。该科目应分别按“提取法定盈余公积”“提取任意盈余公积”“应付现金股利或利润”“盈余公积补亏”“未分配利润”等进行明细核算。企业未分配利润通过“利润分配——未分配利润”明细科目进行核算。

企业在期末结转利润时，应将所有损益类科目的余额转入“本年利润”科目，结平各损益类科目。结转后“本年利润”科目如果出现贷方余额，则表示当期实现了净利润；如果出现借方余额，则表示当期发生了净亏损。

年度终了，企业应将全年实现的净利润或发生的净亏损，自“本年利润”科目转入“利润分配——未分配利润”科目。同时，将“利润分配”科目所属的其他明细科目的余额，转入“未分配利润”明细科目。结转后，“利润分配——未分配利润”科目如为贷方余额，表示累计的未分配利润数额；如为借方余额，则表示累计的未弥补亏损数额。

【例 12-14】 海亮公司的股本为10 000 000元，每股面值1元。2015年年初未分配利润为贷方余额6 000 000元，2015年实现净利润8 000 000元。

假定公司按照2015年实现净利润的10%提取法定盈余公积，5%提取任意盈余公积，同时向股东按每股0.2元派发现金股利，按每10股送3股的比例派发股票股利。2016年3月15日，公司以银行存款支付了全部现金股利，新增股本也已经办理股权登记和相关增资手续。海亮公司的账务处理如下：

（1）2015年年度终了，结转本年实现的净利润：

借：本年利润	8 000 000	
贷：利润分配——未分配利润		8 000 000

（2）提取法定盈余公积和任意盈余公积：

借：利润分配——提取法定盈余公积	800 000	
——提取任意盈余公积	400 000	
贷：盈余公积——法定盈余公积		800 000
——任意盈余公积		400 000

（3）结转“利润分配”明细科目：

借：利润分配——未分配利润	1 200 000	
贷：利润分配——提取法定盈余公积		800 000
——提取任意盈余公积		400 000

2015年年底“利润分配——未分配利润”科目的余额为：

6 000 000+8 000 000-1 200 000=12 800 000（元）

(4) 2016年3月15日，发放现金股利：

应付现金股利=10 000 000×0.2=2 000 000（元）

借：利润分配——应付现金股利　　2 000 000

　贷：应付股利　　2 000 000

以银行存款支付时：

借：应付股利　　2 000 000

　贷：银行存款　　2 000 000

(5) 2016年3月15日，发放股票股利：

新增股本=10 000 000×1×30%=3 000 000（元）

借：利润分配——转作股本的股利　　3 000 000

　贷：股本　　3 000 000

（三）弥补亏损

企业发生亏损时，应当将本年发生的亏损自“本年利润”科目转入“利润分配——未分配利润”科目，即借记“利润分配——未分配利润”科目，贷记“本年利润”科目；结转后“利润分配”科目的借方余额，即为未弥补亏损的数额。

企业5年内出现的以前年度未弥补亏损，可用当年实现的税前利润弥补；而在5年前出现的以前年度亏损，则须用税后利润弥补。例如，2010年发生的亏损，可用2011—2015年的税前利润来弥补，即使2011—2015年某些年有亏损，也不能向后顺延，如果2010年的亏损在2016年还没有弥补完，就要用2016年的税后利润来弥补。

以当年实现的利润弥补以前年度结转的未弥补亏损，不需要进行专门的账务处理。企业应将当年实现的利润自“本年利润”科目转入“利润分配——未分配利润”科目的贷方，其贷方发生额与“利润分配——未分配利润”的借方余额自然抵补。无论是以税前利润还是以税后利润弥补亏损，其账务处理方法均相同，只是两者在计算缴纳所得税时的处理不同。在以税前利润弥补亏损的情况下，其弥补的数额可以抵减当期企业应纳税所得额，而以税后利润弥补的数额，则不能作为纳税所得扣除项目处理。

【例12-15】 丙公司2010年发生亏损1 000 000元。年度终了，公司应当结转本年发生的亏损，编制会计分录如下：

借：利润分配——未分配利润　　1 000 000

　贷：本年利润　　1 000 000

假设2011—2015年，公司每年均实现利润180 000元。按照现行制度规定，公司在发生亏损以后的5年内可以用税前利润弥补亏损，在2011—2015年年度终了时，公司应进行如下账务处理：

借：本年利润　　180 000

　贷：利润分配——未分配利润　　180 000

2015年，“利润分配——未分配利润”账户为期末借方余额100 000元，即至2016年未弥补亏损100 000元。假设公司2016年实现税前利润400 000元，按现行制度规定，只能用税后利润弥补以前年度亏损。2016年年度终了，公司首先应当按照当年实现的税前利润计算缴纳应负担的所得税，然后再将扣除所得税后的净利润转入“利润分配”账户。在本例中，假设丙公司适用的所得税税率为25%，在2016年计算缴纳所得税时，其纳税所得额为400 000元，当年应缴纳的所得税为100 000元（400 000×25%）。

丙公司应进行如下的账务处理：

（1）计算应交所得税：

借：所得税费用　　100 000

　贷：应交税费——应交所得税　　100 000

借：本年利润　　100 000

　贷：所得税费用　　100 000

（2）结转本年利润，弥补以前年度未弥补亏损：

借：本年利润　　300 000

　贷：利润分配——未分配利润　　300 000

（3）根据上述核算的结果，该企业2016年“利润分配——未分配利润”科目的期末贷方余额为200 000元（300 000-100 000），具体见表12-1。

表12-1　**利润分配——未分配利润**

2010年年末：未弥补亏损　1 000 000元	
	2011年：税前利润　180 000元
	2012年：税前利润　180 000元
	2013年：税前利润　180 000元
	2014年：税前利润　180 000元
	2015年：税前利润　180 000元
	2016年：税后利润　300 000元
	2016年年末：未分配利润　200 000元

在本例中，未弥补亏损确认的递延所得税资产，应按企业所得税准则的规定处理。

[案例分析]

案例资料和要求见本章［案例导入］，具体账务处理如下：

（1）根据进账单及相关合同，编制会计分录：

借：银行存款　　900 000

　贷：实收资本——宏业公司　　800 000

　　　资本公积——资本溢价　　100 000

（2）根据合同，编制会计分录：

借：无形资产——专利权　　700 000

　贷：实收资本——伟达公司　　700 000

（3）根据市场估价，编制会计分录：

借：可供出售金融资产——公允价值变动　　100 000

　贷：其他综合收益　　100 000

（4）结转本年利润，编制会计分录：

借：本年利润　　800 000

　贷：利润分配——未分配利润　　800 000

提取盈余公积、分配利润，编制会计分录：

借：利润分配——提取法定盈余公积　　80 000

　　　　　　——提取任意盈余公积　　40 000

　　　　　　——应付利润　　100 000

　贷：盈余公积——法定盈余公积　　80 000

　　　　　　　——任意盈余公积　　40 000

　　　应付利润　　100 000

[项目小结]

所有者权益是指企业资产扣除负债后由所有者享有的剩余权益。公司的所有者权益又称为股东权益。企业的所有者权益包括实收资本（或股本）、资本公积、其他综合收益、盈余公积和未分配利润五部分内容。其中，盈余公积和未分配利润统称为留存收益。

实收资本（或股本）是指企业按照章程规定或合同、协议约定，接受投资者投入企业的资本。

资本公积是指投资者或者他人投入到企业、所有权归属于投资者，但不构成实收资本的那部分资本或资产，以及从其他来源取得属于所有者享有的资金。其主要包括资本溢价（或股本溢价）以及其他资本公积。

其他综合收益是指企业根据其他会计准则规定未在当期损益中确认的各项利得和损失，包括以后会计期间不能重分类进损益的其他综合收益和以后会计期间满足规定条件时将重分类进损益的其他综合收益两类。

盈余公积是指企业按照规定从净利润中提取的各种积累资金。其包括法定盈余公积和任意盈余公积（非公司制企业可以不计提）。法定盈余公积和任意盈余公积可用于弥补亏损、转增资本（或股本）。符合规定条件的企业，也可以用盈余公积分派现金股利。

未分配利润是企业留待以后年度进行分配的结存利润，有两层含义：一是留待以后年度处理的利润；二是未指定用途的利润。无论是以税前利润还是以税后利润弥补亏损，其账务处理方法均相同，只是两者在计算缴纳所得税时的处理不同。

[习题与实训]

一、单项选择题

1.甲股份有限公司委托A证券公司发行普通股2 000万股，每股面值1元，每股发行价格为5元。根据合同约定，股票发行成功后，甲股份有限公司应按发行收入的2%向A证券公司支付发行费。假定不考虑其他因素，甲股份有限公司应记入“资本公积”账户的金额为（　　）万元。

A.9 200　　B.8 250　　C.7 800　　D.200

2.某企业年初未分配利润贷方余额为200万元，本年实现净利润2 000万元，按净利润的10%提取法定盈余公积，提取任意盈余公积100万元，该企业年末可供分配的利润为（　　）万元。

A.2 200　　B.1 900　　C.2 000　　D.2 100

3.甲公司“盈余公积”账户的年初余额为400万元，本年提取100万元盈余公积，用盈余公积转增资本80万元，该公司“盈余公积”账户的年末余额为（　　）万元。

A.300　　B.420　　C.100　　D.500

4.甲企业年初未分配利润贷方余额为200万元，本年利润总额为800万元，本年所得税费用为300万元，按净利润的10%提取法定盈余公积，提取任意盈余公积25万元，向投资者分配利润25万元。该企业年末未分配利润贷方余额为（　　）万元。

A.600　　B.650　　C.625　　D.570

5.某企业经营第一年亏损10万元，第二年实现税前利润30万元（弥补期限未超过5年），所得税税率为25%，法定盈余公积的提取比例是10%，则该企业当年应提取的法定盈余公积为（　　）万元。

A.3　　B.2.5　　C.1.5　　D.0

二、多项选择题

1.下列各项，能够引起所有者权益总额变化的有（　　）。

A.以盈余公积转增资本　　B.增发新股

C.回购库存股　　D.向股东支付已宣告分派的现金股利

2.下列各项，会引起负债和所有者权益同时发生变动的有（　　）。

A.以盈余公积转增资本　　B.以现金回购本公司股票

C.转销确实无法支付的应付账款　　D.宣告分派现金股利

3.下列各项，不会引起留存收益总额发生增减变动的有（　　）。

A.盈余公积转增资本　　B.资本公积转增资本

C.盈余公积弥补亏损　　D.税后利润弥补亏损

4.有限责任公司吸收投资者出资时，下列会计账户的余额可能发生变化的有（　　）。

A.盈余公积　　B.资本公积　　C.实收资本　　D.利润分配

5.影响可供分配利润项目的因素包括（　　）。

A.年初未分配利润　　B.提取法定盈余公积

C.其他转入　　D.当年实现的净利润

三、判断题

1.当企业投资者投入的资本高于注册资本时，应当将高出部分计入未分配利润。（　　）

2.企业用当年实现的利润弥补亏损时，无须单独进行相应的账务处理。（　　）

3.未分配利润的期末余额应等于企业当年实现的税后利润加上年初未分配利润再减去本年已分配的利润。（　　）

4.企业增发新股使所有者权益总额增加，回购库存股会使所有者权益总额减少。（　　）

5.企业支付已宣告的现金股利将引起所有者权益减少。（　　）

四、实训题

【实训题一】

资料：甲公司原由投资者A和投资者B共同出资成立，每人出资200 000元，各占50%的股份。经营2年后，投资者A和投资者B决定增加公司资本，此时有一位新的投资者C要求加入甲公司。经有关部门批准后，甲公司实施增资，将实收资本增加到900 000元。经三方协商一致同意，完成资本投入后，三方投资者各拥有甲公司300 000元的实收资本，并各占甲公司股份的1/3。协议约定投入资产按评估值入账。各投资者的出资情况如下：

（1）投资者A以一台设备投入甲公司作为增资，该设备原价为180 000元，已提折旧95 000元，评估确认原价为180 000元，评估确认净值为126 000元。

（2）投资者B以一批原材料投入甲公司作为增资，该批材料账面价值为105 000元，评估确认价值为110 000元，税务部门认定应交增值税税额为18 700元。投资者B已开具了增值税专用发票。

（3）投资者C以银行存款390 000元投入甲公司。

要求：根据以上资料，分别编制甲公司接受投资者A、B、C初次出资时的会计分录（“应交税费”科目要求写出二级和三级明细科目）。

【实训题二】

资料：甲公司2016年12月31日的股本为20 000万股，每股面值为1元，资本公积（股本溢价）为5 000万元，盈余公积为3 000万元。经股东大会批准，甲公司以现金回购本公司股票3 000万股并注销。

要求：

（1）假定每股回购价为0.8元，编制回购股票和注销股票的会计分录。

（2）假定每股回购价为2元，编制回购股票和注销股票的会计分录。

（3）假定每股回购价为3元，编制回购股票和注销股票的会计分录。

【实训题三】

资料：东方公司2014年“未分配利润”科目年初贷方余额为100万元，按10%的比例提取法定盈余公积金，适用的所得税税率为25%。2014—2016年有关资料如下：

（1）2014年实现净利润200万元；提取法定盈余公积后，宣告派发现金股利150万元。

（2）2015年发生亏损500万元（假设无以前年度未弥补亏损）。

（3）2016年实现利润总额600万元。

要求：（会计分录的金额单位用万元表示，“盈余公积”及“利润分配”科目要写出明细科目）

（1）编制2014年利润分配的有关会计分录。

（2）编制2015年结转亏损的会计分录。

（3）计算2016年应交所得税税额。

（4）计算2016年的可供分配利润。

项目十三

收入、费用和利润的核算

[知识目标]

理解商品销售收入的确认，掌握商品销售收入的核算、提供劳务收入的核算以及让渡资产使用权收入的核算；掌握所得税费用的计算及账务处理；掌握营业外收入和营业外支出的内容和账务处理；掌握政府补助的特点及相关账务处理；掌握本年利润的构成、利润分配的程序及核算。

[技能目标]

能够填制各种收入、费用的原始凭证，并根据原始凭证填制记账凭证；能够计算营业利润、利润总额和净利润，并进行相应的账务处理；能够对利润分配进行账务处理。

[案例导入]

资料：通达公司是工业企业，为增值税一般纳税人，适用的增值税税率为17%，适用的所得税税率为25%。销售单价除标明为含税价格外，均为不含增值税价格。通达公司2016年12月发生如下业务：

（1）12月5日，向甲企业销售材料一批，价款为350 000元，该材料发出成本为250 000元。当日收取面值为409 500元的票据一张。

（2）12月10日，收到外单位租用本公司办公用房下一年度租金300 000元，款项已收存银行。

（3）12月13日，向乙企业赊销A产品50件，单价为10 000元，单位销售成本为5 000元。

（4）12月18日，丙企业要求退回本年11月25日购买的20件A产品。该产品销售单价为10 000元，单位销售成本为5 000元，其销售收入200 000元已确认入账，价款尚未收取。经查明退货原因系发货错误，同意丙企业退货，并办理退货手续和开具红字增值税专用发票。

（5）12月21日，乙企业来函提出12月13日购买的A产品质量不完全合格。经协商按销售价款的10%给予折让，并办理相关手续和开具红字增值税专用发票。款项尚未收取。

（6）12月31日，计算本月应缴纳的城市维护建设税4 188.80元、教育费附加

1 795.20元。

要求：对上述业务（1）～（6）进行相应的账务处理。

● 任务1　收入的核算

一、收入认知

（一）收入的定义和特征

收入是指企业在日常活动中形成的、会导致所有者权益增加的、与所有者投入资本无关的经济利益的总流入。收入具有以下特征：①是企业在日常活动中形成的经济利益的总流入；②会导致企业所有者权益的增加；③与所有者投入资本无关。

（二）收入的分类

（1）收入按企业从事日常活动的性质不同，分为销售商品收入、提供劳务收入和让渡资产使用权收入。

第一，销售商品收入。它是指企业通过销售商品实现的收入。这里的商品包括企业为销售而生产的产品和为转售而购进的商品，企业销售的其他存货如原材料、包装物等也视同商品。

第二，提供劳务收入。它是指企业通过提供劳务实现的收入。比如，企业通过提供旅游、运输、咨询、代理、培训、产品安装等劳务所实现的收入。

第三，让渡资产使用权收入。它是指企业通过让渡资产使用权实现的收入。让渡资产使用权收入包括利息收入和使用费收入。利息收入主要是指金融企业对外贷款形成的利息收入，以及同业之间发生往来形成的利息收入等。使用费收入主要是指企业转让无形资产（如商标权、专利权、专营权、版权）等资产的使用权形成的使用费收入。企业对外出租固定资产收取的租金、进行债权投资收取的利息、进行股权投资取得的现金股利等，也构成让渡资产使用权收入。

（2）收入按企业经营业务的主次不同，分为主营业务收入和其他业务收入。

第一，主营业务收入。它是指企业为完成其经营目标所从事的经常性活动实现的收入。主营业务收入一般占企业总收入的比重较大，对企业的经济效益产生较大影响。不同行业企业的主营业务收入所包括的内容不同，比如，工业企业的主营业务收入主要包括销售商品、自制半成品、代制品、代修品，提供工业性劳务等实现的收入；商业企业的主营业务收入主要包括销售商品实现的收入；咨询公司的主营业务收入主要包括提供咨询服务实现的收入；安装公司的主营业务收入主要包括提供安装服务实现的收入。

第二，其他业务收入。它是指企业为完成其经营目标所从事的与经常性活动相关的活动实现的收入。其他业务收入属于企业日常活动中次要交易实现的收入，一般占企业总收入的比重较小。不同行业企业的其他业务收入所包括的内容不同，如工业企业的其他业务收入主要包括销售材料、对外出租包装物、商品或固定资产、对外转让无形资产使用权、对外进行权益性投资（取得现金股利）或债权性投资（取得利息）、提供非工业性劳务等实现的收入。

企业实现的原材料销售收入、包装物租金收入、固定资产租金收入、无形资产使用费收入等，通过“其他业务收入”科目核算，而企业进行权益性投资或债权性投资取得的现金股利收入和利息收入，通过“投资收益”科目核算。

二、销售商品收入的核算

(一) 销售商品收入的确认和计量

收入准则规定，销售商品收入同时满足5个条件才能予以确认：

(1) 企业已将商品所有权上的主要风险和报酬转移给购货方。

通常情况下，转移商品所有权凭证或交付实物后，商品所有权上的所有风险和报酬随之转移，如大多数商品零售、预收款销售商品、托收承付方式销售商品。

在某些情况下，转移商品所有权凭证或交付实物后，商品所有权上的主要风险和报酬随之转移，企业只保留商品所有权上的次要风险和报酬，如交款提货方式销售商品等。在这种情形下，应当视同商品所有权上的所有风险和报酬已经转移给购货方。

在某些情况下，转移商品所有权凭证或交付实物后，商品所有权上的主要风险和报酬并未随之转移：①企业销售的商品在质量、品种、规格等方面不符合合同或协议要求，又未根据正常的保证条款予以弥补，因而仍负有责任。②企业销售商品的收入是否能够取得，取决于购买方是否已将商品销售出去。如采用支付手续费方式委托代销商品等。③企业尚未完成售出商品的安装或检验工作，且安装或检验工作是销售合同或协议的重要组成部分。

(2) 企业既没有保留通常与所有权相联系的继续管理权，也没有对已售出的商品实施有效控制。

通常情况下，企业售出商品后不再保留与商品所有权相联系的继续管理权，也不再对售出商品实施有效控制，商品所有权上的主要风险和报酬已经转移给购货方，应在发出商品时确认收入。

(3) 相关的经济利益很可能流入企业。

(4) 收入的金额能够可靠地计量。

如果收入的金额不能够合理估计，就无法确认收入。通常情况下，企业在销售商品时，商品销售价格已经确定，企业应当按照从购货方已收或应收的合同或协议价款确定收入金额。

(5) 相关的已发生或将发生的成本能够可靠地计量。

根据收入和费用配比原则，与同一项销售有关的收入和费用应在同一会计期予以确认，即企业应在确认收入的同时或同一会计期间结转相关的成本。

【想一想】

怎样理解销售商品收入的确认条件？

(二) 商品销售收入的账务处理

1.一般销售商品业务的处理

在进行销售商品的账务处理时，首先要考虑销售商品收入是否符合收入确认条件。符合收入准则所规定的五项确认条件的，企业应及时确认收入并结转相关销售成本。通常情况下，销售商品采用托收承付方式，在办妥托收手续时确认收入；交款提货销售商品的，在开出发票账单收到货款时确认收入。其账务处理如图13-1所示。

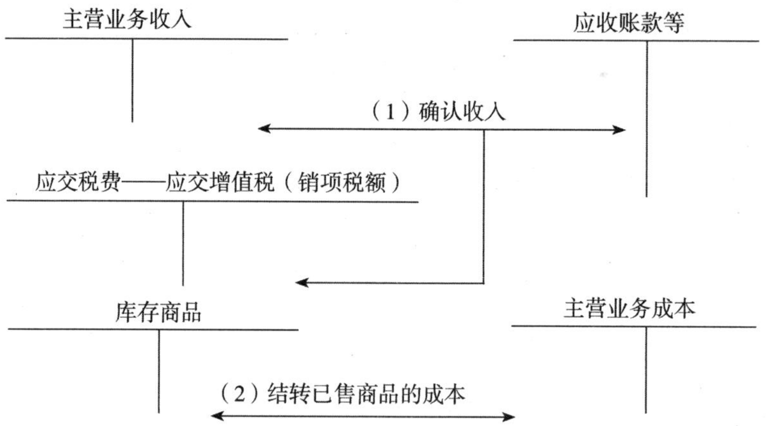

图 13-1 一般销售商品业务的账务处理

【例 13-1】甲公司采用托收承付结算方式销售一批商品，开具的增值税专用发票上注明的售价为600 000元、增值税税额为102 000元；商品已经发出，并已向银行办妥托收手续；该批商品的成本为450 000元。甲公司有关会计分录如下：

(1) 确认收入时：

借：应收账款 702 000

  贷：主营业务收入 600 000

    应交税费——应交增值税（销项税额） 102 000

(2) 结转成本时：

借：主营业务成本 450 000

  贷：库存商品 450 000

【例 13-2】甲公司向乙公司销售一批商品，开具的增值税专用发票上注明的售价为300 000元、增值税税额为51 000元；甲公司已收到乙公司支付的货款351 000元，并将提货单送交乙公司；该批商品的成本为240 000元。甲公司有关会计分录如下：

(1) 确认收入时：

借：银行存款 351 000

  贷：主营业务收入 300 000

    应交税费——应交增值税（销项税额） 51 000

(2) 结转成本时：

借：主营业务成本 240 000

  贷：库存商品 240 000

上例为采用交款提货方式销售商品。交款提货销售商品，是指购买方已根据企业开出的发票账单支付货款并取得提货单的销售方式。在这种方式下，购货方支付货款取得提货单，企业尚未交付商品，销售方保留的是商品所有权上的次要风险和报酬，商品所有权上的主要风险和报酬已经转移给购货方，通常应在开出发票账单收到货款时确认收入。

在上例中，甲公司已经完成销售手续并确认销售收入，若乙公司在月末未提走所购商品，甲公司应将该批售出商品作为代管商品，单独设置“代管商品”备查簿进行登记。

【例 13-3】甲公司向乙公司销售商品一批，开出的增值税专用票上注明的售价为

400 000元，增值税税额为68 000元；甲公司收到乙公司开出的不带息银行承兑汇票一张，票面金额为468 000元，期限为2个月；该批商品已经发出，甲公司以银行存款代垫运杂费2 000元；该批商品的成本为320 000元。甲公司有关会计分录如下：

（1）确认收入时：

借：应收票据　468 000
　　应收账款　2 000
　贷：主营业务收入　400 000
　　　应交税费——应交增值税（销项税额）　68 000
　　　银行存款　2 000

（2）结转成本时：

借：主营业务成本　320 000
　贷：库存商品　320 000

2.已经发出商品但不符合销售商品收入确认条件业务的处理

如果企业售出商品不符合销售商品收入确认的5项条件，不应确认收入。为了单独反映已经发出但尚未确认销售收入的商品成本，企业应增设“发出商品”科目。“发出商品”科目用于核算一般销售方式下已经发出但尚未确认销售收入的商品的成本。

【提示】如果销售该商品的纳税义务已经发生，比如已经开出增值税专用发票，则应确认应交的增值税销项税额，借记“应收账款”等科目，贷记“应交税费——应交增值税（销项税额）”科目。如果纳税义务没有发生，则不需要进行上述处理。

“发出商品”科目的期末余额应并入资产负债表中的“存货”项目反映。

【例13-4】A公司于2016年3月8日采用托收承付结算方式向B公司销售一批商品，开具的增值税专用发票上注明的售价为200 000元、增值税税额为34 000元；该批商品的成本为120 000元。A公司在销售该批商品时已得知B公司资金流转发生暂时困难，但为了减少存货积压，同时也为了维持与B公司长期以来建立的商业关系，A公司仍将商品发出，并办妥托收手续。假定A公司销售该批商品的纳税义务已经发生。

在本例中，由于B公司资金流转存在暂时困难，A公司不是很可能收回销售货款。根据销售商品收入的确认条件，A公司在发出商品时不能确认收入。为此，A公司应将已发出的商品成本通过“发出商品”科目反映。A公司有关会计分录如下：

发出商品时：

借：发出商品　120 000
　贷：库存商品　120 000

同时，因A公司销售该批商品的纳税义务已经发生，应确认应交的增值税销项税额：

借：应收账款　34 000
　贷：应交税费——应交增值税（销项税额）　34 000

【提示】如果销售该批商品的纳税义务尚未发生，则不编制这笔会计分录，待纳税义务发生时再编制应交增值税的会计分录。

假定2016年11月A公司得知B公司经营情况逐渐好转，B公司承诺近期付款，A公司应在B公司承诺付款时确认收入，会计分录如下：

借：应收账款　200 000

贷：主营业务收入　　200 000

同时结转成本：

借：主营业务成本　　120 000

贷：发出商品　　120 000

假定A公司于2016年12月6日收到B公司支付的货款，应编制如下会计分录：

借：银行存款　　234 000

贷：应收账款　　234 000

3.商业折扣、现金折扣和销售折让的处理

企业销售商品收入的金额通常按照从购货方已收或应收的合同或协议价款确定。在确定销售商品收入的金额时，应注意区分现金折扣、商业折扣和销售折让及其不同的账务处理方法。

（1）商业折扣。它是指企业为促进商品销售而在商品标价上给予的价格扣除。例如，企业为鼓励客户多买商品可能规定，购买10件以上商品给予客户10%的折扣，或客户每买10件送1件。此外，企业为了尽快出售一些残次、陈旧、冷背的商品，也可能降价（即打折）销售。

商业折扣在销售时即已发生，并不构成最终成交价格的一部分。企业销售商品涉及商业折扣的，应当按照扣除商业折扣后的金额确定销售商品收入金额。

（2）现金折扣。它是指债权人为鼓励债务人在规定的期限内付款而向债务人提供的债务扣除。现金折扣一般用符号"折扣率／付款期限"表示，例如用"2/10，1/20，N/30"表示：销货方允许客户最长的付款期限为30天；如果客户在10天内付款，销货方可按商品售价给予客户2%的折扣；如果客户在11天至20天内付款，销货方可按商品售价给予客户1%的折扣；如果客户在21天至30天内付款，将不能享受现金折扣。

现金折扣发生在企业销售商品之后，企业销售商品后现金折扣是否发生以及发生多少要视买方的付款情况而定，企业在确认销售商品收入时不能确定现金折扣金额。因此，企业销售商品涉及现金折扣的，应当按照扣除现金折扣前的金额确定销售商品收入金额。现金折扣实际上是企业为了尽快回笼资金而发生的理财费用，应在实际发生时计入当期财务费用。其账务处理如图13-2所示。

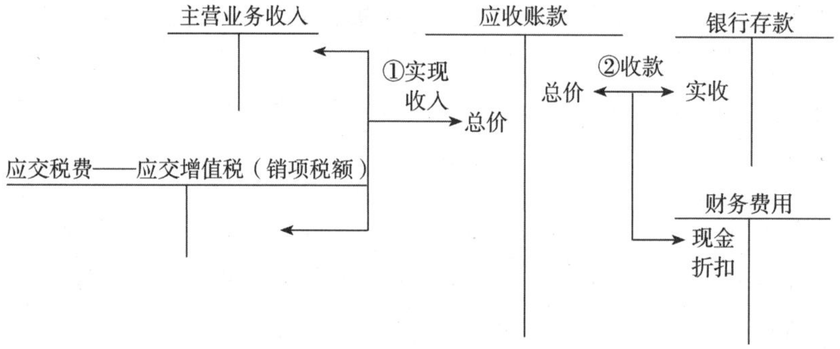

图13-2　现金折扣的账务处理

【提示】在计算现金折扣时，还应注意销售方现金折扣是否包含增值税。

【例13-5】甲公司为增值税一般纳税企业，2016年3月1日销售A商品10 000件，每件商品的标价为20元（不含增值税），每件商品的实际成本为12元，A商品适用的增值税税率为17%；由于是成批销售，甲公司给购货方10%的商业折扣，并在销售合同中规定现金折扣条件为"2/10，1/20，N/30"，A商品于3月1日发出，购货方于3月9日付款。假定计算现金折扣时考虑增值税。

本例涉及商业折扣和现金折扣的问题，首先需要计算确定销售商品收入的金额。甲公司的账务处理如下：

（1）3月1日，销售实现时：

借：应收账款	210 600	
贷：主营业务收入		180 000
应交税费——应交增值税（销项税额）		30 600
借：主营业务成本	120 000	
贷：库存商品		120 000

（2）3月9日，收到货款时：

借：银行存款	206 388	
财务费用	4 212	
贷：应收账款		210 600

【提示】以上的4 212元为考虑增值税时的现金折扣，若本例假设计算现金折扣时不考虑增值税，则甲公司给予购货方的现金折扣为3 600元（180 000×2%）。

本例中，若购货方于3月19日付款，则享受的现金折扣为2 106元（210 600×1%）。甲公司在收到货款时的会计分录为：

借：银行存款	208 494	
财务费用	2 106	
贷：应收账款		210 600

若购货方于3月底付款，则应按全额付款。甲公司在收到货款时的会计分录为：

借：银行存款	210 600	
贷：应收账款		210 600

（3）销售折让。它是指企业因售出商品的质量不合格等原因而在售价上给予的减让。企业将商品销售给买方后，如买方发现商品在质量、规格等方面不符合要求，可能要求卖方在价格上给予一定的减让。其账务处理如图13-3所示。

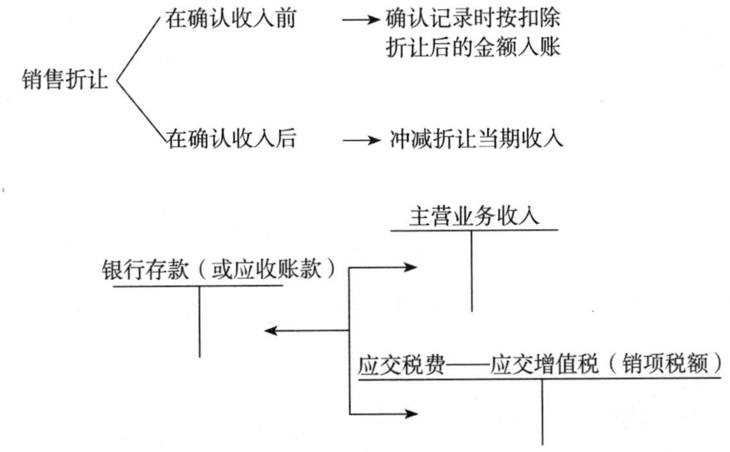

图13-3　销售折让的账务处理

第一，销售折让如发生在确认销售收入之前，则应在确认销售收入时直接按扣除销售折让后的金额确认。

第二，已确认销售收入的售出商品发生销售折让，且不属于资产负债表日后事项的，应在发生时冲减当期销售商品收入，如按规定允许扣减增值税税额的，还应冲减已确认的应交增值税销项税额。

【例13-6】甲公司销售一批商品给乙公司，开具的增值税专用发票上注明的售价为200 000元、增值税税额为34 000元。该批商品的成本为80 000元。货到后乙公司发现商品质量不合格，要求在价格上给予5%的折让。乙公司提出的销售折让要求符合原合同的约定，甲公司同意并办妥了相关手续，开具了增值税专用发票（红字）。假定此前甲公司已确认该批商品的销售收入，销售款项尚未收到，发生的销售折让允许扣减当期增值税销项税额。甲公司的账务处理如下：

（1）销售实现时：

借：应收账款	234 000	
贷：主营业务收入		200 000
应交税费——应交增值税（销项税额）		34 000
借：主营业务成本	80 000	
贷：库存商品		80 000

（2）发生销售折让时：

借：主营业务收入（200 000×5%）	10 000	
应交税费——应交增值税（销项税额）	1 700	
贷：应收账款		11 700

（3）实际收到款项时：

借：银行存款	222 300	
贷：应收账款		222 300

本例中，假定发生销售折让前，因该项销售在货款回收上存在不确定性，甲公司未确认该批商品的销售收入，纳税义务也未发生；发生销售折让后2个月，乙公司承诺近期付款。则甲公司的账务处理如下：

（1）发出商品时：

借：发出商品	80 000	
贷：库存商品		80 000

（2）乙公司承诺付款，甲公司确认销售收入时：

借：应收账款	222 300	
贷：主营业务收入（200 000-200 000×5%）		190 000
应交税费——应交增值税（销项税额）		32 300
借：主营业务成本	80 000	
贷：发出商品		80 000

（3）实际收到款项时：

借：银行存款	222 300	
贷：应收账款		222 300

4. 销售退回的处理

销售退回，是指企业售出的商品由于质量、品种不符合要求等原因而发生的退货。对于销售退回，应分不同情况进行账务处理：

（1）对于尚未确认收入的售出商品发生销售退回的，企业应按已记入“发出商品”科目的商品成本金额，借记“库存商品”科目，贷记“发出商品”科目。其账务处理如图 13-4 所示。

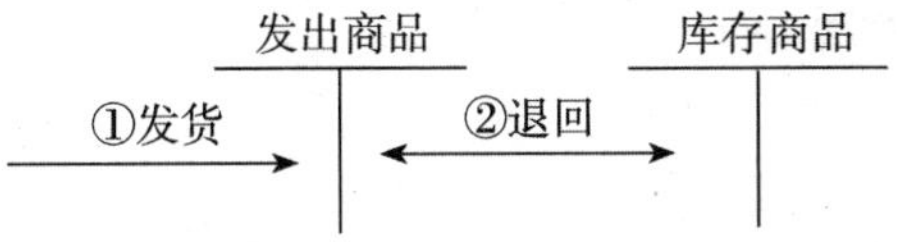

图 13-4　确认收入前销售退回的账务处理

（2）对于已确认收入的售出商品发生退回的，企业一般应在发生时冲减当期销售商品收入，同时冲减当期销售商品成本。如该项销售退回已发生现金折扣，应同时调整相关财务费用的金额；如该项销售退回允许扣减增值税税额，应同时调整“应交税费——应交增值税（销项税额）”科目的相应金额。其账务处理如图 13-5、图 13-6 所示。

①冲减退回当期的收入

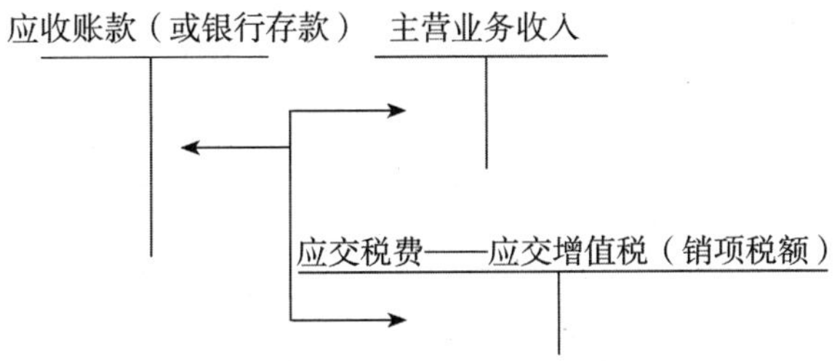

注意：收款时已发生现金折扣，贷记“财务费用”科目。

图 13-5　确认收入后销售退回的账务处理（1）

②冲减退回当期成本

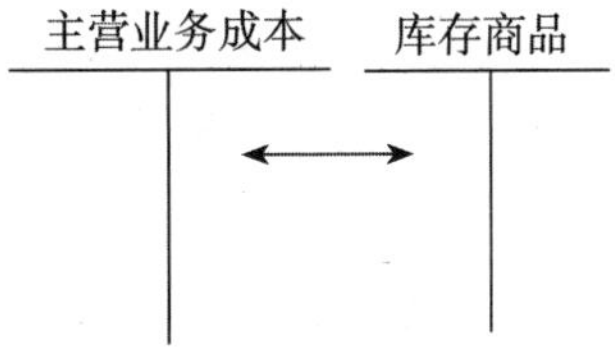

图 13-6　确认收入后销售退回的账务处理（2）

（3）已确认收入的售出商品发生的销售退回属于资产负债表日后事项的，应当按照《企业会计准则第 29 号——资产负债表日后事项》的相关规定进行账务处理。

【例 13-7】 甲公司 2016 年 9 月 5 日收到乙公司因质量问题而退回的商品 10 件，每件商品的成本为 420 元。该批商品为甲公司 2016 年 6 月 2 日出售给乙公司的，每件商品售价为 600 元，适用的增值税税率为 17%，货款尚未收到，甲公司尚未确认销售商品收入。因乙公司提出的退货要求符合销售合同约定，甲公司同意退货，并按规定向乙公司开具了增值税专用发票（红字），甲公司应在验收退货入库时编制如下会计分录：

借：库存商品（420×10）　　　　4 200

贷：发出商品　　4 200

【例13-8】甲公司2016年3月20日销售A商品一批，增值税专用发票上注明的售价为300 000元、增值税税额为51 000元；该批商品的成本为192 000元。A商品于2016年3月20日发出，购货方于3月27日付款。甲公司对该项销售确认了销售收入。2016年9月15日，该批商品质量出现严重问题，购货方将该批商品全部退回给甲公司，甲公司同意退货，于退货当日支付了退货款，并按规定向购货方开具了增值税专用发票（红字），甲公司的账务处理如下：

（1）销售实现时：

借：应收账款　　351 000

　贷：主营业务收入　　300 000

　　　应交税费——应交增值税（销项税额）　　51 000

借：主营业务成本　　192 000

　贷：库存商品　　192 000

（2）收到货款时：

借：银行存款　　351 000

　贷：应收账款　　351 000

（3）销售退回时：

借：主营业务收入　　300 000

　　应交税费——应交增值税（销项税额）　　51 000

　贷：银行存款　　351 000

借：库存商品　　192 000

　贷：主营业务成本　　192 000

【例13-9】甲公司在2016年2月18日向乙公司销售一批商品，开具的增值税专用发票上注明的售价为50 000元、增值税税额为8 500元。该批商品的成本为28 000元。为及早收回货款，甲公司和乙公司约定的现金折扣条件为“2/10，1/20，N/30”。乙公司在2016年2月27日支付货款。2016年8月3日，该批商品因质量问题被乙公司退回，甲公司当日支付有关退货款。假定计算现金折扣时不考虑增值税。甲公司的账务处理如下：

（1）2016年2月18日，销售实现时：

借：应收账款　　58 500

　贷：主营业务收入　　50 000

　　　应交税费——应交增值税（销项税额）　　8 500

借：主营业务成本　　28 000

　贷：库存商品　　28 000

（2）2016年2月27日，收到货款时，发生现金折扣1 000元（50 000×2%），实际收款57 500元（58 500-1 000）：

借：银行存款　　57 500

　　财务费用　　1 000

　贷：应收账款　　58 500

(3) 2016年8月3日，发生销售退回时：

借：主营业务收入	50 000	
应交税费——应交增值税（销项税额）	8 500	
贷：银行存款		57 500
财务费用		1 000
借：库存商品	28 000	
贷：主营业务成本		28 000

5.采用预收款方式销售商品的处理

预收款销售商品，是指购买方在商品尚未收到前按合同或协议约定分期付款，销售方在收到最后一笔款项时才交货的销售方式。在这种方式下，销售方直到收到最后一笔款项才将商品交付购货方，表明商品所有权上的主要风险和报酬只有在收到最后一笔款项时才转移给购货方，企业通常应在发出商品时确认收入，在此之前预收的货款应确认为负债。其账务处理如图13-7所示。

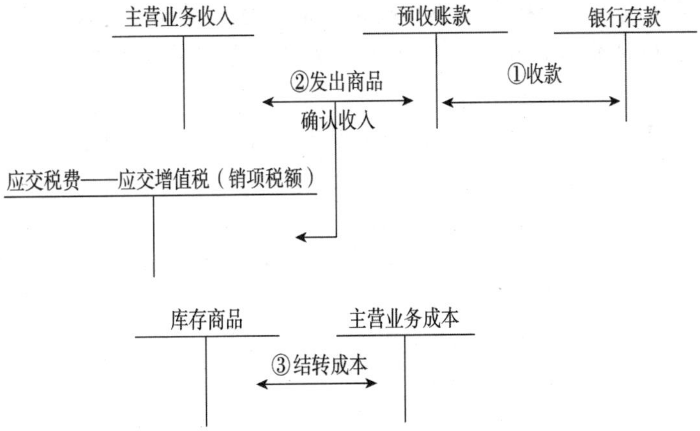

图13-7　预收款方式销售商品的账务处理

【例13-10】甲公司与乙公司签订协议，采用分期预收款方式向乙公司销售一批商品。该批商品的实际成本为1 500 000元。协议约定，该批商品的销售价格为2 000 000元；乙公司应在协议签订时预付70%的货款（按不含增值税销售价格计算），剩余货款于2个月后支付。假定甲公司在收到剩余货款时，销售该批商品的增值税纳税义务发生，增值税税额为340 000元；不考虑其他因素，甲公司的账务处理如下：

(1) 收到70%的货款时：

借：银行存款	1 400 000	
贷：预收账款——乙公司		1 400 000

(2) 收到剩余货款，发生增值税纳税义务时：

借：预收账款——乙公司	1 400 000	
银行存款	940 000	
贷：主营业务收入		2 000 000
应交税费——应交增值税（销项税额）		340 000

借：主营业务成本　　1 500 000

　贷：库存商品　　1 500 000

6.委托代销商品的处理

企业代销商品主要有两种方式，视同买断方式和收取手续费的方式。

（1）视同买断方式。它是指委托方和受托方签订合同或协议，委托方按合同或协议收取代销的货款，实际售价由受托方自定，实际售价与合同或协议价之间的差额归受托方所有的销售方式。

第一，如果委托方和受托方之间的协议明确标明，受托方在取得代销商品后，无论是否能够卖出、是否获利，均与委托方无关，那么委托方和受托方之间的代销商品交易，与委托方直接销售商品给受托方没有实质区别。在符合销售商品收入确认条件时，受托方应确认相关的销售商品收入。

第二，如果委托方和受托方之间的协议明确标明，将来受托方未售出的商品可以退回给委托方，或受托方因代销商品出现亏损时可以要求委托方补偿，那么委托方在交付商品时通常不应确认收入，受托方也不作购进商品处理。受托方将商品销售后，按实际售价确认销售收入，并向委托方开具代销清单；委托方收到代销清单时，再确认本企业的销售收入。

【例13-11】甲公司委托乙公司销售某批商品200件，协议价为100元/件，该商品成本为60元/件，增值税税率为17%。假定商品已经发出，根据代销协议，乙公司不能将没有代销出去的商品退回甲公司；甲公司将该批商品交付乙公司时发生增值税纳税义务，金额为3 400元。乙公司对外销售该批商品的售价为120元/件，并收到款项存入银行。

甲公司的账务处理如下：

（1）甲公司将该批商品交付乙公司时：

借：应收账款——乙公司　　23 400

　贷：主营业务收入　　20 000

　　　应交税费——应交增值税（销项税额）　　3 400

借：主营业务成本　　12 000

　贷：库存商品　　12 000

（2）收到乙公司汇来货款23 400元时：

借：银行存款　　23 400

　贷：应收账款——乙公司　　23 400

乙公司的账务处理如下：

（1）收到该批商品时：

借：库存商品——xx商品　　20 000

　　应交税费——应交增值税（进项税额）　　3 400

　贷：应付账款——甲公司　　23 400

（2）对外销售该批商品时：

借：银行存款　　28 080

　贷：主营业务收入　　24 000

　　　应交税费——应交增值税（销项税额）　　4 080

借：主营业务成本　　20 000
　贷：库存商品　　20 000

（3）按合同协议价将款项付给甲公司时：

借：应付账款——甲公司　　23 400
　贷：银行存款　　23 400

（2）收取手续费的方式。它是指委托方和受托方签订合同或协议，委托方根据代销商品金额或数量向受托方支付手续费的销售方式。在这种方式下，委托方发出商品时，商品所有权上的主要风险和报酬并未转移，委托方在发出商品时通常不应确认销售商品收入，仍然应当按照有关风险和报酬是否转移来判断何时确认收入。通常可在收到受托方开出的代销清单时确认销售商品收入，受托方应在商品销售后，按合同或协议约定的方法计算确定的手续费确认收入。

【例13-12】 甲公司委托丙公司销售A商品300件，商品已经发出，每件成本为60元。合同约定丙公司应按每件100元对外销售，甲公司按不含增值税销售价格的10%向丙公司支付手续费。丙公司对外实际销售A商品100件，开具的增值税专用发票上注明的销售价格为10 000元、增值税税额为1 700元，款项已经收到。甲公司收到丙公司开具的代销清单时，向丙公司开具一张相同金额的增值税专用发票。

假定甲公司发出商品时纳税义务尚未发生，不考虑其他因素。

根据上述资料，甲公司的账务处理如下：

（1）发出商品时：

借：委托代销商品　　18 000
　贷：库存商品——A商品　　18 000

（2）收到代销清单时，同时发生增值税纳税义务：

借：应收账款——丙公司　　11 700
　贷：主营业务收入——A商品　　10 000
　　　应交税费——应交增值税（销项税额）　　1 700

借：主营业务成本——A商品　　6 000
　贷：委托代销商品　　6 000

借：销售费用——代销手续费　　1 000
　贷：应收账款——丙公司　　1 000

（3）收到丙公司支付的货款时：

借：银行存款　　10 700
　贷：应收账款——丙公司　　10 700

丙公司的账务处理如下：

（1）收到商品时：

借：受托代销商品　　30 000
　贷：受托代销商品款　　30 000

（2）对外销售时：

借：银行存款　　11 700
　贷：应付账款——甲公司　　10 000

贷：应交税费——应交增值税（销项税额） 1 700

（3）收到增值税专用发票时：

借：应交税费——应交增值税（进项税额） 1 700

贷：应付账款——甲公司 1 700

借：受托代销商品款 10 000

贷：受托代销商品 10 000

（4）支付货款并计算代销手续费时：

借：应付账款——甲公司 11 700

贷：银行存款 10 700

其他业务收入——代销手续费 1 000

7.以旧换新销售的处理

以旧换新销售，是指销售方在销售商品的同时回收与所售商品相同的旧商品。在这种销售方式下，销售的商品应当按照销售商品收入确认条件确认收入，回收的商品作为购进商品处理。

【例13-13】美达公司响应我国政府有关部门倡导的汽车、家电以旧换新政策，2016年6月份，公司共销售A型号彩色电视机100台，每台不含增值税销售价格为2 000元，每台销售成本为1 000元；同时回收100台A型号旧彩色电视机，每台回收价格为234元；款项均已用现金收付。

根据上述资料，该公司的账务处理如下：

（1）2016年6月份，该公司销售100台A型号彩色电视机时：

借：库存现金 234 000

贷：主营业务收入 200 000

应交税费——应交增值税（销项税额） 34 000

借：主营业务成本 100 000

贷：库存商品 100 000

（2）2016年6月份，该公司回收100台A型号旧彩色电视机时：

借：原材料 20 000

应交税费——应交增值税（进项税额） 3 400

贷：库存现金 23 400

8.售后回购的处理

售后回购，是指在销售商品的同时，销售方同意日后再将同样或类似的商品购回的销售方式。在这种方式下，销售方应根据合同或协议条款判断销售商品是否满足收入确认条件。通常情况下，以固定价格回购的售后回购交易属于融资交易，商品所有权上的主要风险和报酬没有转移，企业不应确认收入；回购价格大于原售价的差额，企业应在回购期间按期计提利息费用，计入财务费用。其账务处理如下：

（1）应按实际收到的金额，借记“银行存款”科目，贷记“其他应付款”科目。

（2）回购价格与原销售价格之间的差额，应在售后回购期间内按期计提利息费用，借记“财务费用”科目，贷记“其他应付款”科目。

（3）按照合同约定购回该项商品时，应按实际支付的金额，借记“其他应付款”科目，贷记“银行存款”科目。

【例 13-14】甲公司在2016年6月1日与乙公司签订一项销售合同，根据合同向乙公司销售一批商品，开具的增值税专用发票上注明的销售价格为100 000元、增值税税额为17 000元，商品并未发出，款项已经收到。该批商品的成本为80 000元。6月1日，签订的补充合同约定，甲公司应于10月31日将所售商品回购，回购价为110 000元(不含增值税税额)。

甲公司的账务处理如下：

(1) 2016年6月1日，签订销售合同，发生增值税纳税义务。

借：银行存款　　117 000
　贷：应交税费——应交增值税（销项税额）　　17 000
　　其他应付款——乙公司　　100 000

(2) 回购价大于原售价的差额，应在回购期间按期计提利息费用，计入当期财务费用。由于回购期间为5个月，货币时间价值影响不大，因此，采用直线法计提利息费用。每月计提利息费用2 000元（10 000÷5)。

借：财务费用——售后回购　　2 000
　贷：其他应付款——乙公司　　2 000

(3) 2016年10月31日，回购商品时，收到的增值税专用发票上注明的商品价款为110 000元、增值税税额为18 700元，款项已经支付。

借：应交税费——应交增值税（进项税额）　　18 700
　　财务费用——售后回购　　2 000
　　其他应付款——乙公司　　108 000
　贷：银行存款　　128 700

9.销售材料等存货的处理

企业在日常活动中还可能发生对外销售不需用的原材料、随同商品对外销售单独计价的包装物等业务。企业销售原材料、包装物等存货也视同商品销售，其收入确认和计量原则比照商品销售。

企业销售原材料、包装物等存货实现的收入以及结转的相关成本，通过“其他业务收入”“其他业务成本”科目核算。

“其他业务收入”科目属于损益类科目，核算企业除主营业务活动以外的其他经营活动实现的收入，包括销售材料、出租包装物和商品、出租固定资产、出租无形资产等实现的收入。该科目贷方登记企业实现的各项其他业务收入，借方登记期末结转入“本年利润”科目的其他业务收入，结转后该科目应无余额。

“其他业务成本”科目属于损益类科目，核算企业除主营业务活动以外的其他经营活动所发生的成本，包括销售材料的成本、出租固定资产的折旧额、出租无形资产的摊销额、出租包装物的成本或摊销额。该科目借方登记企业结转或发生的其他业务成本，贷方登记期末结转入“本年利润”科目的其他业务成本，结转后该科目应无余额。

【例 13-15】甲公司销售一批原材料，开出的增值税专用发票上注明的售价为20 000元、增值税税额为3 400元，款项已由银行收妥。该批原材料的实际成本为18 000元。

甲公司的账务处理如下：

（1）取得原材料销售收入：

借：银行存款　　23 400

　贷：其他业务收入　　20 000

　　　应交税费——应交增值税（销项税额）　　3 400

（2）结转已销原材料的实际成本：

借：其他业务成本　　18 000

　贷：原材料　　18 000

三、提供劳务收入的核算

企业提供劳务的种类很多，如旅游、运输、饮食、广告、咨询、代理、培训、产品安装等。有的劳务一次就能完成，且一般为现金交易，如饮食、理发等；有的劳务需要花费一段较长的时间才能完成，如安装、旅游、培训、远洋运输等。

企业提供劳务收入的确认原则因劳务完成时间的不同而不同。

（一）在同一会计期间内开始并完成的劳务

对于一次就能完成的劳务，或在同一会计期间内开始并完成的劳务，应在提供劳务交易完成时确认收入，确认的金额通常为从接受劳务方已收或应收的合同或协议价款，确认原则可参照销售商品收入的确认原则，同时企业应在提供劳务完成时确认收入及相关成本。

企业对外提供劳务发生的支出一般先通过“劳务成本”科目予以归集，待确认为费用时，再由“劳务成本”科目转入“主营业务成本”或“其他业务成本”科目。

【例13-16】某企业于2016年4月15日接受一项设备安装任务。该安装任务可在5日内完成。合同总收入7 000元在完成安装任务时收到并存入银行。安装设备发生安装人员工资2 600元，领用材料价值900元，以现金支付其他费用400元。假设不考虑相关税费，其账务处理如下：

借：银行存款　　7 000

　贷：主营业务收入　　7 000

借：主营业务成本　　3 900

　贷：应付职工薪酬　　2 600

　　　原材料　　900

　　　库存现金　　400

（二）劳务的开始和完成分属不同的会计期间

1.提供劳务交易的结果能够可靠计量

企业在资产负债表日提供劳务交易的结果能够可靠估计的，应当采用完工百分比法确认提供劳务收入。

（1）提供劳务交易的结果能够可靠估计应同时满足下列条件：

其一，收入的金额能够可靠地计量，是指提供劳务收入的总额能够合理地估计。

其二，相关的经济利益很可能流入企业，是指提供劳务收入总额收回的可能性大于不能收回的可能性。

其三，交易的完工进度能够可靠地确定，是指交易的完工进度能够合理地估计。企业确定提供劳务交易的完工进度，可以选用下列方法：①已完工作的测量，这是一种比较专业的测量方法，由专业测量师对已经提供的劳务进行测量，并按一定方法计算确定提供劳务交易的完工程度。②已经提供的劳务占应提供劳务总量的比例，这种方法主要以劳务量为标准确定提供劳务交易的完工程度。③已经发生的成本占估计总成本的比例，这种方法主要以成本为标准确定提供劳务交易的完工程度。只有已提供劳务的成本才能包括在已经发生的成本中，只有已提供或将提供劳务的成本才能包括在估计总成本中。

其四，交易中已发生和将发生的成本能够可靠地计量，是指交易中已发生和将发生的成本能够合理地估计。

（2）完工百分比法的具体应用。完工百分比法，是指按照提供劳务交易的完工进度确认收入和费用的方法。用公式表示为：

$$\text{本期确认的提供劳务收入}=\text{提供劳务收入总额}\times\text{本期末止劳务的完工进度}-\text{以前会计期间累计已确认提供劳务收入}$$

$$\text{本期确认的提供劳务成本}=\text{提供劳务预计成本总额}\times\text{本期末止劳务的完工进度}-\text{以前会计期间累计已确认提供劳务成本}$$

企业采用完工百分比法确认提供劳务收入时，应按计算确定的提供劳务收入金额，借记“应收账款”“银行存款”等科目，贷记“主营业务收入”科目。结转提供劳务成本时，借记“主营业务成本”科目，贷记“劳务成本”科目。其账务处理流程如图13-8所示。

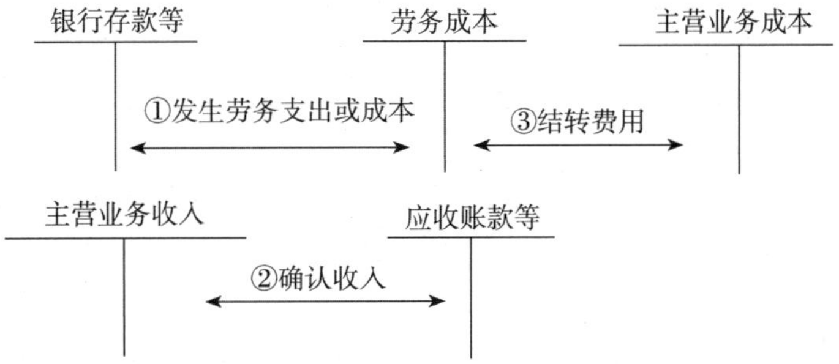

图13-8　劳务收入和劳务成本的账务处理流程

【例13-17】甲公司于2016年12月1日接受一项设备安装任务，安装期为3个月，合同总收入为300 000元，至年底已预收安装费220 000元，实际发生安装费用为140 000元（假定均为安装人员薪酬），估计还会发生安装费用60 000元。假定甲公司按实际发生的成本占估计总成本的比例确定劳务的完工进度。假定该业务属于甲公司的主营业务，不考虑相关税费。

甲公司的账务处理如下：

实际发生的成本占估计总成本的比例=140 000÷（140 000+60 000）×100%=70%

2016年12月31日确认的劳务收入=300 000×70%-0=210 000（元）

2016年12月31日结转的劳务成本=（140 000+60 000）×70%-0=140 000（元）

（1）实际发生劳务成本时：

借：劳务成本　　140 000

　　贷：应付职工薪酬——工资　　140 000

（2）预收劳务款时：

借：银行存款　　220 000

　贷：预收账款　　220 000

(3) 2016年12月31日，确认劳务收入并结转劳务成本：

借：预收账款　　210 000

　贷：主营业务收入——设备安装　　210 000

借：主营业务成本　　140 000

　贷：劳务成本　　140 000

【例13-18】 甲公司于2016年11月1日与丙公司签订合同，为丙公司定制一项软件，工期大约为5个月，合同总收入为400 000元。至2016年12月31日，甲公司已发生成本220 000元（假定均为开发人员薪酬），预收账款250 000元。甲公司预计开发该软件还将发生成本80 000元。2016年12月31日，经专业测量，该软件的完工进度为60%。假定甲公司按季度编制财务报表，且该业务属于甲公司的主营业务，不考虑相关税费。甲公司的账务处理如下：

2016年12月31日确认提供劳务收入=400 000×60%-0=240 000（元）

2016年12月31日确认提供劳务成本=（220 000+80 000）×60%-0=180 000（元）

(1) 实际发生劳务成本时：

借：劳务成本　　220 000

　贷：应付职工薪酬——工资　　220 000

(2) 预收劳务款项时：

借：银行存款　　250 000

　贷：预收账款　　250 000

(3) 2016年12月31日，确认提供劳务收入并结转劳务成本：

借：预收账款　　240 000

　贷：主营业务收入——软件开发　　240 000

借：主营业务成本　　180 000

　贷：劳务成本　　180 000

【例13-19】 甲公司于2014年4月1日与乙公司签订一项咨询合同，并于当日生效。合同约定，咨询期为2年，咨询费为30 000元；乙公司分三次等额支付咨询费，第一次在项目开始时支付，第二次在项目中期支付，第三次在项目结束时支付。甲公司估计咨询劳务总成本为18 000元（均为咨询人员工资）。假定甲公司每月提供的劳务量均相同，可以按时间比例确定完工进度，按年度编制财务报表，假定该业务属于甲公司的主营业务，不考虑相关税费。甲公司各年度发生的劳务成本资料见表13-1。

表13-1　**甲公司各年度发生的劳务成本**　单位：元

年　份	2014年	2015年	2016年	合　计
发生的成本	7 000	9 000	2 000	18 000

甲公司的账务处理如下：

(1) 2014年：

①实际发生劳务成本时：

借：劳务成本　　7 000
　贷：应付职工薪酬——工资　　7 000

②预收劳务款项时：

借：银行存款　　10 000
　贷：预收账款——乙公司　　10 000

③确认提供劳务收入并结转劳务成本：

提供劳务的完工进度=9÷24×100%=37.5%

确认提供劳务收入=30 000×37.5%-0=11 250（元）

确认提供劳务成本=18 000×37.5%-0=6 750（元）

借：预收账款——乙公司　　11 250
　贷：主营业务收入——咨询收入　　11 250

借：主营业务成本　　6 750
　贷：劳务成本　　6 750

（2）2015年：

①实际发生劳务成本时：

借：劳务成本　　9 000
　贷：应付职工薪酬——工资　　9 000

②预收劳务款项时：

借：银行存款　　10 000
　贷：预收账款　　10 000

③确认提供劳务收入并结转劳务成本：

提供劳务的完工进度=21÷24×100%=87.5%

确认提供劳务收入=30 000×87.5%-11 250=15 000（元）

确认提供劳务成本=18 000×87.5%-6 750=9 000（元）

借：预收账款　　15 000
　贷：主营业务收入——咨询收入　　15 000

借：主营业务成本　　9 000
　贷：劳务成本　　9 000

（3）2016年：

①实际发生劳务成本时：

借：劳务成本　　2 000
　贷：应付职工薪酬——工资　　2 000

②预收劳务款项时：

借：银行存款　　10 000
　贷：预收账款——乙公司　　10 000

③确认提供劳务收入并结转劳务成本：

确认提供劳务收入=30 000-11 250-15 000=3 750（元）

确认提供劳务成本=18 000-6 750-9 000=2 250（元）

借：预收账款——乙公司　　3 750

贷：主营业务收入——咨询收入　　3 750

借：主营业务成本　　2 250

贷：劳务成本　　2 250

2.提供劳务交易结果不能可靠估计的处理

企业在资产负债表日，如不能可靠地估计所提供劳务交易的结果，亦即不能同时满足前面所讲的4个条件，则不能按完工百分比法确认收入。这时企业应正确预计已经收回或将要收回的款项能弥补多少已经发生的成本，并按以下方法处理：

（1）如果已经发生的劳务成本预计全部能够得到补偿，应按已收或预计能够收回的金额确认提供劳务收入，并结转已经发生的劳务成本。

（2）如果已经发生的劳务成本预计部分能够得到补偿的，应按能够得到补偿的劳务成本金额确认提供劳务收入，并按已经发生的劳务成本结转成本。确认的收入金额小于已经发生的劳务成本的差额为损失。

（3）如果已经发生的劳务成本预计全部不能得到补偿，应将已经发生的成本确认为当期损益（主营业务成本或其他业务成本），不确认提供劳务收入。

【例13-20】甲公司于2015年12月25日接受乙公司委托，为其培训一批学员，培训期为6个月，2016年1月1日开学。协议约定，乙公司应向甲公司支付的培训费总额为60 000元，分三次等额支付，第一次在开学时预付，第二次在2016年3月1日支付，第三次在培训结束时支付。

2016年1月1日，乙公司预付第一次培训费。至2016年2月29日，甲公司发生培训成本15 000元（假定均为培训人员薪酬）。2016年3月1日，甲公司得知乙公司经营发生困难，后两次培训费能否收回难以确定。假定不考虑相关税费。

甲公司的账务处理如下：

（1）2016年1月1日，收到乙公司预付的培训费时：

借：银行存款　　20 000

贷：预收账款——乙公司　　20 000

（2）实际发生培训支出时：

借：劳务成本　　15 000

贷：应付职工薪酬——工资　　15 000

（3）2016年2月29日，确认劳务收入并结转劳务成本：

借：预收账款——乙公司　　15 000

贷：主营业务收入——培训收入　　15 000

借：主营业务成本　　15 000

贷：劳务成本　　15 000

四、让渡资产使用权收入的确认和计量

让渡资产使用权收入包括利息收入、使用费收入等。企业对外出租资产收取的租金、进行债权投资收取的利息、进行股权投资取得的现金股利等，也构成让渡资产使用权收入，分别参照有关长期股权投资等相关章节的内容。

让渡资产使用权收入同时满足下列条件时，才能予以确认：①相关的经济利益很可能流入企业；②收入的金额能够可靠地计量。

（一）利息收入的处理

企业应在资产负债表日，按照他人使用本企业货币资金的时间和实际利率计算确定利息收入金额。按计算确定的利息收入金额，借记“应收利息”“贷款”“银行存款”等科目，贷记“利息收入”“其他业务收入”等科目。

【例13-21】甲商业银行于2015年10月1日向乙公司发放一笔贷款100 000元，期限为1年，年利率为6%。甲商业银行发放该贷款时没有发生交易费用，该贷款的合同利率与实际利率相同。假定不考虑其他因素。

甲商业银行的账务处理如下：

（1）2015年10月1日，对外贷款时：

借：贷款——本金	100 000	
贷：吸收存款——本金		100 000

（2）2015年12月31日，确认利息收入时：

借：应收利息——乙公司	1 500	
贷：利息收入（100 000×6%÷4）		1 500

（二）使用费收入的处理

使用费收入应当按照有关合同或协议约定的收费时间和方法计算确定。不同的使用费收入，收费时间和方法各不相同。

如果合同或协议规定一次性收取费用，且不提供后续服务，应当视同销售该项资产一次性确认收入；提供后续服务的，应在合同或协议规定的有效期内分期确认收入。如果合同或协议规定分期收取使用费，通常应按合同或协议规定的收款时间或规定的收费方法计算确定使用费金额，分期确认收入。

【例13-22】甲公司向乙公司转让某软件的使用权，一次性收费50 000元，不提供后续服务，款项已经收回。假定不考虑其他因素。甲公司的账务处理如下：

借：银行存款	50 000	
贷：其他业务收入——转让使用权收入		50 000

【例13-23】甲公司向丙公司转让某专利权的使用权，转让期为5年，每年年末收取使用费40 000元。假定每年年末款项尚未收到，不考虑其他因素。

甲公司的账务处理如下：

借：应收账款——丙公司	40 000	
贷：其他业务收入——转让使用权收入		40 000

【例13-24】甲公司向丁公司转让其商品的商标使用权，约定丁公司每年年末按年销售收入的10%支付使用费，使用期为10年。第1年，丁公司实现销售收入100 000元；第2年，丁公司实现销售收入150 000元。假定甲公司均于每年年末收到使用费，不考虑其他因素。

甲公司的账务处理如下：

（1）第1年年末，确认使用费收入时：

使用费收入金额=100 000×10%=10 000（元）

借：银行存款	10 000	
贷：其他业务收入——转让使用权收入		10 000

（2）第2年年末，确认使用费收入时：

使用费收入金额=150 000×10%=15 000（元）

借：银行存款　　15 000

　贷：其他业务收入——转让使用权收入　　15 000

五、政府补助

（一）政府补助的概念和特征

政府补助，是指企业从政府无偿取得货币性资产或非货币性资产，但不包括政府作为企业所有者投入的资本。其中，“政府”包括各级人民政府以及政府组成部门（如财政、卫生部门）、政府直属机构（如税务、环保部门）等。联合国、世界银行等类似国际组织也视同政府。政府补助具有以下特征：

1.政府补助是无偿的

政府向企业提供补助属于非互惠交易，政府并不因此而享有企业的所有权，企业未来也不需要以提供服务、转让资产等方式偿还。无偿性是政府补助的基本特征。

2.政府补助通常附有条件

（1）政策条件。政府补助是政府为了鼓励或扶持某个行业、区域或领域的发展而给予企业的一种财政支持，具有很强的政策性。例如，政府向企业提供的产业技术研究与开发资金补助，其政策条件为企业申报的产品或技术必须是符合国家产业政策的新产品、新技术。

（2）使用条件。企业已获批准取得政府补助的，应当按照政府相关文件等规定的用途使用政府补助。否则，政府有权按规定责令其改正、终止资金拨付，甚至收回已拨付的资金。例如，企业从政府无偿取得的农业产业化资金，必须用于相关政策文件中规定的农业产业化项目。

3.政府补助不包括政府的资本性投入

政府以企业所有者身份向企业投入资本，享有企业相应的所有权，企业有义务向投资者分配利润，政府与企业之间是投资者与被投资者的关系，属于互惠交易。这与其他单位或个人对企业的投资在性质上是一致的。财政拨入的投资补助等专项拨款中，相关政策明确规定作为“资本公积”处理的部分，也属于资本性投入。政府的资本性投入无论采用何种形式，均不属于政府补助的范畴。

此外，政府代第三方支付给企业的款项，对于收款企业而言不属于政府补助，因为这项收入不是企业无偿取得的。例如，政府代农民交付供货企业的农机具购买资金，属于供货企业的产品销售收入，不属于政府补助。

（二）政府补助的主要形式

政府补助通常为货币性资产形式，最常见的就是通过银行转账的方式；但由于历史原因也存在无偿划拨非货币性资产的情况，随着市场经济的逐步完善，这种情况已经逐渐消失。

1.财政拨款

它是指政府为了支持企业而无偿拨付的款项。为了体现财政拨款的政策引导作用，这类拨款通常具有严格的政策条件，只有符合申报条件的企业才能申请拨款；同时附有明确的使用条件，政府在批准拨款时就规定了资金的具体用途。

2.财政贴息

它是指政府为支持特定领域或区域发展，根据国家宏观经济形势和政策目标，对承贷企业的银行贷款利息给予的补贴。财政贴息的补贴对象通常是符合申报条件的某类项目，又如农业产业化项目、中小企业技术创新项目等。

目前，财政贴息主要有两种方式：一是财政将贴息资金直接支付给受益企业。例如，政府为支持中小企业专业化发展，对中小企业以银行贷款为主投资的项目提供的贷款贴息。二是财政将贴息资金直接拨付贷款银行，由贷款银行以低于市场利率的政策性优惠利率向企业提供贷款。又如，某些扶贫资金，由农行系统发放贴息贷款，财政部与农业银行总行结算贴息资金，承贷企业按照实际发生的利率计算和确认利息费用。

3.税收返还

它是指政府向企业返还的税款，属于以税收优惠形式给予的一种政府补助。税收返还主要包括先征后返的所得税和先征后退、即征即退的流转税，其中，流转税包括增值税和消费税等。在实务中，还存在税收奖励的情况，若采用先据实征收，再以现金返还的方式，在本质上也属于税收返还。

除了税收返还之外，税收优惠还包括直接减征、免征、增加计税抵扣额、抵免部分税额等形式。这类税收优惠体现了政策导向，但政府并未直接向企业无偿提供资产，因此不作为企业会计准则规范的政府补助处理。

（三）政府补助的账务处理

1.与资产相关的政府补助

它是指企业取得的、用于购建或以其他方式形成长期资产的政府补助。这类补助一般以银行转账的方式拨付，如政府拨付的用于企业购买无形资产的财政拨款、政府对企业用于建造固定资产的相关贷款给予的财政贴息等，应当在实际收到款项时按照到账的实际金额确认和计量。在很少的情况下，这类补助也可能表现为政府向企业无偿划拨长期非货币性资产，应当在实际取得资产并办妥相关受让手续时按照其公允价值确认和计量，公允价值不能可靠取得的，按照名义金额（即1元人民币）计量。

根据配比原则，企业取得与资产相关的政府补助，不能全额确认为当期收益，应当随着相关资产的使用逐渐计入以后各期的收益。即与资产相关的政府补助应当确认为递延收益，然后自相关资产可供使用时起，在该项资产使用寿命内平均分配，计入当期营业外收入。其账务处理如图13-9所示。

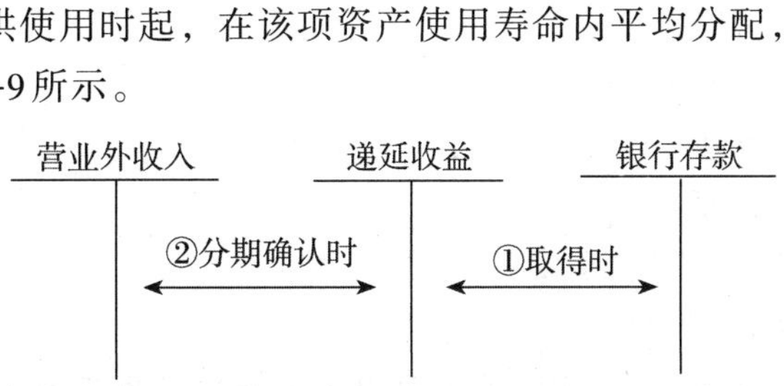

图13-9　与资产相关的政府补助的账务处理

【提示】第一，使用政府补助形成的资产，按照相关资产核算要求处理；第二，递延收益分配的起点为“相关资产可供使用”时，对于应计提折旧或摊销的非流动资产，起点为开始计提折旧或摊销的时点；第三，递延收益分配的终点为“资产使用寿命结束或被处置时（孰早）”。相关资产在使用寿命结束前被处置，尚未分配的递延收益余额一次性计入当期收益。

【例13-25】 2008年2月，乙企业需购置一台环保设备，按照国家有关政策，乙企业当月向政府有关部门提出480万元的补助申请。2008年3月，政府有关部门批准了乙企业的申请，并于2008年4月1日拨付乙企业480万元的财政拨款。2008年4月30日，乙企业购入不需安装的环保设备，实际成本为960万元，使用寿命为10年，采用直线法计提折旧（假设无残值）。2016年4月，乙企业出售了这台设备，取得价款40万元（假定不考虑其他因素）。

乙企业的账务处理如下：

（1）2008年4月1日，实际收到财政拨款，确认递延收益：

借：银行存款　　4 800 000

　贷：递延收益　　4 800 000

（2）2008年4月30日，购入设备时：

借：固定资产　　9 600 000

　贷：银行存款　　9 600 000

（3）自2008年5月起每期期末（月末）计提折旧，同时分摊递延收益：

①计提折旧：

借：管理费用　　80 000

　贷：累计折旧　　80 000

②分摊递延收益：

借：递延收益　　40 000

　贷：营业外收入　　40 000

（4）2016年4月，出售设备，同时转销递延收益余额：

①出售设备：

借：固定资产清理　　1 920 000

　　累计折旧　　7 680 000

　贷：固定资产　　9 600 000

借：银行存款　　400 000

　贷：固定资产清理　　400 000

借：营业外支出　　1 520 000

　贷：固定资产清理　　1 520 000

②转销递延收益余额：

借：递延收益　　960 000

　贷：营业外收入　　960 000

【例13-26】 2014年1月1日，B企业为建造一项环保工程向银行贷款500万元，期限为2年，年利率为6%。当年12月31日，B企业向当地政府提出财政贴息申请。经审核，当地政府批准按照实际贷款额500万元给予B企业年利率3%的财政贴息，共计30万元，分两次支付。2015年1月15日，第一笔财政贴息资金12万元到账。2015年7月1日，工程完工，第二笔财政贴息资金18万元到账，该工程预计使用寿命为10年。

B企业的账务处理如下：

(1) 2015年1月15日，实际收到财政贴息，确认政府补助：

借：银行存款　　120 000

　贷：递延收益　　120 000

(2) 2015年7月1日，实际收到财政贴息，确认政府补助：

借：银行存款　　180 000

　贷：递延收益　　180 000

(3) 2015年7月1日，工程完工，开始分配递延收益，自2015年7月1日起，每期期末（月末）分摊递延收益：

借：递延收益　　2 500

　贷：营业外收入　　2 500

2.与收益相关的政府补助

它是指除与资产相关的政府补助之外的政府补助。企业应当在收到与收益相关的政府补助时，按照实际收到的金额确认和计量。比如，按照有关规定对企业先征后返的增值税，企业应当在实际收到返还的增值税税款时将其确认为收益，而不应当在确认应交增值税时确认应收税收返还款。只有存在确凿证据表明该项补助是按照固定的定额标准拨付的，才可以在这项补助成为应收款时予以确认并按照应收的金额计量。例如，按储备量和补助定额计算和拨付给企业的储备粮存储费用补贴，可以按照实际储备量和补贴定额计算应收政府补助款。

与收益相关的政府补助应当在其补偿的相关费用或损失发生的期间计入当期损益，即：用于补偿企业以后期间的相关费用或损失的，在取得时先确认为递延收益，然后在确认相关费用的期间计入当期营业外收入；用于补偿企业已发生的相关费用或损失的，取得时直接计入当期营业外收入。

有些情况下，企业可能不容易分清与收益相关的政府补助是用于补偿已发生费用，还是用于补偿以后发生的费用。根据重要性原则，企业通常可以将与收益相关的政府补助直接计入当期营业外收入，对于金额较大的补助，可以分期计入营业外收入。

【例13-27】甲企业生产一种先进的模具产品，按照国家相关规定，该企业的这种产品适用增值税先征后返政策，即先按规定征收增值税，然后按实际缴纳的增值税税额返还70%。2016年1月，该企业实际缴纳增值税240万元。2016年2月，该企业实际收到返还的增值税税额为168万元。

甲企业实际收到返还的增值税税额的会计分录为：

借：银行存款　　1 680 000

　贷：营业外收入　　1 680 000

【例13-28】乙企业为一家储备粮企业，2016年实际粮食储备量为1亿千克。根据国家有关规定，财政部门按照企业的实际储备量每个季度给予每千克0.078元的粮食保管费补贴，于每个季度初支付。

乙企业的账务处理如下：

(1) 2016年1月，乙企业收到财政拨付的补贴款时：

借：银行存款　　7 800 000

　贷：递延收益　　7 800 000

(2) 2016年1月，将补偿1月份保管费的补贴计入当期收益：

借：递延收益　　2 600 000

　贷：营业外收入　　2 600 000

2016年2月和3月的会计分录同上。

【例13-29】 按照相关规定，粮食储备企业需要根据有关主管部门每季度下达的轮换计划出售陈粮，同时购入新粮。为弥补粮食储备企业发生的轮换费用，财政部门按照轮换计划中规定的轮换量支付给企业0.04元/千克的轮换费补贴。假设按照轮换计划，丙企业需要在2016年第一季度轮换储备粮1.2亿千克，款项尚未收到。

丙企业的账务处理如下：

(1) 2016年1月，计算和确认其他应收款480万元：

借：其他应收款　　4 800 000

　贷：递延收益　　4 800 000

(2) 2016年1月，将补偿1月份轮换费用的补贴计入当期收益：

借：递延收益　　1 600 000

　贷：营业外收入　　1 600 000

2016年2月和3月的会计分录同上。

【例13-30】 2016年3月，M粮食企业为购买储备粮从国家农业发展银行贷款4 000万元，同期银行贷款利率为6%。自2016年4月开始，财政部门于每季度初，按照M企业的实际贷款额和贷款利率拨付M企业贷款利息补贴，M企业收到财政部门拨付的利息补贴后再支付给银行。

M企业的账务处理如下：

(1) 2016年4月，实际收到财政贴息60万元时：

借：银行存款　　600 000

　贷：递延收益　　600 000

(2) 将补偿2016年4月份利息费用的补贴计入当期收益：

借：递延收益　　200 000

　贷：营业外收入　　200 000

2016年5月和6月的会计分录同上。

3.与资产和收益均相关的政府补助

政府补助的对象常常是综合性项目，可能既包括设备等长期资产的购置，也包括人工费、服务费、管理费等费用化支出的补偿，这种政府补助与资产和收益均相关。

企业取得这类政府补助时，需要将其分解为与资产相关的部分和与收益相关的部分，分别进行账务处理。在实务中，政府常常只补贴整个项目开支的一部分，企业可能确实难以区分某政府补助中哪些与资产相关、哪些与收益相关，或者对其进行划分不符合重要性原则或成本效益原则。在这种情况下，企业可以将整项政府补助归类为与收益相关的政府补助，视情况或者计入当期损益，或者在项目期内分期确认为当期收益。

● 任务2　期间费用的核算

一、期间费用认知

期间费用是指企业日常活动发生的不能计入特定核算对象的成本，而应计入发生当期损益的费用。

期间费用是企业日常活动中所发生的经济利益的流出。之所以不计入特定的成本核算对象，主要是因为期间费用是企业为组织和管理整个经营活动所发生的费用，与可以确定特定成本核算对象的材料采购、产成品生产等没有直接关系，因而期间费用不计入有关核算对象的成本，而是直接计入当期损益。

期间费用包括销售费用、管理费用和财务费用。

二、期间费用的账务处理

（一）销售费用

销售费用是指企业销售商品和材料、提供劳务的过程中发生的各种费用，包括保险费、包装费、展览费和广告费、商品维修费、预计产品质量保证损失、运输费、装卸费等以及为销售本企业商品而专设的销售机构（含销售网点、售后服务网点等）的职工薪酬、业务费、折旧费等经营费用。企业发生的与专设销售机构相关的固定资产修理费用等后续支出也属于销售费用。

销售费用是与企业销售商品活动有关的费用，但不包括销售商品本身的成本和劳务成本。销售商品的成本属于主营业务成本，提供劳务的成本属于劳务成本。

企业应通过“销售费用”科目核算销售费用的发生和结转情况。该科目属于损益类科目，借方登记企业所发生的各项销售费用，贷方登记期末转入“本年利润”科目的销售费用，结转后该科目应无余额。该科目应按销售费用的费用项目进行明细核算。

【例13-31】某公司为宣传新产品发生广告费90 000元，均用银行存款支付。其会计分录如下：

借：销售费用	90 000	
贷：银行存款		90 000

【例13-32】某公司销售部8月份共发生费用230 000元，其中：销售人员薪酬100 000元，销售部专用办公设备折旧费60 000元，业务费70 000元（用银行存款支付）。其会计分录如下：

借：销售费用	230 000	
贷：应付职工薪酬——工资		100 000
累计折旧		60 000
银行存款		70 000

【例13-33】某公司销售一批产品，销售过程中发生运输费6 000元、装卸费2 000元，均用银行存款支付。其会计分录如下：

借：销售费用	8 000	
贷：银行存款		8 000

（二）管理费用

管理费用是指企业为组织和管理生产经营活动而发生的各种管理费用，包括企业在筹建期间发生的开办费、董事会和行政管理部门在企业的经营管理中发生的或者应由企业统一负担的公司经费（包括行政管理部门职工薪酬、物料消耗、低值易耗品摊销、办公费和差旅费等）、董事会费（包括董事会成员津贴、会议费和差旅费等）、聘请中介机构费、咨询费（含顾问费）、诉讼费、业务招待费、技术转让费、研究费用、排污费以及企业行政管理部门发生的固定资产修理费等。

企业应通过“管理费用”科目核算管理费用的发生和结转情况。该科目属于损益类科目，借方登记企业发生的各项管理费用，贷方登记期末转入“本年利润”科目的管理费用，结转后该科目应无余额。该科目应按管理费用的费用项目进行明细核算。

【例13-34】 某企业筹建期间发生办公费、差旅费等开办费29 000元，均用银行存款支付。其会计分录如下：

借：管理费用　　29 000

　贷：银行存款　　29 000

【例13-35】 某企业为拓展产品销售市场发生业务招待费60 000元，均用银行存款支付。其会计分录如下：

借：管理费用　　60 000

　贷：银行存款　　60 000

【例13-36】 某企业就一项产品的设计方案向有关专家进行咨询，以现金支付咨询费40 000元。其会计分录如下：

借：管理费用　　40 000

　贷：库存现金　　40 000

【例13-37】 某企业行政部9月份共发生费用225 000元，其中：行政人员薪酬150 000元，行政部专用办公设备折旧费45 000元，报销行政人员差旅费21 000元（假定报销人均未预借差旅费），其他办公费、水电费9 000元（以银行存款支付）。其会计分录如下：

借：管理费用　　225 000

　贷：应付职工薪酬——工资　　150 000

　　　累计折旧　　45 000

　　　库存现金　　21 000

　　　银行存款　　9 000

【例13-38】 某企业当月生产车间发生设备大修理费用45 000元（以银行存款支付），行政管理部门发生设备日常修理费用2 000元（以现金支付），均不满足固定资产确认条件。其会计分录如下：

借：管理费用　　47 000

　贷：银行存款　　45 000

　　　库存现金　　2 000

（三）财务费用

财务费用是指企业为筹集生产经营所需资金等而发生的筹资费用，包括利息支出（减利息收入)、汇兑损益以及相关的手续费、企业发生或收到的现金折扣等。

企业应通过“财务费用”科目，核算财务费用的发生和结转情况。该科目属于损益类科目，借方登记已发生的各项财务费用，贷方登记期末结转入“本年利润”科目的财务费用，结转后该科目应无余额。该科目应按财务费用的费用项目进行明细核算。

【例13-39】某企业于2016年1月1日向银行借入生产经营用短期借款180 000元，期限为6个月，年利率为5%，该借款本金到期后一次归还，利息分月预提、按季支付。假定所有利息均不符合资本化条件。有关利息支出的账务处理如下：

每月末，预提当月应计利息：

180 000×5%÷12=750（元）

借：财务费用　　750

　贷：应付利息　　750

每季末，支付利息：

借：财务费用　　750

　　应付利息　　1 500

　贷：银行存款　　2 250

【例13-40】某企业于2016年1月1日向银行借入生产经营用短期借款180 000元，期限为6个月，年利率为5%，该借款本金到期后一次归还，利息分月预提、按季支付。假定1月份其中120 000元暂时作为闲置资金存入银行，并获得利息收入500元，假定所有利息均不符合资本化条件。1月份相关利息的账务处理如下：

1月末，预提当月应计利息：

180 000×5%÷12=750（元）

借：财务费用　　750

　贷：应付利息　　750

同时，当月取得的利息收入500元应作冲减财务费用处理。

借：银行存款　　500

　贷：财务费用　　500

【例13-41】某企业于2016年1月1日平价发行公司债券，面值为500 000 000元，期限为2年，年利率为6%，到期后本息一次归还。在债券发行过程中，发生手续费2 500 000元。有关手续费的会计分录如下：

借：财务费用　　2 500 000

　贷：银行存款　　2 500 000

● 任务3　利润及利润分配的核算

一、利润的构成

利润是指企业在一定会计期间的经营成果。利润包括收入减去费用后的净额、直接计入当期利润的利得和损失等。未计入当期利润的利得和损失扣除所得税影响后的净额计入其他综合收益项目。净利润与其他综合收益的合计金额为综合收益总额。利得是指由企业非日常活动所形成的、会导致所有者权益增加的、与所有者投入资本无关的经济利益的流入。损失是指由企业非日常活动所发生的、会导致所有者权益减少的、与向所有者分配利润无关的经济利益的流出。

（一）营业利润

营业利润=营业收入-营业成本-税金及附加-销售费用-管理费用-财务费用-资产减值损失+公允价值变动收益（-公允价值变动损失）+投资收益（-投资损失）

其中：

营业收入是指企业经营业务所确认的收入总额，包括主营业务收入和其他业务收入。

营业成本是指企业经营业务所发生的实际成本总额，包括主营业务成本和其他业务成本。资产减值损失是指企业计提各项资产减值准备所形成的损失。

公允价值变动收益（或损失）是指企业交易性金融资产等公允价值变动形成的应计入当期损益的利得（或损失）。

投资收益（或损失）是指企业以各种方式对外投资所取得的收益（或发生的损失）。

（二）利润总额

利润总额=营业利润+营业外收入-营业外支出

其中：营业外收入是指企业发生的与其日常活动无直接关系的各项利得；营业外支出是指企业发生的与其日常活动无直接关系的各项损失。

（三）净利润

净利润=利润总额-所得税费用

其中：所得税费用是指企业确认的应从当期利润总额中扣除的所得税费用。

二、营业外收入和营业外支出的核算

（一）营业外收入

1.营业外收入核算的内容

营业外收入是指企业发生的与其日常活动无直接关系的各项利得。营业外收入并不是企业经营资金耗费所产生的，不需要企业付出代价，实际上是经济利益的净流入，不可能也不需要与有关的费用进行配比。营业外收入主要包括非流动资产处置利得、政府补助、盘盈利得、捐赠利得、非货币性资产交换利得、债务重组利得等。

其中：

非流动资产处置利得包括固定资产处置利得和无形资产出售利得。固定资产处置利得，是指企业出售固定资产所取得价款或报废固定资产的材料价值和变价收入等，扣除处置固定资产的账面价值、清理费用、处置相关税费后的净收益；无形资产出售利得，是指企业出售无形资产所取得的价款，扣除无形资产的账面价值、出售相关税费后的净收益。

政府补助，是指企业从政府无偿取得货币性资产或非货币性资产形成的利得，不包括政府作为所有者对企业的资本投入。

盘盈利得，主要是指在库存现金等的清查盘点中盘盈的现金等，报经批准后计入营业外收入的金额。

捐赠利得，是指企业接受捐赠产生的利得。

2.营业外收入的账务处理

企业应通过“营业外收入”科目核算营业外收入的取得及结转情况。该科目属于损益类科目，贷方登记企业确认的各项营业外收入，借方登记期末结转入“本年利润”科目营业外收入。结转后该科目应无余额。该科目应按照营业外收入的项目进行明细核算。

企业确认营业外收入，借记“固定资产清理”“银行存款”“待处理财产损溢”“应付账款”等科目，贷记“营业外收入”科目。期末，应将“营业外收入”科目余额转入“本年利润”科目，借记“营业外收入”科目，贷记“本年利润”科目。

【例13-42】企业将固定资产报废清理的净收益9 000元转作营业外收入。其会计分录如下：

借：固定资产清理	9 000	
贷：营业外收入		9 000

【例13-43】某企业本期营业外收入总额为190 000元，期末结转至本年利润。其会计分录如下：

借：营业外收入	190 000	
贷：本年利润		190 000

（二）营业外支出

1.营业外支出核算的内容

营业外支出是指企业发生的与其日常活动无直接关系的各项损失，主要包括非流动资产处置损失、盘亏损失、罚款支出、公益性捐赠支出、非常损失等。

其中：非流动资产处置损失包括固定资产处置损失和无形资产出售损失。固定资产处置损失，是指企业出售固定资产所取得价款或报废固定资产的材料价值和变价收入等，不足以抵补处置固定资产的账面价值、清理费用、处置相关税费所发生的净损失；无形资产出售损失，是指企业出售无形资产所取得价款，不足以抵补出售无形资产的账面价值、出售相关税费后所发生的净损失。

盘亏损失，主要是指对于财产清查盘点中盘亏的资产，在查明原因处理时按确定的损失计入营业外支出的金额。

罚款支出，是指企业支付的行政罚款、税务罚款，以及其他违反法律法规、合同协议等而支付的罚款、违约金、赔偿金等支出。

公益性捐赠支出，是指企业对外进行公益性捐赠发生的支出。

非常损失，是指企业对于因客观因素（如自然灾害等）造成的损失，在扣除保险公司赔偿后应计入营业外支出的净损失。

2.营业外支出的账务处理

企业应通过“营业外支出”科目，核算营业外支出的发生及结转情况。该科目属于损益类科目，借方登记企业发生的各项营业外支出，贷方登记期末结转入本年利润的营业外支出。结转后该科目应无余额。该科目应按照营业外支出的项目进行明细核算。

企业发生营业外支出时，借记“营业外支出”科目，贷记“固定资产清理”“待处理财产损溢”“库存现金”“银行存款”等科目。期末，应将“营业外支出”科目余额结转入“本年利润”科目，借记“本年利润”科目，贷记“营业外支出”科目。

【例13-44】某企业将已经发生的原材料意外灾害损失280 000元转作营业外支出。其会计分录如下：

借：营业外支出	280 000	

贷：待处理财产损溢　　280 000

【例13-45】某企业用银行存款支付税款滞纳金40 000元。其会计分录如下：

借：营业外支出　　40 000

贷：银行存款　　40 000

【例13-46】某企业本期营业外支出总额为840 000元，期末结转本年利润。其会计分录如下：

借：本年利润　　840 000

贷：营业外支出　　840 000

【想一想】

企业发生的营业外收入和营业外支出是否存在因果关系？

三、所得税费用的核算

所得税是根据企业应纳税所得额的一定比例上交的一种税。企业的所得税费用包括当期所得税和递延所得税两个部分。其中，当期所得税是指当期应交所得税。递延所得税包括递延所得税资产和递延所得税负债。递延所得税资产是指以未来期间很可能取得用来抵扣可抵扣暂时性差异的应纳税所得额为限确认的一项资产。递延所得税负债是指根据应纳税暂时性差异计算的未来期间应付所得税的金额。

（一）应交所得税的计算

应交所得税是指企业按照税法规定计算确定的针对当期发生的交易和事项，应缴纳给税务部门的所得税金额，即当期应交所得税。

应纳税所得额是在企业税前会计利润（即利润总额）的基础上调整确定的。其计算公式为：

应纳税所得额=税前会计利润+纳税调整增加额-纳税调整减少额

其中：纳税调整增加额主要包括税法规定允许扣除项目中，企业已计入当期费用但超过税法规定扣除标准的金额（如超过税法规定标准的职工福利费、工会经费、职工教育经费、业务招待费、公益性捐赠支出、广告费和业务宣传费等），以及企业已计入当期损失但税法规定不允许扣除项目的金额（如税收滞纳金、罚金、罚款）。

纳税调整减少额主要包括按税法规定允许弥补的亏损和准予免税的项目，如前5年内未弥补亏损和国债利息收入等。

企业当期应交所得税的计算公式为：

应交所得税=应纳税所得额×所得税税率

【例13-47】甲公司2016年度按企业会计准则计算的税前会计利润为19 800 000元，所得税税率为25%。当年按税法核定的全年计税工资为2 000 000元，甲公司全年实发工资为2 200 000元；经查，甲公司当年营业外支出中有100 000元为税款滞纳金。假定甲公司全年无其他纳税调整因素。

在本例中，甲公司有两项纳税调整因素：一是已计入当期费用但超过税法规定标准的工资支出；二是已计入当期营业外支出但按税法规定不允许扣除的税款滞纳金。这两个因素均应调整增加应纳税所得额。甲公司当期所得税的计算如下：

纳税调整增加数=2 200 000-2 000 000+100 000=300 000（元）

应纳税所得额=19 800 000+300 000=20 100 000（元）

当期应交所得税=20 100 000×25%=5 025 000（元）

【例13-48】 甲公司2016年度按企业会计准则计算的税前会计利润为10 000 000元，所得税税率为25%。当年按税法核定的全年计税工资为2 000 000元，甲公司全年实发工资为1 800 000元。假定甲公司全年无其他纳税调整因素。

企业实际支付的工资总额超过计税工资时，超出的部分不得作为纳税扣除项目，应调整增加应纳税所得额。但企业实际支付的工资总额低于计税工资时，应按实际支付的工资总额作为纳税扣除项目，即企业实际支付的工资总额低于计税工资的部分不调整应纳税所得额。在本例中，甲公司实际支付的工资总额低于计税工资，不属于纳税调整因素，甲公司又无其他纳税调整因素，因此，甲公司2016年度计算的税前会计利润即为应纳税所得额。

甲公司当期所得税的计算如下：

当期应交所得税=10 000 000×25%=2 500 000（元）

【例13-49】 某企业2016年度利润总额为315万元；经查，其中国债利息收入为15万元，违约罚款为10万元。假定该企业无其他纳税调整项目，适用的所得税税率为25%。根据税法规定，国债利息收入免交所得税，罚款支出不得在税前扣除。该企业2016年度所得税费用计算如下：

应纳税所得额=315-15＋10=310（万元）

应交所得税=310×25%=77.5（万元）

【例13-50】 甲公司2016年度按企业会计准则计算的税前会计利润为19 800 000元，所得税税率为25%。甲公司全年实发工资、薪金为2 000 000元、职工福利费300 000元、工会经费50 000元、职工教育经费100 000元。经查，甲公司当年营业外支出中有120 000元为税收滞纳金。假定甲公司全年无其他纳税调整因素。

税法规定，企业发生的合理的工资、薪金支出准予据实扣除；企业发生的职工福利费支出，不超过工资、薪金总额14%的部分准予据实扣除；企业拨缴的工会经费，不超过工资、薪金总额2%的部分准予扣除；除国务院、税务主管部门等另有规定外，企业发生的职工教育经费支出，不超过工资、薪金总额2.5%的部分准予扣除，超过部分准予结转以后纳税年度扣除。

在本例中，按税法规定，企业在计算当期应纳税所得额时，可扣除工资、薪金支出2 000 000元，可扣除职工福利费支出280 000元（2 000 000×14%）、工会经费支出40 000元（2 000 000×2%）、职工教育经费支出50 000元（2 000 000×2.5%）。甲公司有两种纳税调整因素：一是已计入当期费用但超过税法规定标准的费用支出；二是已计入当期营业外支出但按税法规定不允许扣除的税收滞纳金。这两种因素均应调整增加应纳税所得额。甲公司当期所得税的计算如下：

应纳税所得额=19 800 000＋（300 000-2 000 000×14%）＋（50 000-2 000 000×2%）＋（100 000-2 000 000×2.5%）＋120 000=20 000 000（元）

应交所得税=20 000 000×25%=5 000 000（元）

（二）所得税费用的账务处理

企业所得税核算应采用资产负债表债务法。企业应根据所得税准则的规定，对当期应交所得税加以调整计算后，据以确认应从当期利润总额中扣除的所得税费用。通过“所得税费用”科目核算。

【例 13-51】 承【例 13-48】资料，甲公司递延所得税负债年初数为300 000元，年末数为400 000元；递延所得税资产年初数为250 000元，年末数为200 000元。甲公司所得税费用的计算如下：

递延所得税费用=（400 000-300 000）+（250 000-200 000）=150 000（元）

所得税费用=当期所得税+递延所得税费用=2 500 000+150 000=2 650 000（元）

甲公司会计分录如下：

借：所得税费用	2 650 000	
贷：应交税费——应交所得税		2 500 000
递延所得税负债		100 000
递延所得税资产		50 000

四、本年利润的账务处理

（一）结转本年利润的方法

会计期末结转本年利润的方法有表结法和账结法两种。

1.表结法

在表结法下，各损益类科目每月月末只需结计出本月发生额和月末累计余额，不结转到“本年利润”科目，只有在年末时才将全年累计余额结转入“本年利润”科目。但每月月末要将损益类科目的本月发生额合计数填入利润表的本月数栏，同时将本月末累计余额填入利润表的本年累计数栏，通过利润表计算反映各期的利润（或亏损）。在表结法下，年中损益类科目无须结转入“本年利润”科目，从而减少了转账环节和工作量，同时并不影响利润表的编制及有关损益指标的利用。

2.账结法

在账结法下，每月月末均需编制转账凭证，将在账上结计出的各损益类科目的余额结转入“本年利润”科目。结转后“本年利润”科目的本月余额反映当月实现的利润或发生的亏损，“本年利润”科目的本年余额反映本年累计实现的利润或发生的亏损。在账结法下，各月均可通过“本年利润”科目提供当月及本年累计的利润（或亏损）额，但增加了转账环节和工作量。

（二）结转本年利润的账务处理

“本年利润”科目属于所有者权益类科目，核算企业本年度实现的净利润或发生的净亏损。会计期末，企业应将“主营业务收入”“其他业务收入”“营业外收入”等科目的余额分别转入“本年利润”科目的贷方，将“主营业务成本”“其他业务成本”“税金及附加”“销售费用”“管理费用”“财务费用”“资产减值损失”“营业外支出”“所得税费用”等科目的余额分别转入“本年利润”科目的借方。

企业还应将“公允价值变动损益”“投资收益”科目的净收益转入“本年利润”科目的贷方，将“公允价值变动损益”“投资收益”科目的净损失转入“本年利润”科目的借方。结转后“本年利润”科目如为贷方余额，表示当年实现的净利润；如为借方余额，表示当年发生的净亏损。

年度终了，企业还应将“本年利润”科目的本年累计余额转入“利润分配——未分配利润”科目。如“本年利润”科目为贷方余额，借记“本年利润”科目，贷记“利润分配——未分配利润”科目；如为借方余额，编制相反的会计分录。结转后，“本年利润”科目应无余额。

【例13-52】 兴业公司2016年损益类科目本年发生额见表13-2（该企业采用表结法年末一次结转损益类科目，所得税税率为25%）：

表13-2 **损益类科目本年发生额**

科目名称	结账前发生额
主营业务收入	6 000 000元（贷）
其他业务收入	700 000元（贷）
公允价值变动损益	150 000元（贷）
投资收益	600 000元（贷）
营业外收入	50 000元（贷）
主营业务成本	4 000 000元（借）
其他业务成本	400 000元（借）
税金及附加	80 000元（借）
销售费用	500 000元（借）
管理费用	770 000元（借）
财务费用	200 000元（借）
资产减值损失	100 000元（借）
营业外支出	250 000元（借）

该公司2016年年末结转本年利润应编制如下会计分录：

（1）将各损益类科目本年发生额结转入“本年利润”科目：

①结转各项收入、收益类科目：

借：主营业务收入 6 000 000
　　其他业务收入 700 000
　　公允价值变动损益 150 000
　　投资收益 600 000
　　营业外收入 50 000
　贷：本年利润 7 500 000

②结转各项费用、损失类科目：

借：本年利润 6 300 000
　贷：主营业务成本 4 000 000
　　　其他业务成本 400 000
　　　税金及附加 80 000
　　　销售费用 500 000
　　　管理费用 770 000
　　　财务费用 200 000
　　　资产减值损失 100 000
　　　营业外支出 250 000

（2）经过上述结转后，“本年利润”科目的贷方发生额合计7 500 000元减去借方发生额合计6 300 000元即为税前会计利润1 200 000元。

（3）假设兴业公司2016年度不存在所得税纳税调整因素。

（4）应交所得税=1 200 000×25%=300 000（元）

①确认所得税费用：

借：所得税费用　　300 000

　贷：应交税费——应交所得税　　300 000

②将所得税费用结转入“本年利润”科目：

借：本年利润　　300 000

　贷：所得税费用　　300 000

（5）将“本年利润”科目年末余额900 000元（7 500 000-6 300 000-300 000）转入“利润分配——未分配利润”科目：

借：本年利润　　900 000

　贷：利润分配——未分配利润　　900 000

五、利润分配的账务处理

（一）利润分配的程序

利润分配是指企业根据国家有关规定和企业章程、投资者协议等，对企业当年可供分配的利润所进行的分配。

企业本年实现的净利润加上年初未分配利润（或减年初未弥补亏损）和其他转入后的余额为可供分配利润。其计算公式如下：

可供分配利润=当年的净利润＋年初未分配利润（或减年初未弥补亏损）＋其他转入

利润分配的顺序依次是：弥补亏损、提取法定盈余公积、提取任意盈余公积、向投资者分配利润。未分配利润是经过弥补亏损、提取法定盈余公积、提取任意盈余公积和向投资者分配利润等利润分配之后剩余的利润，是企业留待以后年度进行分配的历年结存的利润。相对于所有者权益的其他部分来说，企业对于未分配利润的使用有较大的自主权。

（二）利润分配的核算

企业应通过“利润分配”科目核算利润的分配（或亏损的弥补）情况以及历年分配（或弥补）后的未分配利润（或未弥补亏损）。该科目应分别按“提取法定盈余公积”“提取任意盈余公积”“应付现金股利或利润”“盈余公积补亏”“未分配利润”等进行明细核算。企业未分配利润通过“利润分配——未分配利润”明细科目进行核算。

年度终了，企业应将全年实现的净利润或发生的净亏损自“本年利润”科目转入“利润分配——未分配利润”科目，并将“利润分配”各明细科目结转后，“利润分配——未分配利润”科目。如为贷方余额，表示累计未分配的利润数额；如为借方余额，则表示累计未弥补的亏损数额。

【例13-53】某企业2016年度实现税后利润5 000 000元，按规定提取10%的法定盈余公积金、10%的任意盈余公积金，向投资者分配利润1 800 000元。其账务处理如下：

（1）结转净利润时：

借：本年利润　　5 000 000

　贷：利润分配——未分配利润　　5 000 000

（2）分配利润时：

借：利润分配——提取法定盈余公积　　500 000
　　　　　　——提取任意盈余公积　　500 000
　　　　　　——应付利润　　1 800 000
　贷：盈余公积——法定盈余公积　　500 000
　　　　　　——任意盈余公积　　500 000
　　应付利润　　1 800 000

（3）将已分配利润结转到“利润分配——未分配利润”科目时：

借：利润分配——未分配利润　　2 800 000
　贷：利润分配——提取法定盈余公积　　500 000
　　　　　　——提取任意盈余公积　　500 000
　　　　　　——应付利润　　1 800 000

（三）亏损的弥补

弥补亏损有三种渠道，即税前弥补、税后弥补和盈余公积弥补。按税法规定，企业发生的年度亏损可以使用下一年度的税前利润弥补，但连续弥补期不能超过5年。连续5年未弥补的亏损可用企业的税后利润和盈余公积弥补。企业如果在当年发生亏损，应当将本年发生的亏损自“本年利润”科目转入“利润分配——未分配利润”科目。

因为企业需将当年实现的利润自“本年利润”科目的借方转入“利润分配——未分配利润”科目的贷方，“利润分配——未分配利润”科目的贷方发生额与其借方余额自然抵补，所以以当年实现的净利润弥补以前年度的亏损并不需要进行专门的账务处理。

【例13-54】 美亚公司2016年各项损益结转后，“本年利润”账户的期末余额为借方余额80 000元。该企业已连续6年亏损，董事会决定用法定盈余公积弥补亏损80 000元。

（1）将“本年利润”账户余额结转至“利润分配——未分配利润”账户：

借：利润分配——未分配利润　　80 000
　贷：本年利润　　80 000

（2）以法定盈余公积弥补亏损：

借：盈余公积——法定盈余公积　　80 000
　贷：利润分配——盈余公积补亏　　80 000

（3）年末，结转“利润分配”明细科目：

借：利润分配——盈余公积补亏　　80 000
　贷：利润分配——未分配利润　　80 000

[案例分析]

案例资料和要求见本章［案例导入］，具体账务处理如下：

（1）借：应收票据　　409 500
　　贷：其他业务收入　　350 000

贷：应交税费——应交增值税（销项税额）		59 500
借：其他业务成本	250 000	
贷：原材料		250 000
（2）借：银行存款	300 000	
贷：预收账款		300 000
（3）借：应收账款	585 000	
贷：主营业务收入		500 000
应交税费——应交增值税（销项税额）		85 000
借：主营业务成本	250 000	
贷：库存商品		250 000
（4）借：主营业务收入	200 000	
应交税费——应交增值税（销项税额）	34 000	
贷：应收账款		234 000
借：库存商品	100 000	
贷：主营业务成本		100 000
（5）借：主营业务收入	50 000	
应交税费——应交增值税（销项税额）	8 500	
贷：应收账款		58 500
（6）借：税金及附加	5 984	
贷：应交税费——应交城市维护建设税		4 188.80
——应交教育费附加		1 795.20

[项目小结]

本项目介绍了收入、费用和利润。

一是收入的特点和分类，销售商品收入金额的确定，一般销售商品业务、已经发出商品但不符合销售收入确认条件的销售业务、商业折扣、现金折扣、销售折让、销售退回、采用预收款方式销售商品、采用支付手续费方式委托代销商品等情况下销售商品收入的账务处理，完工百分比法确认提供劳务收入的账务处理，让渡资产使用权的使用费收入的账务处理。

二是费用的特点，费用的主要内容及其账务处理。

三是政府补助的概念和特征、主要形式、与资产相关的政府补助的账务处理、与收益相关的政府补助的账务处理等。

四是利润的构成内容，营业外收入和营业外支出的内容及其账务处理，应交所得税的计算，本年利润及利润分配的核算等。

[习题与实训]

一、单项选择题

1. 甲公司本年度委托乙商店代销一批零配件，代销价款为300万元（不含增值税）。

本年度收到乙商店交来的代销清单，代销清单列明已销售代销零配件的70%，甲公司收到代销清单时向乙商店开具增值税专用发票。乙商店按代销价款的5%收取手续费。该批零配件的实际成本为180万元。则甲公司本年度因此项业务应确认的销售收入为（　　）万元。

A.300　　B.180　　C.210　　D.120

2.甲公司销售商品一批，商品的销售价款为2 000元，商业折扣为10%，增值税税率为17%，现金折扣条件为“2/10，1/20，N/30”。甲公司销售商品时为对方代垫运费150元（不考虑运费的增值税抵扣问题），则应收账款的入账金额为（　　）元。

A.2 490　　B.2 256　　C.2 106　　D.2 340

3.A公司销售一批商品给B公司，开具的增值税专用发票上注明的售价为10 000万元，增值税税额为1 700万元。该批商品的成本为8 000万元。货到后B公司发现商品质量不合格，要求在价格上给予3%的折让。B公司提出的销售折让要求符合原合同的约定，A公司同意并办妥了相关手续，假定销售商品后还未确认收入，则A公司应确认销售商品收入的金额为（　　）万元。

A.351　　B.9 700　　C.11 349　　D.11 700

4.某企业销售商品7 000件，每件售价为50元（不含增值税），增值税税率为17%，企业为购货方提供的商业折扣为15%，提供的现金折扣条件为“2/10，1/20，N/30”（计算现金折扣时不考虑增值税）。该企业在这项交易中应确认的收入金额为（　　）元。

A.320 000　　B.308 200　　C.297 500　　D.320 200

5.甲企业2015年12月向乙企业提供某专利的使用权。合同规定：使用期为10年，一次性收取使用费360 000元，不提供后续服务。款项已经收到。则甲企业当年应确认的使用费收入为（　　）元。

A.0　　B.6 000　　C.72 000　　D.360 000

二、多项选择题

1.下列各项中，应计入财务费用的有（　　）。

A.企业发行股票支付的手续费　　B.企业支付的银行承兑汇票手续费

C.企业购买商品时取得的现金折扣　　D.企业销售商品时发生的现金折扣

2.下列各项中，应计入税金及附加的有（　　）。

A.应交城市维护建设税　　B.销售商品应交的增值税

C.销售应税产品应交的资源税　　D.销售应税消费品应交的消费税

3.下列各项中，既影响营业利润又影响利润总额的业务有（　　）。

A.计提坏账准备　　B.转让无形资产所有权的净收益

C.计提所得税费用　　D.转让股票所得收益

4.下列各项中，需调整增加企业应纳税所得额的项目有（　　）。

A.已计入投资收益的国库券利息收入

B.已超过税法规定扣除标准，但已计入当期费用的业务招待费

C.支付并已计入当期损失的各种税收滞纳金

D.未超标的业务招待费支出

5.下列各项损益中，会计上和税法上核算不一致，需要进行纳税调整的项目有（　　）。

A.超标的业务招待费　　B.公司债券的利息收入

C.国债利息收入　　D.公司债券的转让净收益

三、判断题

1.在表结法下，每月月末均需编制转账凭证，将在账上结计出的各损益类科目的余额结转入“本年利润”科目。（　）

2.会计期末结转本年利润的方法有表结法和账结法两种。（　）

3.企业发生毁损的固定资产的净损失，应记入“营业外支出”科目，最终影响净利润的计算。（　）

4.年度终了，“本年利润”科目的本年累计余额即为净利润的金额。（　）

5.某企业2016年度利润总额为1 800万元，其中本年度国债利息收入200万元；企业所得税税率为25%。假定不考虑其他因素，该企业2016年度的净利润为1 400万元。（　）

四、实训题

【实训题一】

资料：甲公司为增值税一般纳税人，增值税税率为17%。商品销售价格不含增值税，在确认销售收入时逐笔结转销售成本。假定不考虑其他相关税费。2016年9月份甲公司发生如下业务：

（1）9月2日，向乙公司销售A商品1 600件，标价总额为800万元（不含增值税），商品实际成本为480万元。为了促销，甲公司给予乙公司15%的商业折扣并开具了增值税专用发票。甲公司已发出商品，并向银行办理了托收手续。

（2）9月10日，因部分A商品的规格与合同不符，乙公司退回A商品800件。当日，甲公司按规定向乙公司开具增值税专用发票（红字），销售退回允许扣减当期增值税销项税额，退回商品已验收入库。

（3）9月15日，甲公司将部分退回的A商品作为福利发放给本公司职工，其中生产工人500件，行政管理人员40件，专设销售机构人员60件，该商品每件市场价格为0.4万元（与计税价格一致），实际成本为0.3万元。

（4）9月25日，甲公司收到丙公司来函。来函提出，2016年5月10日从甲公司所购B商品不符合合同规定的质量标准，要求甲公司在价格上给予10%的销售折让。该商品售价为600万元，增值税税额为102万元，货款已结清。经甲公司认定，同意给予折让并以银行存款退还折让款，同时开具了增值税专用发票（红字）。

除上述资料外，不考虑其他因素（“应交税费”科目要求写出明细科目及专栏名称，答案中的金额单位用万元表示）。

要求：

（1）逐笔编制甲公司上述业务的会计分录。

（2）计算甲公司9月份的主营业务收入总额。

【实训题二】

资料：甲公司2016年度利润总额为210万元，其中包括本年收到的国债利息收入70万元。该公司适用的所得税税率为25%。该公司当年按税法核定允许在税前扣除的实发工资为200万元；当年的营业外支出中，有20万元为税款滞纳金支出。公司递延所得税负债的年初数为40万元，年末数为50万元。递延所得税资产的年初数为25万元，年末数为35万元。除上述事项外，甲公司无其他纳税调整事项。

要求：（答案中的金额单位用万元表示）

（1）计算甲公司2016年度应纳税所得额。

（2）计算甲公司2016年度应交所得税税额。

（3）编制甲公司确认所得税费用的会计分录。

（4）计算甲公司2016年度实现的净利润。

（5）编制甲公司年末结转所得税费用的会计分录。

【实训题三】

资料：A有限责任公司2016年发生的有关经济业务如下：

（1）按照规定办理增资手续后，将资本公积90 000元转增注册资本。该公司原有注册资本2 910 000元，其中甲、乙、丙三家公司各占$\frac{1}{3}$。

（2）用盈余公积50 000元弥补以前年度亏损。

（3）从税后利润中提取法定盈余公积153 000元。

（4）接受B公司投资，经投资各方协议，B公司实际出资额中1 000 000元作为新增注册资本，使投资各方在注册资本总额中均占$\frac{1}{4}$。B公司以银行存款1 200 000元缴付出资额。

要求：根据上述业务（1）～（4）编制A有限责任公司的有关会计分录。

项目十四

编制财务报告

[知识目标]

了解财务报表的含义和目标；掌握基本财务报表的结构、作用及编制方法；了解财务报表附注的内容及其作用。

[技能目标]

掌握资产负债表、利润表、现金流量表和所有者权益变动表的编制方法

[案例导入]

资料：长江公司2016年有关资料如下：

（1）本年销售商品本年收到现金1 000万元，以前年度销售商品本年收到现金200万元，本年预收款项100万元，本年销售本年退回商品支付现金80万元，以前年度销售本年退回商品支付现金60万元。

（2）本年购买商品支付现金700万元，本年支付以前年度购买商品的未付款项80万元和本年预付款项70万元，本年发生购货退回收到现金40万元。

（3）本年分配生产经营人员的职工薪酬为200万元，"应付职工薪酬"账户年初余额和年末余额分别为20万元和10万元，假定应付职工薪酬本期减少数均为本年支付的现金。

（4）本年利润表中的所得税费用为50万元（均为当期应交所得税产生的所得税费用），"应交税费——应交所得税"科目年初数为4万元，年末数为2万元。假定不考虑其他税费。

要求：根据上述资料，不考虑其他因素，分析填列下列项目金额（金额单位用万元表示）：①销售商品收到的现金；②购买商品支付的现金；③支付给职工以及为职工支付的现金；④支付的各项税费。

● 任务1　财务报告认知

一、财务报告及其目标

财务报告，是指企业对外提供的反映企业某一特定日期的财务状况和某一会计期间的经营成果、现金流量等会计信息的文件。财务报告包括财务报表和其他应当在财务报告中披露的相关信息和资料。

财务报告的目标，是向财务报告使用者提供与企业财务状况、经营成果和现金流量等有关的会计信息，反映企业管理层受托责任履行情况，有助于财务报告使用者作出经济决策。财务报告使用者通常包括投资者、债权人、政府及其有关部门和社会公众等。

二、财务报表的组成和分类

（一）财务报表的组成

财务报表是对企业财务状况、经营成果和现金流量的结构性表述。一套完整的财务报表至少应当包括资产负债表、利润表、现金流量表、所有者权益（或股东权益，下同）变动表以及附注。

资产负债表、利润表和现金流量表分别从不同角度反映企业的财务状况、经营成果和现金流量。资产负债表反映企业在某一特定日期所拥有的资产、需偿还的债务以及股东（投资者）拥有的净资产情况；利润表反映企业在一定会计期间的经营成果，即利润或亏损的情况，表明企业运用所拥有的资产的获利能力；现金流量表反映企业在一定会计期间现金和现金等价物流入和流出的情况。

所有者权益变动表反映构成所有者权益的各组成部分当期的增减变动情况。企业的净利润及其分配情况是所有者权益变动的组成部分，相关信息已经在所有者权益变动表及其附注中反映，企业不需要再单独编制利润分配表。

附注是财务报表不可或缺的组成部分，是对在资产负债表、利润表、现金流量表和所有者权益变动表等报表中列示项目的文字描述或明细资料，以及对未能在这些报表中列示项目的说明等。

（二）财务报表的分类

财务报表可以按照不同的标准进行分类。

（1）按财务报表编报期间的不同，可以分为中期财务报表和年度财务报表。中期财务报表是以短于一个完整会计年度的报告期间为基础编制的财务报表，包括月报、季报和半年报等。中期财务报表至少应当包括资产负债表、利润表、现金流量表和附注。其中，中期资产负债表、利润表和现金流量表应当是完整报表，其格式和内容应当与年度财务报表相一致。与年度财务报表相比，中期财务报表中的附注披露可适当简略。

（2）按财务报表编报主体的不同，可以分为个别财务报表和合并财务报表。个别财务报表是由企业在自身会计核算基础上对账簿记录进行加工而编制的财务报表，它主要用来反映企业自身的财务状况、经营成果和现金流量情况。合并财务报表是以母公司和子公司组成的企业集团为会计主体，根据母公司和所属子公司的财务报表，由母公司编制的综合反映企业集团财务状况、经营成果及现金流量的财务报表。

三、财务报表的编制要求

为了使财务报表能够最大限度地满足各有关方面的需要，实现编制财务报表的基本目标，充分发挥财务报表的作用，企业编制的财务报表应当真实可靠、相关可比、全面完整、编报及时、便于理解，符合国家统一的会计制度的有关规定。其基本要求如下：

（1）真实可靠。财务报表各项目的数据必须建立在真实可靠的基础之上，使企业财务报表能够如实地反映企业的财务状况、经营成果和现金流量情况。因此，财务报表必须根据审核无误的账簿及其他相关的资料编制，做到数字真实。企业的各项经营活动最终都将在账簿记录中予以反映，而账簿记录是编制财务会计报告的主要依据，只有账簿记录如实反映企业发生的经济业务，才能使财务会计报告所提供的各项财务信息真实可靠。如果财务报表所提供的资料不真实或者可靠性很差，则不仅不能发挥财务报表的应有作用，而且还会由于错误的信息，导致财务报表使用者对企业的财务状况、经营成果和现金流量情况作出错误的评价与判断，致使报表使用者作出错误的决策。

（2）相关可比。企业财务报表所提供的财务会计信息必须与报表使用者的决策需要相关，满足报表使用者的需要，并且财务报表各项目的数据应当口径一致、相互可比，便于报表使用者在不同企业之间及同一企业前后各期之间进行比较。只有提供相关且可比的信息，才能使报表使用者分析企业在整个社会特别是同行业中的地位，了解判断企业过去、现在的情况，预测企业未来的发展趋势，进而为报表使用者的决策服务。

（3）全面完整。企业财务报表应当全面地披露企业的财务状况、经营成果和现金流动情况，完整地反映企业财务活动的过程和结果，以满足各有关方面对财务会计信息资料的需要。为了保证财务报表的全面完整，企业在编制财务报表时，应当按照会计准则规定的格式和内容填报。对企业构成重大影响的会计信息，应首先在财务会计报告中说明，如不能说明，应当按照要求在财务报表附注中进行说明，不得漏报。

（4）编报及时。企业财务报表所提供的信息资料，具有很强的时效性。只有及时编制和报送财务报表，才能为使用者提供决策所需的信息资料。否则由于编报不及时，财务报表所提供的信息也可能失去其应有的价值，成为相关性较低甚至不相关的信息。

（5）便于理解。可理解性是指财务报表提供的信息可以为使用者所理解。企业对外提供的财务报表是为广大财务报表使用者提供企业过去、现在和未来的有关资料，为企业目前或潜在的投资者和债权人提供决策所需要的会计信息，因此，编制的财务报表应当清晰明了，便于理解和利用。

我国《企业财务会计报告条例》规定，企业对外提供的财务会计报告应当依次编定页数，加具封面，装订成册，加盖公章。封面上应当注明：企业名称、企业统一代码、组织形式、地址、报表所属年度或者月份、报出日期，并由企业负责人和主管会计工作的负责人、会计机构负责人（会计主管人员）签名并盖章；设置总会计师的企业，还应当由总会计师签名并盖章。

【想一想】

什么是财务会计报告？试说明财务会计报告的目标。

● 任务2 资产负债表的编制

一、资产负债表的内容和结构

(一) 资产负债表的内容

资产负债表是指反映企业在某一特定日期的财务状况的报表。资产负债表主要反映资产、负债和所有者权益三方面的内容，并满足“资产=负债+所有者权益”的平衡式。

(1) 资产。它反映由过去的交易、事项形成并由企业在某一特定日期所拥有或控制的、预期会给企业带来经济利益的资源。资产应当按照流动资产和非流动资产两大类在资产负债表中列示，在流动资产和非流动资产类别下进一步按性质分项列示。

流动资产是指预计在一个正常营业周期中变现、出售或耗用，或者主要为交易目的而持有，或者预计在资产负债表日起一年内（含一年）变现的资产，或者自资产负债表日起一年内交换其他资产或清偿负债的能力不受限制的现金或现金等价物。

资产负债表中列示的流动资产项目通常包括：货币资金、以公允价值计量且其变动计入当期损益的金融资产、应收票据、应收账款、预付款项、应收利息、应收股利、其他应收款、存货和一年内到期的非流动资产等。

非流动资产是指流动资产以外的资产。资产负债表中列示的非流动资产项目通常包括：长期股权投资、固定资产、在建工程、工程物资、固定资产清理、无形资产、开发支出、长期待摊费用以及其他非流动资产等。

(2) 负债。它反映在某一特定日期企业所承担的、预期会导致经济利益流出企业的现时义务。负债应当按照流动负债和非流动负债在资产负债表中进行列示，在流动负债和非流动负债类别下再进一步按性质分项列示。

流动负债是指预计在一个正常营业周期中清偿，或者主要为交易目的而持有，或者自资产负债表日起一年内（含一年）到期应予以清偿，或者企业无权自主地将清偿推迟至资产负债表日后一年以上的负债。资产负债表中列示的流动负债项目通常包括：短期借款、应付票据、应付账款、预收款项、应付职工薪酬、应交税费、应付利息、应付股利、其他应付款、一年内到期的非流动负债等。

非流动负债是指流动负债以外的负债。非流动负债项目通常包括：长期借款、应付债券和其他非流动负债等。

(3) 所有者权益。它是指企业资产扣除负债后的剩余权益，反映企业在某一特定日期股东（投资者）拥有的净资产的总额。所有者权益一般按照实收资本、资本公积、其他综合收益、盈余公积和未分配利润分项列示。

(二) 资产负债表的结构

资产负债表有两种基本格式，即报告式资产负债表和账户式资产负债表。报告式资产负债表是上下结构，上半部列示资产，下半部列示负债和所有者权益。具体排列形式有两种，一种是按“资产=负债+所有者权益”的原理排列，另一种是按“资产-负债=所有者权益”的原理排列。账户式资产负债表是左右结构，左边列示资产，右边列示负债和所有者权益，类似T形账户。

在我国，资产负债表采用账户式结构，即报表分为左右两方，左方列示资产各项目，反映全部资产的分布及存在形态，一般按资产的流动性大小排列，流动性大的资产如“货币资金”“以公允价值计量且其变动计入当期损益的金融资产”等排在前面，流动性小的资产如“长期股权投资”“固定资产”等排在后面；右方列示负债和所有者权益各项目，反映全部负债和所有者权益的内容及构成情况，一般按要求清偿时间的先后顺序排列，“短期借款”“应付票据”“应付账款”等需要在一年以内或者长于一年的一个正常营业周期内偿还的流动负债排在前面，“长期借款”等在一年以上才需偿还的非流动负债排在中间，在企业清算之前不需要偿还的所有者权益项目排在后面。

此外，为了使报表使用者比较不同时点资产负债表的数据，掌握企业财务状况的变动情况及发展趋势，企业需要提供比较资产负债表，资产负债表应就各项目再分为“年初余额”和“期末余额”两栏分别填列。

账户式资产负债表中的资产各项目的合计等于负债和所有者权益各项目的合计，即资产负债表左方和右方平衡。因此，通过账户式资产负债表可以反映资产、负债、所有者权益之间的内在联系，即“资产=负债+所有者权益”。资产负债表的格式见表14-1。

表14-1　　**资产负债表**　　会企01表

编制单位：　　年　月　日　　单位：元

资　产	期末余额	年初余额	负债和所有者权益（或股东权益）	期末余额	年初余额
流动资产：			流动负债：		
货币资金			短期借款		
以公允价值计量且其变动计入当期损益的金融资产			以公允价值计量且其变动计入当期损益的金融负债		
应收票据			应付票据		
应收账款			应付账款		
预付款项			预收款项		
应收利息			应付职工薪酬		
其他应收款			应交税费		
存货			应付利息		
一年内到期的非流动资产			其他应付款		
其他流动资产			一年内到期的非流动负债		
流动资产合计			其他流动负债		
非流动资产：			流动负债合计		
可供出售金融资产			非流动负债：		
持有至到期投资			长期借款		
投资性房地产			应付债券		
长期股权投资			长期应付款		
长期应收款			递延所得税负债		
固定资产			预计负债		
在建工程			其他非流动负债		
工程物资			非流动负债合计		
固定资产清理			负债合计		

续表

资　产	期末余额	年初余额	负债和所有者权益（或股东权益）	期末余额	年初余额
无形资产			所有者权益（或股东权益）：		
递延所得税资产			实收资本（或股本）		
其他非流动资产			资本公积		
非流动资产合计			减：库存股		
			其他综合收益		
			盈余公积		
			未分配利润		
			所有者权益（或股东权益）合计		
资产总计			负债和所有者权益（或股东权益）总计		

二、资产负债表的填列方法

（一）年初余额栏的填列方法

资产负债表“年初余额”栏内各项数字，应根据上年年末资产负债表“期末余额”栏内所列数字填列。如果上年度资产负债表规定的各个项目的名称和内容同本年度不相一致，应对上年年末资产负债表各项目的名称和数字按照本年度的规定进行调整，填入表中“年初余额”栏内。

（二）期末余额栏的填列方法

资产负债表“期末余额”栏内各项数字，一般应根据资产、负债和所有者权益类科目的期末余额填列。“期末余额”栏主要有以下几种填列方法：

（1）根据总账科目余额填列。如“以公允价值计量且其变动计入当期损益的金融资产”“短期借款”“应付票据”“应付职工薪酬”等项目，根据“交易性金融资产”“短期借款”“应付票据”“应付职工薪酬”各总账科目的余额直接填列；有些项目则需根据几个总账科目的期末余额计算填列，如“货币资金”项目，需根据“库存现金”“银行存款”“其他货币资金”三个总账科目的期末余额合计数填列。

【例 14-1】某企业2016年12月31日结账后的“库存现金”科目余额为20 000元，“银行存款”科目余额为4 000 000元，“其他货币资金”科目余额为1 000 000元。

该企业2016年12月31日资产负债表中 “货币资金”项目的金额为：

20 000+4 000 000+1 000 000=5 020 000（元）

在本例中，企业应当按照“库存现金”、“银行存款”和“其他货币资金”三个总账科目余额加总后的金额，作为资产负债表中“货币资金”项目的金额。

【例 14-2】某企业2016年3月1日向银行借入一年期借款300 000元，向其他金融机构借款210 000元，无其他短期借款业务发生。

企业2016年3月31日资产负债表中 “短期借款”项目的金额为：

300 000+210 000=510 000（元）

在本例中，企业直接以“短期借款”总账科目余额填列在资产负债表中。

【例14-3】某企业年末向股东发放现金股利300 000元，股票股利100 000元，现金股利尚未支付。

该企业2016年12月31日资产负债表中的“应付股利”项目的金额为300 000元。

在本例中，企业发放的股票股利不通过“应付股利”科目核算，因此，资产负债表中“应付股利”项目金额即为尚未支付的现金股利金额，即300 000元。

【例14-4】某企业2016年12月31日应付A企业商业票据31 000元，应付B企业商业票据52 000元，应付C企业商业票据610 000元，款项尚未支付。

该企业在2016年12月31日资产负债表中“应付票据”项目的金额为：

31 000+52 000+610 000=693 000（元）

在本例中，企业直接以“应付票据”总账科目余额填列在资产负债表中。

【例14-5】某企业2016年12月31日应付行政管理人员工资300 000元，应计提福利费41 000元，应付车间工人工资52 000元，无其他应付职工薪酬项目。

该企业2016年12月31日资产负债表中“应付职工薪酬”项目的金额为：

300 000+41 000+52 000=393 000（元）

在本例中，行政管理人员工资、车间工人工资和福利费都属于职工薪酬的范围，应当以各种应付未付职工薪酬加总后的金额，即“应付职工薪酬”总账科目余额填列在资产负债表中。

【例14-6】某企业2016年1月1日发行了一次还本付息的公司债券，面值为1 000 000元，当年12月31日应计提的利息为15 000元。

该企业2016年12月31日资产负债表中“应付债券”项目的金额为：

1 000 000+15 000=1 015 000（元）

在本例中，企业应当将债券面值和应计提的利息作为资产负债表中“应付债券”项目的金额。

（2）根据明细科目余额计算填列。①应收账款：根据“应收账款”和“预收账款”账户所属明细科目借方余额之和减去“坏账准备”科目的金额填列。②预收款项：根据“应收账款”和“预收账款”账户所属明细科目贷方余额之和填列。③应付账款：根据“应付账款”和“预付账款”账户所属明细科目贷方余额之和填列。④预付款项：根据“应付账款”和“预付账款”账户所属明细科目借方余额之和填列。

【例14-7】某企业2016年12月31日结账后有关债权债务所属明细科目借贷方余额见表14-2。

表14-2 **债权债务所属明细科目借贷方余额表** 单位：元

科目名称	明细科目借方余额合计	明细科目贷方余额合计
应收账款	1 500 000	200 000
预付账款	700 000	60 000
应付账款	400 000	1 800 000
预收账款	600 000	1 400 000

该企业2016年12月31日资产负债表中相关项目的金额为：

“应收账款”项目金额为：1 500 000+600 000=2 100 000（元）

“预付款项”项目金额为：700 000+400 000=1 100 000（元）

“应付账款”项目金额为：60 000+1 800 000=1 860 000（元）

“预收款项”项目金额为：1 400 000+200 000=1 600 000（元）

在本例中，“应收账款”项目应当根据“应收账款”科目所属明细科目借方余额1 500 000元和“预收账款”科目所属明细科目借方余额600 000元的合计数列示，即2 100 000元。

“预付款项”项目应当根据“预付账款”科目所属明细科目借方余额700 000元和“应付账款”科目所属明细科目借方余额400 000元的合计数列示，即1 100 000元。

“应付账款”项目应当根据“应付账款”科目所属明细科目贷方余额1 800 000元和“预付账款”科目所属明细科目贷方余额60 000元的合计数列示，即1 860 000元。

“预收款项”项目应当根据“预收账款”科目所属明细科目贷方余额1 400 000元和“应收账款”科目所属明细科目贷方余额200 000元的合计数列示，即1 600 000元。

（3）根据总账科目和明细账科目余额分析计算填列。如“长期借款”项目，需要根据“长期借款”总账科目余额扣除“长期借款”科目所属的明细科目中将在一年内到期且企业不能自主地将清偿义务展期的长期借款后的金额计算填列。

【例14-8】某企业长期借款情况见表14-3。

表14-3　**长期借款情况表**　金额单位：元

借款起始日期	借款期限（年）	金额
2016年1月1日	3	1 000 000
2014年1月1日	5	2 000 000
2013年6月1日	4	1 500 000

要求：计算该企业2016年12月31日资产负债表中“长期借款”项目的金额。

该企业2016年12月31日资产负债表中“长期借款”项目的金额为：

1 000 000+2 000 000=3 000 000（元）

在本例中，企业应当根据“长期借款”总账科目余额4 500 000元（1 000 000+2 000 000+1 500 000），减去一年内到期的长期借款1 500 000元，计算确定“长期借款”项目的金额。

【例14-9】某企业2016年“长期待摊费用”科目的期末余额为375 000元，将于一年内摊销的数额为204 000元。

该企业2016年12月31日资产负债表中“长期待摊费用”项目的金额为：

375 000-204 000=171 000（元）

在本例中，企业应当根据“长期待摊费用”总账科目余额减去将于一年内摊销的金额，作为资产负债表中“长期待摊费用”项目的金额。将于一年内摊销完毕的204 000元应当填列在流动资产类别下“一年内到期的非流动资产”项目中。

（4）根据有关科目余额减去其备抵科目余额后的净额填列。资产负债表中的“应收票据”“应收账款”“长期股权投资”“在建工程”等项目，应当根据“应收票据”“应收账款”“长期股权投资”“在建工程”等科目的期末余额减去“坏账准备”“长期股权投资减值准备”“在建工程减值准备”等科目余额后的净额填列。

“固定资产”项目，应当根据“固定资产”科目的期末余额减去“累计折旧”“固定资产减值准备”备抵科目余额后的净额填列。

“无形资产”项目，应当根据“无形资产”科目的期末余额减去“累计摊销”“无形资

产减值准备”备抵科目余额后的净额填列。

【例14-10】某企业2016年12月31日因出售商品应收A企业票据金额为121 000元，因提供劳务应收B企业票据金额为312 000元，12月31日将所持C企业票据金额为20 000元的未到期商业汇票向银行贴现，实际收到金额9 000元。

该企业2016年12月31日资产负债表中“应收票据”项目的金额为：

121 000+312 000-20 000=413 000（元）

在本例中，企业直接以“应收票据”总账科目余额填列，对于已贴现的票据应扣减。应收票据已计提坏账准备的，还应以扣减相应坏账准备后的净额填列。

【例14-11】某企业2016年12月31日结账后“应收账款”科目所属明细科目的期末借方余额合计为460 000元，贷方余额合计为220 000元，对应收账款计提的坏账准备为50 000元，假定“预收账款”科目所属明细科目无借方余额。

该企业2016年12月31日资产负债表中“应收账款”项目的金额为：

460 000-50 000=410 000（元）

在本例中，企业应当以“应收账款”科目所属明细科目借方余额，减去对应收账款计提的坏账准备后的净额，作为资产负债表“应收账款”项目的金额，即410 000元。“应收账款”科目所属明细科目贷方余额，应与“预收账款”科目所属明细科目贷方余额加总，在“预收款项”项目中列示。

【例14-12】某企业2016年12月31日结账后的“其他应收款”科目余额为64 000元，“坏账准备”科目中有关其他应收款计提的坏账准备为4 000元。

该企业2016年12月31日资产负债表中“其他应收款”项目的金额为：

64 000-4 000=60 000（元）

在本例中，企业应当以“其他应收款”总账科目余额，减去“坏账准备”科目中为其他应收款计提的坏账准备金额后的净额，作为资产负债表中“其他应收款”项目的金额。

【例14-13】某企业2016年12月31日结账后的“长期股权投资”科目余额为150 000元，“长期股权投资减值准备”科目余额为7 000元。

该企业2016年12月31日资产负债表中“长期股权投资”项目的金额为：

150 000-7 000=143 000（元）

在本例中，企业应以“长期股权投资”总账科目余额，减去其备抵科目“长期股权投资减值准备”科目余额后的净额，作为资产负债表中“长期股权投资”项目的金额。

【例14-14】某企业2016年12月31日结账后的“固定资产”科目余额为1 000 000元，“累计折旧”科目余额为80 000元，“固定资产减值准备”科目余额为100 000元。

该企业2016年12月31日资产负债表中“固定资产”项目的金额为：

1 000 000-80 000-100 000=820 000（元）

在本例中，企业应当以“固定资产”总账科目余额，减去“累计折旧”和“固定资产减值准备”两个备抵类总账科目余额后的净额，作为资产负债表中“固定资产”项目的金额。

【例14-15】某企业2016年交付安装的设备价值为303 000元，未完建筑安装工程已经耗用的材料价值为62 000元，工资费用支出为70 200元，“在建工程减值准备”科目余额为10 000元，安装工作尚未完成。

该企业2016年12月31日资产负债表中“在建工程”项目的金额为：

303 000+62 000+70 200-10 000=425 200（元）

在本例中，企业应以“在建工程”总账科目余额，加上工程耗用材料金额以及工程施工人员工资费用，减去为该项工程已计提的减值准备总账科目余额后的净额，作为资产负债表中“在建工程”项目的金额。

【例14-16】某企业2016年12月31日结账后“无形资产”科目余额为480 000元，“累计摊销”科目余额为48 000元，“无形资产减值准备”科目余额为83 000元。

该企业2016年12月31日资产负债表中“无形资产”项目的金额为：

480 000-48 000-83 000=349 000（元）

在本例中，企业应当以“无形资产”总账科目余额，减去“累计摊销”和“无形资产减值准备”两个备抵类总账科目余额后的净额，作为资产负债表中“无形资产”项目的金额。

（5）综合运用上述填列方法分析填列。如，资产负债表中的“存货”项目金额应根据“原材料”“委托加工物资”“周转材料”“材料采购”“在途物资”“发出商品”“材料成本差异”等总账科目期末余额分析汇总。

【例14-17】某企业采用计划成本核算材料，2016年12月31日结账后有关科目余额为：“材料采购”科目余额为130 000元（借方），“原材料”科目余额为2 400 000（借方），“周转材料”科目余额为1 800 000元（借方），“库存商品”科目余额为1 600 000元（借方），“生产成本”科目余额为600 000元（借方），“材料成本差异”科目余额为120 000元（贷方），“存货跌价准备”科目余额为210 000元（贷方）。

该企业2016年12月31日资产负债表中“存货”项目的金额为：

130 000+2 400 000+1 800 000+1 600 000+600 000-120 000-210 000=6 200 000（元）

在本例中，企业应当以“材料采购”（表示在途材料采购成本）、“原材料”、“周转材料”（比如包装物和低值易耗品等）、“库存商品”、“生产成本”（表示期末在产品的金额）各总账科目余额加总后，加上或减去“材料成本差异”总账科目余额（若为贷方余额，应减去；若为借方余额，应加上），再减去“存货跌价准备”总账科目余额后的净额，作为资产负债表中“存货”项目的金额。

【注意】“未分配利润”项目，如果是在年末应根据“利润分配——未分配利润”科目余额填列；如果不是在年末，则应根据“利润分配——未分配利润”和“本年利润”科目余额计算填列。

【例14-18】某企业2016年12月31日的科目余额表见表14-4。

表14-4　**科目余额表**　单位：万元

编　号	账　户	期末余额
(1)	库存现金	500
(2)	银行存款	80 000
(3)	其他货币资金	20 000
(4)	交易性金融资产	5 500
(5)	应收账款（明细账借方余额）	60 000
(6)	应收账款（明细账贷方余额）	40 000
(7)	预付账款（明细账借方余额）	8 000
(8)	预付账款（明细账贷方余额）	5 000
(9)	应付账款（明细账贷方余额）	9 000

续表

编号	账户	期末余额
(10)	应付账款（明细账借方余额）	7 000
(11)	预收账款（明细账贷方余额）	7 000
(12)	预收账款（明细账借方余额）	4 000
(13)	坏账准备——应收账款	500
(14)	在途物资	8 000
(15)	原材料	600 000
(16)	发出商品	20 000
(17)	委托代销商品	400 000
(18)	生产成本	2 000
(19)	材料成本差异（贷方余额）	9 000
(20)	存货跌价准备（贷方余额）	3 000
(21)	长期借款	4 000
(22)	其中：一年内到期的借款	1 000

要求：根据以上资料计算资产负债表中相关项目的金额（单位：万元）。

该企业资产负债表中相关项目的金额为：

（1）货币资金=库存现金＋银行存款＋其他货币资金=500+80 000+20 000=100 500（万元）

（2）以公允价值计量且其变动计入当期损益的金融资产=交易性金融资产=5 500（万元）

（3）应收账款="应收账款"科目所属明细科目借方余额+"预收账款"科目所属明细科目借方余额-"坏账准备"科目贷方余额

=60 000+4 000-500=63 500（万元）

（4）预收款项="应收账款"科目所属明细科目贷方余额+"预收账款"科目所属明细科目贷方余额=40 000+7 000=47 000（万元）

（5）应付账款="应付账款"科目所属明细科目贷方余额+"预付账款"科目所属明细科目贷方余额=9 000+5 000=14 000（万元）

（6）预付款项="应付账款"科目所属明细科目借方余额+"预付账款"科目所属明细科目借方余额=7 000+8 000=15 000（万元）

（7）存货=在途物资+原材料+发出商品+委托代销商品+生产成本-材料成本差异-存货跌价准备

=8 000＋600 000+20 000+400 000+2 000-9 000-3 000=1 018 000（万元）

（8）长期借款="长期借款"总账科目余额-"长期借款"科目所属明细科目中将在一年内到期且企业不能自主地将清偿义务展期的长期借款

=4 000-1 000=3 000（万元）

（9）一年内到期的非流动负债=1 000万元

（三）资产负债表各项目的填列说明

1.资产项目的填列说明

（1）"货币资金"项目，反映企业库存现金、银行结算户存款、外埠存款、银行汇票存款、银行本票存款、信用卡存款、信用证保证金存款等的合计数。

本项目应根据"库存现金""银行存款""其他货币资金"科目期末余额的合计数填列。

（2）"以公允价值计量且其变动计入当期损益的金融资产"项目，反映企业持有的以公允价值计量且其变动计入当期损益的为交易目的所持有的债券投资、股票投资、基金投资、权证投资等金融资产。

本项目应根据“交易性金融资产”科目的期末余额填列。

(3)“应收票据”项目，反映企业因销售商品、提供劳务等而收到的商业汇票，包括银行承兑汇票和商业承兑汇票。

本项目应根据“应收票据”科目的期末余额，减去“坏账准备”科目中有关应收票据计提的坏账准备期末余额后的金额填列。

(4)“应收账款”项目，反映企业因销售商品、提供劳务等经营活动应收取的款项。

本项目应根据“应收账款”和“预收账款”科目所属明细科目的期末借方余额合计数，减去“坏账准备”科目中有关应收账款计提的坏账准备期末余额后的金额填列。如“应收账款”科目所属明细科目期末有贷方余额的，应在资产负债表中“预收款项”项目内填列。

(5)“预付款项”项目，反映企业按照购货合同规定预付给供应单位的款项等。

本项目应根据“预付账款”和“应付账款”科目所属明细科目的期末借方余额合计数，减去“坏账准备”科目中有关预付款项计提的坏账准备期末余额后的金额填列。如“预付账款”科目所属明细科目期末有贷方余额的，应在资产负债表中“应付账款”项目内填列。

(6)“应收利息”项目，反映企业应收取的债券投资等的利息。

本项目应根据“应收利息”科目的期末余额，减去“坏账准备”科目中有关应收利息计提的坏账准备期末余额后的金额填列。

(7)“应收股利”项目，反映企业应收取的现金股利和应收取其他单位分配的利润。

本项目应根据“应收股利”科目的期末余额，减去“坏账准备”科目中有关应收股利计提的坏账准备期末余额后的金额填列。

(8)“其他应收款”项目，反映企业除应收票据、应收账款、预付账款、应收股利、应收利息等经营活动以外的其他各种应收、暂付的款项。

本项目应根据“其他应收款”科目的期末余额，减去“坏账准备”科目中有关其他应收款计提的坏账准备期末余额后的金额填列。

(9)“存货”项目，反映企业期末在库、在途和在加工中的各种存货的可变现净值。

本项目应根据“材料采购”“原材料”“低值易耗品”“库存商品”“周转材料”“委托加工物资”“委托代销商品”“生产成本”等科目的期末余额合计数，减去“受托代销商品款”“存货跌价准备”科目期末余额后的金额填列。材料采用计划成本核算的，以及库存商品采用计划成本核算或售价核算的企业，还应按加或减“材料成本差异”“商品进销差价”科目期末余额后的金额填列。

(10)“一年内到期的非流动资产”项目，反映企业将于一年内到期的非流动资产项目的金额。

本项目应根据有关科目的期末余额分析填列。

(11)“其他流动资产”项目，反映企业除货币资金、以公允价值计量且其变动计入当期损益的金融资产、应收票据、应收账款、存货等流动资产以外的其他流动资产。

本项目应根据有关科目的期末余额填列。

(12)“可供出售金融资产”项目，反映企业持有的以公允价值计量的可供出售的股票投资、债券投资等金融资产。

本项目应根据“可供出售金融资产”科目的期末余额填列。

(13)“持有至到期投资”项目，反映企业持有的以摊余成本计量的持有至到期投资。

本项目应根据“持有至到期投资”科目的期末余额，减去“持有至到期投资减值准备”科目期末余额后的金额填列。

（14）“长期应收款”项目，反映企业融资租赁产生的应收款项、采用递延方式具有融资性质的销售商品和提供劳务等产生的长期应收款项等。

本项目应根据“长期应收款”科目的期末余额，减去相应的“未实现融资收益”科目和“坏账准备”科目所属相关明细科目期末余额后的金额填列。

（15）“长期股权投资”项目，反映投资方对被投资单位实施控制、重大影响的权益性投资，以及对其合营企业的权益性投资。

本项目应根据“长期股权投资”科目的期末余额，减去“长期股权投资减值准备”科目的期末余额后的净额填列。

（16）“投资性房地产”项目，反映企业持有的投资性房地产。企业采用成本模式计量投资性房地产的，本项目应根据“投资性房地产”科目的期末余额，减去“投资性房地产累计折旧（摊销）”和“投资性房地产减值准备”科目期末余额后的金额填列；企业采用公允价值模式计量投资性房地产的，本项目应根据“投资性房地产”科目的期末余额填列。

（17）“固定资产”项目，反映企业各种固定资产原价减去累计折旧和固定资产减值准备后的净额。

本项目应根据“固定资产”科目的期末余额，减去“累计折旧”和“固定资产减值准备”科目期末余额后的金额填列。

（18）“在建工程”项目，反映企业期末各项未完工程的实际支出，包括交付安装的设备价值、未完建筑安装工程已经耗用的材料、工资和费用支出、预付出包工程的价款等的可收回金额。

本项目应根据“在建工程”科目的期末余额，减去“在建工程减值准备”科目期末余额后的金额填列。

（19）“工程物资”项目，反映企业尚未使用的各项工程物资的实际成本。

本项目应根据“工程物资”科目的期末余额填列。

（20）“固定资产清理”项目，反映企业因出售、毁损、报废等原因转入清理但尚未清理完毕的固定资产的净值，以及固定资产清理过程中所发生的清理费用和变价收入等各项金额的差额。

本项目应根据“固定资产清理”科目的期末借方余额填列，如“固定资产清理”科目期末为贷方余额，以“-”号填列。

（21）“无形资产”项目，反映企业持有的无形资产，包括专利权、非专利技术、商标权、著作权、土地使用权等。

本项目应根据“无形资产”科目的期末余额，减去“累计摊销”和“无形资产减值准备”科目期末余额后的金额填列。

（22）“开发支出”项目，反映企业开发无形资产过程中能够资本化形成无形资产成本的支出部分。

本项目应根据“研发支出”科目中所属的“资本化支出”明细科目期末余额填列。

（23）“长期待摊费用”项目，反映企业已经发生但应由本期和以后各期负担的、分摊期限在一年以上的各项费用。长期待摊费用中在一年内（含一年）摊销的部分，在资产负债表“一年内到期的非流动资产”项目填列。

本项目应根据“长期待摊费用”科目的期末余额，减去将于一年内（含一年）摊销的数额后的金额填列。

（24）“递延所得税资产”项目，反映企业确认的可抵扣暂时性差异产生的递延所得税资产。

本项目应根据“递延所得税资产”科目的期末余额填列。

（25）“其他非流动资产”项目，反映企业除长期股权投资、固定资产、在建工程、工程物资、无形资产等资产以外的其他非流动资产。

本项目应根据有关科目的期末余额填列。

2.负债项目的填列说明

（1）“短期借款”项目，反映企业向银行或其他金融机构等借入的期限在一年以下（含一年）的各种借款。

本项目应根据“短期借款”科目的期末余额填列。

（2）“应付票据”项目，反映企业购买材料、商品和接受劳务供应等而开出、承兑的商业汇票，包括银行承兑汇票和商业承兑汇票。

本项目应根据“应付票据”科目的期末余额填列。

（3）“应付账款”项目，反映企业因购买材料、商品和接受劳务供应等经营活动应支付的款项。

本项目应根据“应付账款”和“预付账款”科目所属明细科目的期末贷方余额合计数填列。如“应付账款”科目所属明细科目期末有借方余额，应在资产负债表“预付款项”项目内填列。

（4）“预收款项”项目，反映企业按照购货合同规定预付给供应单位的款项。

本项目应根据“预收账款”和“应收账款”科目所属明细科目的期末贷方余额合计数填列。如“预收账款”科目所属明细科目期末有借方余额，应在资产负债表“应收账款”项目内填列。

（5）“应付职工薪酬”项目，反映企业为获得职工提供的服务或解除劳动关系而给予的各种形式的报酬或补偿。企业提供给职工配偶、子女、受赡养人、已故员工遗属及其他受益人等的福利，也属于职工薪酬。职工薪酬主要包括短期薪酬、离职后福利、辞退福利和其他长期职工福利。

本项目应根据“应付职工薪酬”科目的期末余额填列。

（6）“应交税费”项目，反映企业按照税法规定计算应缴纳的各种税费，包括增值税、消费税、所得税、资源税、土地增值税、城市维护建设税、房产税、城镇土地使用税、车船税、教育费附加等。企业代扣代缴的个人所得税，也通过本项目列示。企业所缴纳的税费不需要预计应交数的，如印花税、耕地占用税等，不在本项目列示。

本项目应根据“应交税费”科目的期末贷方余额填列，如“应交税费”科目期末为借方余额，应以“-”号填列。

（7）“应付利息”项目，反映企业按照规定应当支付的利息，包括分期付息到期还本的长期借款应支付的利息、企业发行的企业债券应支付的利息等。

本项目应当根据“应付利息”科目的期末余额填列。

（8）“应付股利”项目，反映企业分配的现金股利或利润。企业分配的股票股利，不通过本项目列示。

本项目应根据“应付股利”科目的期末余额填列。

(9)“其他应付款”项目，反映企业除应付票据、应付账款、预收款项、应付职工薪酬、应付股利、应付利息、应交税费等经营活动以外的其他各项应付、暂收的款项。

本项目应根据“其他应付款”科目的期末余额填列。

(10)“一年内到期的非流动负债”项目，反映企业非流动负债中将于资产负债表日后一年内到期部分的金额，如将于一年内偿还的长期借款。

本项目应根据有关科目的期末余额分析填列。

(11)“长期借款”项目，反映企业向银行或其他金融机构借入的期限在一年以上（不含一年）的各项借款。

本项目应根据“长期借款”科目的期末余额填列。

(12)“应付债券”项目，反映企业为筹集长期资金而发行的债券本金和利息。

本项目应根据“应付债券”科目的期末余额填列。

(13)“长期应付款”项目，反映企业除长期借款和应付债券以外的其他各种长期应付款项。

本项目应根据“长期应付款”科目的期末余额，减去相应的“未确认融资费用”科目期末余额后的金额填列。

(14)“预计负债”项目，反映企业确认的对外提供担保、未决诉讼、产品质量保证、重组义务、亏损合同等预计负债。

本项目应根据“预计负债”科目的期末余额填列。

(15)“递延所得税负债”项目，反映企业确认的应纳税暂时性差异产生的所得税负债。

本项目应根据“递延所得税负债”科目的期末余额填列。

(16)“其他非流动负债”项目，反映企业除长期借款、应付债券等项目以外的其他非流动负债。

本项目应根据有关科目期末余额减去将于一年内（含一年）到期偿还数后的余额分析填列。

非流动负债各项目中将于一年内（含一年）到期的非流动负债，应在“一年内到期的非流动负债”项目内反映。

3.所有者权益项目的填列说明

(1)“实收资本（或股本）”项目，反映企业各投资者实际投入的资本（或股本）总额。

本项目应根据“实收资本”或“股本”科目的期末余额填列。

(2)“资本公积”项目，反映企业资本公积的期末余额。

本项目应根据“资本公积”科目的期末余额填列。

(3)“其他综合收益”项目，反映企业其他综合收益的期末余额。

本项目应根据“其他综合收益”科目的期末余额填列。

(4)“盈余公积”项目，反映企业盈余公积的期末余额。

本项目应根据“盈余公积”科目的期末余额填列。

(5)“未分配利润”项目，反映企业尚未分配的利润。

本项目应根据“本年利润”科目和“利润分配”科目的余额计算填列。未弥补的亏损在本项目内以“-”号填列。

【例14-19】 华夏股份有限公司2015年12月31日的资产负债表（年初余额略）及2016年12月31日的科目余额表分别见表14-5和表14-6。假设该公司2016年度除计提固定资产减值准备导致固定资产账面价值与其计税基础存在可抵扣暂时性差异外，其他资产和负债项目的账面价值均等于其计税基础。假定该公司未来很可能获得足够的应纳税所得额用来抵扣可抵扣暂时性差异，适用的所得税税率为25%。

表14-5　　**资产负债表**　　会企01表

编制单位：华夏股份有限公司　　2015年12月31日　　单位：元

资产	期末余额	年初余额	负债和所有者权益（或股东权益）	期末余额	年初余额
流动资产：			流动负债：		
货币资金	1 406 300		短期借款	300 000	
以公允价值计量且其变动计入当期损益的金融资产	15 000		以公允价值计量且其变动计入当期损益的金融负债	0	
应收票据	246 000		应付票据	200 000	
应收账款	299 100		应付账款	953 800	
预付款项	100 000		预收款项	0	
应收利息	0		应付职工薪酬	110 000	
应收股利	0		应交税费	36 600	
其他应收款	5 000		应付利息	1 000	
存货	2 580 000		应付股利	0	
一年内到期的非流动资产	0		其他应付款	50 000	
其他流动资产	100 000		一年内到期的非流动负债	1 000 000	
流动资产合计	4 751 400		其他流动负债	0	
非流动资产：			流动负债合计	2 651 400	
可供出售金融资产	0		非流动负债：		
持有至到期投资	0		长期借款	600 000	
长期应收款	0		应付债券	0	
长期股权投资	250 000		长期应付款	0	
投资性房地产	0		专项应付款	0	
固定资产	1 100 000		预计负债	0	
在建工程	1 500 000		递延所得税负债	0	
工程物资	0		其他非流动负债	0	
固定资产清理	0		非流动负债合计	600 000	
生产性生物资产	0		负债合计	3 251 400	
油气资产	0		所有者权益（或股东权益）：		
无形资产	600 000		实收资本（或股本）	5 000 000	
开发支出	0		资本公积	0	
商誉	0		减：库存股	0	
长期待摊费用	0		其他综合收益	0	
递延所得税资产	0		盈余公积	100 000	
其他非流动资产	200 000		未分配利润	50 000	
非流动资产合计	3 650 000		所有者权益（或股东权益）合计	5 150 000	
资产总计	8 401 400		负债和所有者权益（或股东权益）总计	8 401 400	

表 14-6

科目余额表

2016年12月31日

单位：元

科目名称	借方余额	科目名称	贷方余额
库存现金	2 000	短期借款	50 000
银行存款	776 135	应付票据	100 000
其他货币资金	7 300	应付账款	953 800
交易性金融资产	0	其他应付款	50 000
应收票据	66 000	应付职工薪酬	180 000
应收账款	600 000	应交税费	226 731
坏账准备	-1 800	应付利息	0
预付账款	100 000	应付股利	32 215.85
其他应收款	5 000	一年内到期的非流动负债	0
材料采购	275 000	长期借款	1 160 000
原材料	45 000	股本	5 000 000
周转材料	38 050	盈余公积	124 770.40
库存商品	2122 400	利润分配（未分配利润）	190 717.75
材料成本差异	4 250		
其他流动资产	100 000		
长期股权投资	250 000		
固定资产	2401 000		
累计折旧	-170 000		
固定资产减值准备	-30 000		
工程物资	300 000		
在建工程	428 000		
无形资产	600 000		
累计摊销	-60 000		
递延所得税资产	9 900		
其他非流动资产	200 000		
合计	8 068 235	合计	8 068 235

根据上述资料，编制华夏股份有限公司2016年12月31日的资产负债表，见表14-7。

表 14-7　　　　　　　　　　　　**资产负债表**　　　　　　　　　　　　会企01表

编制单位：华夏股份有限公司　　　　2016年12月31日　　　　　　　　　　单位：元

资产	期末余额	年初余额	负债和所有者权益（或股东权益）	期末余额	年初余额
流动资产：			流动负债：		
货币资金	785 435	1 406 300	短期借款	50 000	300 000
以公允价值计量且其变动计入当期损益的金融资产	0	15 000	以公允价值计量且其变动计入当期损益的金融负债	0	0
应收票据	66 000	246 000	应付票据	100 000	200 000
应收账款	598 200	299 100	应付账款	953 800	953 800
预付款项	100 000	100 000	预收款项	0	0
应收利息	0	0	应付职工薪酬	180 000	110 000
应收股利	0	0	应交税费	226 731	36 600
其他应收款	5 000	5 000	应付利息	0	1 000
存货	2 484 700	2 580 000	应付股利	32 215.85	0
一年内到期的非流动资产	0	0	其他应付款	50 000	50 000
其他流动资产	100 000	100 000	一年内到期的非流动负债	0	1 000 000
流动资产合计	4 139 335	4 751 400	其他流动负债	0	0
非流动资产：			流动负债合计	1 592 746.85	2 651 400
可供出售金融资产	0	0	非流动负债：		
持有至到期投资	0	0	长期借款	1 160 000	600 000
长期应收款	0	0	应付债券	0	0
长期股权投资	250 000	250 000	长期应付款	0	0
投资性房地产、	0	0	专项应付款	0	0
固定资产	2 201 000	1 100 000	预计负债	0	0
在建工程	428 000	1 500 000	递延所得税负债	0	0
工程物资	300 000	0	其他非流动负债	0	0
固定资产清理	0	0	非流动负债合计	1 160 000	600 000
生产性生物资产	0	0	负债合计	2 752 746.85	3 251 400
油气资产	0	0	所有者权益（或股东权益）：		
无形资产	540 000	600 000	实收资本（或股本）	5 000 000	5 000 000
开发支出	0	0	资本公积	0	0
商誉	0	0	减：库存股	0	0
长期待摊费用	0	0	其他综合收益	0	0
递延所得税资产	9 900	0	盈余公积	124 770.40	100 000
其他非流动资产	200 000	200 000	未分配利润	190 717.75	50 000
非流动资产合计	3 928 900	3 650 000	所有者权益（或股东权益）合计	5 315 484.15	5 150 000
资产总计	8 068 235	8 401 400	负债和所有者权益（或股东权益）总计	8 068 235	8 401 400

● 任务3　利润表的编制

一、利润表认知

利润表是指反映企业在一定会计期间内的经营成果的报表。通过提供利润表，可以反映企业在一定会计期间的收入、费用、利润（或亏损）的数额、构成情况，帮助财务报表使用者全面了解企业的经营成果，分析企业的获利能力及盈利增长趋势，从而为其作出经济决策提供依据。

二、利润表的结构

利润表一般包括表首、正表两部分。其中，表首概括说明报表名称、编制单位、编制日期、报表编号、货币名称、计量单位；正表是利润表的主体，反映形成经营成果的各个项目和计算过程。正表的格式一般有两种：单步式和多步式。单步式利润表是将当期所有的收入列在一起，然后将所有的费用列在一起，两者相减得出当期净损益。多步式利润表是通过对当期的收入、费用、支出项目按性质加以归类，按利润形成的主要环节列示一些中间性利润指标，如营业利润、利润总额、净利润，分步计算当期净损益。

在我国，利润表一般采用多步式，多步式利润表的结构是将利润的计算分为若干步骤进行，其主要编制步骤和内容如下：

第一步，计算营业利润。

$$\text{营业利润}=\text{营业收入}-\text{营业成本}-\text{税金及附加}-\text{销售费用}-\text{管理费用}-\text{财务费用}-\text{资产减值损失}+\text{公允价值变动收益}(-\text{公允价值变动损失})+\text{投资收益}(-\text{投资损失})$$

其中，营业收入=主营业务收入+其他业务收入；

营业成本=主营业务成本+其他业务成本。

第二步，计算利润总额。

利润总额=营业利润+营业外收入-营业外支出

第三步，计算净利润。

净利润=利润总额-所得税费用

第四步，以净利润（或净亏损）为基础，计算每股收益。

第五步，以净利润（或净亏损）和其他综合收益为基础，计算综合收益总额。

利润表各项目均需填列“本期金额”和“上期金额”两栏。其中“上期金额”栏内各项数字，应根据上年该期利润表的“本期金额”栏内所列数字填列。“本期金额”栏内各项数字，除“基本每股收益”和“稀释每股收益”项目外，应当按照相关科目的发生额分析填列。

我国企业的利润表采用多步式，其格式见表14-8。

三、利润表项目的填列说明

（1）“营业收入”项目，反映企业经营主要业务和其他业务所确认的收入总额。本项目应根据“主营业务收入”和“其他业务收入”科目的发生额分析填列。

（2）“营业成本”项目，反映企业经营主要业务和其他业务所发生的成本总额。本项目应根据“主营业务成本”和“其他业务成本”科目的发生额分析填列。

表 14-8 **利润表** 会企 02 表

编制单位： 年度 单位：元

项 目	本期金额	上期金额
一、营业收入		
减：营业务成本		
税金及附加		
销售费用		
管理费用		
财务费用		
资产减值损失		
加：公允价值变动收益（损失以“-”号填列)		
投资收益（损失以“-”号填列）		
二、营业利润（亏损以“-”号填列）		
加：营业外收入		
其中：非流动资产处置利得		
减：营业外支出		
其中：非流动资产处置损失		
三、利润总额（亏损总额以“-”号填列）		
减：所得税费用		
四、净利润（净亏损以“-”号填列）		
五、每股收益		
（一）基本每股收益		
（二）稀释每股收益		
六、其他综合收益的税后净额		
（一）以后不能重分类进损益的其他综合收益		
1.重新计量设定受益计划净负债或净资产的变动		
2.权益法下在被投资单位不能重分类进损益的其他综合收益中享有的份额		
⋮		
（三）以后将重分类进损益的其他综合收益		
1.权益法下在被投资单位以后将重分类进损益的其他综合收益中享有的份额		
2.可供出售金融资产公允价值变动损益		
3.持有至到期投资重分类为可供出售金融资产损益		
4.现金流量套期损益的有效部分		
5.外币报表折算差额		
⋮		
七、综合收益总额		

（3）“税金及附加”项目，反映企业经营业务应负担的消费税、城市建设维护税、资源税、土地增值税和教育费附加等。

本项目应根据“税金及附加”科目的发生额分析填列。

（4）“销售费用”项目，反映企业在销售商品过程中发生的包装费、广告费等费用和为销售本企业商品而专设的销售机构的职工薪酬、业务费等经营费用。

本项目应根据“销售费用”科目的发生额分析填列。

（5）“管理费用”项目，反映企业为组织和管理生产经营发生的管理费用。

本项目应根据“管理费用”科目的发生额分析填列。

（6）“财务费用”项目，反映企业筹集生产经营所需资金等而发生的筹资费用。

本项目应根据“财务费用”科目的发生额分析填列。

（7）“资产减值损失”项目，反映企业各项资产发生的减值损失。

本项目应根据“资产减值损失”科目的发生额分析填列。

（8）“公允价值变动收益”项目，反映企业应当计入当期损益的资产或负债公允价值变动收益。

本项目应根据“公允价值变动损益”科目的发生额分析填列。如为净损失，本项目以“-”号填列。

（9）“投资收益”项目，反映企业以各种方式对外投资所取得的收益。

本项目应根据“投资收益”科目的发生额分析填列。如为投资损失，本项目以“-”号填列。

（10）“营业利润”项目，反映企业实现的营业利润。如为亏损，本项目以“-”号填列。

（11）“营业外收入”项目，反映企业发生的与经营业务无直接关系的各项收入。

本项目应根据“营业外收入”科目的发生额分析填列。

（12）“营业外支出”项目，反映企业发生的与经营业务无直接关系的各项支出。

本项目应根据“营业外支出”科目的发生额分析填列。

（13）“利润总额”项目，反映企业实现的利润总额。如为亏损，本项目以“-”号填列。

（14）“所得税费用”项目，反映企业应从当期利润总额中扣除的所得税费用。

本项目应根据“所得税费用”科目的发生额分析填列。

（15）“净利润”项目，反映企业实现的净利润。如为亏损，本项目以“-”号填列。

（16）“每股收益”项目，包括基本每股收益和稀释每股收益两项指标，反映普通股或潜在普通股已公开交易的企业，以及正在公开发行普通股或潜在普通股过程中的企业的每股收益信息。

（17）“其他综合收益的税后净额”项目，反映企业根据企业会计准则规定未在损益中确认的各项利得和损失扣除所得税影响后的净额。

（18）“综合收益总额”项目，反映企业净利润与其他综合收益的合计金额。

四、利润表编制示例

【例14-20】华夏股份有限公司2016年度有关损益类科目累计发生净额见表14-9。

表14-9　　华夏股份有限公司2016年度有关损益类科目累计发生净额　　单位：元

科目名称	借方发生额	贷方发生额
主营业务收入		1 250 000
主营业务成本	750 000	
税金及附加	2 000	
销售费用	20 000	
管理费用	157 100	
财务费用	41 500	
资产减值损失	30 900	
投资收益		31 500
营业外收入		50 000
营业外支出	19 700	
所得税费用	112 596	

根据上述资料，编制华夏股份有限公司2016年度利润表，见表14-10。

表14-10　　利润表　　会企02表

编制单位：华夏股份有限公司　　2016年度　　单位：元

项　目	本期金额	上期金额（略）
一、营业收入	1 250 000	
减：营业成本	750 000	
税金及附加	2 000	
销售费用	20 000	
管理费用	157 100	
财务费用	41 500	
资产减值损失	30 900	
加：公允价值变动收益（损失以“–”号填列）	0	
投资收益（损失以“–”号填列）	31 500	
其中：对联营企业和合营企业的投资收益	0	
二、营业利润（亏损以“–”号填列）	280 000	
加：营业外收入	50 000	
减：营业外支出	19 700	
其中：非流动资产处置损失	（略）	
三、利润总额（亏损总额以“–”号填列）	310 300	
减：所得税费用	112 596	
四、净利润（净亏损以“–”号填列）	197 704	
五、其他综合收益的税后净额	（略）	
六、综合收益总额	（略）	
七、每股收益	（略）	

● 任务4　现金流量表的编制

一、现金流量表认知

（一）现金流量表的概念和作用

现金流量表是反映企业在一定会计期间现金及现金等价物流入和流出的报表。现金流量是指一定会计期间内企业现金及现金等价物的流入和流出。企业从银行提取现金、用现金购买短期国库券等现金及现金等价物之间的转换不属于现金流量。

编制现金流量表的主要目的是为财务报表使用者提供企业一定会计期间内现金及现金等价物流入和流出的信息，以便于财务报表使用者了解和评价企业获取现金及现金等价物的能力，并据以预测企业未来的现金流量。现金流量表的作用主要体现在：有助于评价企业的支付能力、偿债能力和周转能力；有助于预测企业未来的现金流量；有助于分析企业收益质量及影响现金净流量的因素，掌握企业经营活动、投资活动和筹资活动的现金流量，可以从现金流量的角度了解净利润的质量，为分析和判断企业的财务前景提供信息。

（二）现金流量表的编制基础

现金流量表以现金及现金等价物为基础编制，表内划分为经营活动、投资活动和筹资活动产生的现金流量。它的编制原则是收付实现制，因此必须将权责发生制下的盈利信息调整为收付实现制下的现金流量信息。

1.现金

它是指企业库存现金以及可以随时用于支付的存款。不能随时用于支付的存款不属于现金。现金主要包括：

（1）库存现金。它是指企业持有可随时用于支付的现金，与“库存现金”科目核算的内容一致。

（2）银行存款。它是指企业存入金融机构、可以随时用于支取的存款，与“银行存款”科目核算的内容基本一致，但不包括不能随时用于支付的存款。例如，不能随时支取的定期存款等不应作为现金；提前通知金融机构便可支取的定期存款则应包括在现金范围内。

（3）其他货币资金。它是指存放在金融机构的外埠存款、银行汇票存款、银行本票存款、信用卡存款、信用证保证金存款和存出投资款等，与“其他货币资金”科目核算的内容一致。

2.现金等价物

它是指企业持有的期限短、流动性强、易于转换为已知金额的现金、价值变动风险很小的投资。其中，“期限短”一般是指从购买日起3个月内到期，如可在证券市场上流通的3个月内到期的短期债券等。现金等价物虽然不是现金，但其支付能力与现金的差别不大，可视为现金。例如，企业为保证支付能力，手持必要的现金，为了不使现金闲置，可以购买短期债券，在需要现金时，随时可以变现。

现金等价物的定义本身包含了判断一项投资是否属于现金等价物的四个条件：①期限短；②流动性强；③易于转换为已知金额的现金；④价值变动风险很小。其中，期限短、流动性强，强调了变现能力；而易于转换为已知金额的现金、价值变动风险很小，则强调了支付能力。现金等价物通常包括3个月内到期的短期债券投资。权益性投资变现的金额通常不确定，因而不属于现金等价物。

3.现金及现金等价物范围的确定和变更

不同企业现金及现金等价物的范围可能不同。企业应当根据经营特点等具体情况，确定现金及现金等价物的范围。商业银行与一般工商企业的现金及现金等价物的范围可能不同，例如某商业银行的现金及现金等价物包括库存现金、存放中央银行可随时支取的备付金、存放同业款项、拆放同业款项、同业间买入返售证券、短期国债投资等。企业应当根据具体情况，确定现金及现金等价物的范围，一经确定不得随意变更。如果发生变更，应当按照会计政策变更处理。

（三）现金流量表的结构

现金流量是指企业现金及现金等价物的流入和流出。在现金流量表中，现金及现金等价物被视为一个整体，企业现金（含现金等价物，下同）形式的转换不会产生现金的流入和流出，如企业从银行提取现金，是现金存放形式的转换，并未流出企业，不构成现金流量。同样，现金与现金等价物之间的转换也不属于现金流量，如企业用现金购买3个月内到期的国库券。根据企业业务活动的性质和现金流量的来源，现金流量表在结构上将企业一定期间产生的现金流量划分为三大类：经营活动产生的现金流量、投资活动产生的现金流量和筹资活动产生的现金流量。

1.经营活动产生的现金流量

经营活动是指企业投资活动和筹资活动以外的所有交易和事项。各类企业由于行业特点不同，对经营活动的认定存在一定差异。对于工商企业而言，经营活动主要包括销售商品、提供劳务、购买商品、接受劳务、支付税费等流入和流出现金及现金等价物的活动或事项。

2.投资活动产生的现金流量

投资活动是指企业长期资产的购建和不包括在现金等价物范围内的投资及其处置活动，主要包括购建固定资产、处置子公司及其他营业单位等流入和流出现金及现金等价物的活动或事项。长期资产是指固定资产、无形资产、在建工程、其他资产等持有期限在一年或一个营业周期以上的资产。这里所讲的投资活动，既包括实物资产投资，也包括金融资产投资。

这里之所以将“包括在现金等价物范围内的投资”排除在外，是因为已经将包括在现金等价物范围内的投资视同现金。

3.筹资活动产生的现金流量

筹资活动是导致企业资本及债务规模和构成发生变化的活动。筹资活动主要包括吸收投资、发行股票、分配利润、发行债券、偿还债务等流入和流出现金及现金等价物的活动或事项。偿付应付账款、应付票据等商业应付款等属于经营活动，不属于筹资活动。

对于企业日常活动之外不经常发生的特殊项目，如自然灾害损失、保险赔款、捐赠等，应当归并到相关类别中，并单独反映。比如，对于自然灾害损失和保险赔款，如果能够确指属于流动资产损失，应当列入经营活动产生的现金流量；如果能够确指属于固定资产损失，应当列入投资活动产生的现金流量；如果不能确指，则可以列入经营活动产生的现金流量。捐赠收入和支出可以列入经营活动。如果特殊项目的现金流量金额不大，则可以列入现金流量类别下的“其他”项目，不单列项目。

二、现金流量表的编制方法及程序

（一）直接法和间接法

企业一定期间的现金流量可分为三部分，即经营活动现金流量、投资活动现金流量和筹资活动现金流量。在编制现金流量表时，计算经营活动现金流量的方法有两种：一是直接法；二是间接法。

1.直接法

它是指按现金收入和现金支出的主要类别直接反映企业经营活动产生的现金流量。在我国，直接法下经营活动产生的现金流量，现金流入可分为销售商品、提供劳务收到的现金，收到的税费返还，收到的其他与经营活动有关的现金等类别；现金流出可分为购买商品、接受劳务支付的现金，支付给职工以及为职工支付的现金，支付的各项税费，支付的其他与经营活动有关的现金等类别。在直接法下，一般是以利润表中的营业收入为起算点，调节与经营活动有关的项目的增减变动，然后计算出经营活动产生的现金流量。

2.间接法

它是指以净利润为起算点，调整不涉及现金的收入、费用、营业外收支等有关项目，剔除投资活动、筹资活动对现金流量的影响，据此计算出经营活动产生的现金流量。由于净利润是按照权责发生制原则确定的，且包括了与投资活动和筹资活动相关的收益和费用，将净利润调节为经营活动现金流量，实际上就是将按权责发生制原则确定的净利润调整为现金净流入，并剔除投资活动和筹资活动对现金流量的影响。

采用直接法编报的现金流量表，便于分析企业经营活动产生的现金流量的来源和用途，预测企业现金流量的未来前景；采用间接法编报的现金流量表，便于将净利润与经营活动产生的现金流量净额进行比较，了解净利润与经营活动产生的现金流量差异的原因，从现金流量的角度分析净利润的质量。所以，现金流量表准则规定企业应当采用直接法编报现金流量表，同时要求在附注中提供以净利润为基础调节到经营活动现金流量的信息。

（二）工作底稿法、T形账户法或分析填列法

在具体编制现金流量表时，可以采用工作底稿法或T形账户法，也可以根据有关科目记录分析填列。

1.工作底稿法

采用工作底稿法编制现金流量表，是以工作底稿为手段，以资产负债表和利润表数据为基础，对每一个项目进行分析并编制调整分录，从而编制现金流量表。工作底稿法的程序是：

第一步，将资产负债表的期初数和期末数过入工作底稿的期初数栏和期末数栏。

第二步，对当期业务进行分析并编制调整分录。编制调整分录时，要以利润表项目为基础，从“营业收入”开始，结合资产负债表项目逐一进行分析。在调整分录中，有关现金及现金等价物的事项，并不直接借记或贷记现金，而是分别记入“经营活动产生的现金流量”、“投资活动产生的现金流量”和“筹资活动产生的现金流量”有关项目，借记表示现金流入，贷记表示现金流出。

第三步，将调整分录过入工作底稿中的相应部分。

第四步，核对调整分录，借方、贷方合计数均已相等，资产负债表项目期初数加减调整分录中的借贷金额以后，也等于期末数。

第五步，根据工作底稿中的现金流量表项目部分编制正式的现金流量表。

2.T形账户法

采用T形账户法编制现金流量表，是以T形账户为手段，以资产负债表和利润表的数据为基础，对每一个项目进行分析并编制调整分录，从而编制现金流量表。T形账户法的程序是：

第一步，为所有的非现金项目（包括资产负债表项目和利润表项目）分别开设T形账户，并将各自的期末期初变动数过入各相关账户。如果项目的期末数大于期初数，则将差额过入和项目余额相同的方向；反之，过入相反的方向。

第二步，开设一个大的"现金及现金等价物"T形账户，每边分为经营活动、投资活动和筹资活动三个部分，左边记现金流入，右边记现金流出。与其他账户一样，过入期末期初变动数。

第三步，以利润表项目为基础，结合资产负债表分析每一个非现金项目的增减变动，并据此编制调整分录。

第四步，将调整分录过入各T形账户，并进行核对，该账户借贷相抵后的余额与原先过入的期末期初变动数应当一致。

第五步，根据大的"现金及现金等价物"T形账户编制正式的现金流量表。

3.分析填列法

它是直接根据资产负债表、利润表和有关会计科目明细账的记录，分析计算出现金流量表各项目的金额，并据此编制现金流量表的一种方法。

三、现金流量表各项目的填列方法

现金流量表的项目主要有：经营活动产生的现金流量、投资活动产生的现金流量、筹资活动产生的现金流量、汇率变动对现金及现金等价物的影响、现金及现金等价物净增加额、期末现金及现金等价物余额等。通常情况下，现金流量应当分别按照现金流入和现金流出总额列报，从而全面揭示企业现金流量的方向、规模和结构。但是，下列各项可以按照净额列报：

（1）代客户收取或支付的现金以及周转快、金额大、期限短的项目的现金流入和现金流出。例如，证券公司代收的客户证券买卖交割费、印花税等，旅游公司代游客支付的房费、餐费、交通费、文娱费、行李托运费、门票费、票务费、签证费等费用。这些项目由于周转快，在企业停留的时间短，企业加以利用的余地比较小，净额更能说明其对企业支付能力、偿债能力的影响；如果以总额反映，反而会对评价企业的支付能力和偿债能力、分析企业的未来现金流量产生误导。

（2）金融企业的有关项目，主要指期限较短、流动性强的项目。对于商业银行而言，主要包括短期贷款发放与收回的贷款本金、活期存款的吸收与支付、同业存款和存放同业款项的存取、向其他金融企业拆借资金等；对于保险公司而言，主要包括再保险业务收到或支付的现金净额；对于证券公司而言，主要包括自营证券和代理业务收到或支付的现金净额等。

现以我国现金流量表为例，说明现金流量表中各项目金额的确定方法。

（一）经营活动现金流量各项目的填列

（1）“销售商品、提供劳务收到的现金”项目。本项目反映企业销售商品、提供劳务实际收到的现金，包括销售收入和应向购买者收取的增值税销项税额，具体包括：本期销售商品、提供劳务收到的现金，以及前期销售商品、提供劳务本期收到的现金和本期预收的款项，减去本期销售本期退回的商品和前期销售本期退回的商品支付的现金。企业销售材料和代购代销业务收到的现金，也在本项目反映。

本项目可以根据“库存现金”“银行存款”“应收票据”“应收账款”“预收账款”“主营业务收入”“其他业务收入”科目的记录分析填列。根据账户记录分析计算该项目的金额，通常可以采用以下公式：

$$\text{销售商品、提供劳务收到的现金}=\text{本期销售商品、提供劳务收到的现金}+\text{本期收回前期的应收账款和应收票据}+\text{本期预收的款项}-\text{本期销售退回支付的现金}+\text{本期收回前期核销的坏账损失}$$

（2）“收到的税费返还”项目。本项目反映企业收到返还的各种税费，如收到的增值税、所得税、消费税、关税和教育费附加返还款等。

本项目可以根据“库存现金”“银行存款”“税金及附加”“营业外收入”等科目的记录分析填列。

（3）“收到其他与经营活动有关的现金”项目。本项目反映企业除上述各项目外，收到的其他与经营活动有关的现金，如罚款收入、经营租赁固定资产收到的现金、流动资产损失中由个人赔偿的现金收入、除税费返还外的其他政府补助收入等。其他与经营活动有关的现金，如果价值较大，应单列项目反映。

本项目可以根据“库存现金”“银行存款”“管理费用”“销售费用”等科目的记录分析填列。

（4）“购买商品、接受劳务支付的现金”项目。本项目反映企业购买商品、接受劳务实际支付的现金，包括支付的货款以及与货款一并支付的增值税进项税额，具体包括：本期购买商品、接受劳务支付的现金，以及本期支付前期购买商品、接受劳务的未付款项和本期预付款项，减去本期发生的购货退回收到的现金。为购置存货而发生的借款利息资本化部分，应在“分配股利、利润或偿付利息支付的现金”项目中反映。

本项目可以根据“库存现金”“银行存款”“应付票据”“应付账款”“预付账款”“主营业务成本”“其他业务成本”等科目的记录分析填列。

通常可以采用以下公式：

$$\text{购买商品、接受劳务支付的现金}=\text{本期购买商品、接受劳务支付的现金}+\text{本期支付前期的应付账款和应付票据}+\text{本期预付的款项}-\text{本期因购货退回收到的现金}$$

（5）“支付给职工以及为职工支付的现金”项目。本项目反映企业实际支付给职工的现金以及为职工支付的现金，包括企业为获得职工提供的服务，本期实际给予的各种形式的报酬以及其他相关支出，如支付给职工的工资、奖金、各种津贴和补贴等，以及为职工支付的其他费用，不包括支付给在建工程人员和研发人员被资本化的货币薪酬。支付给在建工程人员和研发人员被资本化的货币薪酬，在“购建固定资产、无形资产和其他长期资产支付的现金”项目中反映。

企业为职工支付的医疗、养老、失业、工伤、生育等社会保险、补充养老保险、住房公积金，企业为职工交纳的商业保险金，因解除与职工劳动关系给予的补偿，现金结算的股份支付，以及企业支付给职工或为职工支付的其他福利费用等，应根据职工的工作性质和服务对象，分别在"购建固定资产、无形资产和其他长期资产支付的现金"和"支付给职工以及为职工支付的现金"项目中反映。

本项目可以根据"库存现金""银行存款""应付职工薪酬"等科目的记录分析填列。具体计算公式为：

$$\frac{\text{支付给职工以及为}}{\text{职工支付的现金}}=\frac{\text{应付职工薪酬}}{\text{年初余额}}+\frac{\text{生产成本、制造费用、}}{\text{管理费用中的职工薪酬}}-\frac{\text{应付职工薪酬}}{\text{期末余额}}$$

（6）"支付的各项税费"项目。本项目反映企业按规定支付的各项税费，包括本期发生并支付的税费，以及本期支付以前各期发生的税费和预缴的税费，如支付的教育费附加、印花税、房产税、土地增值税、车船税、增值税、所得税等。本项目不包括本期退回的增值税、所得税。本期退回的增值税、所得税等在"收到的税费返还"项目中反映。

本项目可以根据"应交税费""库存现金""银行存款"等科目分析填列。具体计算公式为：

$$\frac{\text{支付的}}{\text{各项税费}}=\left(\frac{\text{应交所得税}}{\text{期初余额}}+\frac{\text{当期所得}}{\text{税费用}}-\frac{\text{应交所得税}}{\text{期末余额}}\right)+\frac{\text{支付的税金}}{\text{及附加}}+\frac{\text{应交}}{\text{增值税}}\text{（已交税金）}$$

（7）"支付其他与经营活动有关的现金"项目。本项目反映企业除上述各项目外，支付的其他与经营活动有关的现金，如罚款支出、支付的差旅费、业务招待费、保险费、经营租赁支付的现金等。其他与经营活动有关的现金，如果金额较大，应单列项目反映。

本项目可以根据有关科目的记录分析填列。具体计算公式为：

支付其他与经营活动有关的现金=支付的其他管理费用+支付的销售费用

（二）投资活动现金流量各项目的填列

（1）"收回投资收到的现金"项目。本项目反映企业出售、转让或到期收回除现金等价物以外的交易性金融资产、持有至到期投资、可供出售金融资产、长期股权投资、投资性房地产而收到的现金，不包括债权性投资收回的利息、收回的非现金资产，以及处置子公司及其他营业单位收到的现金净额。债权性投资收回的本金，在本项目反映，债权性投资收回的利息，不在本项目中反映，而在"取得投资收益收到的现金"项目中反映。处置子公司及其他营业单位收到的现金净额单设项目反映。

本项目可以根据"交易性金融资产""持有至到期投资""可供出售金融资产""长期股权投资""投资性房地产""库存现金""银行存款"等科目的记录分析填列。

（2）"取得投资收益收到的现金"项目。本项目反映企业因股权性投资而分得的现金股利，从子公司、联营企业或合营企业分回利润而收到的现金，因债权性投资而取得的现金利息收入。股票股利不在本项目中反映。包括在现金等价物范围内的债权性投资，其利息收入在本项目中反映。

本项目可以根据"应收股利""应收利息""投资收益""库存现金""银行存款"等科目的记录分析填列。

（3）"处置固定资产、无形资产和其他长期资产收回的现金净额"项目。本项目反映企业出售固定资产、无形资产和其他长期资产所取得的现金，减去为处置这些资产而支付的有关费用后的净额。处置固定资产、无形资产和其他长期资产所收到的现金，与处置活动支付的现金，两者在时间上比较接近，以净额更能准确反映处置活动对现金流量的影响。由于自然灾害等原因所造成的固定资产等长期资产的报废、毁损而收到的保险赔偿收入，在本项目中反映。如果处置固定资产、无形资产和其他长期资产所收回的现金净额为负数，则应作为投资活动产生的现金流量，在“支付其他与投资活动有关的现金”项目中反映。

本项目可以根据“固定资产清理”“库存现金”“银行存款”等科目的记录分析填列。

（4）“处置子公司及其他营业单位收到的现金净额”项目。本项目反映企业处置子公司及其他营业单位所取得的现金减去子公司或其他营业单位持有的现金及现金等价物以及相关处置费用后的净额。

本项目可以根据“长期股权投资”“银行存款”“库存现金”等有关科目的记录分析填列。

整体处置一个单位，其结算方式是多种多样的。企业处置子公司及其他营业单位是整体交易，子公司和其他营业单位可能持有现金及现金等价物。这样，整体处置子公司或其他营业单位的现金流量，就应以处置价款中收到现金的部分，减去子公司或其他营业单位持有的现金及现金等价物以及相关处置费用后的净额反映。

现金流量表准则要求企业在附注中以总额披露当期取得或处置子公司及其他营业单位的下列信息：①取得或处置价格；②取得或处置价格中以现金支付的部分；③取得或处置子公司及其他营业单位所取得的现金；④取得或处置子公司及其他营业单位按主要类别分类的非现金资产和负债。

处置子公司及其他营业单位收到的现金净额如为负数，则将该金额填列至“支付其他与投资活动有关的现金”项目中。

（5）“收到其他与投资活动有关的现金”项目。本项目反映企业除上述各项目外，收到的其他与投资活动有关的现金，如企业收回购买股票和债券时支付的已宣告但尚未领取的现金股利或已到付息期但尚未领取的债券利息。其他与投资活动有关的现金，如果价值较大，应单列项目反映。

本项目可以根据“应收股利”“应收利息”“银行存款”“库存现金”等有关科目的记录分析填列。

（6）“购建固定资产、无形资产和其他长期资产支付的现金”项目。本项目反映企业购买、建造固定资产，取得无形资产和其他长期资产支付的现金，包括购买机器设备所支付的现金及增值税、建造工程支付的现金、支付的在建工程人员的工资等现金支出，不包括为购建固定资产、无形资产和其他长期资产而发生的借款利息资本化部分，以及融资租入固定资产所支付的租赁费。为购建固定资产、无形资产和其他长期资产而发生的借款利息资本化部分，在“分配股利、利润或偿付利息支付的现金”项目中反映；融资租入固定资产所支付的租赁费，在“支付其他与筹资活动有关的现金”项目中反映，不在本项目中反映。

本项目可以根据“固定资产”“在建工程”“工程物资”“无形资产”“库存现金”“银行存款”等科目的记录分析填列。

（7）“投资支付的现金”项目。本项目反映企业进行权益性投资和债权性投资所支付的现金，包括企业取得的除现金等价物以外的交易性金融资产、持有至到期投资、可供出售金融资产而支付的现金，以及支付的佣金、手续费等交易费用。企业购买债券的价款中含有债券利息的，以及溢价或折价购入的，均按实际支付的金额反映。

企业购买股票和债券时，实际支付的价款中包含的已宣告但尚未领取的现金股利或已到付息期但尚未领取的债券利息，应在“支付其他与投资活动有关的现金”项目中反映；收回购买股票和债券时支付的已宣告但尚未领取的现金股利或已到付息期但尚未领取的债券利息，应在“收到其他与投资活动有关的现金”项目中反映。

本项目可以根据“交易性金融资产”“持有至到期投资”“可供出售金融资产”“投资性房地产”“长期股权投资”“库存现金”“银行存款”等科目的记录分析填列。

（8）“取得子公司及其他营业单位支付的现金净额”项目。本项目反映企业取得子公司及其他营业单位购买出价中以现金支付的部分，减去子公司或其他营业单位持有的现金及现金等价物后的净额。

本项目可以根据“长期股权投资”“库存现金”“银行存款”等有关科目的记录分析填列。

整体购买一个单位，其结算方式是多种多样的，如购买方全部以现金支付或一部分以现金支付而另一部分以实物清偿。同时，企业购买子公司及其他营业单位是整体交易，子公司和其他营业单位除有固定资产和存货外，还可能持有现金及现金等价物。这样，整体购买子公司或其他营业单位的现金流量，就应以购买出价中以现金支付的部分减去子公司或其他营业单位持有的现金及现金等价物后的净额反映，如为负数，应在“收到其他与投资活动有关的现金”项目中反映。

（9）“支付其他与投资活动有关的现金”项目。本项目反映企业除上述各项目外，支付的其他与投资活动有关的现金，如企业购买股票时实际支付的价款中包含的已宣告而尚未领取的现金股利，购买债券时支付的价款中包含的已到付息期但尚未领取的债券利息等。其他与投资活动有关的现金，如果价值较大，应单列项目反映。

本项目可以根据“应收股利”“应收利息”“银行存款”“库存现金”等有关科目的记录分析填列。

（三）筹资活动现金流量各项目的填列

（1）“吸收投资收到的现金”项目。本项目反映企业以发行股票、债券等方式筹集资金实际收到的款项净额（发行收入减去支付的佣金等发行费用后的净额）。以发行股票等方式筹集资金而由企业直接支付的审计、咨询等费用，不在本项目中反映，而在“支付其他与筹资活动有关的现金”项目中反映；由金融企业直接支付的手续费、宣传费、咨询费、印刷费等费用，从发行股票、债券取得的现金收入中扣除，以净额列示。

本项目可以根据“实收资本（或股本）”“资本公积”“库存现金”“银行存款”等科目的记录分析填列。

（2）“取得借款收到的现金”项目。本项目反映企业举借各种短期、长期借款而收到的现金。

本项目可以根据“短期借款”“长期借款”“交易性金融负债”“应付债券”“库存现金”“银行存款”等科目的记录分析填列。

（3）“收到其他与筹资活动有关的现金”项目。本项目反映企业除上述各项目外，收到的其他与筹资活动有关的现金，如接受现金捐赠等。其他与筹资活动有关的现金，如果价值较大，应单列项目反映。

本项目可根据“银行存款”“库存现金”“营业外收入”等有关科目的记录分析填列。

（4）“偿还债务支付的现金”项目。本项目反映企业以现金偿还债务的本金，包括归还金融企业的借款本金、偿付企业到期的债券本金等。企业偿还的借款利息、债券利息，在“分配股利、利润或偿付利息所支付的现金”项目中反映，不在本项目中反映。

本项目可根据“短期借款”“长期借款”“交易性金融负债”“应付债券”“库存现金”“银行存款”等科目的记录分析填列。

（5）“分配股利、利润或偿付利息支付的现金”项目。本项目反映企业实际支付的现金股利，支付给其他投资单位的利润或用现金支付的借款利息、债券利息。不同用途的借款，其利息的开支渠道不一样，如在建工程、财务费用等，均在本项目中反映。

本项目可以根据“应付股利”“应付利息”“利润分配”“财务费用”“在建工程”“制造费用”“研发支出”“库存现金”“银行存款”等科目的记录分析填列。

（6）“支付其他与筹资活动有关的现金”项目。本项目反映企业除上述各项目外，支付的其他与筹资活动有关的现金，如捐赠现金支出，以发行股票、债券等方式筹集资金而由企业直接支付的审计、咨询等费用，融资租赁所支付的现金，以分期付款方式构建固定资产以后各期支付的现金等。其他与筹资活动有关的现金，如果价值较大，应单列项目反映。

本项目可根据“银行存款”“库存现金”“营业外支出”“其他应付款”等有关科目的记录分析填列。

（四）汇率变动对现金及现金等价物的影响

本项目反映企业外币现金流量以及境外子公司的现金流量折算为人民币时，所采用的现金流量发生日的即期汇率或按照系统合理的方法确定的、与现金流量发生日即期汇率近似汇率折算的人民币金额，与“现金及现金等价物净增加额”中的外币现金净增加额按期末汇率折算的人民币金额之间的差额。

在编制现金流量表时，可逐笔计算外币业务发生的汇率变动对现金的影响，也可不必逐笔计算而采用简化的计算方法，即通过现金流量表补充资料中“现金及现金等价物净增加额”与现金流量表中“经营活动产生的现金流量净额”“投资活动产生的现金流量净额”“筹资活动产生的现金流量净额”三项之和比较，其差额即为“汇率变动对现金及现金等价物的影响”项目的金额。

（五）现金流量表补充资料

除现金流量表反映的信息外，企业还应在附注中披露将净利润调节为经营活动现金流量、不涉及现金收支的重大投资和筹资活动、现金及现金等价物净变动情况等信息。

1.将净利润调节为经营活动现金流量

现金流量表采用直接法反映经营活动产生的现金流量，同时，企业还应采用间接法反映经营活动产生的现金流量。间接法，是指以本期净利润为起点，通过调整不涉及现金的收入、费用、营业外收支以及经营性应收应付项目的增减变动，调整不属于经营活动的现金收支项目，据此计算并列报经营活动产生的现金流量的方法。在我国，现金流量表补充资料应采用间接法反映经营活动产生的现金流量情况，以对现金流量表中采用直接法反映的经营活动现金流量进行核对和补充说明。

采用间接法列报经营活动产生的现金流量时，需要对四大类项目进行调整：①实际没有支付现金的费用；②实际没有收到现金的收益；③不属于经营活动的损益；④经营性应收应付项目的增减变动。具体项目如下：

（1）资产减值准备。这里所指的资产减值准备包括坏账准备、存货跌价准备、投资性房地产减值准备、长期股权投资减值准备、持有至到期投资减值准备、固定资产减值准备、在建工程减值准备、工程物资减值准备、生物性资产减值准备、无形资产减值准备、商誉减值准备等。企业计提的各项资产减值准备包括在利润表中，属于利润的减除项目，但没有发生现金流出，所以在将净利润调节为经营活动现金流量时，需要加回。

本项目可根据“资产减值损失”科目的记录分析填列。

（2）固定资产折旧。企业计提的固定资产折旧，有的包括在管理费用中，有的包括在制造费用中。计入管理费用的部分，作为期间费用在计算净利润时从中扣除，但没有发生现金流出，在将净利润调节为经营活动现金流量时，需要予以加回。计入制造费用的已经变现的部分，在计算净利润时通过销售成本予以扣除，但没有发生现金流出；计入制造费用中的没有变现的部分，既不涉及现金收支，也不影响企业当期净利润，由于在调节存货时已经从中扣除，在此处将净利润调节为经营活动现金流量时，需要予以加回。

本项目可根据“累计折旧”“累计折耗”“生产性生物资产累计折旧”科目的贷方发生额分析填列。

（3）无形资产摊销和长期待摊费用摊销。企业对使用寿命有限的无形资产计提摊销时，计入管理费用或制造费用。长期待摊费用摊销时，有的计入管理费用，有的计入销售费用，有的计入制造费用。计入管理费用等期间费用和计入制造费用中的已变现的部分，在计算净利润时已经从中扣除，但没有发生现金流出；计入制造费用中的没有变现的部分，在调节存货时已经从中扣除，但不涉及现金收支，所以在此处将净利润调节为经营活动现金流量时，需要予以加回。

本项目可根据“累计摊销”“长期待摊费用”科目的贷方发生额分析填列。

（4）处置固定资产、无形资产和其他长期资产的损失（减：收益）。其属于投资活动产生的损益，不属于经营活动产生的损益，所以，在将净利润调节为经营活动现金流量时，需要予以剔除。如为损失，在将净利润调节为经营活动现金流量时，应当加回；如为收益，在将净利润调节为经营活动现金流量时，应当扣除。

本项目可根据“营业外收入”“营业外支出”等科目所属有关明细科目的记录分析填列；如为净收益，以“-”号填列。

（5）固定资产报废损失。企业发生的固定资产报废损益，属于投资活动产生的损益，不属于经营活动产生的损益，所以在将净利润调节为经营活动现金流量时，需要予以剔除。同样，投资性房地产发生报废、毁损而产生的损益，也需要予以剔除。如为净损失，在将净利润调节为经营活动现金流量时，应当加回；如为净收益，在将净利润调节为经营活动现金流量时，应当扣除。

本项目可根据“营业外支出”“营业外收入”等科目所属有关明细科目的记录分析填列。

（6）公允价值变动损失。其反映企业在初始确认时划分为以公允价值计量且其变动计入当期损益的交易性金融资产或金融负债、衍生工具、套期等业务中公允价值变动形成的应计入当期损益的利得或损失。企业发生的公允价值变动损益，通常与企业的投资活动或筹资活动有关，而且并不影响企业当期的现金流量，因此应当将其从净利润中剔除。

本项目可以根据“公允价值变动损益”科目的发生额分析填列。如为持有损失，在将净利润调节为经营活动现金流量时，应当加回；如为持有利得，在将净利润调节为经营活动现金流量时，应当扣除。

(7) 财务费用。企业发生的财务费用中不属于经营活动的部分，应当将其从净利润中剔除。

本项目可根据“财务费用”科目的本期借方发生额分析填列；如为收益，以“-”号填列。

在实务中，企业的“财务费用”明细账一般是按费用项目设置的，为了编制现金流量表，企业可在此基础上再按“经营活动”“筹资活动”“投资活动”分设明细分类账。每一笔财务费用发生时，即将其归入“经营活动”、“筹资活动”或“投资活动”中。

(8) 投资损失（减：收益）。企业发生的投资损益，属于投资活动产生的损益，不属于经营活动产生的损益，所以，在将净利润调节为经营活动现金流量时，需要予以剔除。如为净损失，在将净利润调节为经营活动现金流量时，应当加回；如为净收益，在将净利润调节为经营活动现金流量时，应当扣除。

本项目可根据利润表中“投资收益”项目的数字填列；如为投资收益，以“-”号填列。

(9) 递延所得税资产减少（减：增加）。如果递延所得税资产减少使计入所得税费用的金额大于当期应交的所得税金额，其差额没有发生现金流出，但在计算净利润时已经扣除，在将净利润调节为经营活动现金流量时，应当加回；如果递延所得税资产增加使计入所得税费用的金额小于当期应交的所得税金额，二者之间的差额并没有发生现金流入，但在计算净利润时已经包括在内，在将净利润调节为经营活动现金流量时，应当扣除。

本项目可以根据资产负债表“递延所得税资产”项目期初、期末余额分析填列。

(10) 递延所得税负债增加（减：减少）。如果递延所得税负债增加使计入所得税费用的金额大于当期应交的所得税金额，其差额没有发生现金流出，但在计算净利润时已经扣除，在将净利润调节为经营活动现金流量时，应当加回；如果递延所得税负债减少使计入当期所得税费用的金额小于当期应交的所得税金额，其差额并没有发生现金流入，但在计算净利润时已经包括在内，在将净利润调节为经营活动现金流量时，应当扣除。

本项目可以根据资产负债表“递延所得税负债”项目期初、期末余额分析填列。

(11) 存货的减少（减：增加）。期末存货与期初存货相比减少，说明本期生产经营过程耗用的存货有一部分是期初的存货，耗用这部分存货并没有发生现金流出，但在计算净利润时已经扣除，所以在将净利润调节为经营活动现金流量时，应当加回；期末存货与期初存货相比增加，说明当期购入的存货除耗用外，还剩余了一部分，这部分存货也发生了现金流出，但在计算净利润时没有包括在内，所以在将净利润调节为经营活动现金流量时，需要扣除。当然，存货的增减变化过程还涉及应付项目，这一因素在“经营性应付项目的增加（减：减少）”中考虑。

本项目可根据资产负债表中“存货”项目的期初数、期末数之间的差额填列；期末数大于期初数的差额，以“-”号填列。如果存货的增减变化过程属于投资活动，如在建工程领用存货，则应当将这一因素剔除。

（12）经营性应收项目的减少（减：增加）。经营性应收项目包括应收票据、应收账款、预付账款、长期应收款和其他应收款中与经营活动有关的部分，以及应收的增值税销项税额等。经营性应收项目期末余额小于经营性应收项目期初余额，说明本期收回的现金大于利润表中所确认的销售收入，所以在将净利润调节为经营活动现金流量时，需要加回；经营性应收项目期末余额大于经营性应收项目期初余额，说明本期销售收入中有一部分没有收回现金，但是，在计算净利润时这部分销售收入已包括在内，所以在将净利润调节为经营活动现金流量时，需要扣除。

本项目应当根据有关科目的期初、期末余额分析填列；如为增加，以“-”号填列。

（13）经营性应付项目的增加（减：减少）。经营性应付项目包括应付票据、应付账款、预收账款、应付职工薪酬、应交税费、应付利息、长期应付款、其他应付款中与经营活动有关的部分，以及应付的增值税进项税额等。经营性应付项目期末余额大于经营性应付项目期初余额，说明本期购入的存货中有一部分没有支付现金，但是，在计算净利润时却通过销售成本包括在内，在将净利润调节为经营活动现金流量时，需要加回；经营性应付项目期末余额小于经营性应付项目期初余额，说明本期支付的现金大于利润表中所确认的销售成本，在将净利润调节为经营活动产生的现金流量时，需要扣除。

本项目应当根据有关科目的期初、期末余额分析填列；如为减少，以“-”号填列。

2.不涉及现金收支的重大投资和筹资活动

不涉及现金收支的重大投资和筹资活动，反映企业一定期间内影响资产或负债但不形成该期现金收支的所有投资和筹资活动的信息。这些投资和筹资活动虽然不涉及当期现金收支，但对以后各期的现金流量有重大影响。例如，企业融资租入设备，将形成的负债记入“长期应付款”账户，当期并不支付设备款及租金，但以后各期必须为此支付现金，从而在一定期间内形成了一项固定的现金支出。因此，我国会计准则规定，企业应当在附注中披露不涉及当期现金收支但影响企业财务状况或在未来可能影响企业现金流量的重大投资和筹资活动，主要包括：

（1）“债务转为资本”项目，反映企业本期转为资本的债务金额。

（2）“一年内到期的可转换公司债券”项目，反映企业一年内到期的可转换公司债券的本息。

（3）“融资租入固定资产”项目，反映企业本期融资租入的固定资产的最低租赁付款额扣除应分期计入利息费用的未确认融资费用后的净额。

3.现金及现金等价物净变动情况

本项目反映企业一定会计期间现金及现金等价物的期末余额减去期初余额后的净增加额（或净减少额），是对现金流量表中“现金及现金等价物净增加额”项目的补充说明。本项目的金额应与现金流量表“现金及现金等价物净增加额”项目的金额核对相符。

此外，企业对其当期取得或处置其他营业单位的有关信息应予以披露。取得子公司及其他营业单位的有关信息包括取得的价格、支付的现金及现金等价物金额、支付的现金及现金等价物净额、取得子公司净资产等信息；处置子公司及其他营业单位的有关信息包括处置的价格、收到的现金及现金等价物金额、收到的现金净额、处置子公司的净资产等信息。

四、现金流量表编制示例

【例14-21】沿用【例14-19】和【例14-20】的资料，华夏股份有限公司其他相关资料如下：

（1）2016年度利润表有关项目的明细资料：①管理费用的组成：职工薪酬17 100元，无形资产摊销60 000元，折旧费20 000元，其他费用60 000元。②财务费用的组成：计提借款利息11 500元，支付应收票据（银行承兑汇票）贴现利息30 000元。③资产减值损失的组成：计提坏账准备900元，计提固定资产减值准备30 000元。上年年末坏账准备余额900元。④投资收益的组成：收到股息收入30 000元，与本金一起收回的交易性股票投资收益500元，自公允价值变动损益结转入投资收益1 000元。⑤营业外收入的组成：处置固定资产净收益50 000元（其所处置固定资产原价为400 000元，累计折旧为150 000元，收到处置收入300 000元）。假定不考虑与固定资产处置有关的税费。⑥营业外支出的组成：报废固定资产净损失19 700元（其所报废固定资产原价为200 000元，累计折旧为180 000元，支付清理费用500元，收到残值收入800元）。⑦所得税费用的组成：当期所得税费用122 496元，递延所得税资产9 900元。

除上述项目外，利润表中的销售费用20 000元至期末已经支付。

（2）资产负债表有关项目的明细资料：①本期收回交易性股票投资本金15 000元、公允价值变动1 000元，同时实现投资收益500元。②存货中生产成本、制造费用的组成：职工薪酬324 900元，折旧费80 000元。③应交税费的组成：本期增值税进项税额42 466元，增值税销项税额212 500元，已交增值税100 000元；应交所得税期末余额为20 097元，应交所得税期初余额为0元；应交税费期末数中应由在建工程负担的部分为100 000元。④应付职工薪酬的期初数无应付在建工程人员薪酬，本期支付在建工程人员薪酬200 000元。应付职工薪酬的期末数中应付在建工程人员的部分为28 000元。⑤应付利息均为短期借款利息，其中本期计提利息11 500元，支付利息12 500元。⑥本期用现金购买固定资产101 000元，购买工程物资300 000元。⑦本期用现金偿还短期借款250 000元，偿还1年内到期的长期借款1 000 000元；借入长期借款560 000元。

根据以上资料，采用分析填列法，编制华夏股份有限公司2016年度的现金流量表。

（1）华夏股份有限公司2016年度现金流量表各项目金额的分析。

① 销售商品、提供劳务收到的现金 = 主营业务收入 + 应交税费（应交增值税——销项税额）+（应收账款年初余额 − 应收账款年末余额）+（应收票据年初余额 − 应收票据年末余额）− 本期计提的坏账准备 − 票据贴现的利息

=1 250 000+212 500+（299 100−598 200）+（246 000−66 000）−900−30 000

=1 312 500（元）

② 购买商品、接受劳务支付的现金 = 主营业务成本 + 应交税费（应交增值税——进项税额）−（存货年初余额 − 存货年末余额）+（应付账款年初余额 − 应付账款年末余额）+（应付票据年初余额 − 应付票据年末余额）+（预付账款年末余额 − 预付账款年初余额）− 当期列入生产成本、制造费用的职工薪酬 − 当期列入生产成本、制造费用的折旧费和固定资产修理费

=750 000+42 466-（2 580 000-2 484 700）+（953 800-953 800）+（200 000-100 000）+（100 000-100 000）-324 900-80 000

=392 266（元）

③支付给职工以及为职工支付的现金=生产成本、制造费用、管理费用中的职工薪酬+（应付职工薪酬年初余额-应付职工薪酬年末余额）-（应付职工薪酬（在建工程）年初余额-应付职工薪酬（在建工程）年末余额）

=324 900+17 100+（110 000-180 000）-（0-28 000）=300 000（元）

④支付的各项税费=当期所得税费用+税金及附加+应交税费（应交增值税——已交税金）-（应交所得税年末余额-应交所得税年初余额）

=122 496+2 000+100 000-（2 0097-0）=204 399（元）

⑤支付其他与经营活动有关的现金=其他管理费用+销售费用

=60 000+20 000=80 000（元）

⑥收回投资收到的现金=交易性金融资产贷方发生额+与交易性金融资产一起收回的投资收益

=16 000+500=16 500（元）

⑦取得投资收益收到的现金=收到的股息收入=30 000（元）

⑧处置固定资产收回的现金净额=300 000+（800-500）=300 300（元）

⑨购建固定资产支付的现金=用现金购买的固定资产、工程物资+支付给在建工程人员的薪酬

=101 000+300 000+200 000

=601 000（元）

⑩取得借款收到的现金=560 000元

⑪偿还债务支付的现金=250 000+1 000 000=1 250 000（元）

⑫偿还利息支付的现金=12 500元

（2）将净利润调节为经营活动现金流量各项目的计算分析。

①资产减值准备=900+30 000=30 900（元）

②固定资产折旧=20 000+80 000=100 000（元）

③无形资产摊销=60 000元

④处置固定资产、无形资产和其他长期资产的损失（减：收益）=-50 000元

⑤固定资产报废损失=19 700元

⑥财务费用=1 1500元

⑦投资损失（减：收益）=-31 500元

⑧递延所得税资产减少=0-9 900=-9 900（元）

⑨存货的减少=2 580 000-2 484 700=95 300（元）

⑩经营性应收项目的减少=（246 000-66 000）+（299 100+900-598 200-1 800）

=-120 000（元）

⑪经营性应付项目的增加=（100 000-200 000）+（100 000-100 000）+［（180 000-28 000）-110 000］+［（226 731-100 000）-36 600］

=32 131（元）

（3）根据上述数据，编制现金流量表（见表14-11）及其补充资料（见表14-12）。

表14-11　　　　　　　　　　　　**现金流量表**　　　　　　　　　　　　会企03表

编制单位：华夏股份有限公司　　　　　　2016年度　　　　　　　　　　单位：元

项　目	本期金额	上期金额
一、经营活动产生的现金流量		
销售商品、提供劳务收到的现金	1 312 500	
收到的税费返还	0	
收到其他与经营活动有关的现金	0	
经营活动现金流入小计	1 312 500	
购买商品、接受劳务支付的现金	392 266	
支付给职工以及为职工支付的现金	300 000	
支付的各项税费	204 399	
支付其他与经营活动有关的现金	80 000	
经营活动现金流出小计	976 665	
经营活动产生的现金流量净额	335 835	
二、投资活动产生的现金流量		
收回投资收到的现金	16 500	
取得投资收益收到的现金	30 000	
处置固定资产、无形资产和其他长期资产收回的现金净额	300 300	
处置子公司及其他营业单位收到的现金净额	0	
收到其他与投资活动有关的现金	0	
投资活动现金流入小计	346 800	
购建固定资产、无形资产和其他长期资产支付的现金	601 000	
投资支付的现金	0	
取得子公司及其他营业单位支付的现金净额	0	
支付其他与投资活动有关的现金	0	
投资活动现金流出小计	601 000	
投资活动产生的现金流量净额	-254 200	
三、筹资活动产生的现金流量		
吸收投资收到的现金	0	
取得借款收到的现金	560 000	
收到其他与筹资活动有关的现金	0	
筹资活动现金流入小计	560 000	
偿还债务支付的现金	1 250 000	
分配股利、利润或偿付利息支付的现金	12 500	
支付其他与筹资活动有关的现金	0	
筹资活动现金流出小计	1 262 500	
筹资活动产生的现金流量净额	-702 500	
四、汇率变动对现金及现金等价物的影响	0	
五、现金及现金等价物净增加额	-620 865	
加：期初现金及现金等价物余额	1 406 300	
六、期末现金及现金等价物余额	785 435	

表 14-12　　现金流量表补充资料　　单位：元

补充资料	本期金额	上期金额
1. 将净利润调节为经营活动现金流量		
净利润	197 704	
加：资产减值准备	30 900	
固定资产折旧、油气资产折耗、生产性生物资产折旧	100 000	
无形资产摊销	60 000	
长期待摊费用摊销	0	
处置固定资产、无形资产和其他长期资产的损失（收益以“-”号填列）	-50 000	
固定资产报废损失（收益以“-”号填列）	19 700	
公允价值变动损失（收益以“-”号填列）	0	
财务费用（收益以“-”号填列）	11 500	
投资损失（收益以“-”号填列）	-31 500	
递延所得税资产减少（增加以“-”号填列）	-9 900	
递延所得税负债增加（减少以“-”号填列）	0	
存货的减少（增加以“-”号填列）	95 300	
经营性应收项目的减少（增加以“-”号填列）	-120 000	
经营性应付项目的增加（减少以“-”号填列）	32 131	
其他	0	
经营活动产生的现金流量净额	335 835	
2. 不涉及现金收支的重大投资和筹资活动		
债务转为资本	0	
一年内到期的可转换公司债券	0	
融资租入固定资产	0	
3. 现金及现金等价物净变动情况		
现金的期末余额	785 435	
减：现金的期初余额	1 406 300	
加：现金等价物的期末余额	0	
减：现金等价物的期初余额	0	
现金及现金等价物净增加额	-620 865	

● 任务 5　所有者权益变动表的编制

一、所有者权益变动表概述

所有者权益变动表是指反映构成所有者权益各组成部分当期增减变动情况的报表。通过所有者权益变动表，既可以为报表使用者提供所有者权益总量增减变动的信息，也能为其提供所有者权益增减变动的结构性信息，特别是能够让报表使用者理解所有者权益增减变动的根源。

二、所有者权益变动表的结构

在所有者权益变动表上，企业至少应当单独列示反映下列信息的项目：

（1）综合收益总额；

（2）会计政策变更和差错更正的累积影响金额；

（3）所有者投入资本和向所有者分配利润等；

（4）提取的盈余公积；

（5）实收资本或资本公积、其他综合收益、盈余公积、未分配利润的期初和期末余额及其调节情况。

所有者权益变动表以矩阵的形式列示：一方面，列示导致所有者权益变动的交易或事项，即所有者权益变动的来源，对一定时期所有者权益的变动情况进行全面反映；另一方面，按照所有者权益各组成部分（即实收资本、资本公积、其他综合收益、盈余公积、未分配利润和库存股）列示交易或事项对所有者权益各部分的影响。

我国企业所有者权益变动表的格式见表14-13。

表14-13　**所有者权益变动表**　会企04表

编制单位：　年度　单位：元

项目	本年金额							上年金额						
	实收资本（或股本）	资本公积	减：库存股	其他综合收益	盈余公积	未分配利润	所有者权益合计	实收资本（或股本）	资本公积	减：库存股	其他综合收益	盈余公积	未分配利润	所有者权益合计
一、上年年末余额														
加：会计政策变更														
前期差错更正														
二、本年年初余额														
三、本年增减变动金额（减少以“-”号填列）														
（一）综合收益总额														
（二）所有者投入和减少资本														
1.所有者投入资本														

续表

项目	本年金额							上年金额						
	实收资本（或股本）	资本公积	减：库存股	其他综合收益	盈余公积	未分配利润	所有者权益合计	实收资本（或股本）	资本公积	减：库存股	其他综合收益	盈余公积	未分配利润	所有者权益合计
2.股份支付计入所有者权益的金额														
3.其他														
（三）利润分配														
1.提取盈余公积														
2.对所有者（或股东）的分配														
3.其他														
（四）所有者权益内部结转														
1.资本公积转增资本（或股本）														
2.盈余公积转增资本（或股本）														
3.盈余公积弥补亏损														
4.其他														
四、本年年末余额														

三、所有者权益变动表的填列方法

（一）上年金额栏的填列方法

所有者权益变动表“上年金额”栏内各项数字，应根据上年度所有者权益变动表“本年金额”栏内所列数字填列。如果上年度所有者权益变动表规定的各个项目的名称和内容同本年度不相一致，应对上年度所有者权益变动表各项目的名称和数字按本年度的规定进行调整，填入所有者权益变动表“上年金额”栏内。

（二）本年金额栏的填列方法

所有者权益变动表“本年金额”栏内各项数字一般应根据“实收资本（或股本）”“资本公积”“盈余公积”“库存股”“其他综合收益”“利润分配”“以前年度损益调整”等科目的发生额分析填列。

（三）所有者权益变动表各项目的填列说明

1.“上年年末余额”项目

该项目反映企业上年资产负债表中实收资本（或股本)、其他综合收益、资本公积、盈余公积、未分配利润的年末余额。

2.“会计政策变更”和“前期差错更正”项目

它们分别反映企业采用追溯调整法处理的会计政策变更的累积影响金额和采用追溯重述法处理的会计差错更正的累积影响金额。

3.“本年增减变动金额”项目

(1)“综合收益总额”项目，反映净利润和其他综合收益扣除所得税影响后的净额相加后的合计金额。

(2)“所有者投入和减少资本”项目，反映企业当年所有者投入的资本和减少的资本。

①“所有者投入资本”项目，反映企业接受投资者投入形成的实收资本（或股本）和资本溢价或股本溢价。

②“股份支付计入所有者权益的金额”项目，反映企业处于等待期中的权益结算的股份支付当年计入资本公积的金额。

(3)“利润分配”项目，反映企业当年的利润分配金额。

(4)“所有者权益内部结转”项目，反映企业构成所有者权益的组成部分之间的增减变动情况。

①“资本公积转增资本（或股本）”项目，反映企业以资本公积转增资本或股本的金额。

②“盈余公积转增资本（或股本）”项目，反映企业以盈余公积转增资本或股本的金额。

③“盈余公积弥补亏损”项目，反映企业以盈余公积弥补亏损的金额。

四、所有者权益变动表编制示例

【例14-22】 沿用【例14-19】、【例14-20】和【例14-21】的资料，华夏股份有限公司其他相关资料为：提取盈余公积24 770.40元，向投资者分配现金股利32 215.85元。

根据上述资料，华夏股份有限公司编制的2016年度所有者权益变动表见表14-14。

表 14-14

所有者权益变动表

会企 04 表

编制单位：华夏股份有限公司 2016 年度 单位：元

项目	本年金额							上年金额						
	实收资本（或股本）	资本公积	减：库存股	其他综合收益	盈余公积	未分配利润	所有者权益合计	实收资本（或股本）	资本公积	减：库存股	其他综合收益	盈余公积	未分配利润	所有者权益合计
一、上年年末余额	5 000 000	0			100 000	50 000	5 150 000							
加：会计政策变更														
前期差错更正														
二、本年年初余额	5 000 000	0			100 000	50 000	5 150 000							
三、本年增减变动金额（减少以“-”号填列）														
（一）综合收益总额						197 704	197 704							
（二）所有者投入和减少资本														
1.所有者投入资本														
2.股份支付计入所有者权益的金额														
3.其他														
（三）利润分配														
1.提取盈余公积					24 770.40	-24 770.40	0							
2.对所有者（或股东）的分配						-32 215.85	-32 215.85							
3.其他														
（四）所有者权益内部结转														
1.资本公积转增资本（或股本）														
2.盈余公积转增资本（或股本）														
3.盈余公积弥补亏损														
4.其他														
四、本年年末余额	5 000 000	0	0		124 770.40	190 717.75	5 315 488.15							

● 任务6 财务报表附注

一、财务报表附注认知

（一）财务报表附注的概念

财务报表附注是对资产负债表、利润表、现金流量表和所有者权益变动表等报表中列示项目的文字描述或明细资料，以及对未能在这些报表中列示项目的说明等。

（二）财务报表附注的作用

其一，附注的披露，是对资产负债表、利润表、现金流量表和所有者权益变动表列示项目的含义的补充说明，帮助使用者更准确地把握其含义。例如，通过阅读附注中披露的固定资产折旧政策的说明，使用者可以掌握报告企业与其他企业在固定资产折旧政策上的异同，以便进行更准确的比较。

其二，附注提供了对资产负债表、利润表、现金流量表和所有者权益变动表中未列示项目的详细或明细说明。例如，通过阅读附注中披露的存货增减变动情况，使用者可以了解资产负债表中未单列的存货分类信息。通过附注与资产负债表、利润表、现金流量表和所有者权益变动表列示项目的相互参照关系，以及对未能在报表中列示项目的说明，可以使报表使用者全面了解企业的财务状况、经营成果和现金流量。

二、财务报表附注的主要内容

附注是财务报表的重要组成部分。企业应当按照如下顺序披露附注的内容：

（一）企业的基本情况

1. 企业注册地、组织形式和总部地址。
2. 企业的业务性质和主要经营活动。
3. 母公司以及集团最终母公司的名称。
4. 财务报告的批准报出者和财务报告批准报出日。
5. 营业期限有限的企业，还应当披露有关营业期限的信息。

（二）财务报表的编制基础

财务报表的编制基础是指财务报表是在持续经营基础上还是非持续经营基础上编制的。企业一般在持续经营基础上编制财务报表，清算、破产属于非持续经营基础。

（三）遵循企业会计准则的声明

企业应当声明编制的财务报表符合《企业会计准则》的要求，真实、完整地反映了企业的财务状况、经营成果和现金流量等有关信息，以此明确企业编制财务报表所依据的制度基础。

（四）重要会计政策和会计估计

企业应当披露采用的重要会计政策和会计估计，不重要的会计政策和会计估计可以不披露。在披露重要会计政策和会计估计时，企业应当披露重要会计政策的确定依据和财务报表项目的计量基础，以及会计估计中所采用的关键假设和不确定因素。

会计政策的确定依据，主要是指企业在运用会计政策过程中所作的对报表中确认的项目金额最具影响力的判断，有助于使用者理解企业选择和运用会计政策的背景，增加财务报表的可理解性。财务报表项目的计量基础，是指企业计量该项目采用的是历史成本、重置成本、可变现净值、现值还是公允价值，这直接影响使用者对财务报表的理解和分析。

在确定报表中确认的资产和负债的账面价值过程中，企业有时需要对不确定的未来事项在资产负债表日对这些资产和负债的影响加以估计，如企业预计持有至到期投资未来现金流量采用的折现率和假设。这类假设的变动对这些资产和负债项目金额的确定影响很大，有可能会在下一个会计年度内作出重大调整，因此，强调这一披露要求，有助于提高财务报表的可理解性。

（五）会计政策和会计估计变更以及差错更正的说明

企业应当按照会计政策、会计估计变更和差错更正会计准则的规定，披露会计政策和会计估计变更以及差错更正的有关情况。

（六）报表重要项目的说明

企业对报表重要项目的说明，应当按照资产负债表、利润表、现金流量表、所有者权益变动表及其项目列示的顺序，采用文字和数字描述相结合的方式进行披露。报表重要项目的明细金额合计应当与报表项目金额相衔接，主要包括以下重要项目：

1. 以公允价值计量且其变动计入当期损益的金融资产。企业应当披露以公允价值计量且其变动计入当期损益的金融资产的账面价值，并分别反映交易性金融资产和在初始确认时指定为以公允价值计量且其变动计入当期损益的金融资产。

对于指定为以公允价值计量且其变动计入当期损益的金融资产，应当披露：

（1）指定的金融资产的性质；

（2）初始确认时对上述金融资产作出指定的标准；

（3）如何满足运用指定的标准。

2. 应收款项。企业应当披露应收款项的账龄结构和客户类别以及期初、期末账面余额等信息。

3. 存货。企业应当披露：

（1）各类存货的期初和期末账面价值；

（2）确定发出存货成本所采用的方法；

（3）存货可变现净值的确定依据，存货跌价准备的计提方法，当期计提的存货跌价准备的金额，当期转回的存货跌价准备的金额，以及计提和转回的有关情况；

（4）用于担保的存货账面价值。

4. 长期股权投资。企业应当披露：

（1）对控制、共同控制、重大影响的判断；

（2）对投资性主体的判断及主体身份的转换；

（3）企业集团的构成情况；

（4）重要的非全资子公司的相关信息；

（5）对使用企业集团资产和清偿企业集团债务的重大限制；

（6）纳入合并财务报表范围的结构化主体的相关信息；

（7）企业在其子公司的所有者权益份额发生变化的情况；

（8）投资性主体的相关信息；

（9）合营安排和联营企业的基础信息；

（10）重要的合营企业和联营企业的主要财务信息；

（11）不重要的合营企业和联营企业的汇总财务信息；

（12）与企业在合营企业和联营企业中权益相关的风险信息；

（13）未纳入合并财务报表范围的结构化主体的基础信息；

（14）与权益相关资产负债的账面价值和最大损失敞口；

（15）企业是结构化主体的发起人但在结构化主体中没有权益的情况；

（16）向未纳入合并财务报表范围的结构化主体提供支持的情况；

（17）未纳入合并财务报表范围结构化主体的额外信息披露。

5. 投资性房地产。企业应当披露：

（1）投资性房地产的种类、金额和计量模式；

（2）采用成本模式的，投资性房地产的折旧或摊销，以及减值准备的计提情况；

（3）采用公允价值模式的，公允价值的确定依据和方法，以及公允价值变动对损益的影响；

（4）房地产转换情况、理由，以及对损益或所有者权益的影响；

（5）当期处置的投资性房地产及其对损益的影响。

6. 固定资产。企业应当披露：

（1）固定资产的确认条件、分类、计量基础和折旧方法；

（2）各类固定资产的使用寿命、预计净残值和折旧率；

（3）各类固定资产的期初和期末原价、累计折旧额及固定资产减值准备累计金额；

（4）当期确认的折旧费用；

（5）对固定资产所有权的限制及金额和用于担保的固定资产账面价值；

（6）准备处置的固定资产名称、账面价值、公允价值、预计处置费用和预计处置时间等。

7. 无形资产。企业应当披露：

（1）无形资产的期初和期末账面余额、累计摊销额及减值准备累计金额；

（2）使用寿命有限的无形资产，其使用寿命的估计情况；使用寿命不确定的无形资产，其使用寿命不确定的判断依据；

（3）无形资产的摊销方法；

（4）用于担保的无形资产账面价值、当期摊销额等情况；

（5）计入当期损益和确认为无形资产的研究开发支出金额。

8. 职工薪酬。企业应当披露：

（1）应当支付给职工的工资、奖金、津贴和补贴，及其期末应付未付金额；

（2）应当为职工缴纳的医疗保险费、工伤保险费和生育保险费等社会保险费，及其期末应付未付金额；

（3）应当为职工缴存的住房公积金，及其期末应付未付金额；

（4）为职工提供的非货币性福利，及其计算依据；

（5）依据短期利润分享计划提供的职工薪酬金额及其计算依据；

（6）其他短期薪酬。

企业应当披露所设立或参与的设定提存计划的性质、计算缴费金额的公式或依据，当期缴费金额以及应付未付金额。企业应当披露与设定受益计划有关的下列信息：

（1）设定受益计划的特征及与之相关的风险；

（2）设定受益计划在财务报表中确认的金额及其变动；

（3）设定受益计划对企业未来现金流量金额、时间和不确定性的影响；

（4）设定受益计划义务现值所依赖的重大精算假设及有关敏感性分析的结果。企业应当披露支付的因解除劳动关系所提供辞退福利及其期末应付未付金额。企业应当披露提供的其他长期职工福利的性质、金额及其计算依据。

9. 应交税费。企业应当披露应交税费的构成及期初、期末账面余额等信息。

10. 短期借款和长期借款。企业应当披露短期借款、长期借款的构成及期初、期末账面余额等信息。对于期末逾期借款，应分别贷款单位、借款金额、逾期时间、年利率、逾期未偿还原因和预期还款期等进行披露。

11. 应付债券。企业应当披露应付债券的构成及期初、期末账面余额等信息。

12. 长期应付款。企业应当披露长期应付款的构成及期初、期末账面余额等信息。

13. 营业收入。企业应当披露营业收入的构成及本期、上期发生额等信息。

14. 公允价值变动收益。企业应当披露公允价值变动收益的来源及本期、上期发生额等信息。

15. 投资收益。企业应当披露投资收益的来源及本期、上期发生额等信息。

16. 资产减值损失。企业应当披露各项资产的减值损失及本期、上期发生额等信息。

17. 营业外收入。企业应当披露营业外收入的构成及本期、上期发生额等信息。

18. 营业外支出。企业应当披露营业外支出的构成及本期、上期发生额等信息。

19. 所得税费用。企业应当披露：

（1）所得税费用（收益）的主要组成部分；

（2）所得税费用（收益）与会计利润关系的说明。

20. 其他综合收益。企业应当披露：

（1）其他综合收益各项目及其所得税影响；

（2）其他综合收益各项目原计入其他综合收益、当期转出计入当期损益的金额；

（3）其他综合收益各项目的期初和期末余额及其调节情况。

21. 政府补助。企业应当披露：

（1）政府补助的种类及金额；

（2）计入当期损益的政府补助金额；

（3）本期返还的政府补助金额及原因。

22. 借款费用。企业应当披露：

（1）当期资本化的借款费用金额；

（2）当期用于计算确定借款费用资本化金额的资本化率。

（七）或有和承诺事项、资产负债表日后非调整事项、关联方关系及其交易等需要说明的事项

（八）有助于财务报表使用者评价企业管理资本的目标、政策及程序的信息

[案例分析]

案例资料和要求见本章［案例导入］，具体账务处理如下：

销售商品收到的现金=1 000+200+100−80−60=1 160（万元）

购买商品支付的现金=700+80+70−40=810（万元）

支付给职工以及为职工支付的现金=200+（20−10）=210（万元）

支付的各项税费=50+（4−2）=52（万元）

[项目小结]

本项目的主要内容包括：一是财务报表的概念和组成。财务报表是企业财务状况、经营成果和现金流量的结构性表述。一套完整的财务报表包括资产负债表、利润表、现金流量表、所有者权益变动表和附注。

一是资产负债表的内容、结构和编制方法。资产负债表反映某一会计期末资产、负债和所有者权益的情况。我国企业资产负债表采用账户式结构，左方为资产，右方为负债和所有者权益。在资产负债表中，资产项目按照流动资产和非流动资产分类列示，负债按照流动负债和非流动负债分类列示，在各类别下再按照性质分项列示。资产负债表各项目主要有按照总账科目余额、按照明细科目余额直接或分析填列、根据总账及相关备抵科目余额分析填列等方法。

二是利润表的内容、结构和编制方法。利润表反映某一会计期间实现的损益情况。我国企业利润表采用多步式进行编制。利润表中可反映营业利润、利润总额和净利润金额，利润表项目一般按其发生额填列。

三是现金流量表的内容、结构和编制方法。现金流量表反映企业在某一会计期间现金及现金等价物流入和流出的情况。我国企业现金流量表采用报告式，分为经营活动产生的现金流量、投资活动产生的现金流量和筹资活动产生的现金流量三类。企业应当采用直接法编制经营活动产生的现金流量。采用直接法编制经营活动的现金流量时，可以采用工作底稿法或T形账户法，也可以根据有关科目记录分析填列。

四是了解所有者权益变动表和附注的有关内容和作用。

[习题与实训]

一、单项选择题

1.某企业2016年7月1日从银行借入期限为4年的长期借款600万元，2016年12月31日编制资产负债表时，此项借款应填入的报表项目是（　　）。

A.短期借款　　B.长期借款

C.其他非流动负债　　D.一年内到期的非流动负债

2.某企业2016年12月31日“库存商品”科目余额为1 200万元，“生产成本”科目余额为500万元，“工程物资”科目余额为600万元，“委托加工物资”科目余额为300万元，“材料成本差异”科目借方余额为20万元，“存货跌价准备”科目贷方余额为60万元。该企业2016年12月31日资产负债表“存货”项目的金额为（　　）万元。

A.2 060　　B.2 020　　C.1 960　　D.1 920

3.某企业“应收账款”科目月末借方余额80 000元，其中，“应收账款——甲公司”明细科目借方余额100 000元，“应收账款——乙公司”明细科目贷方余额20 000元。“预收账款”科目月末贷方余额60 000元，其中，“预收账款——A工厂”明细科目贷方余额100 000元，“预收账款——B工厂”明细科目借方余额40 000元。“预付账款”科目月末借方余额30 000元，其中，“预付账款——丙公司”明细科目借方余额50000元，“预付账款——丁公司”明细科目贷方余额20 000元。坏账准备科目余额为0。该企业月末资产负债表中“应收账款”项目的金额为（　　）元。

A.80 000　　B.180 000　　C.100 000　　D.140 000

4.某企业“应付账款”科目月末贷方余额38 000元，其中，“应付账款——甲公司”明细科目贷方余额42 000元，“应付账款——乙公司”明细科目借方余额4 000元。“预付账款”科目月末借方余额23 000元，其中，“预付账款——A工厂”明细科目借方余额33 000元，“预付账款——B工厂”明细科目贷方余额10 000元。企业对预付的款项没有计提坏账准备。该企业月末资产负债表中“预付款项”项目的金额为（　　）元。

A.23 000　　B.32 000　　C.37 000　　D.73 000

5.A公司2016年9月主营业务收入为500万元，主营业务成本为280万元，管理用固定资产计提折旧为15万元，资产减值损失为12万元，投资收益为50万元，罚款支出为10万元。假定不考虑其他因素，该公司当月的营业利润为（　　）万元。

A.248　　B.233　　C.245　　D.243

二、多项选择题

1.下列关于我国企业资产负债表的表述中正确的有（　　）。

A.资产项目按照重要性排列

B.资产项目按照流动性大小排列

C.负债项目按照清偿时间的先后顺序排列

D.资产负债表的编制依据是“资产=负债＋所有者权益”

2.不涉及现金收支的投资和筹资活动的项目有（　　）。

A.发放股票股利　　B.公司发行的债券计提的利息

C.用固定资产对外投资　　D.以现金偿还长期借款

3.资产负债表中的“应收账款”项目应根据（　　）分析计算填列。

A.“应收账款”账户所属明细账借方余额合计

B.“预收账款”账户所属明细账借方余额合计

C.按应收账款余额一定比例计提的“坏账准备”科目的贷方余额

D.“应收账款”总账科目借方余额

4.下列各项中，影响现金流量表中现金流量的有（　　）。

A.应收票据　　B.银行本票存款　　C.库存现金　　D.现金等价物

5.下列会计科目中，期末余额影响“固定资产”项目列示金额的有（　　）。

A.在建工程　　B.工程物资　　C.固定资产减值准备　　D.累计折旧

三、判断题

1.财务报表附注是对在资产负债表、利润表、现金流量表和所有者权益变动表等报表中列示项目的文字描述或明细资料，以及对未能在这些报表中列示项目的说明等。（ ）

2.所有者权益变动表“上年年末余额”项目，反映企业上年资产负债表中实收资本（或股本）、其他综合收益、资本公积、库存股、盈余公积、未分配利润的年末余额。（ ）

3.企业以发行债券的方式筹集资金实际收到的款项应反映在“取得借款收到的现金”项目中。（ ）

4.利润表中“税金及附加”项目包括增值税和印花税。（ ）

5.企业年末“长期待摊费用”科目的余额为200万元，其中将于1年内摊销完的费用为50万元，那么资产负债表中的“长期待摊费用”项目的金额为200万元。（ ）

四、实训题

【实训题一】

资料：明月公司2016年12月31日有关账户资料如下：

总账余额：

原材料 263 700（借）库存商品72 300（借）生产成本64 000（借）

应付账款 90 000（贷）应收账款 120 000（借）工程物资 560 000（借）

本年利润 350 000（贷）利润分配50 000（贷）

明细账余额：

应收账款——白玉公司155 000（贷）应付账款——蓝宝公司210 000（借）

——白象公司245 000（借）——蓝鸟公司 30 000（借）

——白马公司 30 000（借）——蓝鲸公司330 000（贷）

要求：根据以上资料，计算填列该公司2016年12月31日资产负债表中的下列项目：①存货；②应收账款；③预付款项；④应付账款；⑤预收款项；⑥未分配利润。

【实训题二】

资料：甲上市公司为增值税一般纳税人，适用的增值税税率为17%。原材料和库存商品均按实际成本法核算，商品售价不含增值税，其销售成本随销售同时结转。2015年12月31日的资产负债表（简表）见表14-15。

表14-15 **资产负债表（简表）**

编制单位：甲上市公司 2015年12月31日 单位：万元

资　产	期末余额	负债和所有者权益	期末余额
货币资金	360	短期借款	180
以公允价值计量且其变动计入当期损益的金融资产	126	应付账款	180
应收票据	108	应付票据	72
应收账款	126	应付职工薪酬	36
预付款项	1.80	应交税费	90
存货	540	应付利息	73.80
固定资产	1 800	长期借款	540
在建工程	180	实收资本	1 980
无形资产	126	盈余公积	180
长期待摊费用	18	未分配利润	54
资产总计	3 385.80	负债和所有者权益总计	3 385.80

2016年甲上市公司发生如下交易或事项：

（1）购入材料一批，发票账单已经收到，增值税专用发票上注明的货款为200万元、增值税税额为34万元。材料已验收入库，款项已经支付。

（2）销售库存商品一批，该批商品售价为500万元，增值税为85万元，实际成本为320万元，商品已发出。该批销售符合收入确认条件，款项尚未收到。

（3）出售交易性金融资产，售价为150万元，该交易性金融资产的账面价值为126万元，其中成本为100万元，公允价值变动为26万元。款项已经收到。

（4）计算并确认短期借款利息15万元。

（5）计算并确认坏账准备4万元。

（6）计提行政管理部门用固定资产折旧30万元；摊销管理用无形资产成本18万元。

（7）分配工资费用，其中企业行政管理人员工资18万元，在建工程人员工资7万元。

（8）计算并确认应交城市维护建设税3万元（教育费附加略）。

（9）转销无法支付的应付账款30万元。

（10）本年度所得税费用和应交所得税均为36.50万元（不考虑其他因素）；提取盈余公积10.95万元。

要求：

（1）编制甲上市公司2016年度上述交易或事项（1）~（10）的会计分录（不需编制各损益类科目结转本年利润以及利润分配的有关会计分录，金额单位为万元）。

（2）填列甲上市公司2016年12月31日的资产负债表（见表14-16，不需列出计算过程）。

表14-16 **资产负债表（简表）**

编制单位：甲上市公司 2016年12月31日 单位：万元

资　产	期末余额	负债和所有者权益	期末余额
货币资金		短期借款	
以公允价值计量且其变动计入当期损益的金融资产		应付账款	
应收票据		应付票据	
应收账款		应付职工薪酬	
预付款项		应交税费	
存货		应付利息	
固定资产		长期借款	
在建工程		实收资本	
无形资产		盈余公积	
长期待摊费用		未分配利润	
资产总计		负债和所有者权益总计	

“应交税费”科目要求写出明细科目和专栏名称，答案中的金额单位用万元表示。

【实训题三】

资料：万向公司为增值税一般纳税企业，适用的增值税税率为17%，产品销售价格中不含增值税税额。产品销售成本按经济业务逐笔结转。所得税税率为25%。万向公司2016

年发生如下经济业务：

（1）向B公司赊销甲产品一批，销售价格为535 000元，产品成本为305 000元。产品已经发出，并开具增值税专用发票，已向银行办妥托收手续。

（2）根据债务人的财务状况，对应收账款计提20 000元坏账准备。

（3）采用预收款方式销售商品，当年收到第一笔款项10 000元，已存入银行。

（4）收到B公司甲产品退货。该退货为万向公司2015年售出，出售时售价为2 000元，成本为1 750元，该货款当时已如数收存银行。万向公司用银行存款支付退货款项，退回的甲产品已验收入库，并按规定开出红字增值税专用发票（假定不属于日后调整事项）。

（5）年末公司持有的交易性金融资产账面价值为40 000元，公允价值为41 000元。

（6）计提已完工工程项目的长期借款利息3 000元（一次还本、分期付息）；用银行存款支付发生的管理费用5 000元、销售费用2 000元。

（7）销售产品应交的城市维护建设税为1 400元，应交的教育费附加为600元。

（8）计算并确认应交所得税（不考虑纳税调整事项）。

要求：

（1）编制万向公司有关经济业务的会计分录（除“应交税费”科目外，其余科目可不写明细科目）。

（2）编制万向公司2016年度的利润表，见表14-17。

表14-17 **利润表**

编制单位：万向公司 2016年度 单位：元

项目	本期金额	上期金额
一、营业收入		
减：营业成本		
税金及附加		
销售费用		
管理费用		
财务费用		
资产减值损失		
加：公允价值变动收益（损失以“-”号填列）		
投资收益（损失以“-”号填列）		
其中：对联营企业和合营企业的投资收益		
二、营业利润（亏损以“-”号填列）		
加：营业外收入		
减：营业外支出		
其中：非流动资产处置损失		
三、利润总额（亏损总额以“-”号填列）		
减：所得税费用		
四、净利润（净亏损以“-”号填列）		
五、其他综合收益的税后净额		
六、综合收益总额		
七、每股收益		

【实训题四】

资料：A公司2016年有关资料如下：

（1）本年销售商品本年收到现金3 000万元，以前年度销售商品本年收到现金600万元，本年预收款项300万元，本年销售本年退回商品支付现金240万元，以前年度销售本年退回商品支付现金180万元。

（2）本年购买商品本年支付现金2 100万元，本年支付以前年度购买商品的未付款项240万元，本年预付款项210万元，本年发生购货退回收到现金120万元。

（3）本年分配的生产经营人员的职工薪酬为400万元，“应付职工薪酬”科目年初余额和年末余额分别为40万元和20万元，假定应付职工薪酬本期减少数均为本年支付的现金。

（4）本年利润表中的所得税费用为150万元（均为当期应交所得税产生的所得税费用），“应交税费——应交所得税”科目年初数为12万元，年末数为6万元。假定不考虑其他税费。

要求：根据上述资料，计算下列相关项目：①销售商品、提供劳务收到的现金；②购买商品、接受劳务支付的现金；③支付给职工以及为职工支付的现金；④支付的各项税费（答案中的金额单位用万元表示）。

参考文献

［1］财政部.企业会计准则［M］. 北京：经济科学出版社，2006.

［2］财政部会计司编写组.企业会计准则讲解［M］. 北京：人民出版社，2010.

［3］财政部.企业会计准则——应用指南［M］. 北京：人民出版社，2006.

［4］财政部会计资格评价中心.初级会计实务［M］. 北京：中国财政经济出版社，2016.

［5］财政部会计资格评价中心.中级会计实务［M］. 北京：中国财政经济出版社，2016.